MBA/EMBA 财务报表解读与分析

主　编　张晓明
副主编　尤　华　潘　颖

科 学 出 版 社
北　京

内 容 简 介

熟练地解读与分析财务报表是企业各级管理人员必备的一项管理技能。本书根据我国 MBA 和 EMBA 的专业教育特色、广大学员的专业背景特点和在职管理人员的需求而编写，具有很强的实用性。

本书分为三篇，第一篇扼要介绍了财务报表解读必须具备的会计学基础及相关知识；第二篇系统总结了财务报表的项目解读方法、信息披露模式和项目管理要点；第三篇归纳介绍了财务报表分析的基本方法及指标体系构成。同时，还选择了我国几家上市公司近年公开财务报表的相关数据作为教学案例，以帮助读者深入理解课程内容。

本书适合作为 MBA、EMBA“会计学”或“财务报表分析”课程的教材，也可作为高等院校非会计学专业相关课程的教材和参考书。同时，也适合作为企业各级管理人员相关专业知识的培训教材或自学用书。

图书在版编目(CIP)数据

MBA/EMBA财务报表解读与分析/张晓明主编. —北京：科学出版社，2012

ISBN 978-7-03-034466-3

Ⅰ.①M… Ⅱ.①张… Ⅲ.①会计报表-会计分析-工商管理硕士-教材 Ⅳ.①F231.5

中国版本图书馆 CIP 数据核字(2012)第 107783 号

责任编辑：兰 鹏 林 建 / 责任校对：朱光兰
责任印制：徐晓晨 / 封面设计：蓝正设计

科 学 出 版 社 出版
北京东黄城根北街 16 号
邮政编码：100717
http://www.sciencep.com

北京盛通商印快线网络科技有限公司 印刷
科学出版社发行 各地新华书店经销

*

2012 年 6 月第 一 版 开本：787×1092 1/16
2021 年 3 月第八次印刷 印张：23 3/4
字数：529 000

定价：56.00 元

(如有印装质量问题，我社负责调换)

前　言

我国开展的 MBA（工商管理专业硕士学位）和 EMBA（高级工商管理专业硕士学位）专业学位教育，为企业界广大中、高层管理人员提供了再学习深造、更新知识、提高管理水平和拓展视野的良好机遇。同时，也给从事相关教学工作的高校专业教师带来了新的挑战。

西北大学经济管理学院 MBA、EMBA“财务报表解读与分析”课程教学团队自从事这门课程教学之初就一直思考以下问题：MBA、EMBA“财务报表解读与分析”课程受我国政治体制、法律法规、会计准则要求、制度环境的制约明显，如何建立与之相适应的、具有中国特色的课程体系？课程教学在突现中国特色和体现中国国情的前提下，如何实现与国际会计准则的接轨和国际视野的拓宽？如何在有限的课时内，根据 MBA、EMBA 的专业特点，既保证学科的科学体系又有效地组织教学内容？对这门知识点多、具有一定操作性和技术性的课程，用何思路和教学方式才能引起学员的学习兴趣？如何有效地组织案例教学？……

在教学实践中，我们发现，MBA、EMBA 学员的学历背景宽泛、专业多样、经历各异，管理学基础理论和专业知识参差不齐，在企业的管理实践中对财务报表解读与分析的知识了解十分有限，但对这个从事企业管理工作必不可少的知识体系又充满期待。

鉴于此，我们重新建立了适应 MBA、EMBA“财务报表解读与分析”的课程体系和教学内容。本书的编写思路和学术思想如下：第一，建立以财务报表解读和分析为主线的课程体系，故取名为“MBA/EMBA 财务报表解读与分析”。其中，解读部分主要介绍财务报表的项目解读方法、信息披露模式和项目管理要点，分析部分主要介绍财务报表分析的基本方法及指标体系构成。第二，建立既适合中国法律法规和会计准则又充分吸取国际会计准则最新进展的财务报表体系和内容，将中国特色与国际惯例进行有机的整合和有效的接轨。第三，突出对各财务报表整体框架、各报表之间关系、报表中重点项目及其相互之间关系的论述，弱化各财务报表编制过程的细究。旨在使学员从宏观层面对企业财务状况、经营成果、现金流动和所有者权益变动状况及其关系进行判断，认知企业经营活动的基本状况、基本特点和发展趋势。第四，从学员的企业管理实践需求出发，总结财务报表各项目的管理要点，延展学科深度。目的在于深化学员的管理思路，拓展学员的专业视野，满足他们对本课程学习的较高期望。第五，强化案例与教材内容的配合，使学员通过实际案例的解读和分析，对教材内容有更直观、更具体、更深入的理解，同时也突现本课程的实用性。

基于以上编写思路和学术思想，本书具有如下特点。

(1) 视觉独特、起点高。同类教材（如“会计学”或“财务报表分析”等）通常从会计核算的视角介绍各会计要素的会计确认、计量和报告过程，即从培养会计专业人员的角度编写教材。本书则站在企业中高层管理人员的角度，探索他们从事企业管理实践对财务报表解读和分析的知识需求，即从会计信息需求者的视角来建立学科体系，组织内容编排。这个写作视角在国内同类教材中鲜见。

(2) 体系新颖、综合性强。根据 MBA、EMBA 的专业特点，本书凝练和融合了“基础会计学”、“财务会计学”、“财务报表分析”等教材的有关精华内容，并在此基础上进行了深化和提高。

(3) 针对性和逻辑性强。本书首先介绍财务报表解读的基础知识，为学员进行财务报表的解读作基础知识准备；其次，介绍财务报表的项目解读方法、信息披露模式和项目管理要点，为学员进行财务报表分析作专业知识准备；最后，介绍财务报表分析的基本方法、财务报表分析的指标体系构成。这部分内容也是本课程的最终学习目标。

(4) 学科延深、内容创新。为了增强 MBA、EMBA 学员的管理创新能力和分析问题、解决问题的能力，本书延深了财务报表解读的内容，即在财务报表的每个项目中，增加了信息披露模式和项目管理要点两个部分。这些内容在同类教材中尚未见到。

(5) 点面升级、创建立体。为了增强本课程的实用性和学员的学习兴趣，本书将财务报表各项目的信息形成与不同企业偏好倾向联系起来，从而使分散在报表各项目中的平面知识点，通过企业偏好倾向这根线串联成一个立体的学科体系。这样的内容编排不仅会增加教材的实用性和相关性，也会激发学员的学习兴趣。

(6) 突出案例、案教相长。本书在每章都设计了与该章内容相关的实际案例，并在第十七章安排了综合案例分析。这些案例有助于学员对所学章节内容的理解和深化。

西北大学经济管理学院 MBA、EMBA“财务报表解读与分析”课程按以上体系和内容组织教学，经过十多年的实践已经取得非常好的教学效果，同时，在教学实践中，本书的体系和内容也不断得以完善。

西北大学张晓明教授为本书的策划人和主编，尤华副教授、潘颖博士为副主编。各章节的编写分工如下：第一章至第三章，西北大学张晓明教授；第四章，西北大学冯均科教授；第五章，西安工程大学汤小莉博士（其中第五节由西北大学卢春香副教授编写）；第六章，西北大学潘颖博士（其中第三节由西北大学向平副教授编写）；第七章，西北大学李辽宁博士；第八章，上海立信会计学院王凤华博士；第九章至第十一章，西北大学李辉博士；第十二章至第十六章，西北大学尤华副教授；第十七章，西北大学潘颖博士。张晓明教授对全书初稿进行了修改和总纂，潘颖博士对本书的初稿进行了整理。

为了使教学案例更加贴近实际，本书选择了我国几家上市公司近年公开财务报表中的相关信息，以案例解读或案例分析形式作为教材的辅助资料，并无其他特别含义。在此，对选为本书案例的上市公司表示衷心感谢！

由于本书的撰写是一次创新性的尝试，在体系建立、内容编排和案例选择等方面可能存在不足和问题，望读者理解和不吝赐教。

张晓明

2012年4月16日

目录

第二篇 财务报表项目解读、信息披露和管理要点

第三篇 财务报表分析

第一篇　财务报表解读基础

第一章

理论基础

第一节　会计学概述

一、会计工作及其特点

会计工作是以会计凭证或其他能证明交易或者事项发生的信息为依据，以货币为主要计量单位，运用一系列专门的技术和方法，全面、连续、系统、综合地反映和监督企事业单位的经济活动，并向会计信息使用者提供符合国家法律法规和会计规范要求的会计信息的一项管理工作。

国民经济核算体系包括会计核算、统计核算和业务技术核算等不同的核算形式，其中会计核算是对企事业单位能够引起资金变动的交易或者事项进行的核算。会计核算工作具有以下特点。

第一，以会计凭证或其他能证明交易或者事项发生的信息为会计核算的依据。会计凭证是指在交易或事项发生时，按一定的程序和手续取得或填制的、能证明交易或事项原始状态的书面证明。企事业单位发生的每项交易或者事项都必须按规定取得凭证，会计部门必须按有关法律法规、财务制度和内部预算对会计凭证进行审核，只有合法的、经过审核无误的会计凭证才能作为会计核算的依据。

近年来，社会经济活动日趋复杂，使得有些经济事项的发生无法取得会计凭证，而需要根据相关信息作出专业判断，如企业资产发生减值时对减值金额的评估，非货币性资产交换事项中交换资产的价值评估等。由于这些事项无法取得能证明其原始状态的书面证明，所以，在进行会计核算时，只能根据有关信息进行专业判断。

第二，以货币为主要计量单位。企事业单位日常发生的各项交易或者事项的类型、实物计量单位各不相同，如材料物资的实物计量单位是“吨”或“千克”等。但是，只有以货币为主要计量单位，会计工作才能将一定会计期间内发生的各种类型不同、实物计量单位各异的交易或者事项进行综合核算，才能把日常生产经营活动中的各种耗费综合表现为统一的货币量，才能通过价值形式来反映经营活动的过程和结果，以求得综合性的会计核算信息。

第三，对企事业单位交易或者事项的反映和监督具有全面、连续、系统和综合的特点。其中，①全面性是指对企事业单位凡是能引起资金发生增减变动的交易或者事项都要进行完整的记录，既不能遗漏，也不能任意取舍。同时，对每一项能引起资金发生增减变动的交易或者事项都要从引起资金发生增减变动的来龙去脉两个方面进行反映。②连续性是指会计核算要对企事业单位发生的交易或者事项进行反映，交易或者事项的连续性决定了会计核算的连续性。如果企事业单位的交易或者事项中断，会计核算也就中断。③系统性是指会计核算要运用一系列专门核算方法将种类繁多、类型不同的交易或者事项按一定的标准系统化，通过对会计信息的分类、整理和汇总，保证所提供的会计信息成为一个有序的信息系统，以便得到各种必要的财务指标。④综合性是指对各项交易或者事项要以货币为主要计量单位进行综合汇总，以求得反映企事业单位财务状况、经营成果等各项总括的财务信息。

第四，会计核算运用了一系列专门的技术方法。会计技术方法是指进行会计核算、会计监督或会计分析工作所采用的技术手段。会计技术方法包括会计核算方法、会计分析方法和会计检查方法等。其中，会计核算方法是最基本的方法，即通过设置账户、复式记账、填制和审核凭证、登记账簿、成本计算、财产清查、编制财务报告等对企业的交易或者事项进行反映的一系列专门的技术方法。本书将在有关章节对会计核算方法进行详细介绍。

二、会计职能

会计职能是指会计在企事业单位管理活动中具有的功能。会计的基本职能包括会计核算和会计监督。近年来，会计职能有进一步拓展的趋势，如参与企业重大交易或事项的预测职能、决策职能等。前述会计概念表述了会计的两大基本职能，即对企事业单位交易或者事项进行会计核算和会计监督的职能。

会计核算职能是指会计以货币为主要计量单位，运用一系列专门的技术方法，对企事业单位发生的交易或者事项进行确认、计量、记录和报告，从而为会计信息使用者提供会计信息。这一职能是通过对企事业单位的交易或事项进行全面、连续、系统和综合的记录和核算实现的，这是会计最基本的职能，也是会计最基本的工作。会计核算职能应当包括事前核算、事中核算和事后核算三个方面。日常进行的会计确认、计量、记录和报告只是执行事后核算职能的几个环节。

会计监督职能就是会计人员在处理交易或者事项中对交易或者事项的合法性和有效性进行的监督。会计监督的实质是保证会计核算内容的合法性、合规性和有效性，所提供的会计信息真实和完整。会计监督的依据是国家有关法律法规、规章制度以及本单位内部财务预算。会计监督职能也应当包括事前监督、事中监督和事后监督。会计监督职能有以下特点。

第一，会计监督指狭义的会计监督。会计监督有广义会计监督和狭义会计监督。广义会计监督包括在企事业单位建立内部会计监督体系，由会计师事务所对单位交易或者事项的合法性和合规性进行的社会监督，由财政、审计、税务、人民银行、证券监管、保险监管等国家政府部门对企事业单位会计工作各个环节的合法性和合规性进行的国家监督。狭义会计监督是指会计人员在处理本单位交易或者事项中，对交易或者事项及其所取得的会计凭证的合法性、合规性和有效性进行的会计监督。

第二，以国家颁布的有关会计规范为准绳，对企事业单位发生的交易或者事项的合法性和合规性进行监督。全国人大颁布的《中华人民共和国会计法》（简称《会计法》）等相关法律，国务院颁布的《中华人民共和国总会计师条例》（简称《总会计师条例》）等行政规范，我国管理全国会计工作的最高政府部门——财政部颁布的《企业会计准则——总则》等会计规章，是会计工作必须遵守的工作规范。会计监督要求对已经发生或将要发生的交易或者事项的合法性、合规性进行监督。对不合法、不合规的交易或者事项，即使已经发生，也应进行纠正；尚未发生的，应及时进行制止。只有经过审核确认无误的、合法合规的交易或者事项才能进入正常的会计核算程序。

第三，以企事业单位的财务预算为依据，对发生的交易或者事项的有效性进行监督。会计监督的最终目的是对企事业单位发生的交易或事项实施控制，保证交易或者事项按财务预算有计划地进行，以提高单位的经营成果或资金利用效率。企业财务预算是保证其生产经营活动按预定的目标进行的依据。以企业财务预算为依据，对发生的每项交易或者事项的有效性进行监督，以确定其对提高企业经营成果或资金利用效率的影响，是会计监督的又一重点。对不符合财务预算的开支，应及时查明原因，予以适当的处理。

上述会计基本职能是相辅相成、密切联系的。会计核算职能和会计监督职能相互依存：会计核算是会计监督的前提和基础，没有会计核算提供的会计信息，会计监督就没有监督的对象；同时，会计监督寓于会计核算之中，没有会计监督，会计核算就是消极的、被动的，就不能发挥会计工作在企事业单位管理活动中的控制作用。

三、会计机构设置

国家有关法律对企事业单位会计机构的设置有专项规定，如《会计法》相关条款规定："各单位应当根据会计业务的需要设置会计机构，或者在有关机构中设置会计人员并指定会计主管人员；不具备设置条件的，应当委托经批准设立从事会计代理记账业务的中介机构代理记账。"

根据《会计法》的规定，每个企业都应根据实际需要设置会计机构，办理会计业务。一般而言，企业会在内部单独设置会计机构，办理会计业务。但规模特别小、业务量不大的企业也可以不单独设置会计机构，可在企业内部的其他相关机构中设置会计工作岗位，并指定会计主管人员，或委托经批准设立从事会计代理记账业务的中介机构代理记账。

如果一个企业单独设置了会计机构，在会计机构内部，还要按不同的会计业务设置不同的岗位。为了保证企业资产的安全，会计机构内部还应建立稽核制度。为此，《会计法》相关条款规定："会计机构内部应当建立稽核制度。出纳人员不得兼任稽核、会计档案保管和收入、支出、费用、债权债务账目的登记工作。"

依企业组织形式差异和会计业务量多少，会计工作组织形式也不同。一般而言，企业会计工作组织形式有集中核算和非集中核算两种。

集中核算，是指在一个独立核算的企业内部，所有部门发生的全部会计业务的会计核算工作，都集中在独立核算的企业设置的会计机构进行，会计机构以外的其他部门不设置会计岗位，也不进行任何会计核算工作。集中核算的优点是，便于进行会计工作的组织、管理和控制，便于资金的统一管理、调配和使用，便于会计信息的及时生成等。其缺点是，由于将一个企业的全部会计业务集中于企业设置的会计部门进行处理，会计部门的工作量比较大。一般而言，规模比较小、业务量比较少或管理比较严格的企业采用这种形式的比较多。

非集中核算又称分散核算，是指在一个独立核算企业内部，在一些业务相对独立、会计业务量比较多的部门设置会计机构、配备必要的会计岗位，对部门内部发生的会计业务进行日常核算，在一定会计期末将部门核算资料集中于企业会计部门汇总的一种会计工作组织形式。非集中核算形式的优点是，由于将一个企业的部分会计核算工作分散于内部各非独立核算部门进行，所以会计核算工作量就得到了分散。其缺点是，非集中核算不便于进行会计工作的统一组织、管理和控制，也不便于资金的统一管理、调配和使用，会计信息的及时生成也受到了限制。一般而言，规模特别大，业务量特别多，管理比较松散的企业，或者大型企业集团、跨国公司采用这种会计工作组织形式的比较多。

与会计机构设置相关的还有总会计师岗位。《会计法》第三十六条规定："国有的和国有资产占控股地位或者主导地位的大中型企业必须设置总会计师。"

总会计师是企业的高层管理人员，协助总经理工作，是企业主管财务会计工作的最高行政职务。国有的和国有资产占控股地位或者主导地位的大中型企业必须设置总会计师岗位。其他单位可以根据管理需要，视情况自行决定是否设置总会计师岗位。

总会计师的职责主要有两方面。一是由总会计师负责组织的工作，包括组织编制和执行预算、财务收支计划、信贷计划，拟定资金筹措和使用方案，有效地使用资金；建立健全经济核算制度，强化成本核算管理，进行经济活动分析工作；负责本单位财务会计机构的协调和会计人员配备、支持会计人员依法行使职权等。二是由总会计师协助参与的工作：协助企业负责人对本单位的生产经营和业务管理等工作做出决策；参与新产品开发、技术改造、科研研究、商品（劳务）价格的制定、资金使用方案的制订；参与重大经济合同和经济协议的研究、审查等。

根据《总会计师条例》的规定，总会计师有以下权限：一是对违法违纪问题的制止和纠正权，即对违反国家法律、法规、政策及制度和有可能在经济上造成损失、浪费的行为，有权制止和纠正，制止或者纠正无效时提请企业负责人处理；二是建立健全企业经济核算的组织指挥权；三是对企业财务收支的审批签署权；四是对本单位会计人员的管理权，包括对会计机构设置、会计人员配备、继续教育、会计人员的考核奖惩等的管理权。

四、会计核算方法体系及其关系

会计核算方法是会计方法的基础。会计核算方法是对企事业单位的交易或者事项进行全面、连续、系统、综合的核算和监督，向各方面投资人、债权人、政府管理部门及其他相关利益者提供必要的会计信息时所使用的方法。由于企事业单位交易或者事项的多样性、复杂性和企业经营过程的连续性，所以，对其反映和监督的会计核算方法由一系列既相互联系又相对独立的专门方法组成。企业会计核算方法体系由七种方法组成，即设置账户、复式记账、填制和审核凭证、登记账簿、成本计算、财产清查和编制财务报告等。

（一）设置账户

设置账户是对会计要素的具体内容进行科学分类的一种专门方法。企业发生交易或者事项的内容复杂多样，数量繁多，必须根据其具体内容进行科学分类，便于进行分类会计核算，最终求得各种不同性质的财务指标。以企业为例，设置账户就是根据企业各项资产、负债、所有者权益、收入、费用和利润的具体内容，分别设置账户进行分类核算的一种方法。通过设置账户的方法对会计要素的具体内容进行分类核算，以随时提供各种分类的会计信息。

（二）复式记账

为了全面反映企业交易或者事项的真实状况，会计核算要对发生的每一笔交易或者事项所引起的资金发生的增减变动情况采用复式记账法进行会计核算。复式记账法是对发生的每笔交易或者事项用相等的金额同时记入两个或两个以上相互关联账户的一种记账方法。复式记账便于了解各项交易或者事项的具体内容，以及引进资金变化的来龙去脉，从而清晰地了解交易或者事项的全貌。

（三）填制和审核会计凭证

会计凭证是记录交易或者事项发生的真实状况、明确经济责任的书面证明，是登记账簿的直接依据。或者说，判断交易或者事项真实状况的依据是会计凭证。填制会计凭证，是指交易或者事项的经办人员或会计人员将发生的交易或者事项的主要内容记录在相关会计凭证中；审核会计凭证，是指经办业务的会计人员对填制的会计凭证进行审核，确认会计凭证上记录的交易或者事项的合法性、合规性和有效性及会计凭证记录是否真实、完整。填制和审核会计凭证是会计工作的起点。

（四）登记账簿

登记账簿，简称记账，是指根据审核无误的会计凭证，在账簿中进行分类、连续记录和汇总计算的一种专门方法。账簿是由具有一定格式的账页组成、用来记账的簿籍，是储存会计信息的工具。企业不仅要将所有交易或者事项在账簿上归类登记，有些业务还要按照发生的时间先后顺序进行记录；账簿记录既要提供总括的会计信息，又要提供某些明细的会计信息。因此，设置必要的账簿，并按照一定的记账方法和程序进行记账，同时定期进行结账和对账，保证提供的会计信息真实和完整，是会计核算采用的一个重要方法。

设置账户与登记账簿是既有区别又相互联系、密不可分的两种会计核算方法。二者的区别表现在：设置账户是按照各会计要素的特点，对其进行科学分类的一种方法；而登记账簿则是按设置的账户名称开设账簿，对交易或者事项进行连续的记录，以提供分类的会计信息的一种方法。二者的联系表现在：登记账簿是在设置的账户上对发生的交易或者事项进行连续记录的方法。如果没有科学的、完整的账户体系，登记账簿就无法进行。同时，设置账户的目的就是以此为依据，开设账簿；如果没有以设置的账户为依据开设的账簿对发生的交易或者事项进行连续的记录，设置账户就没有意义。

（五）成本计算

成本计算，是对企业材料采购、产品生产、工程建设等生产经营活动发生的相关费用进行核算，并按照一定的成本计算对象对发生的费用进行归集，以确定各个成本计算对象总成本和单位成本的一种专门方法。企业采购材料，必然要支付材料的采购费用，为了计算各种材料的采购总成本和单位成本，就需要对支付的材料采购费用按材料的品种进行归集，并将采购总成本与采购数量联系起来，以确定各种材料的采购单位成本；为了生产产品，企业必然发生各项生产费用，为了计算各种产品的制造总成本和单位成本，就需要对发生的各项生产费用按产品品种归集，并将制造总成本与生产量联系起来，以确定产品的单位成本；为了进行工程建设，企业必然要支付各项建设费用，为了计算各个工程项目的总成本和项目成本，就需要对发生的各项工程费用按工程项目进行归集，并将建设总成本与建筑量联系起来，以确定各项工程的单位成本。通过成本计算，不仅完成了成本计算工作，还可以监督企业在生产经营过程中发生的各项费用是否按成本预算来进行，以有效地进行成本控制和成本管理。

（六）财产清查

财产清查，就是通过盘点实物、核对往来款项等方法来查明各种现金资产、非现金资产及各项债务实有额的一种专门方法。为了保证会计信息的质量，确保会计记录的准确性，做到账证相符、账账相符、账实相符，企业需要定期或不定期对各项现金资产、非现金资产和各项债务进行清查、盘点或核对。在清查中，如果发现存在账证不符、账账不符、账实不符的情况，应分析原因，明确经济责任，并调整账簿记录，使各项现金资产、非现金资产及各项债务的账簿记录与实有额完全相符。通过财产清查，还可以查明各项存货储备量能否保证生产经营的需要，有无超储积压、呆滞或储备不足的情况；财产物资的保管是否安全合理，有无损坏浪费、丢失的情况；物资储备潜力和资金周转是否充分合理；各项债权债务是否及时结算，有无长期不清的呆账、坏账等情况。财产清查对保证会计信息的真实性、正确性和监督财产的安全与合理使用都具有重要的作用。

（七）编制财务会计报告

财务会计报告是根据账簿记录定期编制，用来反映企业某一特定日期财务状况、一定会计期间经营成果、现金流动状况和所有者权益变动状况的书面文件，是对企业一定时日的财务状况、一定会计期间的经营成果等的简要总结。财务会计报告包括财务报表和其他需要在财务报告中披露的相关信息和资料。编制会计财务报告，首先是企业管理层向投资人报告受托责任履行情况的一种方式；其次是作为债务人向债权人报告债务资金使用情况的一种必要形式；再次也是政府监管部门对企业生产经营活动进行监督、管理的依据之一；最后，财务报告所提供的一系列会计信息也是考核企业财务预算执行情况及编制下期财务预算的重要依据。总之，财务报告所提供的各种信息，不仅是外部投资人、债权人、政府管理部门或其他利益相关者了解企业财务状况、经营成果的重要信息来源，也是管理层控制和管理企业生产经营活动所需信息的重要来源。

上述会计核算方法既相对独立，又相互联系、密切配合，构成了一个完整的会计核算方法体系。会计核算方法既相互联系又密切配合的表现如下：对一定会计期间所发生的各项交易或者事项，要以合法的会计凭证为依据，运用复式记账法，在记账凭证上指出该交易或者事项应记入账户的名称，并在相关账簿中进行登记；对生产经营过程中发生的各项费用，应按成本计算对象进行分类归集，进行成本计算，并在此基础上确定盈亏；还应当定期地进行财产清查，在账实相符的基础上，根据账簿记录编制一定会计期间的财务报告，向会计信息使用者提供会计信息。至此，完成会计核算工作的一个循环，如此周而复始，新的会计期间开始后，又形成新的会计循环。企业为了科学地组织会计核算工作，必须全面系统地应用这些方法。图 1-1 列示了会计核算基本方法及其各种方法之间的关系。

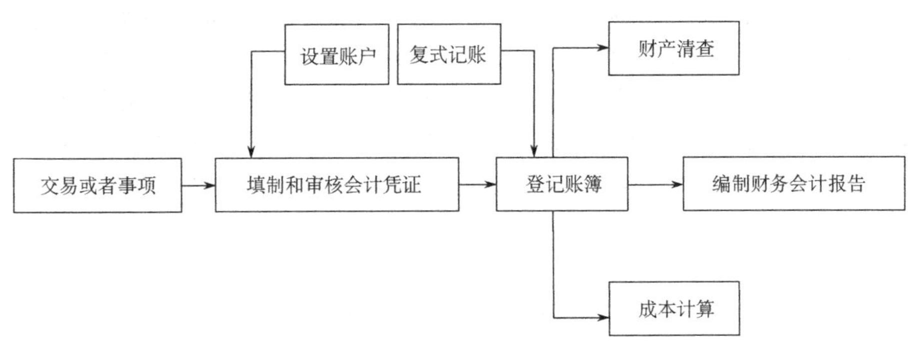

图 1-1　会计核算方法及关系图

第二节　编制财务报表的会计假设理论

会计假设亦称会计核算基本前提，是会计确认、计量和报告的前提，是对会计核算所处时间、空间等所作的合理假设。我国《企业会计准则——基本准则》规范的会计假设包括会计主体、持续经营、会计分期和货币计量。这些会计假设，尽管不是会计核算中关于会计政策、会计方法的具体规定，但它规定了会计核算工作得以存在的前提条件，是企业进行会计确认、计量和报告的重要依据。

一、会计主体

《企业会计准则——基本准则》第一章第五条规定："企业应当对其发生的交易或者

事项进行会计确认、计量和报告。”这一规定的内涵是规范了会计主体假设。

会计主体，是指企业会计确认、计量和报告的空间范围。为了向会计信息使用者披露企业某一特定日期的财务状况、一定会计期间的经营成果和现金流量状况，应当明确财务报表信息披露的空间范围，即财务报表反映的特定对象的范围，并将其与其他经济实体区别开来，实现财务报表的目标。

在会计主体假设下，财务报表的报告主体应当对其发生的交易或者事项进行会计确认、计量和报告，反映自身生产经营活动过程的财务状况、经营成果和现金流动状况等。明确会计主体的空间范围，是进行会计确认、计量和报告的重要前提。只有明确了会计主体，才能确定会计确认、计量和报告的交易或者事项的范围，才能将会计主体的交易或者事项与其投资人的交易或者事项，以及其他会计主体的交易或者事项区别开来。

每个企业被视为独立于其他会计主体、投资人及其他个体的会计主体。会计主体在经济上独立，具有自己的财产权，并可以自由处分自己的财产权，其权益属投资人。每个会计主体在安排其生产经营活动或处理财务问题时，应从企业整体出发，即从会计主体角度出发，确定资产范围和承担债务的范围，安排生产经营活动所取得的收益或损失，以提供一个会计主体的会计信息。

会计主体与法律主体不同。一个法律主体通常是一个会计主体，但一个会计主体不一定是一个法律主体。法律主体是指在国家工商管理部门登记注册、有独立的财产、能够独立承担民事责任的法人。尽管一个法律主体通常是一个会计主体，但并不是所有的会计主体都是一个法律主体。如在企业集团组织形式下，母子公司是不同的法律主体，各自也是一个会计主体，但为了全面反映整个集团的财务状况、经营成果状况等，就有必要将这个企业集团作为一个经济意义上的会计主体来编制合并财务报表。

二、持续经营

《企业会计准则》第一章第六条规定：“企业会计确认、计量和报告应当以持续经营为前提。”这一规定的内涵是规范了持续经营假设。

持续经营假设，是指在可预见的未来，会计主体的生产经营活动会按照当前的规模和状态持续经营下去，履行既定的条约与承诺，不会面临破产清算。在持续经营假设下，会计确认、计量和报告应当以企业持续、正常的生产经营活动为前提。

在持续经营假设下，企业将按原来的规模和状态持续经营下去，会计政策等的选择正是基于这一假设。例如，将资产划分为流动资产、非流动资产，并以历史成本为基本会计计量模式；将负债划分为流动负债和非流动负债；收入与费用的确认和计量采用权责发生制等。再如，基于企业会按当前规模和状态持续经营下去，固定资产才会采用分期计提折旧的方法，将用于固定资产的投资逐渐地转入产品生产成本或费用，并通过产品销售逐渐收回，而不是一次性地收回。如果判断企业面临破产，不会持续经营下去，固定资产就不应采用历史成本计量并采用分期计提折旧的方法收回投资。

在会计主体发生变化或企业停业清算时，持续经营环境下的会计政策已不适用这一假设而需要作出更合乎情理的其他选择。如可按投资评估价值或清算价格来反映资产、负债等的价值。需要注意的是，任何企业都存在着破产清算的风险，如果能够事先预测出企业不再会持续经营下去，在可预见的未来面临破产清算，就应当改变会计政策，并在企业财务报表中作出相应披露。

三、会计分期

《企业会计准则——基本准则》第一章第七条规定：“企业应当划分会计期间，分期结算账目和编制财务会计报告。会计期间分为年度和中期。中期是指短于一个完整的会计年度的报告期间。”这一规定的内涵是规范了会计分期假设。

会计分期，是指将一个企业持续经营的期间人为地划分为若干个连续的、长短相同的会计期间，以分期地、及时地向会计信息使用者反映各会计期间的财务状况和经营成果等，并编制各会计期间的财务报表。

一个会计年度（12 个月）称为一个会计期间。会计年度可以是以 1 月 1 日为始点、12 月 31 日为终点的日历年制，也可以是以任何一个月份的某一日为起点、以次年某对月的前一日为终点的营业年制，如以营业最淡之时作为年末等。我国会计准则规定，企业会计分期采用日历年制。

从客观上讲，某一企业的经营成果要到经营活动全部结束后，通过清算才能准确地计算出来。但是，由于投资人要根据企业的经营成果作出投资方面的决策，债权人要根据企业的财务状况作出资金安排方面的决策，各级管理人员要根据会计信息及时掌握企业生产经营活动的动态等，所以，会计信息作为企业生产经营活动信息的主要表现方式，必须对某一特定日期的财务状况、一定会计期间的经营成果、现金流动状况和所有者权益变动状况进行总结，以中期报表和年度报表的形式向会计信息使用者提供会计信息。

四、货币计量

《企业会计准则——基本准则》第一章第八条规定：“企业会计应当以货币计量。”这一规定的内涵是规范了货币计量假设。

货币计量，是指会计主体在会计确认、计量和报告时以货币形式反映会计主体的生产经营活动的过程和结果。在市场经济条件下，会计确认、计量和报告之所以选择货币作为主要计量单位，是因为只有货币才能将各种复杂的交易或者事项进行分类汇总、总括反映，这是其他计量单位，如实物计量单位、劳动计量单位等都无法实现的。

货币本身也有价值，它是通过货币购买力或物价水平表现出来的。在市场经济条件下，货币价值会发生变动，有些国家甚至出现比较恶性的通货膨胀，此时，会计计量还可选择重置成本、现值、可变现净值、公允价值等作为可选择计量模式。

综上所述，会计核算的基本前提虽是人为主观作出的却是出于客观需要的。四项会计假设既有联系又有区别，它们的联系表现如下：会计主体假设确定了会计核算的空间范围，持续经营假设以企业在可预见的将来能够持续经营、不会面临破产清算为前提，而会计分期假设则将企业持续经营的时期划分为大致相等的若干会计期间，确定了会计确认、计量和报告的时间范围。在每个会计期间选择能够将不同类型交易或者事项统一起来的货币作为计量尺度，对交易或者事项进行会计确认、计量和报告。它们的区别表现如下：每一个会计假设在会计假设理论中相对独立，分别就会计核算的某一方面进行规范，每一个会计假设都可以自成一个理论体系。

第三节　会计信息质量要求

会计信息质量要求是指企业财务报表提供的各种会计信息应该达到的质量标准。我国《企业会计准则——基本准则》规定的会计信息质量要求有真实性、相关性、可理解性、可比性、实质重于形式、重要性、谨慎性和及时性等。

一、真实性

《企业会计准则——基本准则》第二章第十二条规定："企业应当以实际发生的交易或者事项为依据进行确认、计量和报告，如实反映符合确认和计量要求的各项会计要素，保证会计信息真实可靠，内容完整。"这一规定的实质是提出了会计信息真实性的质量要求。

真实性是会计信息最基本的质量特征。真实性要求企业应当以实际发生的交易或事项为依据进行会计确认、计量和报告。会计信息作为一个信息系统，其提供的信息是企业投资人、债权人等会计信息使用者进行投资决策的依据，也是国家宏观管理经济、企业内部管理层管理企业生产经营活动的基本信息来源。如果企业提供的会计信息不能真实地反映其财务状况、经营成果及现金流动状况等，不仅不能成为有用的会计信息，反而会误导会计信息使用者，导致其作出错误的决策，甚至造成损失。

会计信息的真实性要求具体表现如下：在进行会计确认、计量和报告时，必须以实际发生的交易或者事项所取得的真实的会计凭证为依据，不得对虚构的或者尚未发生的交易或者事项进行会计确认、计量和报告；保证会计信息的完整性，应当按时间、按种类披露会计信息，不得根据企业的需要遗漏或者减少应予以披露的会计信息，不得粉饰或掩饰财务状况或经营业绩等；包括在财务报告中的会计信息应当是中立的、无偏的、不带有倾向性的。如果在财务报告中为了达到企业预先设立的阅读或者分析效果，而有选择地披露有关信息，从而影响会计信息使用者的决策和判断，就不是中立和无偏的会计信息。

二、相关性

《企业会计准则——基本准则》第二章第十三条规定："企业提供的会计信息应当与财务会计报告使用者的经济决策需要相关，有助于财务会计报告使用者对企业过去、现在或者未来的情况作出评价或者预测。"这一规定的内涵是提出了会计信息的相关性质量要求。

提供会计信息是会计工作的一项重要任务，是为了便于会计信息使用者充分利用它。因此，会计信息的一个重要质量特征，就是看其是否与会计信息使用者的需求相关，是否有助于他们及时、正确地作出各种决策。如向投资人提供的关于企业财务状况或经营成果的信息，要有利于他们对企业的现状和前景进行判断和预测，满足他们进行投资决策时的信息需求；向各方面债权人提供的关于企业偿债能力方面的信息，要有利于他们对向企业提供资金的使用方向、资金的安全性进行监督，对能否按时收回本金和利息作出基本判断；向政府有关管理部门提供的有关信息，要有助于他们对企业生产经营活动是否符合国家有关环境保护政策、是否符合国家有关职工权益保障政策、是否符合国家产业发展政策、是否按税法规定足额按时缴纳税款等进行监督。

三、可理解性

《企业会计准则——基本准则》第二章第十四条规定："企业提供的会计信息应当清晰明了，便于财务会计报告使用者理解和利用。"这一规定的内涵是提出了会计信息可理解性的质量要求。

企业提供会计信息的目的在于信息被使用者使用。要使用会计信息首先要了解会计信息的内涵，否则，就谈不上信息的使用。可理解性要求：在会计信息的表达中力图做到清晰明了、标准通用、完整准确，以有助于会计信息使用者简单和准确地理解和把握会计信息的内涵和外延，从而更好地加以利用。随着我国市场经济的不断发展，会计信息的使用者也越来越广泛，不仅包括企业内部管理人员、政府有关管理人员，还包括企业各方面投资人、债权人、职工、社会公众等。这在客观上对会计信息的简单明了、通俗易懂提出了越来越高的要求。

四、可比性

《企业会计准则——基本准则》第二章第十五条规定："企业提供的会计信息应当具有可比性。同一企业不同时期发生的相同或者相似的交易或者事项，应当采用一致的会计政策，不得随意变更。确需变更的，应当在附注中说明。不同企业发生的相同或者相似的交易或者事项，应当采用规定的会计政策，确保会计信息口径一致，相互可比。"这一规定的内涵是提出了会计信息可比性的质量要求。

可比性质量要求，是指企业必须按照国家统一的会计准则对发生的交易或者事项进行会计确认、计量和报告，提供相互可比的会计信息，这样，不仅可以满足国家进行宏观经济管理和调控的需要，也可以满足投资人、债权人等相关利益者进行决策时所需要的相互可比的会计信息。

会计信息可比性有两方面要求，即同一企业不同会计期间会计信息的可比性，以及不同企业相同会计期间会计信息的可比性。

会计信息在同一企业不同会计期间的可比性，要求同一企业在不同会计期间发生的相同或者类似的交易或者事项，应当采用一致的会计政策，不得按企业设定的目标随意变更。因而，会计信息可比性的前提是会计政策的一致性。一致性要求是指同一企业不同会计期间发生的相同或者相似的交易或者事项，应当采用一致的会计政策进行会计确认、计量和报告，不得随意变更。例如，固定资产折旧政策，有平均年限法、工作量法、加速折旧法等。不同折旧政策计算出的各期折旧费不同，对各期经营成果的影响也不同。再如，存货发出计量，可以采用先进先出法、加权平均法等。由于采用的会计政策不同，在消耗同量材料物资的情况下，计算出的生产成本也不同。若由于前后各期所采用的会计政策不同而影响成本费用的增减和盈利的变化，而不加以说明，必然会给会计信息使用者造成误解。

会计政策的一致性要求并不意味着不得变更会计政策。如果经济环境发生变化需要变更，或者按国家有关规范的规定可以变更，或者在会计政策变更后能够提供更可靠、更相关的会计信息时，可以变更会计政策。有关会计政策变更对企业财务状况和经营成果的影响，应当在附注中予以说明。

不同企业在相同会计期间发生的相同或者相似的交易或者事项，也应当采用一致的会计政策，以确保会计信息在不同企业之间的口径一致、相互可比。要求不同企业的会计信息相互可比，主要是为了便于会计信息使用者评价不同企业财务状况和经营成果时采用相同的评价标准。

五、实质重于形式

《企业会计准则——基本准则》第二章第十六条规定："企业应当按照交易或者事项的经济实质进行确认、计量的报告，不应仅以交易或者事项的法律形式为依据。"这一规定的内涵是提出了会计信息实质重于形式的质量要求。

在大多数情况下，企业发生的交易或者事项的经济实质与法律形式是一致的，在交易或者事项的会计确认、计量和报告中，不会出现交易或者事项的经济实质与法律形式矛盾的问题。但有时会发生一些经济实质与法律形式不吻合的交易或者事项，如企业融资租入固定资产，在租赁期未满、融资租赁形成的长期负债尚未偿付清之前，从法律形式上看，资产的所有权仍然属于出租方所有，并没有转移给承租方。但是，从经济实质上看，与该项固定资产相关的收益和风险已经转移给承租方，承租人实质上能够行使对该项固定资产的控制权，并能够享有该固定资产所创造的未来经济利益。因此，承租人应该将其视同自有固定资产进行会计确认、计量和报告。遵循实质重于形式要求，体现了对交易或者事项实质的尊重，也能够保证会计信息与企业财务状况、经营成果的客观实际相符。

六、重要性

《企业会计准则——基本准则》第二章第十七条规定："企业提供的会计信息应当反映与企业财务状况、经营成果和现金流量有关的所有重要交易或者事项。"这一规定的内涵是提出了会计信息重要性的质量要求。

在会计信息的表达方式中，应区别其对会计信息使用者决策的重要程度，采用不同的表达方式。具体来说，就是对那些重要的交易或者事项应分别核算，在财务报表中分项披露，并在财务会计报告中作重点说明；对次要的交易或者事项，可采用一定的方式汇总核算，在财务报表中也可汇总披露。同时，在会计信息披露方面，也可根据对会计信息使用者决策有用的程度，把握不同的详尽程度。例如，中期财务会计报告的详尽程度与年度财务会计报告的详尽程度相比，有很大差别。

七、谨慎性

《企业会计准则——基本准则》第二章第十八条规定："企业对交易或者事项进行确

认、计量和报告应当保持应有的谨慎，不应高估资产或者收益、低估负债或者费用。”这一规定的内涵是提出了会计信息谨慎性的质量要求。

谨慎性又称稳健性。由于在市场经济环境下，企业生产经营活动的各方面都面临许多不确定因素，这些不确定因素又会给企业带来很多风险。例如，应收账款可能发生的坏账损失，长期股权投资可能发生的减值，固定资产可能发生的无形损耗等。为了尽可能规避风险并向会计信息使用者提供符合企业财务状况、经营成果实际情况的会计信息，会计准则要求企业在对交易或者事项的会计确认、计量和报告中持谨慎态度：凡是可以预见的、发生的可能性很大的损失或费用，应提前估计，并予以确认、计量和报告。例如，对各项资产可能发生的损失应当提前计提减值准备金等；对没有确定的收入或利得则不能提前予以确认、计量和报告，而应在收入或利得确实实现之后，再进行会计确认、计量和报告。

八、及时性

《企业会计准则——基本准则》第二章第十九条规定：“企业对于已经发生的交易或者事项，应当及时进行确认、计量和报告，不得提前或者延后。”这一规定的内涵是提出了会计信息及时性的质量要求。

及时对企业发生的交易或者事项进行会计确认、计量和报告，是市场经济的基本要求，只有及时进行披露，会计信息才具有使用价值，这是会计信息时效性的特征。即使是真实的、相关的、可比的会计信息，如果没有及时披露，其使用价值就大大降低。及时性的含义有三点：第一，交易或者事项已经发生的，应该及时进行会计凭证的收集。第二，在收集会计凭证的基础上，对发生的交易或事项进行及时的确认、计量和记录，不能拖延。例如，已经发生的费用，应及时根据其用途及受益部门予以归类、分配，并及时进行账务处理。已经取得或已取得收款权利、形成企业收益的收入，应及时确认、计量，并及时进行账务处理等。第三，到会计期末，应及时进行会计信息的加工处理，编制财务报表，并及时进行会计信息的披露。

在市场经济环境下，会计信息的及时性特征对投资人、债权人、企业管理层及时了解企业财务状况和经营状况有着十分重要的意义，对国民经济宏观管理和宏观经济信息汇总的及时完成也有着十分重要的意义。

第四节 会计要素计量模式及其关系

一、会计要素计量模式种类

会计计量是将符合确认条件的会计要素发生的增减变动登记入账、列报于财务报表并确定其金额的工作总称。由于货币的时间价值不同，同一项资产在同一时间，以不同的会计计量模式计量，其价值量有很大差别。为了反映不同会计要素在不同情况下的价值状况，企业可以选择不同的会计计量模式。

我国《企业会计准则——基本准则》第九章第四十一条规定：“企业在将符合确认

条件的会计要素登记入账并列报于财务报表时，应当按照规定的会计计量基础进行计量，确认其金额。”会计计量基础，又称会计计量模式，包括历史成本、重置成本、可变现净值、现值和公允价值等。

（一）历史成本计量模式

历史成本，是指企业取得或建造某项资产时发生的全部支出。历史成本计量模式，就是将资产的历史成本作为资产的账面价值，对物价变动等因素引起的资产价值的提高或者降低，不作账面价值调整。

在历史成本计量模式下，资产按照其购置时支付的现金或者现金等价物的金额，或者购置资产时所付出的对价的公允价值计量；负债按照因承担现时义务而实际收到的款项或者资产的金额，或者承担现时义务的合同金额，或者日常活动中为偿还负债预期需要支付的现金或者现金等价物的金额计量。由于历史成本计量模式具有可验证性的特点，所以它是会计要素的基本计量模式。

（二）重置成本计量模式

重置成本，是指按照当前的市场价格，重新取得与原有资产同样的资产需要支付的全部支出。重置成本计量模式，就是将资产的重置成本作为其账面价值。

在重置成本计量模式下，资产按照当前购买相同或者相似资产所需支付的现金或者现金等价物的金额计量；负债按照现在偿付该项债务所需支付的现金或者现金等价物的金额计量。重置成本计量模式主要用于盘盈资产价值的计量。

（三）可变现净值计量模式

可变现净值，是指在正常生产经营条件下，资产预计销售价格减去进一步加工成本、预计支付税金及其他费用后的净值。可变现净值计量模式，就是将资产的可变现净值作为其账面价值。

在可变现净值计量模式下，资产按照预计对外销售所能收到现金或者现金等价物的金额扣减该资产至完工时还要发生的成本、估计的销售费用及相关税费后的金额计量。可变现净值计量模式主要用于存货期末价值的计量。

（四）现值计量模式

现值，是指对资产未来现金流量以适当的折现率进行折现后的价值。现值计量模式，就是以资产或负债的现值作为其账面价值。

在现值计量模式下，资产按照预计从其持续使用和最终处置中所产生的未来净现金流入量的折现金额计量；负债按照预计期限内需要偿还的未来净现金流出量的折现金额计量。

（五）公允价值计量模式

公允价值，是指在公平交易中，熟悉情况的双方自愿进行资产交换或者债务清偿的金额。公允价值计量模式，就是以资产或者负债的公允价值作为其账面价值。在公允价值计量模式下，资产和负债按照在公平交易中，熟悉情况的交易双方自愿进行资产交换或者债务清偿的金额计量。

企业在对会计要素进行计量时，一般应当采用历史成本计量模式，采用重置成本、可变现净值、现值、公允价值计量模式的，应当保证所确定的会计要素金额能够取得并可靠地计量。

二、各种计量模式的关系

在不同计量模式中，历史成本计量模式通常反映资产取得时或者负债形成时的价值，是过去的价值，而重置价值、可变现净值、现值及公允价值等计量模式，通常反映资产或者负债的现时成本或者现时价值。这几种计量模式存在以下关系。

第一，不同计量模式是一个对应的概念。在各种会计要素计量模式中，历史成本计量模式反映资产在取得时的成本，或者负债在形成时的价值。重置成本、可变现净值、公允价值及现值反映资产或者负债的现时成本或者价值。重置成本、可变现净值、公允价值及现值是与历史成本相对应的几种计量模式。

第二，不同计量模式是一个相对的概念。例如，某项资产在取得时可能是按当时的重置成本或公允价值进行交易的，这时，重置成本或公允价值构成该项资产的历史成本，即当前某项资产或者负债的公允价值可能就是未来该项资产或者负债的历史成本，而当前某项资产或者负债的历史成本可能就是过去交易或者事项发生时资产或者负债的公允价值。

第三，不同计量模式相互间的使用。例如，当某项资产拟以公允价值进行交易，但不存在活跃市场的报价，也不存在同类或者类似资产的活跃市场报价时，资产的公允价值就需要借助估值技术来确定。而在采用估值技术方法估计相关资产的公允价值时，现值往往是比较普遍采用的一种方法，即这种情况下，资产的公允价值是以其现值为基础确定的。

三、计量模式的应用原则

由于历史成本具有可验证性的特点，所以企业对会计要素进行计量时，一般应采用历史成本计量模式。采用重置成本、可变现净值、公允价值或现值计量模式时，应当确保所确定的会计要素金额能够取得并可靠计量。

在采用公允价值计量模式确定会计要素的金额时，应充分考虑公允价值应用的三个级次：第一，存在活跃市场的资产或者负债，活跃市场中的报价可用于其公允价值的金额确定；第二，不存在活跃市场报价的，参考熟悉情况并自愿交易的各方最近进行的交易中使用的价格，或者参照实质上相同的其他资产或者负债的当前公允价值；第三，不存在活跃市场且不满足上述两个条件的，应当采用估值技术方法确定资产或者负债的公允价值。

习　题

1. 会计工作具有哪些特点?
2. 会计信息应当符合哪些质量要求? 你认为会计信息最重要的质量要求是哪些?
3. 会计要素计量模式有哪几种? 不同计量模式的特点是什么?

第二章

财务报表体系

第一节 财务报表体系及信息披露的基本要求

一、财务报表体系

企业日常发生的交易或者事项已经通过会计凭证、会计账簿进行了全面、连续和系统的核算，但这些核算资料分散在不同的账簿中。为了向会计信息使用者全面报告企业发生的交易或者事项及其结果，会计核算要将这些分散于账簿中的交易或者事项通过一个简单的形式进行总结，向会计信息使用者报告，其目的在于满足各方面会计信息使用者的决策需要。

财务会计报告，是企业对外提供的反映其某一特定日期财务状况和某一会计期间经营成果、现金流量等会计信息的文件。

财务会计报告包括财务报表和其他应当在财务会计报告中披露的相关信息和资料。财务会计报表是财务报告的主体部分，财务报表至少应当包括资产负债表、利润表、现金流量表、所有者权益变动表等报表，以及报表附注。其他需要在财务会计报告中披露的相关信息和资料则根据实际情况进行报告。

企业财务报表包括资产负债表、利润表、现金流量表、所有者权益变动表，以及报表附注等。其中，四张财务报表从不同角度反映企业的财务状况、经营成果、现金流动状况和所有者权益变动状况；资产负债表从静态角度反映企业某一特定日期的财务状况；利润表从动态角度反映企业一定会计期间的经营成果；现金流量表则反映企业一定会计期间现金及现金等价物的流入、流出及现金净流量状况；所有者权益变动表反映企业一定会计期间所有者权益各组成部分发生增减变动的状况及变动结果。这四张财务报表既相互独立，各自反映企业财务状况或经营成果的某一方面，又相互配合，共同构成一个反映企业资金运行过程及运行结果的报表体系。报表附注，是指对财务报表各要素的补充说明，以及在财务报表中未能列报，但又需要说明的其他财务信息，如进行不同交易或者事项会计核算、编制财务报表适用的会计假设，所采用的会计计量基础，所采用的会计政策等的说明。

企业财务报表按不同标准有不同的分类，表 2-1 是按财务报表反映的经济内容等不同标准的分类。

表 2-1 财务报表分类

分类标准	报表种类	定义	特点
按其反映的内容	资产负债表	反映企业某一特定日期财务状况的报表	静态反映企业在某一特定日期资产总额和权益总额
	利润表	反映企业一定会计期间经营成果的报表	动态反映企业一定会计期间内的经营成果
	现金流量表	反映企业一定会计期间现金流入、流出及现金净流量的报表	动态反映企业一定会计期间内现金流动状况及其结果
	所有者权益变动表	反映企业一定会计期间所有者权益各组成部分当期增减变动情况的报表	动态反映企业一定会计期间内所有者权益各项目增减变动及结果
按其服务对象	外部报表	企业向外提供的、供外部会计信息使用者了解企业财务状况、经营成果、现金流动状况和所有者权益变动情况的财务报表	国家有统一的格式、内容、编制时间、披露时间等报表规范
	内部报表	为适应企业内部经营管理需要而编制的、供企业内部经营管理部门和人员使用的财务报表	没有统一的格式、内容、编制时间等。企业可根据实际需要灵活制定
按其编制主体	个别报表	企业作为一个会计主体单独编制的、反映企业财务状况、经营成果、现金流动状况和所有者权益变动状况的财务报表	单个企业的财务报表
	合并报表	以企业集团为一个会计主体编制的、综合反映企业集团财务状况、经营成果、现金流动状况和所有者权益变动状况的财务报表	以母公司和子公司单独编制的个别财务报表为基础，由母公司编制
按其编制时间	月报	按月编制的各种财务报表	简明扼要
	季报	按季度编制的各种财务报表	会计信息详细程度介于月报与年报之间
	年报	按年度编制的各种财务报表	完整披露一个会计年度财务状况、经营成果、现金流动状况和所有者权益变动状况

二、财务报表信息披露的基本要求

为了使会计信息使用者完整地了解企业财务状况、经营成果、现金流动状况和所有者权益变动状况等，企业披露财务报表信息时应符合以下基本要求。

第一，应遵循会计准则确认和计量的结果进行财务报表信息披露。企业应当对实际发生的各项交易或者事项，遵循各项会计准则的规定进行会计确认和会计计量，并在此基础上进行财务报表信息披露。应当按《企业会计准则——基本准则》中的规范划分会计要素，按规范要求选择记账本位币，按规范要求的内容进行会计信息披露；应当按照《企业会计准则》各具体准则的规范进行各会计要素的会计确认和会计计量，以及会计核算中会计政策的选择等；应当在报表附注中对是否遵循企业会计准则编制财务报表、进行信息披露的情况作出声明，只有遵循企业会计准则的所有规定时，才可以作出编制财务报表“遵循了企业会计准则”的声明。

第二，财务报表信息列报前提。企业应当以持续经营为前提编制财务报表。企业决策层和管理层应当对在可预见未来企业的持续经营能力进行评估，如可预见未来企业的持续发展能力、盈利能力、偿债能力等；同时还应当对在可预见未来可能面临的经营风险，且在企业面临这些风险时，能否持续经营下去进行评估。在持续经营状态下，企业应按持续经营状态选择会计政策，进行会计核算，编制财务报表，披露财务报表信息。

如果存在某些重大不确定因素对是否能够持续经营产生严重怀疑时，应当对不确定因素进行充分披露。非持续经营是企业出现严重财务危机或经营危机，不能够再持续经营下去而面临破产的一种情况。此时，企业会计核算应当按非持续经营状态进行会计政策的选择，如资产应当采用可变现净值进行会计计量等。同时，应当在财务报表附注中声明财务报表未以持续经营为前提进行列报。

第三，会计信息重要性要求。关于项目在财务报表中是单独列报还是合并列报，应当根据重要性原则进行判断。例如，性质或功能不同的项目，一般应在财务报表中单独列报，进行信息披露；性质或功能类似的项目，一般可以合并列报，进行信息披露；项目单独列报的原则不仅适用于财务报表，也适用于报表附注。

第四，会计信息可比性和一致性要求。为了使会计信息使用者更容易地获取信息，有助于他们对同一企业、不同企业的财务状况、经营成果进行比较，同一企业不同时期的财务报表、不同企业的财务报表应当相互可比。

财务报表相互可比的前提是财务报表编制的一致性特征。一致性体现在两个方面：第一，财务报表的项目分类、项目内容、项目排列顺序等在不同会计期间保持一致，不能随意变更；第二，同一企业不同会计期间发生的相同或者相似的交易或者事项，应当采用相同的会计政策；第三，不同企业发生的相同或者相似的交易或者事项，也应当采用相同的会计政策，以确保财务报表披露的信息口径一致、相互可比。

第五，财务报表项目金额间的相互抵消。为了使会计信息使用者更充分地获取信息，有助于他们对企业过去、现在或者未来的财务状况、经营成果等作出评价或预测，资产负债表中各资产项目之间、负债项目之间、所有者权益项目之间不能相互抵销，这几个会计要素各项目之间也不能相互抵销；利润表中的收入项目之间、费用项目之间不能抵销，这几个会计要素也不能相互抵销。以净额列示的项目不属于抵销。

第六，比较信息披露。企业在披露当期财务报表时，至少应当提供所有列报项目上一可比会计期间的比较数据，以及与理解当期财务报表相关的说明，目的是向会计信息使用者提供对比数据。

第七，财务报表表首的披露要求。财务报表一般有表首、正表两个部分。其中，在表首部分应当提供关于企业的基本信息，如企业名称、资产负债表编制日期、其他财务报表涵盖的会计期间、记账本位币、财务报表是否为合并财务报表等。

第八，财务报表的报告期间。

第二节 财务报表各要素之间的数量关系

一、资产负债表要素及其数量关系

（一）资产负债表要素

企业拥有的资金随着经营活动的进行而不断运动、变化。无论是制造业企业、商品流通企业，还是服务业或其他企业，都是如此。企业会计所反映和监督的对象就是资金运行的过程及其结果，在会计实践中需要对会计对象的具体内容进行适当的分类，由此引出会计要素这一概念。

会计要素就是会计对象的构成要素，是会计对象最基本的组成部分。也就是说，会计要素是会计对象的具体化，是会计对象的基本分类。

我国《企业会计准则——基本准则》将会计要素划分为资产、负债、所有者权益、收入、费用和利润六大类。这六大会计要素的前三类是反映企业财务状况的静态会计要素（又称资产负债表要素），后三类是反映企业经营成果的动态会计要素（又称利润表要素）。

1. 资产

资产是指企业过去交易或者事项形成的、由企业拥有或者控制的、预期会给企业带来经济利益的资源。满足资产定义的同时，资产还应满足如下确认条件：第一，与该资源有关的经济利益很可能流入企业；第二，该资源的成本或者价值能够可靠计量。仅符合资产定义但不符合资产确认条件的资源项目，不应列入资产负债表。

资产按其在生产经营过程中的变现能力强弱和流动性快慢，可分为流动资产和非流动资产。

（1）流动资产是指可以在一年或者超过一年的一个营业周期内变现或者耗用的资产。流动资产包括货币资金、交易性金融资产、各种应收债权、存货等。

（2）非流动资产是指企业长期使用、不准备随时变现的资产。非流动资产包括持有至到期投资、长期股权投资、固定资产、无形资产、投资性房地产和其他长期资产等。

2. 负债

负债是指企业过去的交易或者事项形成的、预期会导致经济利益流出企业的现时义务。在满足负债定义的同时，负债还应满足其确认条件：第一，与该义务有关的经济利益很可能流出企业；第二，未来流出的经济利益的金额能够可靠地计量。

负债按其偿还时间远近和流动性快慢，可分为流动负债和非流动负债。

（1）流动负债是指将在一年或者超过一年的一个营业周期内偿还的债务。流动负债包括短期借款、应付票据、应付账款、交易性金融负债、其他应付款、预收账款、应付职工薪酬、应交税费、应付利润、预计负债等。

（2）非流动负债是指偿还期在一年或者超过一年的一个营业周期以上的债务。非流动负债包括长期借款、应付债券、长期应付款等。

3. 所有者权益

所有者权益，是指企业资产扣除负债后由投资人享有的剩余权益。所有者权益体现的是投资人在企业的剩余权益，因此，所有者权益的确认依赖于资产和负债的确认，其金额则取决于资产和负债的计量。

所有者权益包括实收资本、资本公积、留存收益等。

（1）实收资本是投资人实际投入企业的各项财产物资所形成的投资人在企业的权益。股份制公司发行股票，应当按照股票面值作为股本。

（2）资本公积是投资人投入企业的、在金额上超过实收资本部分的资本，以及企业在生产经营活动中一些特殊业务所形成的、归属于投资人共有的资本。资本公积包括资本溢价、股本溢价、直接计入所有者权益的利得和损失等。

（3）盈余公积是按照《公司法》规定的比例从税后利润中提取的公积金。盈余公积包括法定盈余公积和任意盈余公积。

（4）未分配利润是企业留于以后年度分配的利润或待分配利润。

（二）资产负债表要素的数量关系

资产负债表三要素并不是各自孤立存在的，它们之间在数量上存在一种平衡关系。从不同的角度看，这种平衡关系表现如下。

任何企业要开展生产经营活动，必须拥有一定数量的、能够在其生产经营活动中发挥不同作用的资产。当然，要购置或采购这些资产，必须从一定渠道取得资金。在市场经济环境下，企业取得购置资产所需要的资金有两个途径，一是来自于投资人向企业的投资（统称为所有者权益），二是来自于债权人向企业提供的各类贷款（统称为负债）。因此，企业各类资产总和，应与负债加所有者权益之和相等。

$$资产 = 负债 + 所有者权益 \tag{2-1}$$

或

$$资产 - 负债 = 所有者权益$$

（三）资产负债表的格式及主要项目

资产负债表分为左右两方，左方排列的资产，按其流动性强弱和变现能力，分为流动资产和非流动资产；右边排列的负债和所有者权益，其中负债按其偿还时间远近和流动性强弱，分为流动负债和非流动负债。资产负债表的格式及主要项目如表 2-2 所示。

表 2-2 资产负债表

编制单位： 年 月 日 单位：元

资产	期末余额	年初余额	负债和所有者权益	期末余额	年初余额
流动资产			流动负债		
货币资金			短期借款		
交易性金融资产			应付票据		
应收票据			应付账款		
应收账款			应付职工薪酬		
其他应收款			应交税费		

续表

资产	期末余额	年初余额	负债和所有者权益	期末余额	年初余额
存货			应付股利		
流动资产合计			**流动负债合计**		
非流动资产			**非流动负债**		
持有至到期投资			长期借款		
长期股权投资			应付债券		
投资性房地产			其他长期负债		
固定资产			**非流动负债合计**		
无形资产			**所有者权益**		
其他长期资产			股本		
非流动资产合计			资本公积		
			盈余公积		
			未分配利润		
			所有者权益合计		
资产总计			**负债及所有者权益总计**		

二、利润表要素及其数量关系

（一）利润表要素

1．收入

收入是指企业在日常活动中形成的、会导致所有者权益增加、与所有者投入资本无关的经济利益的总流入。收入的确认条件如下：第一，与收入相关的经济利益很可能流入企业；第二，经济利益流入企业的结果会导致资产的增加或者负债的减少；第三，经济利益的流入金额能够可靠计量。同时符合收入定义和收入确认条件的项目，可以列入利润表。

收入包括主营业务收入和其他业务收入。

（1）主营业务收入指企业开展正常生产经营活动所取得的收入。

（2）其他业务收入指企业发生的、除正常生产经营活动之外的其他业务所取得的收入。

2．费用

费用是指企业在日常活动中发生的、会导致所有者权益减少的、与向投资人分配利润无关的经济利益的总流出。费用的确认条件有三个：第一，与费用相关的经济利益很可能流出企业；第二，经济利益流出企业的结果会导致资产的减少或负债的增加；第三，经济利益流出企业的金额能够可靠计量。同时符合费用定义和费用确认条件的项目，可以列入利润表。

费用包括直接费用、间接费用和期间费用。

（1）直接费用指在产品生产过程中发生的、与产品形成有直接关系的费用，包括构成产品实体的材料费，直接人工费和其他直接计入产品成本的费用。

（2）间接费用指有助于产品的制造完成、各种产品共同发生的费用，包括生产产品车间的固定资产折旧费、车间管理人员的人工费等。间接费用按一定的标准分配计入各种产品成本，与直接费用共同构成产品的制造成本。

（3）期间费用指不计入产品成本、从本期收入中直接扣除的费用。期间费用包括管理费用、财务费用和销售费用。管理费用指企业管理部门为组织和管理企业生产经营活动而发生的费用；财务费用指企业为筹集资金而发生的融资费用；销售费用指企业在产品销售过程中发生的费用。

3. 利润

利润指企业在一定会计期间取得的经营成果。利润包括收入减去费用后的净额、直接计入当期利润的利得和损失等。因此，利润的确认取决于收入、费用及利得和损失的确认，其金额的确定也取决于收入、费用、利得和损失的计量。

利润包括营业利润、利润总额和净利润等。

（1）营业利润是企业开展正常生产经营活动所形成的利润。

（2）利润总额是在营业利润的基础上，加上正常生产经营活动之外的业务所取得的营业外收入（减去营业外支出）后的余额。

（3）净利润是在利润总额的基础上，减去所得税费用后的余额。

（二）利润表要素的数量关系

企业取得资金购置各项必要的资产后，就要开展生产经营活动。任何一项能引起资金发生增减变动的生产经营活动，都将引起资产、负债或所有者权益等有关会计要素发生数量上的增减变化。例如，制造业企业通过销售产品取得了销售收入，销售收入减去为生产产品发生的费用后，还会获得利润。这是制造业企业主要的生产经营活动，即会计要素的动态表现。利润表三要素的数量关系为

$$收入 - 费用 = 利润 \qquad (2\text{-}2)$$

由于费用是资产的一种转化形态，而收入又是所有者权益的一种转化形态，所以，利润表三要素与资产负债表三要素又存在如下数量关系：

$$资产 + 费用 = 负债 + 所有者权益 + 收入 \qquad (2\text{-}3)$$

根据式（2-2）和式（2-3），又可推导出：

$$资产 = 负债 + 所有者权益 + 利润 \qquad (2\text{-}4)$$

由于利润又属于所有者权益，所以，六个会计要素的关系，就全部体现在“资产＝负债＋所有者权益”这一会计方程式中了。

以上六大会计要素完整地反映了企业会计对象的具体内容，即它们分别从静态和动态的角度来反映企业的财务状况和经营成果。这六个会计要素是对会计对象的科学分类，也是设置会计科目和会计账户的基本依据，同时，还是构成财务报表的基本要素。

（三）利润表的格式及主要项目

利润表上的会计三要素，是按每个要素对净利润形成的影响程度来分类的。营业收入减去与正常生产经营活动相关的各项费用等于营业利润，营业利润加与正常生产经营活动无直接关系的营业外收入（减去营业外支出）等于利润总额，利润总额减去所得税

费用等于净利润。利润表的格式及主要项目如表 2-3 所示。

表 2-3 利润表

编制单位： 年 月 日 单位：元

项目	本期金额	上期金额
一、营业收入		
减：营业成本		
营业税金及附加		
销售费用		
管理费用		
财务费用		
资产减值损失		
加：公允价值变动收益（损失以“－”号填列）		
投资收益（损失以“－”号填列）		
二、营业利润		
加：营业外收入		
减：营业外支出		
三、利润总额		
减：所得税费用		
四、净利润（亏损以“－”号填列）		

三、现金流量表主要内容及其数量关系

现金流量表是反映企业一定会计期间内现金及现金等价物流入、流出及现金净流量状况的财务报表。

（一）现金流量表主要内容

1. 经营活动产生的现金流量

经营活动是指企业开展正常生产经营活动发生的交易或者事项。对于工商企业而言，经营活动主要包括销售商品、提供劳务、购买商品、接受劳务、支付税费等。由这些活动产生的现金流量称为经营活动产生的现金流量。

2. 投资活动产生的现金流量

投资活动是指企业非流动资产的构建和不包括在现金等价物范围内的投资及其处置活动发生的交易或者事项。对于工商企业而言，投资活动包括各种长期资产处置及投资、金融资产收回及投资等。由这些活动产生的现金流量称为投资活动产生的现金流量。

3. 筹资活动产生的现金流量

筹资活动是指导致企业资本、债务规模及构成发生变化的交易或者事项。筹资活动包括收到投资人的投资、从银行取得的借款、发行债券以及偿还债务等。由这些活动产

生的现金流量称为筹资活动产生的现金流量。

此外，对企业正常生产经营活动之外的、偶然发生的引起现金发生增减变动的特殊项目，应当归并到相关类别中，并单独反映。

（二）现金流量表数量关系

现金流入是企业在一定会计期间由经营活动、投资活动和筹资活动所取得的现金及现金等价物的增加；现金流出是企业在一定会计期间由经营活动、投资活动和筹资活动所发生的现金及现金等价物的减少。现金流入减去现金流出的差额，称为现金净流量。其关系为

现金流入 － 现金流出 ＝ 现金净流量

如果分别计算经营活动现金净流量、投资活动现金净流量和筹资活动现金净流量，则有

经营活动现金净流量 ＝ 经营活动现金流入 － 经营活动现金流出

投资活动现金净流量 ＝ 投资活动现金流入 － 投资活动现金流出

筹资活动现金净流量 ＝ 筹资活动现金流入 － 筹资活动现金流出

现金净流量 ＝ 经营活动现金净流量 ＋ 投资活动现金净流量 ＋ 筹资活动现金净流量

如果企业有外币存款，汇率变动也会对现金净流量产生影响。

（三）现金流量表的格式及主要项目

为了分别反映经营活动、投资活动和筹资活动的现金流入、现金流出和产生的现金净流量，现金流量表分为三大部分，来分别反映不同活动的现金流量状况，每一活动的现金流量又分现金流入和现金流出两小部分。汇率变动对现金流量的影响单独列示。现金流量表的格式及主要项目如表 2-4 所示。

表 2-4　现金流量表

编制单位：　　　　年　月　日　　　　单位：元

项目	本期金额	上期金额
一、经营活动产生的现金流量		
销售商品、提供劳务收到的现金		
收到的其他与经营活动有关的现金		
经营活动现金流入小计		
购买商品、接受劳务支付的现金		
支付给职工以及为职工支付的现金		
支付的各项税费		
经营活动现金流出小计		
经营活动产生的现金流量净额		
二、投资活动产生的现金流量		
收回投资收到的现金		

续表

项目	本期金额	上期金额
取得投资收益收到的现金		
处置固定资产、无形资产和其他长期资产收回的现金净额		
投资活动现金流入小计		
购建固定资产、无形资产和其他长期资产支付的现金		
投资支付的现金		
投资活动现金流出小计		
投资活动产生的现金流量净额		
三、筹资活动产生的现金流量		
吸收投资收到的现金		
取得借款收到的现金		
筹资活动现金流入小计		
偿还债务支付的现金		
分配股利、利润或偿付利息支付的现金		
支付其他与筹资活动有关的现金		
筹资活动现金流出小计		
筹资活动产生的现金流量净额		
四、汇率变动对现金及现金等价物的影响		
五、现金及现金等价物净增加额		
加：期初现金及现金等价物余额		
六、期末现金及现金等价物余额		

四、所有者权益变动表主要内容及其数量关系

所有者权益变动表，指反映所有者权益各组成部分在一定会计期间发生增减变动情况的报表。所有者权益变动表应当全面反映一定会计期间所有者权益变动的情况，不仅包括所有者权益总量的增减变动，还包括所有者权益增减变动的重要结构性信息，特别是要反映直接计入所有者权益的利得和损失，让会计信息使用者准确理解所有者权益增减变动的根源。

（一）所有者权益变动表的主要内容

1. 引起所有者权益总额发生增减变动的内容

引起所有者权益总额发生增减变动的内容，包括实收资本的增加或减少，资本公积的增加或减少，净利润的增加或减少，向投资人分配现金利润引起净利润的减少等。

2. 所有者权益项目内部结转、总额不变的内容

所有者权益几个项目之间发生增减变动、总额不变的内容，包括提取盈余公积、资

本公积转增资本、盈余公积转增资本、股票股利、以盈余公积弥补亏损等。

（二）所有者权益变动表各组成部分的数量关系

所有者权益变动表按其反映的内容，主要分为四个部分，包括所有者权益各项目的上年年末余额、本年年初余额、本年增减变动金额、本年年末余额。其中“本年增减变动金额”是所有者权益变动表的核心部分，其又由五个部分组成，包括净利润、其他综合收益、所有者投入和减少资本、利润分配、所有者权益内部结转等。

所有者权益变动表中本年年初余额、本年增减变动金额、本年年末余额几个部分的数量关系为

本年年末余额＝本年年初余额＋本年增加变动金额－本年减少变动金额

（三）所有者权益变动表的格式及主要项目

所有者权益变动表按所有者权益各组成部分本年年末余额形成的顺序，自上而下分别为所有者权益项目的上年年末余额、本年年初余额、本年增减变动金额、本年年末余额。所有者权益变动表的格式和主要项目如表 2-5 所示。

表 2-5 所有者权益变动表

编制单位： 年 月 日 单位：元

项目	本年金额						上年金额					
	实收资本（股本）	资本公积	减：库存股	盈余公积	未分配利润	所有者权益合计	实收资本（股本）	资本公积	减：库存股	盈余公积	未分配利润	所有者权益合计
一、上年年末余额												
二、本年年初余额												
三、本年增减变动额（减少以“－”号列示）												
（一）净利润												
（二）直接计入所有者权益的利得和损失												
（三）所有者投入和减少资本												
（四）利润分配												
（五）所有者权益内部结转												
四、本年年末余额												

第三节 会计信息使用者对财务报表的不同关注点

市场经济环境下，企业要进行产品的生产、销售等经营活动，必定会与不同利益相

关者发生不同的经济关系。一般而言，企业的利益相关者有投资人、债权人、政府有关管理部门、客户、企业职工、竞争对手和社会公众等。由于不同的利益相关者与企业存在不同的利益关系，其对会计信息的关注重点也不尽相同。财务报表提供的会计信息在尽可能满足不同方面需求的前提下，重点满足投资人对会计信息的需求。

第一，投资人对财务报表的关注点。这里的投资人包括两层含义：一是已经对企业实施了投资行为的投资人；二是尚未实施投资行为的潜在投资人。投资人与企业的利益关系是投资与回报的关系，因而，投资人关注的重点是企业的投资风险、获利能力、现金流量等方面的信息。

企业投资人可分为两类，即控股投资人和非控股投资人。对于控股投资人而言，其关注的重点在于企业战略性发展的有关信息，如企业资产规模、资产结构、资产质量、长期获利能力、未来现金流、企业价值等；对于非控股投资人而言，更关注自己的投资能否增值，投资报酬或投资回报水平能有多高，企业的经营成果能否满足自己投资收益的期望值等。这些信息集中反映在企业的近期业绩、股利分配政策，以及短期现金流状况等方面。

根据这些信息，不同的投资人可作出是否继续持有企业投资，是否追加投资，或是收回或转让投资等的决策。因此，投资人阅读与分析财务报表的重点是企业资产质量、经营风险水平、短期或长期获利能力、投资回报率等方面的信息。

第二，债权人对财务报表的关注点。企业债权人通常包括向其提供贷款的银行、非银行金融机构（如财务公司、保险公司等）、企业债券投资人、供应商等。债权人与企业的利益关系是资金的借贷关系，因而，债权人关注的重点是企业偿债能力和现金流量方面的信息。

按照一般分类，债权人可以分为短期债权人和长期债权人。其中，短期债权人向企业提供一年以内的贷款资金，他们的权利是到期收回贷款本金和利息。因而，他们最关注的是企业的短期偿债能力，而短期偿债能力的强弱又取决于现金的流动结果。长期债权人向企业提供一年期以上的贷款资金，他们最关注的则是企业连续支付利息和到期（若干年后）偿还债务本金的能力。因而，与短期债权人不同，长期债权人更关注企业的未来获利能力和长期偿债能力，以及作为远期偿债保障的企业资产质量。

第三，政府有关管理部门对财务报表的关注点。在我国，政府有关部门从不同角度与企业形成了利益相关者，同时，还要对企业的生产经营活动进行管理和监督。

政府部门财务报表的阅读者主要包括财政、税务、国有资产管理部门等。一般而言，政府部门对企业财务报表的阅读，大多是对企业概况的了解和进行的综合分析。财政部门重点关注企业所处产业现在及未来的可持续发展状况，以预测企业对财政的支持状况，以及财政资金对产业发展的支持方向；税务部门则侧重对企业经营状况和税源发展状况的了解，以确定税收工作重点，并从财务报表披露的信息中，监督企业税收的合法性；国有资产管理部门则侧重掌握、监控企业国有资产保值、增值情况，为国家进行产业布局、产业结构调整提供信息。

第四，企业供应商对财务报表的关注点。与债权人向企业提供信贷资金类似，供应商在向企业提供商品或劳务服务后也可能成为企业的债权人。与银行向企业提供信贷资金不同的是，供应商更关注企业的长期发展。因为作为供应商，企业的发展状况良好，也给他们提供了好的发展机会；企业良好的信誉，给他们提供长期合作的可能。

从维护长期合作关系方面，供应商关注企业的经营状况和长期偿债能力；从收回货款角度，大多数供应商十分关注企业的短期偿债能力。

第五，管理层对财务报表的关注点。管理层受投资人的委托，对他们投入企业资本的保值和增值承担责任。管理层负责企业日常经营活动的组织和管理，其基本职责是：首先，必须保证企业生产经营活动的正常进行；其次，要及时偿还企业的各种到期债务；最后，要给投资人提供与风险相适应的投资回报。

为了完成其受托责任，企业管理层必须对财务报表的各种信息予以关注。财务报表中关于财务状况的信息，反映了企业资产结构、资产质量、负债结构、资本结构、偿债能力、现金流动等方面的表现，通过这些信息，管理层对企业资产和资金状况会有一个基本判断；财务报表中关于经营成果的信息，集中反映了企业经营业绩状况，包括营业收入规模、各种费用发生状况以及企业的盈利水平等。

事实上，财务报表从不同角度反映了企业管理层的工作业绩，因而，管理层对财务报表的关注点应是全方位的。

第六，客户对财务报表的关注点。客户通常指企业产品的销售对象，是企业经营活动的合作伙伴。当企业成为某个客户重要的商品或劳务供应商时，客户就会关心企业能否长期持续经营下去，能否与之建立并维持长期的业务关系，能否为其提供稳定的货源。因此，客户通常关心企业的可持续发展能力，及有助于对此作出估计的各项指标的增长幅度等。

第七，职工对财务报表的关注点。职工通常与企业存在长久、持续的利益关系，他们关心企业的发展。从近期看，职工关注企业的经营状况和现金流动状况，因为良好的经营状况才能保障他们工作岗位的稳定性，良好的现金流动状况才能保障他们劳动报酬的顺利获取；从远期看，职工关注企业的可持续发展能力，只有企业具有很强的可持续发展能力，才会给职工提供稳定的工作岗位和良好的工作环境。

第八，竞争对手对财务报表的关注点。竞争对手对企业财务报表的关注是多方位的。他们通过企业财务状况方面的信息，可以对竞争对手的资产状况、偿债能力、可持续发展能力等有一个基本认识，借以判断竞争对手间的相对效率；他们通过企业经营成果方面的信息，可以对竞争对手的经营业绩、市场影响力等有一个基本认识，借以判断竞争对手间的相对绩效；同时，通过财务报表的其他信息，可以全面了解竞争对手其他方面的情况，以制定自己的竞争策略。

第九，社会公众对财务报表的关注点。社会公众对企业的关心是多方面的。一般而言，他们关心企业的技术创新、就业政策、环境政策、产品政策等方面的情况。而这些情况可以从企业财务报表披露的信息中得到。这里，特别要提到的是公众媒体对企业的关注度在不断提高。他们通过专业的财务报表分析人士，对企业财务状况、经营成果、现金流动、技术创新、就业政策、环境政策等状况进行剖析，并向社会公众提供剖析结果，对企业行为有着很强的监督作用。

除上述会计信息使用者外，与企业有生产、技术、销售等协作关系的方方面面及其他利益集团，都是企业财务报表的阅读者，这些阅读者也都有其特定的信息需求，这里不再一一列举。但是，需要特别指出的是，不同会计信息使用者的关注重点只是相对的，由于各财务报表数据之间存在着十分密切的关联关系，所以，会计信息使用者要对四张财务报表以及报表附注所提供的信息进行综合分析，才能对一个企业作出全面、准确的判断。

习　题

1. 财务报表体系由哪些内容组成？
2. 资产负债表包括哪些会计要素？各会计要素之间存在怎样的数量关系？
3. 利润表包括哪些会计要素？各会计要素之间存在怎样的数量关系？
4. 现金流量表包括哪些项目？各项目之间存在怎样的数量关系？
5. 不同利益相关者对企业会计信息的需求有什么区别？为什么？

第三章

会计规范体系

第一节　会计行为最高法律规范——会计法

会计法律是调整我国经济生活中会计关系的法律总称。会计法律规范有《会计法》、《中华人民共和国注册会计师法》及其他有关法律。其中尤以《会计法》为我国会计工作的根本大法，下面将对《会计法》有关内容作简要介绍。

《会计法》是会计工作应遵循的基本法律规范。它是会计法规体系中层次最高的法律规范，是制定其他一切会计行政法规、会计规章制度的法律依据。

《会计法》的立法宗旨是规范会计行为，保证会计资料真实、完整，加强经济管理和财务管理，提高经济效益，维护社会主义市场经济秩序。我国《会计法》于1985年首次颁布实施。1993年12月，第八届全国人大常委会第五次会议对《会计法》进行了修订。1999年10月，第九届全国人大常委会第十二次会议对《会计法》进行了第二次修订，并于2000年7月1日正式实施。现行《会计法》各章的主要内容如下。

一、总则

第一条规定了会计法的立法宗旨：规范会计行为，保证会计资料真实、完整，加强经济管理和财务管理，提高经济效益，维护社会主义市场经济秩序。

第二条规定了会计法的适用范围：国家机关、社会团体、公司、企业、事业单位和其他组织（以下统称单位）。

第三条规定了各单位必须依法设置会计账簿，并保证其真实、完整。

第四条规定了单位会计工作和会计资料的真实性和完整性的责任人是单位负责人。

总则还对会计机构与会计人员的权限和相应的责任、会计人员行使职权的保障措施、会计工作管理体制和会计制度的制定权限等内容进行了规范。例如，第五条规定：会计机构、会计人员依照本法规定进行会计核算，实行会计监督。任何单位或者个人不得以任何方式授意、指使、强令会计机构、会计人员伪造、变造会计凭证、会计账簿和其他会计资料，提供虚假财务会计报告。任何单位或者个人不得对依法履行职责、抵制违反本法规定行为的会计人员实行打击报复。第六条规定了对认真执行本法，忠于职守，坚持原则，作出显著成绩的会计人员，应给予精神的或者物质的奖励。第七条对我国会计工作的管理体制和管理权限进行了规定：国务院财政部门主管全国的会计工作；县级以上地方各级人民政府财政部门管理本行政区域内的会计工作。第八条对会计制度的制定进行了规定：国家实行统一的会计制度；国家统一的会计制度由国务院财政部门根据本法制定并公布；国务院有关部门可以依照本法和国家统一的会计制度制定对会计核算和会计监督有特殊要求的行业实施国家统一的会计制度的具体办法或者补充规定，报国务院财政部门审核批准。

二、会计核算

会计法的第二章为“会计核算”。这一章主要规定了会计核算的基本内容、会计年度、记账本位币、会计凭证和会计账簿以及财务会计报告的编制规范，同时，还规定了会计记录文字及会计档案的管理办法等。

第九条规定：各单位必须根据实际发生的经济业务事项进行会计核算，填制会计凭证，登记会计账簿，编制财务会计报告；任何单位不得以虚假的经济业务事项或者资料进行会计核算。

第十条规定了会计核算的主要内容：款项和有价证券的收付；财物的收发、增减和使用；债权债务的发生和结算；资本、基金的增减；收入、支出、费用、成本的计算；财务成果的计算和处理；需要办理会计手续、进行会计核算的其他事项。

第十一条规定了我国会计年度自公历1月1日起至12月31日止。

第十二条规定了会计核算以人民币为记账本位币。业务收支以人民币以外的货币为主的单位，可以选定其中一种货币作为记账本位币，但是编报的财务会计报告应当折算为人民币。

第十三条对会计资料的合法性进行了规定：会计凭证、会计账簿、财务会计报告和其他会计资料，必须符合国家统一的会计制度的规定；使用电子计算机进行会计核算的，其软件及其生成的会计凭证、会计账簿、财务会计报告和其他会计资料，也必须符合国家统一的会计制度的规定；任何单位和个人不得伪造、变造会计凭证、会计账簿及其他会计资料，不得提供虚假的财务会计报告。

第十四条对会计凭证进行了规定：会计凭证包括原始凭证和记账凭证；办理本法第十条所列的经济业务事项，必须填制或者取得原始凭证并及时送交会计机构；会计机构、会计人员必须按照国家统一的会计制度的规定对原始凭证进行审核，对不真实、不合法的原始凭证有权不予接受，并向单位负责人报告；对记载不准确、不完整的原始凭证予以退回，并要求按照国家统一的会计制度的规定更正、补充；原始凭证记载的各项内容均不得涂改；原始凭证有错误的，应当由出具单位重开或者更正，更正处应当加盖出具单位印章。原始凭证金额有错误的，应当由出具单位重开，不得在原始凭证上更正；记账凭证应当根据经过审核的原始凭证及有关资料编制。

第十五条对会计账簿进行了规定：会计账簿登记，必须以经过审核的会计凭证为依据，并符合有关法律、行政法规和国家统一的会计制度的规定。会计账簿包括总账、明细账、日记账和其他辅助性账簿；会计账簿应当按照连续编号的页码顺序登记。会计账簿记录发生错误或者隔页、缺号、跳行的，应当按照国家统一的会计制度规定的方法更正，并由会计人员和会计机构负责人（会计主管人员）在更正处盖章；使用电子计算机进行会计核算的，其会计账簿的登记、更正，应当符合国家统一的会计制度的规定。

第十六条还规定：各单位发生的各项经济业务事项应当在依法设置的会计账簿上统一登记、核算，不得违反本法和国家统一的会计制度的规定私设会计账簿登记、核算。

第十七条对会计核对进行了规定：各单位应当定期将会计账簿记录与实物、款项及有关资料相互核对，保证会计账簿记录与实物及款项的实有数额相符、会计账簿记录与会计凭证的有关内容相符、会计账簿之间相对应的记录相符、会计账簿记录与会计报表的有关内容相符。

第十八条对会计政策的一致性进行了规定：各单位采用的会计处理方法，前后各期应当一致，不得随意变更；确有必要变更的，应当按照国家统一的会计制度的规定变更，并将变更的原因、情况及影响在财务会计报告中说明。

第十九条对或有事项的说明进行了规定：单位提供的担保、未决诉讼等或有事项，应当按照国家统一的会计制度的规定，在财务会计报告中予以说明。

第二十条对财务会计报告的编制和审计要求进行了规定：财务会计报告应当根据经过审核的会计账簿记录和有关资料编制，并符合本法和国家统一的会计制度关于财务会计报告的编制要求、提供对象和提供期限的规定；其他法律、行政法规另有规定的，从其规定；财务会计报告由会计报表、会计报表附注和财务情况说明书组成。向不同的会计资料使用者提供的财务会计报告，其编制依据应当一致。有关法律、行政法规规定会计报表、会计报表附注和财务情况说明书须经注册会计师审计的，注册会计师及其所在的会计师事务所出具的审计报告应当随同财务会计报告一并提供。

第二十一条规定：财务会计报告应当由单位负责人和主管会计工作的负责人、会计机构负责人（会计主管人员）签名并盖章；设置总会计师的单位，还须由总会计师签名并盖章；单位负责人应当保证财务会计报告真实、完整。

第二十二条对会计记录使用文字进行了规定：会计记录的文字应当使用中文。在民族自治地方，会计记录可以同时使用当地通用的一种民族文字。在中华人民共和国境内的外商投资企业、外国企业和其他外国组织的会计记录可以同时使用一种外国文字。

第二十三条规定：各单位对会计凭证、会计账簿、财务会计报告和其他会计资料应当建立档案，妥善保管；会计档案的保管期限和销毁办法，由国务院财政部门会同有关部门制定。

三、公司、企业会计核算的特别规定

第三章主要对公司、企业会计核算作一些特殊规定。

第二十五条对会计要素的确认和计量进行了规定：公司、企业必须根据实际发生的经济业务事项，按照国家统一的会计制度的规定确认、计量和记录资产、负债、所有者权益、收入、费用、成本和利润。

第二十六条规定了公司和企业在会计核算方面的禁止性行为，公司、企业进行会计核算不得有下列行为：随意改变资产、负债、所有者权益的确认标准或者计量方法，虚列、多列、不列或者少列资产、负债、所有者权益；虚列或者隐瞒收入，推迟或者提前确认收入；随意改变费用、成本的确认标准或者计量方法，虚列、多列、不列或者少列费用、成本；随意调整利润的计算、分配方法，编造虚假利润或者隐瞒利润；违反国家统一的会计制度规定的其他行为。

四、会计监督

第四章是对会计核算进行监督的专门规定。

第二十七条对单位建立内部会计监督进行了规定：各单位应当建立、健全本单位内部会计监督制度。单位内部会计监督制度应当符合下列要求：记账人员与经济业务事项和会计事项的审批人员、经办人员、财物保管人员的职责权限应当明确，并相互分离、相互制约；重大对外投资、资产处置、资金调度和其他重要经济业务事项的决策和执行的相互监督、相互制约程序应当明确；财产清查的范围、期限和组织程序应当明确；对会计资料定期进行内部审计的办法和程序应当明确。

第二十八条规定了单位负责人的义务：单位负责人应当保证会计机构、会计人员依法履行职责，不得授意、指使、强令会计机构、会计人员违法办理会计事项；会计机构、会计人员对违反本法和国家统一的会计制度规定的会计事项，有权拒绝办理或者按照职权予以纠正。

第二十九至第三十一条，对会计机构和会计人员的职权及会计监督的其他方面进行了规定：第二十九规定，会计机构、会计人员发现会计账簿记录与实物、款项及有关资料不相符的，按照国家统一的会计制度的规定有权自行处理的，应当及时处理；无权处理的，应当立即向单位负责人报告，请求查明原因，作出处理。第三十条规定，任何单位和个人对违反本法和国家统一的会计制度规定的行为，有权检举。收到检举的部门有权处理的，应当依法按照职责分工及时处理；无权处理的，应当及时移送有权处理的部门处理。收到检举的部门、负责处理的部门应当为检举人保密，不得将检举人姓名和检举材料转给被检举单位和被检举人个人。第三十一条规定，有关法律、行政法规规定，须经注册会计师进行审计的单位，应当向受委托的会计师事务所如实提供会计凭证、会计账簿、财务会计报告和其他会计资料以及有关情况；任何单位或者个人不得以任何方式要求或者示意注册会计师及其所在的会计师事务所出具不实或者不当的审计报告。财政部门有权对会计师事务所出具审计报告的程序和内容进行监督。

第三十二条规定了财政部门对会计工作的监督内容：是否依法设置会计账簿；会计凭证、会计账簿、财务会计报告和其他会计资料是否真实、完整；会计核算是否符合本法和国家统一的会计制度的规定；从事会计工作的人员是否具备从业资格。

第三十三条是对其他政府部门对单位会计工作进行监督的规定：财政、审计、税务、人民银行、证券监管、保险监管等部门应当依照有关法律、行政法规规定的职责，对有关单位的会计资料实施监督检查。

第三十四条是对有关监督部门保密义务的规定：依法对有关单位的会计资料实施监督检查的部门及其工作人员对在监督检查中知悉的国家秘密和商业秘密负有保密义务。

第三十五条是对单位接受有关部门监督的规定：各单位必须依照有关法律、行政法规的规定，接受有关监督检查部门依法实施的监督检查，如实提供会计凭证、会计账簿、财务会计报告和其他会计资料以及有关情况，不得拒绝、隐匿、谎报。

五、会计机构和会计人员

第三十六条是对单位设置会计机构的规定：各单位应当根据会计业务的需要，设置会计机构，或者在有关机构中设置会计人员并指定会计主管人员；不具备设置条件的，应当委托经批准设立从事会计代理记账业务的中介机构代理记账；国有的和国有资产占控股地位或者主导地位的大中型企业必须设置总会计师。总会计师的任职资格、任免程序、职责权限由国务院规定。

第三十七条是对单位会计机构内部建立稽核制度的规定，以及对出纳人员不得兼任稽核、会计档案保管和收入、支出、费用、债权债务账目的登记工作的规定。

第三十八条是对会计从业人员资格的规定：从事会计工作的人员，必须取得会计从业资格证书；担任单位会计机构负责人（会计主管人员）的，除取得会计从业资格证书外，还应当具备会计师以上专业技术职务资格或者从事会计工作三年以上经历。

第三十九条是对会计人员教育的规定：会计人员应当遵守职业道德，提高业务素质。对会计人员的教育和培训工作应当加强。

第四十条是对会计人员有关违法行为处罚的规定：因有提供虚假财务会计报告，做假账，隐匿或者故意销毁会计凭证、会计账簿、财务会计报告，贪污，挪用公款，职务侵占等与会计职务有关的违法行为被依法追究刑事责任的人员，不得取得或者重新取得会计从业资格证书；除前款规定的人员外，因违法违纪行为被吊销会计从业资格证书的人员，自被吊销会计从业资格证书之日起五年内，不得重新取得会计从业资格证书。

第四十一条是对会计人员工作交接的规定：会计人员调动工作或者离职，必须与接管人员办清交接手续；一般会计人员办理交接手续，由会计机构负责人（会计主管人员）监交；会计机构负责人（会计主管人员）办理交接手续，由单位负责人监交，必要时主管单位可以派人会同监交。

六、法律责任

第六章是对不同会计违法行为应承担相应的法律责任的规定。

第四十二条规定：违反本法规定，有下列行为之一的，由县级以上人民政府财政部门责令限期改正，可以对单位并处三千元以上五万元以下的罚款；对其直接负责的主管人员和其他直接责任人员，可以处二千元以上二万元以下的罚款；属于国家工作人员的，还应当由其所在单位或者有关单位依法给予行政处分。

这些行为如下：不依法设置会计账簿；私设会计账簿；未按照规定填制、取得原始凭证或者填制、取得的原始凭证不符合规定；以未经审核的会计凭证为依据登记会计账簿或者登记会计账簿不符合规定；随意变更会计处理方法；向不同的会计资料使用者提供的财务会计报告编制依据不一致；未按照规定使用会计记录文字或者记账本位币；未按照规定保管会计资料，致使会计资料毁损、灭失；未按照规定建立并实施单位内部会计监督制度或者拒绝依法实施的监督或者不如实提供有关会计资料及有关情况；任用会计人员不符合本法规定。

有前款所列行为之一，构成犯罪的，依法追究刑事责任。会计人员有第一款所列行为之一，情节严重的，由县级以上人民政府财政部门吊销会计从业资格证书。

第四十三条是对伪造、变造会计凭证、会计账簿，编制虚假财务会计报告应承担法律责任的规定。构成犯罪的，依法追究刑事责任。

有前款行为，尚不构成犯罪的，由县级以上人民政府财政部门予以通报，可以对单位并处五千元以上十万元以下的罚款；对其直接负责的主管人员和其他直接责任人员，可以处三千元以上五万元以下的罚款；属于国家工作人员的，还应当由其所在单位或者有关单位依法给予撤职直至开除的行政处分；对其中的会计人员，并由县级以上人民政府财政部门吊销会计从业资格证书。

第四十四条是对隐匿或者故意销毁依法应当保存的会计凭证、会计账簿、财务会计报告应承担法律责任的规定。构成犯罪的，依法追究刑事责任。

有前款行为，尚不构成犯罪的，由县级以上人民政府财政部门予以通报，可以对单位并处五千元以上十万元以下的罚款；对其直接负责的主管人员和其他直接责任人员，可以处三千元以上五万元以下的罚款；属于国家工作人员的，还应当由其所在单位或者有关单位依法给予撤职直至开除的行政处分；对其中的会计人员，并由县级以上人民政府财政部门吊销会计从业资格证书。

第四十五条规定：授意、指使、强令会计机构、会计人员及其他人员伪造、变造会计凭证、会计账簿，编制虚假财务会计报告或者隐匿、故意销毁依法应当保存的会计凭证、会计账簿、财务会计报告，构成犯罪的，依法追究刑事责任；尚不构成犯罪的，可以处五千元以上五万元以下的罚款；属于国家工作人员的，还应当由其所在单位或者有关单位依法给予降级、撤职、开除的行政处分。

第四十六条规定：单位负责人对依法履行职责、抵制违反本法规定行为的会计人员以降级、撤职、调离工作岗位、解聘或者开除等方式实行打击报复，构成犯罪的，依法追究刑事责任；尚不构成犯罪的，由其所在单位或者有关单位依法给予行政处分。对受打击报复的会计人员，应当恢复其名誉和原有职务、级别。

第四十七条规定：财政部门及有关行政部门的工作人员在实施监督管理中滥用职权、玩忽职守、徇私舞弊或者泄露国家秘密、商业秘密，构成犯罪的，依法追究刑事责任；尚不构成犯罪的，依法给予行政处分。

第四十八条规定：违反本法第三十条规定，将检举人姓名和检举材料转给被检举单位和被检举人个人的，由所在单位或者有关单位依法给予行政处分。

第四十九条规定：违反本法规定，同时违反其他法律规定的，由有关部门在各自职权范围内依法进行处罚。

第二节　其他法律规范的相关内容

一、《中华人民共和国公司法》有关内容

《中华人民共和国公司法》（简称《公司法》）的立法宗旨是：规范公司的组织和行为，保证公司、股东和债权人的合法权益，维护社会经济秩序，促进社会主义市场经济的发展。《公司法》有关条款的规定与公司会计行为密切相关。

关于有限责任公司注册资本的出资时间和出资金额，《公司法》有专项条款规范。如第二章第二十六条规定："有限责任公司的注册资本为在公司登记机关登记的全体股东认缴的出资额。公司全体股东的首次出资额不得低于注册资本的百分之二十，也不得低于法定的注册资本最低限额，其余部分由股东自公司成立之日起两年内缴足；其中，投资公司可以在五年内缴足。"同时规定，"有限责任公司注册资本的最低限额为人民币三万元"。再如，第二章第三十六条规定："公司成立后，股东不得抽逃出资。"

关于股份有限公司注册资本的出资时间、出资金额、股票发行价格，《公司法》也有专项条款规范。例如，第四章第八十一条规定："股份有限公司采取发起设立方式设立的，注册资本为在公司登记机关登记的全体发起人认购的股本总额。公司全体发起人的首次出资额不得低于注册资本的百分之二十，其余部分由发起人自公司成立之日起两年内缴足；其中，投资公司可以在五年内缴足。在缴足前，不得向他人募集股份。"同时还规定："股份有限公司注册资本的最低限额为人民币五百万元。"第五章第一百二十八条规定："股票发行价格可以按票面金额，也可以超过票面金额，但不得低于票面金额。"

关于上市公司财务报告公开报告时间，《公司法》第五章第一百四十六条规定："上市公司必须依照法律、行政法规的规定，公开其财务状况、经营情况及重大诉讼，在每会计年度内半年公布一次财务会计报告。"

《公司法》还设专章——"第八章公司财务、会计"，来规范公司会计行为。例如，第一百六十四条规定"公司应当依照法律、行政法规和国务院财政部门的规定建立本公司的财务、会计制度"；第一百六十五条规定"公司应当在每一会计年度终了时编制财务会计报告，并依法经会计师事务所审计"；第一百六十六条规定"有限责任公司应当依照公司章程规定的期限将财务会计报告送交各股东"；"股份有限公司的财务会计报告应当在召开股东大会年会的二十日前置备于本公司，供股东查阅；公开发行股票的股份有限公司必须公告其财务会计报告"。

《公司法》还设专门章节规范公司法定公积金和任意公积金的形成来源、提取比例、用途去向等内容。例如，第一百六十七条规定"公司分配当年税后利润时，应当提取利润的百分之十列入公司法定公积金。公司法定公积金累计额为公司注册资本的百分之五十以上的，可以不再提取"；"公司的法定公积金不足以弥补以前年度亏损的，在依照前款规定提取法定公积金之前，应当先用当年利润弥补亏损"；"公司从税后利润中提取法定公积金后，经股东会或者股东大会决议，还可以从税后利润中提取任意公积金"；"股

东会、股东大会或者董事会违反前款规定，在公司弥补亏损和提取法定公积金之前向股东分配利润的，股东必须将违反规定分配的利润退还公司”等。

《公司法》第一百六十八条还对股份有限公司资本公积金的形成和用途进行了规范：“股份有限公司以超过股票票面金额的发行价格发行股份所得的溢价款以及国务院财政部门规定列入资本公积金的其他收入，应当列为公司资本公积金”；对公积金的用途，《公司法》第一百六十九条规定“公司的公积金用于弥补公司的亏损、扩大公司生产经营或者转为增加公司资本。但是，资本公积金不得用于弥补公司的亏损”；“法定公积金转为资本时，所留存的该项公积金不得少于转增前公司注册资本的百分之二十五”。

关于公司合并、分立，《公司法》设专门章节进行规范。例如，第一百七十三规定“公司合并可以采取吸收合并或者新设合并”。第一百七十六条规定：“公司分立，其财产作相应的分割。公司分立，应当编制资产负债表及财产清单。公司应当自作出分立决议之日起十日内通知债权人，并于三十日内在报纸上公告。”

关于公司减资，《公司法》第一百七十八条规定“公司需要减少注册资本时，必须编制资产负债表及财产清单”；同时规定“公司应当自作出减少注册资本决议之日起十日内通知债权人，并于三十日内在报纸上公告。债权人自接到通知书之日起三十日内，未接到通知书的自公告之日起四十五日内，有权要求公司清偿债务或者提供相应的担保。公司减资后的注册资本不得低于法定的最低限额”。

关于公司增资，《公司法》第一百七十九条规定：“有限责任公司增加注册资本时，股东认缴新增资本的出资，依照本法设立有限责任公司缴纳出资的有关规定执行。股份有限公司为增加注册资本发行新股时，股东认购新股，依照本法设立股份有限公司缴纳股款的有关规定执行。”

关于公司解散和清算程序，《公司法》第一百八十七条规定：“清算组在清理公司财产、编制资产负债表和财产清单后，应当制定清算方案，并报股东会、股东大会或者人民法院确认。公司财产在分别支付清算费用、职工的工资、社会保险费用和法定补偿金，缴纳所欠税款，清偿公司债务后的剩余财产，有限责任公司按照股东的出资比例分配，股份有限公司按照股东持有的股份比例分配。清算期间，公司存续，但不得开展与清算无关的经营活动。公司财产在未依照前款规定清偿前，不得分配给股东。”

关于违反《公司法》的不同规定应承担的法律责任，在第十二章作了专门规定。如第一百九十九条规定了虚假注册资本的法律责任：“违反本法规定，虚报注册资本、提交虚假材料或者采取其他欺诈手段隐瞒重要事实取得公司登记的，由公司登记机关责令改正，对虚报注册资本的公司，处以虚报注册资本金额百分之五以上百分之十五以下的罚款；对提交虚假材料或者采取其他欺诈手段隐瞒重要事实的公司，处以五万元以上五十万元以下的罚款；情节严重的，撤销公司登记或者吊销营业执照。”

《公司法》对虚假出资应承担的法律责任的规定是：“公司的发起人、股东虚假出资，未交付或者未按期交付作为出资的货币或者非货币财产的，由公司登记机关责令改正，处以虚假出资金额百分之五以上百分之十五以下的罚款。”

《公司法》对抽逃出资应承担的法律责任的规定是：“公司的发起人、股东在公司成立后，抽逃其出资的，由公司登记机关责令改正，处以所抽逃出资金额百分之五以上百分之十五以下的罚款。”

《公司法》对另立会计账簿应承担法律责任的规定是：“公司违反本法规定，在法定的会计账簿以外另立会计账簿的，由县级以上人民政府财政部门责令改正，处以五万元以上五十万元以下的罚款。”对提供虚假财务会计报告应承担法律责任的规定是：“公司在依法向有关主管部门提供的财务会计报告等材料上作虚假记载或者隐瞒重要事实的，由有关主管部门对直接负责的主管人员和其他直接责任人员处以三万元以上三十万元以下的罚款。”

《公司法》中有多个条款的规定，与公司会计工作直接相关，这里不作详细介绍。

二、《中华人民共和国刑法》有关内容

《中华人民共和国刑法》（简称《刑法》）有专门条款规定破坏社会主义市场经济秩序罪，其中与会计工作直接相关的内容有多项。

例如，《刑法》第三章第一百五十八条规定：“申请公司登记使用虚假证明文件或者采取其他欺诈手段虚报注册资本，欺骗公司登记主管部门，取得公司登记，虚报注册资本数额巨大、后果严重或者有其他严重情节的，处三年以下有期徒刑或者拘役，并处或者单处虚报注册资本金额百分之一以上百分之五以下的罚金。”同时还规定：“单位犯前款罪的，对单位判处罚金，并对其直接负责的主管人员和其他直接责任人员，处三年以下有期徒刑或者拘役。”

《刑法》第三章第一百五十九条规定：“公司发起人、股东违反公司法的规定未交付货币、实物或者未转移财产权，虚假出资，或者在公司成立后又抽逃其出资，数额巨大、后果严重或者有其他严重情节的，处五年以下有期徒刑或者拘役，并处或者单处虚假出资金额或者抽逃出资金额百分之二以上百分之十以下罚金。”同时还规定：“单位犯前款罪的，对单位判处罚金，并对其直接负责的主管人员和其他直接责任人员，处五年以下有期徒刑或者拘役。”

《刑法》第三章第一百六十一条规定：“依法负有信息披露义务的公司、企业向股东和社会公众提供虚假的或者隐瞒重要事实的财务会计报告，或者对依法应当披露的其他重要信息不按照规定披露，严重损害股东或者其他人利益，或者有其他严重情节的，对其直接负责的主管人员和其他直接责任人员，处三年以下有期徒刑或者拘役，并处或者单处二万元以上二十万元以下的罚金。”

《刑法》第三章第一百六十二条之一规定：“隐匿或者故意销毁依法应当保存的会计凭证、会计账簿、财务会计报告，情节严重的，处五年以下有期徒刑或者拘役，并处或者单处二万元以上二十万元以下罚金。”同时还规定：“单位犯前款罪的，对单位判处罚金，并对其直接负责的主管人员和其他直接责任人员，依照前款的规定处罚。”

《刑法》第三章第一百六十二条之二规定：“公司、企业通过隐匿财产、承担虚构的债务或者以其他方法转移、处分财产，实施虚假破产，严重损害债权人或者其他人利益的，对其直接负责的主管人员和其他直接责任人员，处五年以下有期徒刑或者拘役，并处或者单处二万元以上二十万元以下的罚金。”

《刑法》第三章第一百七十五条之一规定：“以欺骗手段取得银行或者其他金融机构

贷款、票据承兑、信用证、保函等，给银行或者其他金融机构造成重大损失或者有其他严重情节的，处三年以下有期徒刑或者拘役，并处或者单处罚金；给银行或者其他金融机构造成特别重大损失或者有其他特别严重情节的，处三年以上七年以下有期徒刑，并处罚金。”同时还规定，“单位犯前款罪的，对单位判处罚金，并对其直接负责的主管人员和其他直接责任人员，依照前款的规定处罚。”

《刑法》第三章第一百七十六条规定：“非法吸收公众存款或者变相吸收公众存款，扰乱金融秩序的，处三年以下有期徒刑或者拘役，并处或者单处二万元以上二十万元以下罚金；数额巨大或者有其他严重情节的，处三年以上十年以下有期徒刑，并处五万元以上五十万元以下罚金。”同时还规定：“单位犯前款罪的，对单位判处罚金，并对其直接负责的主管人员和其他直接责任人员，依照前款的规定处罚。”

《刑法》还在许多条款中规定了与企业会计工作直接相关的违法行为。

三、《中华人民共和国票据法》有关内容

《中华人民共和国票据法》（简称《票据法》）规范了与票据有关的违法行为，其中与会计工作直接相关的部分内容如下。

《票据法》第一百零二条规定了七种票据欺诈行为的刑事法律责任。该七种票据欺诈行为是：①伪造、变造票据；②故意使用伪造、变造的票据；③签发空头支票或者故意签发与其预留的本名签名式样或者印鉴不符的支票，骗取财物；④签发无可靠资金来源的汇票、本票，骗取资金；⑤汇票、本票的出票人在出票时作虚假记载，骗取财物；⑥冒用他人的票据，或者故意使用过期或者作废的票据，骗取财物；⑦付款人同出票人、持票人恶意串通，实施前六项所列行为之一的。

《票据法》第一百零三条规定：行为人实施前述票据欺诈行为之一，情节轻微，不构成犯罪的，依照国家有关规定给予行政处罚。

所谓行政处罚是指国家行政机关对违反法律、国家行政管理法规的人员所作的处罚。该处罚的形式主要有警告、罚金、罚款、没收非法所得、停止办理某项业务、停业整顿、吊销营业执照或经营许可证、拘留等。

四、《中华人民共和国证券法》有关内容

《中华人民共和国证券法》（简称《证券法》）有关条款规范的与会计工作直接相关的内容很多。其中关于上市公司信息披露的规定如下。

《证券法》第三章（证券交易）的第三节（持续信息公开）第六十三条规定：“发行人、上市公司依法披露的信息，必须真实、准确、完整，不得有虚假记载、误导性陈述或者重大遗漏。”第六十四条规定：“经国务院证券监督管理机构核准依法公开发行股票，或者经国务院授权的部门核准依法公开发行公司债券，应当公告招股说明书、公司债券募集办法。依法公开发行新股或者公司债券的，还应当公告财务会计报告。”第六十六条规定：“上市公司和公司债券上市交易的公司，应当在每一会计年度结束之日起四个月内，向国务院证券监督管理机构和证券交易所报送记载以下内容的年度报告，并予公告：（一）公司概况；（二）公司财务会计报告和经营情况；（三）董事、监事、高

级管理人员简介及其持股情况；（四）已发行的股票、公司债券情况，包括持有公司股份最多的前十名股东的名单和持股数额；（五）公司的实际控制人；（六）国务院证券监督管理机构规定的其他事项。”

《证券法》第十一章（法律责任）还规定了各种违反证券法违法行为应当承担的法律责任，这里不再详述。

第三节 会计行政法规

会计行政法规是指调整经济生活中某些方面会计关系的法律规范。与企业会计工作有关的行政法规主要是由国务院发布实施的各种条例、规范和管理办法等，如《企业财务会计报告条例》、《总会计师条例》等。这些会计行政法规对企业财务会计报告的编制和总会计师的职责和权限等方面都作了明确的规定。

《企业财务会计报告条例》是规范企业财务会计报告、保证财务会计报告的真实、完整，根据《会计法》制定的会计行政法规。《企业财务会计报告条例》共六章四十六条。

该条例在总则部分，规定了《企业财务会计报告条例》的立法宗旨、适用范围，企业财务报告真实和完整的责任人，社会中介机构依法对企业财务报告真实性和完整性的监督责任等。

该条例还规范了企业财务会计报告的构成部分：财务会计报告按编报时间分为年度、半年度、季度和月度，其中，年度和半年度财务报告应当包括财务报表、报表附注及财务情况说明书。财务报表应当包括资产负债表、利润表、现金流量表及相关附表。同时，规定了财务报表附注及其他需要进行披露的信息的主要内容。

该条例还规范了财务会计报告的编制基础、编制依据、编制原则和编制方法等。同时还规定了财务会计报告的对外提供，包括对外提供的财务会计报告的形式、财务会计报告提供的方面、接受财务会计报告的组织和个人的保密义务等。

该条例还界定了编制企业财务会计报告中的违法行为及其不同违法行为应当承担的法律责任等。

第四节 会计规章制度

一、我国会计规章制度的主要内容

会计规章制度是各种会计业务具体操作应遵循的规范。我国会计规章制度由财政部制定或审核批准。目前，财政部已经制定的会计规章制度有《企业会计准则——基本准则》、《企业会计准则——具体准则》（38个）、《企业会计制度》、《会计基础工作规范》、《会计从业资格管理办法》、《会计档案管理办法》、《会计电算化工作规范》、《会计人员职责条例》、《会计人员继续教育暂行规定》等。其中《企业会计准则——基本准则》和《企业会计准则——具体准则》是企业各种会计业务具体操作应遵循的基本规范，本书将对其进行重点介绍。

二、企业会计准则的主要内容

（一）会计准则和国际会计准则的产生与发展

会计准则是处理各项交易或者事项时所应当遵循的准则和规范，制定会计准则的目的在于规范和指导企业的会计核算工作，保证会计信息的质量和会计信息的可比性。

会计准则最早产生于美国。由于生产资料的资本主义私有制，各企业的会计核算完全是其独立的行为，采用哪种会计政策和方法，完全取决于企业自身的需要，企业会计核算极不规范，会计语言的内涵极不统一，不同企业提供的会计信息也没有可比性。特别是 20 世纪 30 年代发生的经济危机，究其原因，管理工作不规范、会计核算不实也是其诱发的因素。在危机后，社会各界逐步意识到规范管理工作和会计核算的必要性。1938 年，美国注册会计师协会成立了会计程序委员会，向各企业推荐公认的会计政策和会计方法。之后，会计程序委员会发展为美国财务会计准则委员会。会计准则委员会通过制定和发布财务会计准则，指导和规范企业的会计核算。美国的会计准则包括 100 多条。在美国制定会计准则后，其他一些国家也先后制定和发布了本国的会计准则，如法国、德国、英国、日本等。

随着世界经济的发展和跨国公司的出现，国际资本市场的发展以及企业经营活动的国际化，客观上也要求会计的国际规范化。这种要求除来自编制财务会计报告的企业、会计人员以及财务会计报告的使用者外，同时也来自政府机构、一些国际经济组织、证券管理者以及证券交易所。

1973 年，由澳大利亚、加拿大、德国、法国、英国、美国等 9 国的 16 个会计职业团体发起成立了国际会计准则委员会。该组织设立的目的在于发布符合公共利益的会计准则，并促进其在世界范围内共同承认和遵守；促使各国企业对财务会计报告使用统一会计政策和会计方法来编制；说服各国政府及会计准则制定机构在所规范的财务会计报告中所有重要方面，都尽可能依据统一的国际会计准则进行处理和揭示。国际会计准则委员会的宗旨在于协调各国的会计准则，推动会计的国际统一化。

国际会计准则在 1973～2000 年由国际会计准则委员会发布。国际会计准则理事会于 2001 年取代了国际会计准则委员会。此后，由国际会计准则理事会发布的会计准则称为国际财务报告准则。2001 年 4 月，国际会计准则理事会宣布它会采用国际会计准则委员会以前所发布的所有国际会计准则。目前，现行有效的国际财务报告准则有 38 个。

世界上一些国家的会计准则是由会计职业团体或会计学术团体制定发布的，如英国、澳大利亚等国。这些国家的会计准则作为会计技术规范来指导企业的会计核算工作，也有一些国家的会计准则作为国家法律的一部分由国家统一制定、颁布，如德国、法国等国。我国会计准则作为国家会计规章制度的组成部分，是由财政部统一制定和发布的。

（二）我国企业会计准则发展概况

我国企业会计准则分为基本准则和具体准则两个层次。以《会计法》为依据，财政部于1992年11月制定并颁布的《企业会计准则》（基本会计准则）是我国首次制定的会计准则。此后，从1997年起，财政部陆续制定并颁布了16项具体会计准则。近年来，随着我国市场经济的发展，原有的《企业会计准则》和16项具体会计准则已不能完全适应经济发展的需要。为此，财政部对原来的《企业会计准则》和16项具体会计准则进行了修订，并新增了22项具体会计准则，于2006年2月15日正式颁布了新的《企业会计准则——基本会计准则》和38项具体会计准则，规定于2007年1月1日起实施。新的《企业会计准则——基本会计准则》和38项具体会计准则的发布，标志着我国会计准则体系已经基本建立，并且基本实现了与国际会计准则的接轨。表3-1是对我国会计准则产生与发展历程的简要总结。

表3-1　中国企业会计准则产生与发展历程表

施行时间	内容
1993.7.1	企业会计准则（基本会计准则）
1997.1.1	关联方关系及其交易的披露
1998.1.1	现金流量表，资产负债表日后事项，债务重组，投资
1999.1.1	收入，建造合同，会计政策、会计估计变更和会计差错更正，非货币性交易
2000.7.1	或有事项
2001.1.1（修订）	现金流量表，债务重组，投资，会计政策、会计估计变更和会计差错更正，非货币性交易
2001.1.1	无形资产，借款费用，租赁
2002.1.1	中期财务报告，固定资产，存货
2007.1.1	企业会计准则——基本准则 企业会计准则——具体准则：存货、长期股权投资、投资性房地产、固定资产、生物资产、无形资产、非货币性资产交换、资产减值、职工薪酬、企业年金基金、股份支付、债务重组、或有事项、收入、建造合同、政府补助、借款费用、所得税、外币折算、企业合并、租赁、金融工具确认和计量、金融资产转移、套期保值、原保险合同、再保险合同、石油天然气开采、会计政策、会计估计变更和差错更正、资产负债表日后事项、财务报表列报、现金流量表、中期财务报告、合并财务报表、每股收益、分部报告、关联方披露、金融工具列报、首次采用企业会计准则

（三）我国企业会计准则的主要内容

1. 基本准则的主要内容

（1）总则。总则规范了基本准则的目标、依据、基本准则的适用范围、企业会计准则体系的构成。

（2）会计信息质量要求。会计信息质量要求指企业提供的各种会计信息应该具有的质量特征。《企业会计准则——基本准则》规范的会计信息应该具备的质量要求是：真实性、相关性、清晰性、可比性和一致性、实质重于形式、重要性、谨慎性和及时性等。

（3）会计要素。会计要素指会计核算的具体内容。《企业会计准则——基本准则》规范的会计要素有资产、负债、所有者权益、收入、费用和利润等六大类。

（4）会计计量基础。会计计量基础指企业在将符合确认条件的会计要素登记入账并列报于财务报表时，所采用的会计计量基础。《企业会计准则——基本准则》规范的会计计量基础有五个：历史成本、重置成本、可变现净值、现值和公允价值等。

（5）财务会计报告。财务会计报告是企业对外提供的、反映企业某一特定时日的财务状况和一定会计期间经营成果、现金流量等会计信息的文件。《企业会计准则——基本准则》规范的财务会计报告包括：财务报表和其他应当在财务会计报告中披露的相关信息和资料。财务报表至少应当包括资产负债表、利润表、现金流量表和所有者权益变动表等报表及其附注。其中，资产负债表是反映企业在某一特定时日财务状况的报表；利润表是反映企业在一定会计期间经营成果的报表；现金流量表是反映企业在一定会计期间现金和现金等价物流入和流出的报表；所有者权益变动表是反映一定会计期间内构成所有者权益各组成部分当期增减变动情况的报表。

2. 具体准则的主要内容

具体准则是对各项会计业务进行确认、计量和报告的具体操作规范。目前财政部已经颁布和实施的具体会计准则由三大类、38项准则构成。

（1）一般业务准则。一般业务准则主要规范各类企业普遍适用的一般交易或者事项的确认和计量，如存货、固定资产、投资、无形资产、资产减值、借款费用、收入、外币折算等。

（2）特殊行业的特定业务准则。特殊行业的特定业务准则主要规范特殊行业中特定业务的确认和计量，如石油天然气开采、生物资产、金融工具和保险合同等。

（3）报告准则。报告准则是适用于各类企业的财务会计报告规范，如财务报表列报、现金流量表、合并财务报表、中期财务报告、分部报告等。

习　题

1. 为什么要对会计行为进行规范？
2. 我国会计规范体系包括哪些基本内容？
3. 会计准则从哪个层面规范企业会计行为？
4. 建立企业会计规章制度的意义何在？

第二篇　财务报表项目解读、信息披露和管理要点

第四章

资产负债表：流动资产

第一节　流动资产概述

一、流动资产的概念及内容

资产负债表中资产的排列顺序有不同的标准，如果按资产的流动性快慢和资产的变现能力强弱排列，流动资产是排在最前面的资产。流动资产是指可以在一年内或者超过一年的一个营业周期内变现或者运用的资产。企业通常是以一个会计年度作为一个时间区间，来确认一项资产是否为流动资产，如果一个企业的营业周期超过了一年，虽然某些流动资产的流动性变慢，但是从其价值补偿的周期来看，仍然是比较短的期间。因而，从其属性上看，还是应归类于流动资产。

企业流动资产包括货币资金、交易性金融资产、应收债权和存货等。

货币资金，指企业处于货币形态的一部分资产，包括库存现金、银行存款、其他货币资金等。交易性金融资产，指企业将自己暂时闲置的货币资金，投资于可随时变现、以获得短期收益而形成的金融资产，包括从二级市场购入的股票、债券、基金等。应收债权，指企业在日常经营活动中，由于销售商品、提供劳务或其他因素，形成的应收未收的债权，包括应收票据、应收账款、预付账款、应收股利、应收利息和其他应收款等。存货，指企业在日常活动中持有的以备出售的产成品或商品、处在生产过程中的在产品，以及在生产过程或提供劳务过程中耗用的原材料、周转材料、低值易耗品等。

二、流动资产周转的特点

企业流动资产周转具有以下基本特点。

第一，流动资产所对应的流动资金周转具有一定的规律性。企业进行生产经营活动时，首先应当拥有一定数量的货币资金，再以货币资金购买原材料，形成储备资金；随着原材料的消耗，储备资金转换为生产资金；随着在产品的进一步加工完成，产成品的入库，生产资金又转换为成品资金；库存成品的出售，又使成品资金转换为货币资金。

以货币资金为起点，经过几次资金形态的转变后，又回到货币资金这个起点的过程，称为流动资金的循环，不断的流动资金循环称为流动资金周转。这是制造业企业流动资金运动的基本规律。

第二，流动资产周转的周期与企业生产经营活动的周期具有一致性的特点。企业流动资产形态的变化，是其经营成果的真实写照。企业的资金流可以反映企业物流的状况。一个企业流动资产周转的周期，与该企业的生产经营活动周期具有一致性的特点：如果生产经营活动周期延长，流动资产的周转速度就会下降；反之，则流动资产的周转速度就会上升。

第三，流动资产的周转速度对资金利用率的高低起重要影响作用。流动资产是企业最为活跃的资产，它的周转速度明显快于非流动资产的周转速度。如果企业要提高资金利用率，应当将主要的精力放在流动资产方面。特别是当流动资产在全部资产中占有比较高的比例时，提高流动资产的周转率显得更为重要。

第四，流动资产通常是企业最为重要的资产。流动资产之所以重要是因为：流动资产是企业资产最活跃的部分，它的置换能力很强，也是资产中市场价值最高的资产；由于流动资产的社会属性及物理属性具有特殊性，它是企业资产中最容易受到侵害的资产；流动资产是企业资产中周转速度最快的资产，它的周转速度快慢，直接影响企业的盈利能力；流动资产是企业变现能力最强的资产，一旦企业的资金链发生断裂，通常会选择将某些非现金性的流动资产变卖，来补充货币资金，这种财务行为在一定程度上可以使企业摆脱财务危机。这意味着企业对流动资产的管理应当给予更多的关注。

第五，流动资产是企业资产中最受利益相关者关注的资产。企业资产种类很多，但无论是投资人、债权人、供应商、政府管理部门、职工等利益相关者，都关心企业流动资产的流动和存在状态。因为，对于投资人而言，现金股利的分配依赖于企业货币资金状况；对于债权人而言，是否能够收回债权，也依赖于企业货币资金状况。同时，企业能否及时给职工按时发放工资，是否及时给供应商支付购买货款，能否及时给国家缴纳税款等，都与货币资金等流动资产有关，因而，流动资产是企业资产中最受各方利益相关者关注的资产。

第二节 货币资金

货币资金是企业处于货币形态的一部分资产。按照存放地点和用途，货币资金可以划分为库存现金、银行存款、其他货币资金及企业的外币存款。在资产负债表上，“货币资金”是一个由以上几个内容合并的项目，本节主要介绍货币资金中最重要的两项内容——库存现金和银行存款。

一、库存现金

（一）库存现金概念

现金有狭义现金和广义现金两个概念。狭义现金指企业库存现金，即包含在资产负债表中“货币资金”项目中的库存现金。广义现金包括库存现金、银行存款和其他货币资金，即体现在现金流量表中的现金。

（二）库存现金的序时核算和清查

为了保证现金收支及余额清晰、明了，对现金账应当采用日记账方式进行序时登记。“现金日记账”由现金日记账的记账人员根据审核无误的现金收付款凭证，及从银行提取现金时填制的银行存款付款凭证，按照经济业务发生的时间先后顺序逐日逐笔进行登记。每日营业终了，应当计算出当日现金收入、现金支出合计数，及现金余额数，并与库存现金实际数进行核对。

为了确保现金资产的安全，保证账实相符，企业应定期或不定期对现金进行清查。现金清查包括出纳人员每日的清点核对和企业财产清查专门机构组织的定期或不定期清查。现金清查可能出现三种结果：账实相符、账大于实（现金短缺）和账小于实（现金溢余）。出现现金短缺时，应查明短缺的原因，及时进行处理。对原因不明的现金短缺，通常的做法是由现金出纳人员进行赔偿。出现现金溢余时，也应查明溢余的原因，及时进行处理。对原因不明的现金溢余，通常的做法是作为企业利润（通过营业外收入转入利润）的增加。

（三）库存现金信息披露

库存现金在资产负债表上不是一个单独披露的项目，它被合并在“货币资金”项目之中。“货币资金”项目中包括的库存现金金额，是资产负债表日库存现金的实际余额。

（四）库存现金的管理要点

库存现金管理是对现金收入、支付和存量进行的计划、控制的工作总称。

1. 库存现金收入管理

现金是最容易受到侵害的资产，为了保证这部分资产的收款安全和结算方便，企业的营业收款应尽量采用非现金收款方式，即通过银行进行转账收款。如果营业收到现金，应于收款当日送存银行。规模大的商业零售企业也可以与开户银行协商，于每日营业终了时，由银行到企业收存现金。

2. 库存现金支付管理

为了结算方便，减少现金流通，对在一定数量内的零星开支，企业可以用现金直接进行支付；超过一定数量的货币资金支付，需要通过银行进行转账结算。企业对现金支付金额要有不同级别的授权；支付的现金只能从企业库存余额或开具现金支票从开户银行提取，不能用营业收入的现金直接支付。

3. 库存现金存量管理

企业持有一定量现金的目的在于支付一些零星开支，满足现金零星开支需要是现金存量管理的基本原则。现金存量管理的基本要求是既满足支付，又防止存量过大，造成资金浪费。

4. 库存现金内部控制管理

建立库存现金内部控制制度是现金管理的重要内容。现金内部控制的基本内容如下。

第一，现金管理不相容职务的设立。它主要包括现金出纳职务与记账职务的不相容，现金出纳职务与会计稽核、会计档案管理职务的不相容，现金出纳职务与银行有效印鉴、银行结算凭证管理职务的不相容，现金出纳职务与销售货款回收职务的不相容等。规模大、现金收支业务量多的企业，还应当将现金收入出纳职务与现金支付出纳职务分别设置。

第二，现金收、支凭证的管理。它主要是指企业内部或与外部进行现金结算时使用的各种收、支凭证，必须有专人管理；办理业务的人员领用凭证时，要进行详细登记；凭证收回、凭证存根、空白凭证、报废凭证要进行详细记录；现金收支业务的处理必须有合法凭证，才能进行业务处理等。

第三，建立现金收支的内部稽核和内部审计制度。内部稽核是指内部稽核人员对出纳人员每日进行的现金收支凭证和现金库存情况进行复核，保证每日现金收支及余额正确无误，现金账面余额与实际余额相符。内部审计，是由企业内部审计人员定期或不定期地对现金收支情况，现金收付核算凭证，现金日记账记账情况等进行的审计。建立现金收支的内部稽核和内部审计制度是现金内部控制制度的重要内容。

第四，现金出纳岗位的轮岗制度。为了保证现金资产的安全，应建立现金出纳岗位的轮岗制度。这一制度的基本内容是，现金出纳岗位、记账岗位、现金内部稽核岗位的业务人员，应定期或不定期进行轮换。轮岗制度，一方面是对企业现金资产的保护，另一方面也是对现金出纳人员的一种保护。

二、银行存款

（一）银行存款概念

银行存款是企业存放在银行或其他金融机构的货币资金。在企业与其他单位或个人的经济往来中，除少量的、零星开支用现金直接支付外，其他的货币资金收付需要通过银行进行转账结算。

（二）银行存款收付结算方式的选择

企业在其日常经济活动中，会由于销售商品、收取费用或购买材料、支付费用、缴纳税金等业务，与其他单位或个人发生同一票据交换区或非同一票据交换区间的货币资金收付结算业务。为了保证结算业务的进行，企业（也称开户单位）应在某一商业银行（也称开户银行）开立账户，办理货币资金的结算业务。银行提供有多种可用于企业间进行货币结算的方式，为了保证在结算过程中企业资产的安全性，确保在结算过程中企业的主动性，在与其他单位或个人的货币结算中，应选择对自身最为有利的方式。

1. 支票结算方式

支票结算方式，是由出票人（即付款人）签发支票、委托办理支票结算业务的银行或其他金融机构，在见到签发的票据时无条件支付确定的金额给支票上指定的收款人或者持票人的一种结算方式。

支票结算是日常结算中最常用的方式。单位和个人之间在同一票据交换区域的各种款项的结算，均可使用支票。支票分为现金支票、转账支票和普通支票。现金支票只可以从银行提取现金；转账支票只能用于转账结算，不能提取现金；普通支票可以用于提取现金，也可以用于转账结算。支票为记名票据；支票规定有效期；转账支票在指定的地区可以背书转让。但企业不能签发空头支票，也不能签发远期支票。

支票结算方式有手续简便、金额灵活、收付及时的特点。

由于支票的签发人是付款人，所以在这种结算方式中，付款人处于结算关系中的主动地位，收款人则处于被动地位。

2. 银行汇票结算方式

银行汇票结算方式，是由汇款人（通常是债务人）将款项交存出票银行，由出票银行签发、在见票时按照实际结算金额无条件支付给收款人或持票人的一种结算方式。银行汇票的出票银行为银行汇票的付款人，银行汇票的汇款人通常在结算关系中的债务人，银行汇票的持票人通常为结算关系中的债权人。单位和个人的各种款项的结算，均可使用银行汇票结算方式。银行汇票的提示付款期限为自出票日起 1 个月。

在银行汇票结算方式中，由于是由债务人委托银行开出银行汇票，所以债务人在结算关系中仍处于主动地位，债权人处于被动地位。但由于银行汇票的签发人是付款人委托的出票银行，所以只要债权人收到债务人转来的银行汇票，就可以收到票款。

3. 银行本票结算方式

银行本票结算方式，是由汇款人（通常是债务人）将款项交存出票银行，由出票银行签发、承诺自己在见票时无条件支付确定金额给收款人或持票人的一种结算方式。银行本票的出票银行为银行本票的付款人，银行本票的汇款人通常是结算关系中的债务人，银行本票的收款人或持票人通常是结算关系中的债权人。单位和个人在同一票据交换区域需要支付的各种款项，均可使用银行本票结算方式。银行本票分为定额本票和不定额本票两种，其提示付款期限为自出票日起最长不超过 2 个月。

在银行汇票结算方式中，由于是由债务人委托银行开出银行汇票，所以债务人在结算关系中仍处于主动地位，债权人处于被动地位。但由于银行汇票的签发人是付款人委托的出票银行，所以只要债权人收到债务人转来的银行汇票，就可以收到票款。

在银行本票结算方式中，由于是由债务人委托银行开出银行本票，所以债务人在结算关系中仍处于主动地位，债权人处于被动地位。但由于银行本票的签发人是付款人委托的出票银行，所以只要债权人收到债务人转来的银行本票，就可以收到票款。

4. 汇兑结算方式

汇兑结算方式，是汇款人将款项交存银行，委托银行将其汇给外地收款人的结算方式。这一结算方式适用于异地单位之间、个人之间各种款项的结算。同时，这一结算方式不受汇款金额的限制。汇兑结算按银行传递凭证的方式不同，又分为信汇和电汇两种。

以上四种结算方式在名称、票据有效期、适用地域等方面不同，但有一点是相同的，即都是由付款人自己或委托其开户银行签发的票据。在这几种结算方式中，债务人在结算关系中处于主动地位，债权人处于被动地位。

5. 委托收款结算方式

委托收款结算方式，是收款人委托银行向付款人收取款项的结算方式。收款人凭持有的已承兑商业汇票、债券、存单等付款人的债务证明办理结算，均可以使用委托收款结算方式。委托收款结算方式使用范围广，结算没有金额起点的限制。

在这种结算方式中，银行只承担受托收款责任，不承担审查拒付理由和代收款人分次扣收款项的责任。

在这种结算方式中，收款人已经持有付款人承兑的商业汇票、债券、存单等证明，以这些证明办理委托收款，因而，收款人在结算关系中处于主动地位，付款人处于被动地位。但由于持有的是付款人承兑的商业汇票等证明来委托银行收款，也可能出现收不回款项的风险。

6. 托收承付结算方式

托收承付结算方式，是根据双方签订的商品购销合同，在销售方发货后，持各种证明商品已经发出的凭证（购销合同、运输凭证等）委托银行向异地付款人收取货款、由付款人向银行承认付款的结算方式。采用托收承付结算方式，需在商品购销合同中注明；付款人向银行承认付款的方式有两种，即验单付款和验货付款，并分别规定有承付期限。购销双方采用何种承认付款方式也需在合同中注明。无论哪种承认付款方式，付款人在承付期内，未向银行提供拒绝付款凭证，银行即视做承认付款，并在承付期满的次日，将款项主动从付款人的账户中付出，按照收款人指定的划款方式划给收款人。

付款人在承付期限内拒绝付款的理由通常有销售方发运的货物或收款凭证上所列发货内容等与合同不符等。付款银行在审查相关文件后，若确定拒付款项的理由成立，则通知收款单位开户行转告收款单位另行处理；若付款人没有提出拒绝付款，但其账户金额不足支付，银行将做逾期付款处理，并处以一定比例的罚款，随同逾期所付款项一并划给收款单位。

在这种结算方式中，银行除承担双方货款结算业务外，还起到了维护购销双方的正当权益、保证双方货款顺利结算的监督作用。

在托收承付结算方式中，由于是由销售方按合同向购货方发货后，委托银行向付款人收取款项，所以销售方（收款人）在结算关系中处于主动地位，而购货方（付款人）处于被动地位。

7. 商业汇票结算方式

商业汇票结算方式，是由出票人签发、委托付款人在指定日期无条件支付确定金额给收款人或持票人的一种结算方式。按承兑人不同，商业汇票分为商业承兑汇票和银行承兑汇票。

商业承兑汇票的出票人，是在银行开立存款账户的法人及其他组织。商业承兑汇票可以是付款人自己签发并承兑，也可以由收款人签发交由付款人承兑；银行承兑汇票由在承兑银行开立账户的存款人签发，由银行承兑。商业汇票的承诺付款期，最长为6个月。

商业汇票结算方式，由于具有付款人对收款人承诺延期支付款项的特点，对于销售方而言，可以起到促进销售的作用。同时，由于付款人或银行已经对商业汇票进行了承兑，一般情况下，票据到期时收款人即可收回货款，发生坏账的可能性很小。在收款人或持票人持有的票据到期之前，如果需要资金，还可以通过商业票据的背书转让或向银行贴现融通资金。

对于购买方而言，可以通过承诺付款，在不影响自己采购行为的前提下，延缓自己的支付困难。由于购买方自己或通过开户行已经对商业汇票进行了承兑，票据到期时，必须支付票据款项，所以，就产生了一定的约束力。

商业汇票结算方式使购销双方的债权、债务关系表现为外在的票据，使商业信用票据化。在这一结算方式中，由于在票据没有到期前，收款人持有的是尚未到期的债权，所以在结算过程中，收款人处于主动地位。特别是当收款人持有的票据是银行承兑汇票时，在票据到期时一定会收回货款，不会发生拖欠情况。但如果收款人持有是商业承兑汇票，在票据到期时可能会由于承兑人账户不足支付而无法收回货款。因而，商业承兑汇票存在一定的收款风险。

以上三种结算方式在名称、票据有效期、适用地域等方面不同，但有一点是相同的，即都具有收款人主动收款的特点。在这几种结算方式中，债权人在结算关系中处于主动地位，债务人处于被动地位。

企业在与其他单位或个人的结算中，可根据收付款项的不同情况，选择对自己有利的结算方式。

（三）银行存款的序时核算和清查

为了保证银行存款收支及余额清晰、明了，对银行存款账应当采用日记账方式进行序时登记。“银行存款日记账”由银行存款日记账的记账人员根据审核无误的银行存款收付款凭证，按照经济业务发生的时间先后顺序逐日逐笔进行登记。每日营业终了，应当分别计算出当日银行存款收入、支出合计数及余额数，随时掌握银行存款存量的变化情况，及时对其进行调整。

为了确保银行存款资产的安全，保证企业“银行存款存款日记账”与开户银行银行存款账相符，企业应定期与开户银行进行账目核对。银行存款清查采用以“银行存款日记账”与开户银行“对账单”核对的方法进行。

企业以“银行存款日记账”与开户银行“对账单”核对时，两者的余额应该是相等的。但由于双方在处理同一笔业务时的时间不同，会出现“未达账项”，或双方账目可能发生记账错误所致。

“未达账项”，是指开户单位与开户银行一方已经入账，另一方由于凭证传递时间或业务处理时间影响尚未入账的账项。“未达账项”主要有以下四种情况。

（1）开户单位已经收款入账，但开户银行尚未记录入账的事项。

（2）开户单位已经付款入账，但开户银行尚未记录入账的事项。

（3）开户银行已经收款入账，而开户单位尚未记录入账的事项。

（4）开户银行已经付款入账，但开户单位尚未记录入账的事项。

以上任何一种情况的发生，都会使开户单位与开户银行双方账面余额不一致。

为了查明双方银行存款账面余额不一致的原因，企业对核查出的“未达账项”可以通过编制“银行存款余额调节表”进行核对。

【例 4-1】 A 公司 2010 年 11 月 30 日银行存款日记账的余额为 790 000 元，银行对账单上显示该公司的银行存款余额为 870 000 元。经核对，发现双方存在以下“未达账项”。

（1）公司开出转账支票一张，支付货款 41 000 元，已作为银行存款的减少，但持票人尚未到银行转账。

（2）公司收到转账支票一张，收入银行存款 25 000 元，已作为银行存款的增加，但银行尚未入账。

（3）公司委托银行收取货款 84 000 元，银行已经收账，但公司尚未收到银行的收账通知。

（4）银行已经支付公司电费 20 000 元，作为银行存款的减少，但公司尚未收到银行的付款通知。

根据以上“未达账项”，A 公司编制“银行存款余额调节表”如表 4-1 所示。

表 4-1 银行存款余额调节表

编制单位：A 公司　　　　2010 年 11 月 30 日　　　　单位：元

项目	金额	项目	金额
银行对账单余额	870 000	公司银行存款日记账余额	790 000
减：已开出尚未转账的支票	41 000	加：银行已收的货款	84 000
加：存入的转账支票	25 000	减：银行已支付的电费	20 000
调节后的余额	854 000	调节后的余额	854 000

经过上述调节，企业银行存款日记账的余额与银行对账单的余额相等，证明企业银行存款核算的正确无误。但在资产负债表上货币资金项目中，银行存款的余额仍然是 790 000 元。

（四）银行存款信息披露

银行存款在资产负债表上不是一个单独披露的项目，它被合并在“货币资金”项目之中。“货币资金”项目中包括的银行存款金额，是资产负债表日银行存款的实际余额。

除库存现金、银行存款外，资产负债表上“货币资金”项目还包括其他货币资金、企业在银行或其他金融机构的外币存款折合为人民币的实际余额。

（五）银行存款的管理要点

银行存款管理要点是对银行存款账户开立、收支程序、银行存款存量、内部控制等的工作总称。

1. 银行账户开立管理

为了结算方便，企业应本着就近的原则选择一家或几家银行开立账户。根据中国人民银行制定的《银行账户管理办法》有关条款，一个企业可以根据需要在银行开立四种账户，即基本存款账户、一般存款账户、临时存款账户和专用存款账户。

在这四种账户中，其中基本存款账户是企业进行日常结算和存款收付的账户；一般存款账户是企业在基本存款账户以外的银行借款转存，以及与基本存款账户的企业不在同一地点的附属非独立核算单位的账户，该账户不能支取现金；临时存款账户是企业应临时经营活动需要而开立的账户；专用存款账户是企业因特殊需要用途而开立的账户。

一个企业只能在一家银行开立一个基本银行账户，不能在同一家银行的几个分支机构分别开立基本存款账户。

一个企业开立的账户数量宜少不宜多，开立过多的账户，会造成账户管理困难，也会分散企业资金。

2. 银行账户使用管理

企业开立账户后，应遵守银行结算纪律的规定使用账户。例如，合法使用账户，不得转借给其他单位或个人使用；不得利用银行账户进行非法活动；不得签发没有资金保证的票据和远期支票，套取银行信用；不得签发、取得和转让无真实交易和债权债务的票据，套取银行和他人的资金；不得无理拒绝付款、任意占用他人资金等。

3. 银行存款收支管理

通过银行进行转账结算，企业对银行存款收入要及时核查，保证收入的货币资金归属企业；对银行存款的支付金额要有不同级别的授权，以保证银行存款资金的安全；对银行结算票据要有专人管理，防止票据丢失等。

4. 银行存款存量管理

企业持有一定量货币资金的目的在于满足支付需要。既要满足支付需要，又不能造成银行存款存量过大而引起的浪费，是银行存款存量管理的基本原则。如果银行存款的存量不足，造成企业支付能力下降，在销售正常的情况下，通常是销售收款能力不强、应收账款数量大所致。这时，企业应加强销售货款的回收，以补充货币资金；如果银行存款存量超过了企业日常支付需要，就要对其进行调整，减少存量，避免资金浪费现象的出现。调整减少银行存款存量最直接的方法，是以超量的银行存款进行短期性金融资产投资。当银行存款存量需要增加时，可通过将短期性金融资产投资变现的方式进行补充。

5. 银行存款内部控制管理

建立银行存款内部控制制度是银行存款管理的重要内容。银行存款内部控制的基本内容如下。

第一，银行存款管理不相容职务的设立。基主要内容包括银行存款出纳职务与银行存款记账职务的不相容，银行存款记账职务与银行存款对账单管理职务的不相容，银行存款出纳职务与银行有效印鉴、银行结算凭证管理职务的不相容，银行存款出纳职务与销售货款回收职务的不相容等。

第二，银行存款收支凭证的管理。其主要内容如下：银行存款各种结算凭证，必须有专人管理；办理业务的人员领用凭证时，要进行详细登记；凭证收回、凭证存根、空白凭证、报废凭证要进行详细记录；银行存款收、支业务的处理必须有合法凭证，才能进行业务处理等。

第三，建立银行存款收支的内部稽核和内部审计制度。内部稽核，是由内部稽核人员对出纳人员每日进行的银行存款收、支凭证进行复核，保证每日银行存款收支及余额正确无误。内部审计，是由企业内部审计人员定期或不定期地对银行存款收支情况，银行存款收付核算凭证，银行存款日记账记账情况等进行的审计。建立银行存款收支的内部稽核和内部审计制度是银行存款内部控制制度的重要内容。

第四，银行存款各岗位的轮岗制度。为了保证银行存款的安全，应建立银行存款各岗位的轮岗制度。这一制度的基本内容是，银行存款出纳岗位、银行存款日记账记账岗位、银行存款各种结算凭证的管理岗位、银行存款各有效印鉴的管理岗位、银行存款内部稽核岗位的业务人员，应定期或不定期进行轮换。

第三节　交易性金融资产

一、交易性金融资产的概念及特点

金融资产，主要包括货币资金、应收票据、应收账款、股权投资、债权投资和衍生金融工具投资等资产。企业可以根据金融资产的特点、投资策略和风险管理要求等因素，将形成的金融资产在初始确认时划分为以公允价值计量且价值变动计入当期损益的金融资产、持有至到期投资、贷款和应收款项、可供出售的金融资产等。本节仅介绍以公允价值计量且价值变动计入当期损益的金融资产中的交易性金融资产项目。

以公允价值计量且价值变动计入当期损益的交易性金融资产，是指企业将自己暂时闲置的货币资金，投资于可随时变现、以获得短期收益而形成的金融资产。

交易性金融资产具有以下特点。

第一，取得交易性金融资产的目的是近期出售或回购。

第二，属于进行集中管理的可辨认金融资产工具的一部分，且有客观证据表明企业近期采用短期获利方式对该组合进行管理。

第三，属于衍生金融工具。

同时，交易性金融资产投资是作为企业超出存量的银行存款的另一种存放形式，当货币资金需要补充时，交易性金融资产要能够随时变现，因而，要保持其流动性和获利性。如企业用超出未来一定时期支付量、暂时闲置的银行存款从二级市场购入的可公开交易的股票、债券、基金等。

交易性金融资产的存在，与企业形成的暂时闲置的资金数量、变现时点、投机性目的密切相关。如果初始投资时的资金不是暂时闲置、也不是追求投资的短期收益，而是为了企业长远发展进行的投资，则应当将其确认为长期投资，如长期股权投资等。

二、交易性金融资产项目解读

（一）交易性金融资产内容

交易性金融资产分为交易性股票投资、交易性债券投资、交易性基金投资和交易性权证投资四类。其中，交易性股票投资是企业购买的准备近期出售的股票所进行的投资；交易性债券投资是指企业购买准备近期出售的债券所进行的投资；交易性基金投资是指企业购买准备近期出售的基金所进行的投资；交易性权证投资是指企业购买准备近期出售的认股权证所进行的投资。

认股权证是由发行人发行的，能够按照约定价格在特定时间购买或沽出“相关资产”（股份、指数、商品、货币等）的选择凭证，实质上类似普通股的看涨期权，应用范围包括股票配股、股票增发、基金扩筹以及股份减持等。例如，公司在发行债券、优先股股票或进行股权分置改革时发行的给予其债权人、优先股及流通股投资人享有的购买普通股股票权利的一种证券。

（二）交易性金融资产的会计计量

1. 交易性金融资产的初始计量

交易性金融资产应当按照取得时的公允价值作为初始成本，交易时发生的相关费用不构成交易性金融资产的成本，直接计入费用发生当期损益。其中，交易费用是指可直接归属于购买、发行或处置金融工具新增的外部费用，即企业不购买、发行或处置金融工具就不会发行的费用。交易费用包括支付给代理机构、咨询公司、券商等的手续费和佣金及其他必要的支出。

企业取得以公允价值计量且其变动计入当期损益的交易性金融资产所支付的价款中，包含已宣告但尚未发放的现金股利或已到付息期但尚未领取的债券利息，应当单独确认为应收项目。

2. 交易性金融资产的后续计量

资产负债表日，对交易性金融资产以当日的公允价值进行重新计量，调整其账面价值，同时将公允价值变动差额计入当期损益。

交易性金融资产形成的收益主要来自于两个方面，即持有期间的收益和处置交易性金融资产时形成的处置收益。其中，持有收益包括两个方面：第一，持有期间的取得的股利、利息收益，一般在实际收到时作为投资收益计入当期损益；第二，持有期间交易性金融资产形成的未实现损益，是指交易性金融资产在持有期间因公允价值变动而产生的损益。

3. 交易性金融资产处置

处置交易性金融资产时，将处置日该交易性金融资产的公允价值与初始投资时的账面价值的差额确认为投资收益，同时调整公允价值变动损益。

处置收益是在出售交易性金融资产时，处置收入大于投资账面价值的差额。如果处置收入小于投资账面价值的差额，则为处置损失。

【例 4-2】 2010 年 3 月 10 日 A 公司以银行存款 2 080 000 元购买 X 公司发行的股票

200 000股，每股10.4元，其中包含已宣告但尚未支付的现金股利0.4元，另外支付交易费用2 500元。A公司将此项投资划为交易性金融资产。

与该项投资活动相关的交易或者事项还有5月20日收到X公司发放的现金股利，7月31日X公司股票价格为每股12.5元，9月20日将X公司股票以每股14元价格全部出售。

根据以上交易或者事项，A公司在不同日期进行的交易性金融资产的确认与计量如下。

(1) 2010年3月10日：确认的交易性金融资产投资成本为2 000 000元，应收股利为80 000元；交易费用为2 500元。以上交易发生以后，在A公司3月份编制的资产负债表上，交易性金融资产成本为2 000 000元，应收股利80 000元。交易费用则是本期利润的减少项目。

(2) 2010年5月20日：收到X公司发放的现金股利为80 000元。

(3) 2010年7月31日：确认X公司股票公允价值变动收益为500 000元（12.5元－10元＝2.5元；200 000股×2.5元/股＝500 000元）。

以上事项发生以后，在A公司7月编制的资产负债表上，交易性金融资产成本增加了500 000元，公允价值变动收益则是本期利润的增加项目。

(4) 2010年9月20日：出售股票收回款项为2 800 000元；其中收回投资成本为2 000 000元；出售X公司股票投资收益为800 000元（14元－10元＝4元；200 000股×4元/股＝800 000元），其中7月31日已确认的公允价值变动收益为500 000元，在9月20日全部转入投资收益，计入当期利润。以上交易发生以后，在A公司9月编制的资产负债表上，交易性金融资产减少2 500 000元，投资收益则是本期利润的增加项目。

三、交易性金融资产的信息披露

由于交易性金融资产属于以公允价值计量且其变动计入当期损益的金融资产，所以资产负债表上“交易性金融资产”项目的金额是其资产负债表日企业投资的交易性金融资产的公允价值。这个项目的信息直接来自于“交易性金融资产”总账的期末余额。在利润表上，交易性金融资产公允价值变动所产生的损益以“公允价值变动损益”项目列示。如是投资收益，以正数列示，如为投资损失，以“－”数列示。

四、交易性金融资产管理要点

交易性金融资产投资是对企业暂时闲置的银行存款的一种运用，目的是取得短期投资收益。同时，在银行存款需要补充时，要能够保证投资的变现。因此，交易性金融资产的管理要点内容如下。

第一，为了保证交易性金融资产的可变现性，在投资时，一定要选择可公开交易的股票、债券、基金或权证。否则，当货币资金需要补充时，交易性金融资产不能够变现，就会影响企业现金的正常流转，严重时可能造成资金链断裂。

第二，根据货币资金的闲置数量、闲置时间选择投资种类。资金闲置数量大、时间长，可选择成长性好、在可预见的未来收益性强的股票，或收益性强的国债等；资金闲置数量少、时间短，可选择短期收益性强的股票，或可进行交易的国债等。

第三，根据企业对投资风险的承受能力选择投资品种。如风险承受能力强，可选择股票等风险大、收益性高的品种；如风险承受能力弱，可选择债券等风险小、收益性低的品种。

第四节 应收债权

一、应收债权概念及内容

应收债权是企业在销售商品或提供劳务等环节形成的应收未收债权。按应收债权形成的原因不同，其可分为企业对其他单位或个人进行销售或提供劳务活动中发生的应收票据、应收账款，企业在销售商品或提供劳务之外与其他单位或个人发生的应收未收的其他应收款，或者在材料采购、接受劳务前向供货商或劳务提供方预付的账款，或者进行股权投资、债权投资产生的应收股利和应收利息等。

按流动性快慢和变现能力强弱排列，应收债权包括应票据、应收账款、其他应收账、预付账款、应收股利和应收利息等。

二、应收债权各项目解读

（一）应收票据

1. 应收票据的概念及分类

应收票据是指企业在销售商品后，从购货单位收到的商业汇票而产生的延期收款的债权。从销售商品、收到商业汇票起至商业汇票到期收回票款止的时间内，在企业的资产负债表上，表示为尚未到期的债权，因而称之为“应收票据”。在债务方的资产负债表上，表示为尚未到期的债务，因而称之为“应付票据”。

商业汇票按其是否带息，分为带息票据和不带息票据。带息票据是指商业汇票的票面标有面值和利率，其到期值为票面面值和应计利息之和。持有商业汇票的债权人或持票人，在票据到期时应收到票据的面值和利息。不带息是指商业汇票的票面仅标有票面面值，其到期值与票面面值相等。持有商业汇票的债权人或持票人，在票据到期时应收到票据的面值。

2. 应收票据的特点

应收票据具有以下特点。

第一，具有延期收款功能。应收票据是使用商业汇票进行结算的，而商业汇票是出票人签发的、在指定日期无条件支付确定金额给收款人或者持票人的票据。对于收款人或持票人而言，商业汇票实际上是一种延期收款的证明（商业汇票的收款期限最长 6 个月）。

第二，具有一定流动性。在企业持有应收票据期间，如果需要货币资金，可将持有的商业汇票根据实际需要进行流通转让，也可以向银行贴现。由于商业汇票具有的这种流动性，相当于获得了债权的支付功能，所以颇受欢迎。

第三，具有较高信用水平。以银行承兑汇票为例，银行承兑汇票通常是由在承兑银行开立存款账户的存款人出票，在向开户银行提出申请并经银行审查同意后予以承兑。银行承兑汇票的出票人可以保证在指定日期无条件支付确定的金额给收款人或持票人。如果出票人到指定日期没有足够的款项，则作为银行承兑汇票承兑人的银行将为出票人垫付款项。因此，持有银行承兑汇票的收款人或持票人不存在发生坏账的可能性，风险很小，信用等级也很高。

3. 应收票据的贴现和转让

由于企业持有的应收票据是一种正式的书面付款承诺，所以，应收票据具有更多的法律保护，也就具有应收票据可贴现和背书转让的功能。应收票据的贴现，是指持有票据的企业在票据承诺付款期到达之前，为获取票面货币资金，以支付一定的利息，通过背书（在票据背面所作的签字、盖章）向金融机构转让票据的行为；也可以说是企业以未到期的应收票据所表现的债权向金融机构所作的抵押贷款。

企业以应收票据进行贴现，在票据承诺付款期到达之前提前获取了票据票面的货币资金，将票据未来获取货币资金的权利转让给银行。贴现银行成为自贴现日至票据到期日期间的票据持有人，并在票据承诺付款日向出票人或承兑人收取票款的本金和利息。

企业应收票据的到期值分为两种情况：不带息票据的到期值等于票据的票面值，带息票据的到期值等于票据票面值与票据利息之和。贴现利息是金融机构按票据到期值、贴现时间和贴现利率计算的利息，贴现利息应从票据到期值中扣除。其中，贴现时间是金融机构持有该票据的时间（贴现时间＝票据到期日－票据贴现日）。贴现利率是金融机构确定的从票据到期值中扣除利息的利率；将票据贴现后从金融机构取得的货币资金称为贴现值，它等于票据到期值减去贴现利息的余额。票据到期值、贴现利息和贴现净额的关系如下：

$$\text{不带息票据到期值} = \text{应收票据票面值}$$
$$\text{带息票据到期值} = \text{应收票据票面值} + \text{票据利息}$$
$$\text{贴现利息} = \text{票据到期值} \times \text{贴现利率} \times \text{贴现期}$$
$$\text{贴现净额} = \text{票据到期值} - \text{贴现利息}$$

【例 4-3】 2010 年 2 月 1 日，A 公司销售一批商品给 B 公司，货款及税额共计 400 000 元。同日，A 公司收到 B 公司签发的同年 6 月 1 日到期的不带息商业汇票，票面值 400 000 元。3 月 1 日 A 公司急需资金使用，将 B 公司的商业汇票向银行进行贴现，贴现率 12%。根据此项业务，计算 A 公司贴现利息、贴现净额如下：

$$\text{贴现利息} = 400\,000 \times 12\% \times 3/12 = 12\,000(\text{元})$$
$$\text{贴现净额} = 400\,000 - 12\,000 = 388\,000(\text{元})$$

贴现利息 12 000 元计入“财务费用”。

以上交易发生以后，A 公司 3 月资产负债表上的应收票据减少 400 000 元。

若上例的商业汇票为带息汇票，利率为 6%，则贴现利息、贴现净额计算如下：

$$\text{商业汇票的到期值} = 400\,000 + 400\,000 \times 6\% \times 4/12 = 408\,000(\text{元})$$
$$\text{贴现利息} = 408\,000 \times 12\% \times 3/12 = 12\,240(\text{元})$$
$$\text{贴现净额} = 408\,000 - 12\,240 = 395\,760(\text{元})$$

票据利息收入 8 000 元、贴现利息支出 12 240 元相抵后的差额－4 240 元需从票面值中扣除，应计入企业“财务费用”。

在我国，票据贴现附追溯权。根据《中华人民共和国票据法》第三十七条规定：“背书人以背书转让汇票后，即承担保证其后手所持汇票承兑和付款的责任。”因此，已经贴现的商业承兑汇票到期时，若出票人或承兑人无力支付票款，申请贴现的企业应负连带的偿还责任。由于商业承兑汇票到期时，出票人或承兑人是否能够支付票款具有很大的不确定性，因此，会计核算中将这种具有不确定性的连带偿还责任称为“或有负债”，并需在资产负债表的附注中予以说明。

（二）应收账款

1. 应收账款概念及特点

应收账款是指企业在销售商品或者提供劳务后，由于购买商品或接受劳务方不能及时支付款项，而发生的延期收款的债权。有时，企业为了促进商品销售数量的增加，实施了必要的赊销也会产生应收账款。

与应收票据相比，应收账款对方的债务人一般对其债务没有归还时间、归还金额等的承诺，因而，应收账款的变现能力比较弱，流动性比较差，且发生坏账的风险也比较大。应收账款的账龄越长，发生坏账的风险就越大。因此，这种资产的质量比较低。

2. 坏账准备的计提

企业在销售过程产生应收账款是很难避免的，而在以后期间完全收回又是很难做到的。坏账，即为无法收回的应收账款。由于应收账款是与企业的营业收入同时确认的，那么，无法收回的应收账款由企业的经营利润来弥补。

坏账通过计入损失、由利润弥补的方法有两种，即“直接转销法”和“备抵法”。直接转销法，是在确定应收账款无法收回的会计期间，按实际确认的坏账金额一次性计入当期损失，同时注销该应收账款的一种方法。这种方法带来的问题是，坏账带来的损失对利润的影响不均衡。“备抵法”是指企业根据债务方的各种信息，在会计期末估计应收账款未来收回的可能性，将可能无法收回的应收账款金额计入当期损失，同时形成坏账准备金，当坏账实际发生时再从坏账准备金中核销。

在“备抵法”下，对未来可能无法收回的应收账款金额估计（即坏账准备金）的方法有三种，分别是“应收账款余额百分比法”、“账龄分析法”和“销货百分比法”。

“应收账款余额百分比法”，是指按应收账款余额的一定比例估计坏账损失、计提坏账准备的一种方法。在这种方法下，企业管理层要对以往坏账发生实际情况进行统计，还要对客户未来支付能力等进行预测，在此基础上，确定本年度坏账准备计提的比率。此比率即为应收账款余额与坏账准备金应保持的比率。

【例 4-4】若 A 公司 2010 年开始计提坏账准备，该年年末企业应收账款余额为 600 000 元，2011 年确认坏账损失为 9 500 元，2011 年年末应收账款余额 800 000 元；2012 年确认的坏账损失为 22 000 元，2012 年年末，应收账款余额为 450 000 元；2013 年收回 2011 年已经确认并转销的坏账损失 3 000 元，确认坏账损失 5 000 元，年末应收账款余额 550 000 元。A 公司确定的坏账准备计提比率为应收账款余额的 3%。根据以上信息，计算该企业各年坏账准备计提金额如下：

2010 年计提坏账准备＝600 000×3％＝18 000（元）

2011 年计提坏账准备＝800 000×3％－(18 000－9 500)＝15 500（元）

2012 年计提坏账准备＝450 000×3％－(24 000－22 000)＝11 500（元）

2013 年计提坏账准备＝550 000×3％－(13 500＋3 000－5 000)＝5 000（元）

按照“应收账款余额百分比法”计提坏账准备，使得应收账款余额与坏账准备余额，在年末保持了一定比例。本例中两者保持了 3％的比例关系。

“账龄分析法”和“销货百分比法”，是分别按应收账款的账龄或销售收入的一定比例估计可能发生的坏账损失金额，以此为依据计提坏账准备。这里不再赘述。

3. 坏账核销

为了保证企业资产的安全，确认一项应收账款是否为坏账，进而将其确认为损失，应当具有一定的法律依据。我国有关法规规定，符合下列条件之一的应收账款可确认为坏账：第一，债务人破产，按照破产清算程序进行清偿后仍然无法收回的账款；第二，债务人死亡，没有财产可供清偿，也没有义务承担人代为清偿，确实无法收回的账款；第三，债务较长时间未履行清偿义务，并且债权人有足够的依据证明账款无法收回或收回的可能性很小。

在上述几种情况下，如果企业确认一项应收账款为无法收回的坏账，在“直接转销法”下，即将该项债权作为资产损失，从当期利润中进行扣除。在“备抵法”下，即可用已经计提的坏账准备进行转销。已经用坏账准备转销的应收账款，就不再是企业的一项债权性资产。

（三）预付账款

预付款项一般是购买方或接受劳务方按销售方或提供劳务方的要求，在购买商品或接受劳务前向其预先支付的货款或劳务款。购买方或接受劳务方预先支付的款项，在交易实际没有完成以前，尽管实际上由销售方或提供劳务方占用，但在法律上仍属于购买方或接受劳务方所有。如果销售方或提供劳务方没有按合同约定的条款提供商品或劳务服务，这笔款项可能还要归还。因此，在没有收到商品或接受劳务之前，预付款项实际上是预付款项企业的一项资产。

通常情况下，预付款项的发生是因为销售方的商品供不应求，或者所购买的商品或劳务具有某些特殊性，如需要按照购买方要求特别定制的商品，或商品造价比较高，或劳务性质有特别要求等。预付款项是企业的一种被动型行为。应当尽可能减少预付款项的发生，控制付款风险，保证企业资金的安全性。

（四）其他应收款

其他应收款是企业在销售商品或者提供劳务以外形成的、与其他单位或个人之间的应收款项，如企业内部单位周转用的备用金、押金付出、内部员工预借差旅费借款等。企业由于不同原因以货币资金借出时，构成一项应收债权，当备用金报账、押金收回、内部员工差旅归回报账后，这项债权随之转销。

（五）应收利息和应收股利

应收利息是指企业按照权责发生制的要求，所确认的一个会计期间特定债权产生的、应归属于该期间的利息收入，如企业投资购买的国债、其他公司发行的债券或购买的金融债券等。这些债权性投资发生后企业应按约定的利率、投资金额、计息期间等因素，于每一会计期末计算该期的应收利息。在企业计算出应收利息、但尚未实际收到货币资金之前，产生了这种债权，企业一旦收到这种利息，则应收利息随之转销。

应收股利是指企业在所属会计期间应收但未收的股权投资的现金收益。如企业进行的股权性投资，在会计期末，接受投资的企业宣告发放但实际未用现金支付的股利。按权责发生制要求，接受投资的企业宣告发放但实际未用现金支付的股利构成投资企业的一项债权，企业一旦收到现金股利分配，则应收股利随之转销。

三、应收债权各项目信息披露

企业由于各种因素形成的应收款项，在未来收回环节中，存在的收款风险不同。相对而言，应收账款的收账风险最大，其他几项应收款项收账风险较小。据此，资产负债表中“应收票据”、“预付账款”、“应收利息”、“应收股利”、“其他应收款”几个项目按其实际余额披露。

由于应收款项未来收账的风险很大，如果按其实际余额进行信息披露，就可能出现虚报债权资产的情况。这样，既会误导信息阅读者对企业资产质量的判断，也不符合信息披露谨慎性原则的要求。解决这一问题的途径是，应收账款按其净值进行信息披露。应收账款净值计算公式如下：

$$\text{应收账款净值} = \text{应收账款原值} - \text{坏账准备}$$

因而，在资产负债表上，应收账款是按其原值减去计提的坏账准备后的净值进行披露的。

四、应收债权的管理要点

应收款项的存在，意味着其他单位或个人占用了本企业的资金，形成了企业资金的沉淀，影响资产的流动性，也降低了企业资金利用效率。同时，在一定程度上还存在款项回收的风险，一旦发生坏账，还会给企业带来经济损失。因此，应加强对各种应收款项管理，特别要加大对应收账款的管理力度。其中从管理要点角度进行控制的方法如下。

第一，签订销售合同，明确收款方面的内容。在双方签订的销售合同中，要明确收款环节的具体内容，如结算方式、结算时间、结算责任人、付款违约责任等，从源头进行控制。

第二，结算方式的合理选择。要选择对企业有利的银行结算方式，如选择收款方主动收款的结算方式。在商品销售时，如果不能及时收回账款，尽可能采用商业汇票结算方式等。

第三，对购买方或接受劳务方进行信用管理。企业在销售或提供劳务环节，要面对不同客户，因而可以制定企业客户信用评估标准，对每个客户进行信用等级评估，对不同等级客户采用不同的销售和收账政策，是避免坏账损失发生的重要管理手段。

第四，对销售部门进行客户信用授权额度管理。对应收款项的管理，除对客户方面采取各种措施外，还要从企业内部入手，通过建立有效的管理制度，将应收款项的发生控制在一定金额之内。给予企业销售部门信用销售授权额度，将债权资产严格控制在授权额度之内，是控制应收款项金额的有效措施。

第五，建立销售和收款的连带责任制度。为了尽快收回货款，企业可以通过建立销售和收款的连带责任制度，来缩短应收账款的收款时间。这一制度的主要内容如下：制定销售和收款的连带责任的工作程序，建立销售和收款的连带责任的岗位责任制，建立销售部门（每个销售人员）销售回款率考核指标等。

第六，在必要时采用相关的法律手段收回应收债权，但要注意法律诉讼时效。

第五节 存货

一、存货概念及特点

（一）存货概念及内容

在资产负债表上，“存货”是由若干个相关内容合并的项目构成的。存货，包括企业持有的以备生产过程或提供劳务过程中耗用的材料和物料、处在生产过程中的在产品及半成品，以及准备出售的产成品或商品等。

材料，指构成企业产品实体的主要材料、辅助材料，以及一次性消耗的燃料等。在产品及半成品，指处于生产加工过程、尚未完工的在产品及半成品，以及完成加工过程但尚未办理入库手续的产成品。产成品，指制造业企业已经完成全部生产过程并验收入库、等待销售的产品。库存商品，指商品流通企业外购或完成委托加工程序、验收入库等待销售的商品。周转材料，指企业能够多次使用的包装物、低值易耗品等。

（二）存货特点

在企业生产经营中，存货处于不断购进、消耗、销售及库存状态中，因而，表现出以下特点。

1. 存货资金周转有其特定的规律性

存货不同内容的不断变动而带动的资金周转，是以货币资金购进材料进入库存开始，到材料进入生产过程成为在产品，到完成生产过程成为库存商品，再到销售过程完成后收回货款成为货币资金结束。从货币资金开始最终又回到货币资金的一个循环过程，称为存货资金循环，不断循环称为存货资金周转。在一般的制造业企业，一个会计年度内会完成几个或十几个存货资金周转过程。

2. 存货的流动性很强

理论上讲，存货通常都将会在一年或超过一年的一个营业周期内被销售或耗用，并不断地被重置，进入下一个生产周期。因而，存货是一项流动性非常强的资产。

3. 存货资金的投入是一次性的，消耗是一次性的，投资收回也是一次性的

企业购买材料时，需一次性支付采购成本及相关材料采购税费；材料进入生产过程

后构成产品实体，其消耗也是一次性的；产品进入销售过程后，通过销售价格收回，对材料消耗的补偿还是一次性的。

4. 存货管理难度大

存货包含的内容很多，占用的资金量也比较大，也容易发生浪费、毁损、贬值情况。同时，在其采购环节，容易出现采购数量、质量和价格等方面的问题等，是企业资金管理的一个难点和重点。

二、存货项目解读

（一）存货的确认和会计计量

1. 存货的确认和初始计量

企业在确认某项资产是否作为存货时，首先要判断其是否符合存货的概念，在此前提下，应当同时满足存货确认的两个条件，才能加以确认。存货确认的两个条件是：第一，与该存货有关的经济利益很可能流入企业；第二，存货的成本能够可靠地计量。

存货的初始计量，是指企业取得存货时，其入账价值的确定。总体而言，存货的初始计量应以取得存货的实际成本为基础，实际成本包括采购成本、加工成本和其他成本等。

2. 存货的后续计量

由于同一品种的存货在同一市场的不同时间，或同一时间的不同市场的采购成本不同，就会产生一个问题，即材料在领用发出时，按哪一批次的成本计算发出存货的成本。

为了解决以上问题，在存货发出的计量时，有几种可供企业选择的方法，主要有“先进先出法”，“移动加权平均法”，“个别计价法”，“计划价格法”等。

（1）“先进先出法”，是假设先购入的存货先发出，发出存货的成本为最（较）先购入存货的成本，库存存货的成本则为最（较）后购入存货的成本的一种计量方法。采用这种方法带来的一个显著后果是，在物价上涨情况下，产品的生产成本会由于存货成本低而低，利润会高。同时，库存存货成本则会高。反之，在物价下降情况下，产品的生产成本会由于存货成本高而高，利润会低。同时，库存存货成本则会低。

【例 4-5】A 公司以先进先出法对存货 Y 进行存货发出成本的计量。2010 年 8 月存货 Y 购进、发出和结存情况如表 4-2 所示。

表 4-2　存货明细账

存货名称及规格：Y　　　　计量单位：千克、元

日期	凭证编号	摘要	收入			发出			结存		
			数量	单价	金额	数量	单价	金额	数量	单价	金额
8.1	略	期初结存							400	4	1 600
8.3		购入	200	4.5	900				400 200	4 4.5	1 600 900
8.4		购入	700	5	3 500				400 200 700	4 4.5 5	1 600 900 3 500

续表

日期	凭证编号	摘要	收入			发出			结存		
			数量	单价	金额	数量	单价	金额	数量	单价	金额
8.10		发出 500				400 100	4 4.5	1 600 450	100 700	4.5 5	450 3 500
8.23		购入	300	4	1 200				100 700 300	4.5 5 4	450 3 500 1 200
8.25		发出 800				100 700	4.5 5	450 3 500	300	4	1 200
8.31		期末结存	1 200		5 600	1 300		6 000	300	4	1 200

由表 4-2 可以得出：

10 日发出存货成本＝400×4＋100×4.5＝2 050（元）

25 日发出存货成本＝100×4.5＋700×5＝3 950（元）

月末资产负债表上结存存货成本＝1 600＋900＋3 500＋1 200－2 050－3 950＝1 200（元）

（2）“移动加权平均法”，是以每批次购入存货的成本加原有库存存货的成本为总成本，除以每批次购入的存货数量加原有库存存货的数量之和，计算存货加权平均单位成本，再据此计算发出存货成本和库存存货成本的一种计量方法。采用这种方法，在存货价格变化不大的情况下，各期存货成本比较均衡；在存货价格上涨或下降情况下，这种方法可以均衡由于价格变化给产品成本和利润带来的影响。

【例 4-6】以【例 4-5】中存货的收发业务为例，采用移动加权平均法计算存货 Y 发出成本和结存成本。

第一次发出 500 千克：

移动加权平均单价＝(1 600＋900＋3 500)÷(400＋200＋700)＝4.61（元）

结存存货成本＝800×4.61＝3 688（元）

发出存货成本＝1 600＋900＋3 500－3 688＝2 312（元）

第二次发出 800 千克：

移动加权平均单价＝(3 688＋1 200)÷(800＋300)＝4.44（元）

2010 年 8 月资产负债表上结存存货成本＝300×4.44＝1 332（元）

发出存货成本＝3 688＋1 200－1 332＝3 556（元）

（3）“个别计价法”，是按发出存货批次的实际成本，计算发出存货成本和库存存货成本的一种计量方法。采用这种方法，可以做到存货的实物流动与其成本流动完全一致，发出存货成本和期末库存存货成本完全符合实际。同时，产品成本和利润不受材料价格上涨或下降的影响。这种方法一般适用于不能替代使用的存货以及为特定项目专门购入或制造的存货，如贵重物品、大件物品、船舶、飞机、起重设备、珠宝、房产等。

采用不同的存货发出计量方法，计算出各种存货的发出成本后，从期初余额与本期购入成本之和中减去，即为期末库存存货的成本，在资产负债表日，要全部合并到存货项目之中。

（二）在产品

在产品是指处在企业的生产环节之中，尚未完成最后检验工序并且没有送交仓库的产品。在一些制造业企业，由于产品的生产周期长，或工艺过程比较复杂，或生产场所比较分散，在期末各个生产环节都可能存在正在加工中的产品。在资产负债表日，在产品占用的资金要合并到存货项目之中。

（三）低值易耗品

低值易耗品是指可以反复使用但单位价格较低，不能列入固定资产的工具、器具、办公用具等。低值易耗品具有固定资产的性质，只是由于价值低，而成为存货中比较特殊的类别，所以，其会计核算则采取了既不同于固定资产又不同于流动资产的特殊计量方法。

低值易耗品被使用部门领用、计入部门费用的会计方法，分情况可采用“一次摊销法”，“使用期限摊销法”和“五五摊销法”等三种。

“一次摊销法”是指在低值易耗品发出时，将其购入成本一次性计入相关费用之中的一种会计方法。这种方法适用于使用时间短、价值比较低、消耗量比较大的低值易耗品发出核算。

“使用期限摊销法”是指在低值易耗品发出时，按其预计使用期限、将购入成本平均分期计入各种相关费用之中的一种会计方法。这种方法适用于使用时间长、价值比较高、消耗量不大的低值易耗品发出核算。

“五五摊销法”是指在低值易耗品发出时和报废时，分别将其购入成本的50%计入相关费用之中的一种会计方法。这种方法适用于不具有以上特点的低值易耗品发出核算。

【例4-7】2010年5月10日，A公司企业管理部门领用低值易耗品一批，成本为120 000元，该低值易耗品预计使用12个月。

A公司采用不同的低值易耗品摊销方法计算发出及库存成本如下。

一次摊销法：将低值易耗品的成本12 000元全部计入当期管理费用，库存余额为0。

五五摊销法：将低值易耗品成本12 000元的50%，即6 000元计入当期管理费用，库存余额为6 000元。

使用期限摊销法：月摊销额=12 000÷12=1 000（元）。

将低值易耗品的成本1 000元计入当期管理费用，库存余额为11 000元。

采用不同的摊销方法，计算出各种低值易耗品的发出成本后，从期初余额与本期购入成本之和中减去，即为期末库存低值易耗品的成本，在资产负债表日，要全部合并到存货项目之中。

（四）库存商品

库存商品一般是指商品流通企业库存的各种等待销售的商品，主要包括库存商品、存放在门市部准备出售的商品、发出展览的商品以及寄存在外的商品等。商品流通企业库存商品计量有两种方法，即进价核算方法和售价核算方法。

（五）存货的期末计量

由于受市场价格变化的影响，在资产负债表日，各种存货的市场价格与其在入库时的成本相比，可能会发生一定的差异：市场价格高于入库存成本，市场价格等于入库存成本，市场价格低于入库存成本等三种情况。在资产负债表日，第一种情况表明库存存货发生升值，第二种情况表明库存存货价值没有发生变化，第三种情况则表明库存存货发生贬值。

按会计信息质量谨慎性的要求，当存货市场价格低于入库成本时，要按“成本与可变现净值孰低法”计算两者的差额，计提存货跌价准备，如果下一个会计期，计提跌价准备的存货的市场价格又发生了反弹，则根据反弹程度，将前期计提的存货跌价准备再进行转销。

【例 4-8】 A 公司库存商品 Z 的账面成本为 600 000 元，但其市场价格已经跌至 520 000 元，库存商品 Z 的可变现净值低于账面成本 80 000 元。按“成本与可变现净值孰低法”计量该批存货成本，A 公司应计提存货跌价准备 80 000 元。在资产负债表的存货项目中，库存商品 Z 应当按可变现净值 520 000 元进行存货成本信息的披露。

三、存货项目信息披露

（一）存货资产范围

由于企业存货库存情况复杂，为了正确披露存货有关信息，应首先明确存货范围。根据资产定义，只有当存货被企业拥有或控制时，才能作为企业资产进行列报。需要注意的是，某类或某批次存货不被企业拥有，即使其实物在企业库存，也不能作为自有资产进行披露。例如，根据销售合同，某批次存货已经销售，该存货的所有权已经转移为购买方所有，企业已经取得该存货的销售收款权利，但购买方尚未提货的情况，企业不能作为一项存货资产进行披露；再如，企业库存一批代销商品，由于该代销商品的所有权不属于本企业，也不能作为一项存货资产进行披露。

（二）存货项目的合并范围

资产负债表上的“存货”是一个合并项目，企业所拥有的原材料、主要材料、辅助材料、燃料、外购半成品、修理用配件、包装材料、产成品、库存商品等都合并相加反映到这个项目之中。如果材料或产成品按“计划价格方法”进行会计核算，还需要加上“材料成本差异”或“产品成本差异”的超支金额，或者减去“材料成本差异”或“产品成本差异”的节约金额，经过计算后进行信息披露。库存商品则以库存商品的余额减去进销差价余额进行信息披露。

【例 4-9】 以【例 4-5】中存货的收发业务为例，假设 Y 材料的计划成本为 6.5 元，期初材料成本差异为节约差异 1 000 元。则采用计划价格法计算存货 Y 的发出成本和结存成本结果如下：

期初结存存货成本＝400×6.5＝2 600（元）

本期购入的计划成本＝(200＋700＋300)×6.5＝7 800（元）

本期发出存货的计划成本＝(500＋800)×6.5＝8 450（元）

期末结存存货计划成本＝300×6.5＝1 950（元）

本期采购存货成本的实际成本＝200×4.5＋700×5＋300×4＝5 600（元）

本期购入材料成本差异＝5 600－7 800＝－2 200（元）

材料成本差异率＝(－1 000－2 200)÷(2 600＋7 800)＝－31%

发出存货应负担的材料成本差异＝8 450×(－31%)＝－2 619.50（元）

发出存货实际成本＝8 450－2 619.5＝5 830.50（元）

期末结存存货实际成本＝1 950－580.5＝1 369.50（元）

（三）按“成本与可变现孰低法”进行存货信息披露

资产负债表中的“存货”项目金额，是按“成本与可变现净值孰低法”经过计算后，按两者中的较低者进行信息披露，即存货金额是存货成本减去计提的存货跌价准备后的差额。

四、存货管理要点

存货是企业流动资产的主要内容，同时占用着大量的资金，因此，应当加强对其的管理。按不同存货大类管理特点，将存货管理要点内容分为以下几部分。

（一）材料管理

库存材料管理可以从采购、库存、发出和存量等几个环节进行。

1. 库存材料的采购管理

库存材料的采购管理，可以从采购数量、采购价格和采购质量等几个方面进行。

(1) 采购数量的管理。材料采购数量要实施控制管理手段，防止采购量过多或过少情况的发生。计算本期某种材料采购量的公式为

本期某品种材料采购量＝本期该种材料计划发出量＋为下期储备的该品种数量－该种材料期初库存量

(2) 采购价格的管理。同一品种的材料在同一市场的不同时间，或同一时间的不同市场会有一定的差别。企业要及时了解各主要材料的价格变化情况，尽量减少材料采购过程中的中间环节，在保证材料质量的前提下，力争降低材料的采购成本。

(3) 采购质量的管理。不同的供应商提供的同一品种的材料，有时质量差别会很大。企业应当掌握不同供应商提供的材料的质量状况，在保证自己产品质量的前提下，选择信誉高的供应商，采购性价比最高的材料。

2. 库存材料的过程管理

库存材料过程管理的主要内容如下。第一，掌握各品种材料库存情况。例如，明晰各品种材料库存数量，年或月大致消耗量，每批次材料的保质期长短等。同时，发出时做到实物的先进先出，避免存放时间长，出现报废、毁损情况，给企业资产带来损失。第二，存放有序，便于发出和整理。企业库存材料的品种很多，如果存放混乱，不仅给材料的发出带来不便，同时给材料盘点工作带来困难。

3. 库存材料的发出管理

库存材料的发出可通过计划管理方式实现。企业内部消耗各品种材料的部门，应在前一个月份根据生产计划编制下一个月份各品种材料的消耗计划，仓库进行汇总分类后，编制各部门、各品种材料的消耗定额，据以制作“材料消耗定额领用单”，并分发给各材料消耗部门。下月份，仓库在发出材料时，根据该领用单的计划消耗量进行材料的发出。如有超过计划数量领用材料的情况发生，要进行情况说明，并经相关管理人员审批。

企业还可通过材料发出数量与生产部门交回产品数量的核对制度，加强对材料消耗的管理，即仓库发出生产一定数量产品的材料，与生产部门交回仓库的产品数量完全一致，即使在生产过程中出现废品，也应当与合格产品一同交回仓库。

4. 库存材料的存量管理

库存材料存量管理的核心是，在保证生产正常消耗的前提下，尽可能降低库存数量，力争实现各品种材料的“零库存”。降低材料的库存数量，不仅可以减少材料的资金占用，减少用于材料采购的现金流出，提高资金的使用效率，而且对防止材料出现更新换代、市场价格降低给企业带来的损失有重要作用。

（二）在产品管理

企业的管理者可以通过适当的方法，减少在产品的资金占用，这些方法如下：提高生产调度的水平，增加产品的成套性，协调各个工序的生产进度；尽可能减少自制半成品的库存，控制大额的在产品资金沉淀；尽可能压缩各个工序储备性的在产品数量以及尚未移交下一工序的已完工在产品的数量，避免闲置在产品数量；加速在产品的流动性，减少在产品在生产过程的停留时间，提高在产品的周转速度等。

（三）产成品和库存商品管理

企业实现销售的前提是有一定存量的产成品或库存商品。一般情况下，过多的库存（除非是囤积居奇）是因为销售不畅或进货环节管理出现问题，过少的库存又可能出现市场脱销的情况。对于制造业企业来说，过多的产成品库存反映出企业产品在销售环节上出现了问题，应及时进行市场调查。过少的库存可能是生产环节出现问题，应及时进行处理，否则会影响销售活动的正常进行。对于流通企业来说，过多的库存可能是因为进货环节出现问题。

第六节　案例解读

一、案例信息

MT 公司 2009 年年度报告中披露的有关流动资产的信息如表 4-3 所示。

表 4-3　MT 公司流动资产信息　　单位：元

项目	期末余额	期初余额
流动资产：		
货币资金	873 651 541.61	823 462 264.97
应收账款	183 927 648.64	15 337 401.40
预付款项	750 716 406.81	636 599 726.49
其他应收款	235 978 058.55	129 683 275.62
存货	3 014 429 345.50	2 262 726 005.06
流动资产合计	4 758 703 001.11	4 022 140 876.25

二、案例解读

（一）总体情况解读

以上信息显示，MT 公司 2009 年年末的流动资产比年初增加了近 20%，在一定程度上表明了企业资产的规模在不断扩大，流动性有所增强。但是，由于流动资产的增加基本上来源于存货的增加，存货在流动资产中的流动性是比较差的，所以随着流动资产的数量增加而增加的流动性，并不具备很高的质量。

（二）分项解读

1. 货币资金项目

MT 公司的货币资金比年初有所增加，可以增加流动资产的流动性，但是，增加的数量和幅度不大（不到 10%），应当认为该企业的销售回款规模处于比较稳定的状态。

2. 应收账款项目

MT 公司的应收账款期末比期初增加很多，达到 11 倍以上。应收账款的增加可以增加流动资产的总量，但与货币资金相比，资产质量在下降。一般情况下，应收账款的规模应具有一定的稳定性特点，而 MT 公司的这种异常的变化，可能与销售额的超常增长特别是赊销政策的调整具有密切的关系。在阅读财务报表时，应当查阅各个具体的应收账款明细项目，关注三年以上账龄的应收账款的比重，以及客户的信用能力或者声誉状况等，准确地评价该项资产的质量。

另外，在 MT 公司流动资产的构成中，应收票据为零，而应收账款在大幅度地增加，也可以说明该公司没有很好地利用商业汇票信用方式。

3. 预付账款项目

MT 公司期末预付账款比期初增加 10%以上，这在一定程度上形成了更多的资金占用，不利于提高流动资产的流动性。在通常情况下，企业应当尽可能减少预付账款的数量。

4. 其他应收款项目

MT 公司期末其他应收款比期初增加近 1 倍，达到 2.3 亿元，这是一个比较大的增量，应当进一步分析原因所在。其他应收款项目包含的内容复杂，如果没有进行严格的内部控制，可能使这项债权数量越积越多，形成坏账风险。为了了解这个项目的具体情况，应当查阅企业其他应收款的各个明细项目，对其资产的质量进行评价。

5. 存货项目

MT 公司的存货是流动资产的主体。存货占流动资产的比重达到了 60%以上。这种流动资产结构，导致了 MT 公司流动资产的整体流动性比较弱。可以说，MT 公司存货的质量，在很大程度上决定了流动资产的质量。因此，在分析流动资产时，应当将主要的注意力放在存货上。

从数量方面看，存货项目期末比期初增加近 20%，增加的幅度虽然不是很大，但是绝对数量却不小，这种情况说明 MT 公司的材料库存量过大，或产品出现市场销售问题。

如果对存货项目比较关注，还应当进一步查看财务报表附注中存货项目的具体情况，例如，原材料的期末数大于期初数，表明材料的储备增加，应当考虑这种增加是盲目采购引起的，还是特殊的储备需要引起的，或者生产环节的问题引起的等。又如，生产成本的期末数大于期初数，表明在产品的数量增加，应当考虑这种增加是生产组织的原因，还是会计政策选择不当的原因等。另外，产成品或库存商品的期末数大于期初数，表明企业库存商品的存量增加，应当考虑这种增加是滞销引起的，还是生产规模大幅度扩张引起的，或者其他原因引起的。

习　题

1. 企业应从哪些方面对货币资金进行管理？

2. 企业在其他单位的结算中，如何选择对自己有利的结算方式？

3. 交易性金融资产有哪些特点？货币资金与交易性金融资产存在怎样的“调节”关系？

4. 应收票据与应收账款存在哪些异同点？

5. 你公司对应收账款采用了哪些有效的方法进行管理？你认为控制应收账款发生的核心是什么？

6. 存货管理的要点有哪些？你公司对存货管理采用了哪些有效的方法进行管理？

7. 不同存货发出计量方法对企业进行盈余管理会产生什么影响？

8. 你认为流动资产的管理核心是什么？

第五章

资产负债表：非流动资产

第一节　非流动资产概述

一、非流动资产的概念及内容

非流动资产是指不准备在一年内或者超过一年的一个营业周期内变现的资产。非流动资产是相对于流动资产而言的一个概念，通常包括持有至到期投资、长期股权投资、固定资产、无形资产、投资性房地产及其他非流动资产。

持有至到期投资是指到期日固定、回收金额固定或可确定、有明确意图持有至到期日且有能力持有至到期的非衍生金融投资；长期股权投资是企业以现金资产或非现金对其他企业进行的各种股权性投资；固定资产是指为生产商品、提供劳务、出租或进行经营管理而持有、使用寿命超过一个会计年度的有形资产；无形资产是指企业拥有或者控制的没有实物形态的可辨认非货币性资产；投资性房地产是指为赚取租金或资本增值，或者两者兼有而持有的房地产。

二、非流动资产的特点

企业拥有非流动资产是为经营上长期使用或为达到某种特殊利益的对外投资使用。非流动资产的主要特点有以下五个。

第一，非流动资产的种类多，资产形态差异大。非流动资产既包括有形资产，也包括无形资产；既包括为自用目的而购置的固定资产，也包括为获取长期收益而持有的持有至到期投资、长期股权投资等；既包括企业为生产经营活动、管理活动使用的资产，也包括企业为远期战略性发展而储备的资产。

第二，非流动资产持有时间长、差异大。非流动资产的持有时间相对于流动资产而言都比较长，但因资产形态、用途不同，持有时间的长短差异又非常大。例如，固定资产的持有时间从一年至几十年不等，而无形资产有使用期限较短的专利，也有无使用期限的非专利技术等；有持有时间较短的持有至到期投资，也有无到期年限的长期股权投资等。

第三，非流动资产的用途决定了其变现能力弱、差异大。由于非流动资产的主要用途是为了生产经营或管理活动方面的需要而长期使用，或为达到某种特殊利益的对外投资，因而，投资非流动资产时几乎不考虑其变现能力问题。同时，非流动资产不同项目的变现能力强弱相差很大。无形资产受其专用性、排他性影响，甚至不存在变现性；固定资产受其专用性影响，变现能力很差；长期股权投资受其投资目的的影响，变现能力更差。

第四，非流动资产周转速度很慢。非流动资产的投资金额大，使用时间长，其周转速度受固定资产折旧年限、无形资产摊销年限、长期股权投资回收期限等因素的制约，周转速度很慢。如固定资产要通过整个折旧年限，才能完成一次资金周转；无形资产要通过整个摊销年限才能完成一次资金周转。

第五，非流动资产是非流动负债偿还的最终保障。企业流动负债的偿还主要受流动资产流动性和变现能力的影响。而非流动负债的本息能否如期偿还，主要受企业未来经营成果、现金流动状况的影响，最终受非流动资产数量、质量和结构的影响。企业未来固定资产折旧费能否得到补偿，能否取得经营活动的现金流入，是能否如期偿还非流动负债的关键因素；而到破产清算时，非流动负债的本息能否如期偿还，主要受非流动资产数量、质量和结构的影响。

第二节　持有至到期投资

一、持有至到期投资概述

（一）持有至到期投资的概念

持有至到期投资是指到期日固定、回收金额固定或可确定、有明确意图持有至到期日且有能力持有至到期的非衍生金融投资。其中，到期日固定、回收金额固定或可确定，是指与该金融资产相关的合同明确了投资人在确定的期限内获得或收取现金流量的金额和时间；有明确意图持有至到期，是指投资人在取得该金融资产时就有明确的意图将其持有至到期，除非遇到一些企业无法控制、预期不会重复发生且难以合理预计的独立事项；有能力持有至到期，即企业有足够的财务资源，并不受外部因素的影响将投资持有至到期。

通常情况下，持有至到期投资主要是进行的长期债权投资，包括企业持有的在活跃市场有公开报价的国债、企业债券以及金融债券等。对于已归类为持有至到期投资的金融资产，企业应当在每个资产负债表日对其持有的意图和能力进行持续的评价。如果测试表明企业不打算将其持有至到期，则应当将其重分类为可供出售金融资产。

（二）持有至到期投资的基本特点

1. 企业通常持有大量的长期闲置货币资金

由于持有至到期投资是企业从二级市场购买的固定利率的国债、浮动利率金融债券以及公司债券等，因而，用于投资的资产通常是货币性资产。又由于企业进行投资时就准备将其持有至到期日，因而，用于投资的应当是长期闲置的货币资金。

2. 该金融资产到期日固定、回收金额固定或可确定

企业在进行持有至到期投资时，与债务方就有关投资期限、投资收益金额、投资收益获取形式等有了约定。因此，从投资人角度看，可以不考虑可能发生的债务人重大支付风险。同时，在投资持有期间，即使社会投资收益水平发生变化，企业也可以按照约定的投资收益金额和投资收益获取形式取得收益。

3. 企业有明确意图和能力持有至到期日

有明确意图持有至到期，指企业进行投资时，就有明确的意图将其持有至到期日，除非发生企业不能控制、预期不会重复发生且难以合理预计的独立事项，否则将持有至到期日；有能力持有至到期，是指企业有足够的财务资源、并不受外部因素影响将投资持有至到期日。

4. 投资风险不大

由于持有至到期投资属于债权性质的投资，并且投资的主要品种是国家发行的国家债券，或金融机构发行的金融债券，或资金实力比较雄厚、经营成果比较好、偿债能力比较强的大型企业发行的公司债券。因而，这种投资的风险很小，有些投资品种甚至不存在投资风险。

（三）持有至到期投资目的

1. 使长期闲置资金获得比银行存款较高的收益

企业在正常的生产经营过程中，一般不会产生大量的、长期闲置的货币资金。但有时会由于一些特殊原因，产生大量的、长期闲置的货币资金。为了使这部分长期闲置资金取得比银行存款较高的收益，同时要避免进行其他投资可能带来的风险，将其投资于国家债券等其他持有至到期投资，可以达到闲置资金保值和增值的目的。

2. 投资于持有至到期投资可使投资资金有一定的流动性

企业将大量的、长期闲置的资金投资于持有至到期投资，不意味着这种投资一定要持有至到期。企业的生产经营活动面临着非常大的不确定性，如果在投资没有到达到期日，企业又面临好的市场机会而需要资金，那么，可将持有至到期投资变现。

3. 为特定投资目的积累资金

以持有至到期投资方式为未来某一特定投资目的积累资金，是这种投资的一个重要目的。如企业为了归还尚未到期的公司债券本息，可以建立专门的偿债基金，在偿债基金专户存款用于清偿公司债券之前，可以将这笔货币资金购买债券，以获取高于银行存款的收益。企业也可以将相当于年折旧金额的货币资金用于长期债权性投资，以积累固定资产更新所需资金。

二、持有至到期投资会计确认及计量

（一）持有至到期投资会计确认及初始计量

持有至到期投资在符合定义的前提下，应当同时满足以下两个条件，才能加以确

认：第一，与该持有至到期投资相关的经济利益很可能流入企业；第二，该持有至到期投资的成本能够可靠计量。

对已确认为持有至到期投资的金融资产，应当在每个资产负债表日对该资产的持有意图和能力进行评价。如果测试表明企业不准备将其持有至到期日，则应当将其重新划分为相关金融资产。

持有至到期投资通常是在公开市场上进行交易取得的，因而，其会计计量采用公允价值计量模式，即以持有至到期投资取得时的公允价值和相关交易费用之和，作为其初始计量成本。

【例 5-1】 A公司 2010 年 2 月 1 日为建设一条生产线从银行取得长期借款 20 000 000 元。项目开始启动时，获悉该生产线存在一定的技术缺陷，A 公司决定暂停生产线的建设，并以借入的全部资金购买了期限三年、年利率 4%的国库券，并准备持有至到期。

如果 A 公司将借入的货币资金 20 000 000 元长期存放在银行，虽然也会获得银行存款利息，但银行存款收益远远低于购买国债所获得的收益。该持有至到期投资的初始成本为 20 000 000 元，表现在 A 公司 2010 年 2 月的资产负债表上持有至到期投资项目之中。

持有至到期投资的主要形式是债券投资。企业进行债券投资时，发行债券的债务方确定的债券票面利率与债券市场利率可能相等，也可能不相等。如果债券票面利率与债券市场利率相等，投资的公允价值与投资债券的面值就相等，称为面值购买；如果债券票面利率高于债券市场利率，则投资的公允价值大于投资债券的面值，称为溢价购买，溢价购买债券是对债券票面利率大于债券市场利率的高收益作出的提前付出；如果债券票面利率小于债券市场利率，则投资的公允价值小于投资债券的面值，称为折价购买，折价购买债券是对债券票面利率低于债券市场利率的低收益得到的提前补偿。

如果实际支付的价款中包含已到付息期但尚未领取的利息，应单独确认为应收利息，不构成持有至到期投资的初始成本。

【例 5-2】 若 X 公司发行债券的票面利率为 6%，发行时的市场利率为 6%，债券的票面利率等于债券发行时的市场利率，故 X 公司以面值发行债券，A 公司则以面值购买。A 公司以货币资金购买面值为 5 000 000 元的 X 公司发行的公司债券，债券期限为 5 年。

以上投资债券交易发生以后，A 公司资产负债表上持有至到期投资项目反映出购买债券的初始成本为 5 000 000 元。

若 X 公司发行债券的票面利率 7%，发行时的市场利率 6%，债券的票面利率高于债券发行时的市场利率，故 X 公司以溢价发行，A 公司则以溢价购买。A 公司以货币资金 5 250 000 元购买面值为 5 000 000 元的 X 公司发行的公司债券。债券期限为 5 年，购买债券的面值仍为 5 000 000 元，债券溢价 250 000 元，购买债券的初始成本合计为 5 250 000元。

以上投资债券交易发生以后，A 公司资产负债表上持有至到期投资项目反映出购买债券的初始成本为 5 250 000 元。

若 X 公司发行债券的票面利率 5%，发行时的市场利率 6%，债券的票面利率低于债券发行时的市场利率，故 X 公司以折价发行，A 公司则以折价购买。A 公司以货币资金 4 750 000 元购买面值为 5 000 000 元的 X 公司发行的公司债券。债券期限为 5 年，购买债券的面值仍为 5 000 000 元，债券折价 250 000 元，购买债券的初始成本为 4 750 000 元。

以上投资债券交易发生以后，A 公司资产负债表上持有至到期投资项目反映出购买债券的初始成本为 4 750 000 元。

（二）持有至到期投资后续计量

1. 持有至到期投资收益的计量

由于持有至到期投资通常为债权性投资，按权责发生制要求，在资产负债表日，应对持有至到期投资所产生的投资收益进行计量，计入持有期间的收益。

在面值购买债券的情况下，每个资产负债表日，按债券票面面值乘以债券票面利率，计算出该会计期间的应收利息，计入当期投资收益。在面值购买债券的情况下，债券应收利息与投资收益相等；在溢价购买债券的情况下，按债券票面面值乘以债券票面利率，计算出该会计期间的应收利息，再减去债券溢价转销额，构成当期投资收益。在溢价购买债券的情况下，实际投资收益小于应收利息；在折价购买债券的情况下，按债券票面面值乘以债券票面利率，计算出该会计期间的应收利息，再加上债券折价转销额，计入当期投资收益。在折价购买债券的情况下，实际投资收益大于应收利息。

【例 5-3】接【例 5-2】。A 公司以面值购买 X 公司的债券 5 000 000 元。债券期限 5 年，年利率 6%，每年付息一次，则 A 公司每年可获得的投资收益为

$$\text{A 公司每年可获得投资收益} = 5\ 000\ 000 \times 6\% = 300\ 000(\text{元})$$

以上债券收益是当期利润的增加项目。

若 A 公司以 5 250 000 元价格购买面值为 5 000 000 元的 X 公司的公司债券，债券期限为 5 年，票面利率 7%，每年付息一次，则 A 公司每年可获得的投资收益为

$$\text{债券票面收益} = 5\ 000\ 000 \times 7\% = 350\ 000(\text{元})$$

$$\text{债券溢价转销} = 250\ 000 \div 5 = 50\ 000(\text{元})$$

$$\text{债券实际收益} = 350\ 000 - 50\ 000 = 300\ 000(\text{元})$$

以上债券实际收益是当期利润的增加项目，债券票面收益与实际收益的差额 50 000 元为债券溢价转销。债券溢价转销会导致债券初始成本的不断减少。第一年后，资产负债表上持有至到期投资成本为 5 200 000 元（5 250 000－50 000），以后各年以此类推，至债券到期时，其成本就成为面值。

若 A 公司以 4 750 000 元价格购买面值为 5 000 000 元的 X 公司的公司债券，债券期限为 5 年，票面利率 5%，每年付息一次，则 A 公司每年可获得的投资收益为

$$\text{债券票面收益} = 5\ 000\ 000 \times 5\% = 250\ 000(\text{元})$$

$$\text{债券折价转销} = 250\ 000 \div 5 = 50\ 000(\text{元})$$

$$\text{债券实际收益} = 250\ 000 + 50\ 000 = 300\ 000(\text{元})$$

以上债券票面收益与折价转销之和构成债券的实际收益，是当期利润的增加项目。

债券折价转销会导致债券初始成本的不断增加。第一年后，资产负债表上持有至到期投资成本为4 800 000元（4 750 000+50 000），以后各年以此类推，至债券到期时，其成本就成为面值。

2. 持有至到期投资期末余额计量

资产负债表中，持有至到期投资的账面价值是其摊余价值。如果以面值购买债券，资产负债表日的账面价值就是债券面值；如果溢价购买债券，资产负债表日的账面价值是债券面值与债券溢价转销金额的差额；如果折价购买债券，资产负债表日的账面价值是债券面值与债券折价转销金额之和。

【例5-4】接【例5-3】。在以面值购买X公司债券的情况下，A公司资产负债表日持有至到期投资项目的余额是其债券的面值5 000 000元。

以溢价购买X公司债券情况下，A公司资产负债表日持有至到期投资项目的余额是其初始投资成本减去当期债券溢价转销金额后的摊余价值：

第一年末持有至到期投资余额=5 250 000−50 000=5 200 000（元）

第二年末持有至到期投资余额=5 200 000−50 000=5 150 000（元）

第三年末持有至到期投资余额=5 150 000−50 000=5 100 000（元）

第四年末持有至到期投资余额=5 100 000−50 000=5 050 000（元）

第五年末持有至到期投资余额=5 050 000−50 000=5 000 000（元）

以折价购买X公司债券情况下，A公司资产负债表日持有至到期投资项目的余额是其债券初始投资成本加债券折价转销后的摊余价值：

第一年末持有至到期投资余额=4 750 000+50 000=4 800 000（元）

第二年末持有至到期投资余额=4 800 000+50 000=4 850 000（元）

第三年末持有至到期投资余额=4 850 000+50 000=4 900 000（元）

第四年末持有至到期投资余额=4 900 000+50 000=4 950 000（元）

第五年末持有至到期投资余额=4 950 000+50 000=5 000 000（元）

3. 持有至到期投资减值准备计量

在资产负债表日，如果持有至到期投资价值出现非临时性下降，即出现减值现象，则应采用一定的方法对其进行减值测试，按其减值金额，计提持有至到期投资减值准备。判断持有至到期投资价值出现非临时下降，从而可以计提投资减值准备的客观依据有：发行方或债务方发生严重的财务困难；债务方违反了合同条款，如偿付利息或本金发生违约或逾期等；债权人出于经济或法律等方面因素的考虑，对发生财务困难的债务人作出让步；债务人很可能倒闭或进行其他财务重组；因发行方发生重大财务困难，该金融资产无法在活跃市场继续交易；无法辨认一组金融资产中的某项资产的现金流量是否已经减少，但公开的数据对其进行总体评价后，该组金融资产自初始确认以来的预计未来现金流量确已减少且可计量；债务人经营所处的技术、市场、经济或法律环境等发生重大不利变化，使权益工具投资人可能无法收回本金；权益工具投资的公允价值发生严重或非暂时性下跌；其他表明金融资产发生减值的客观证据。

如果出现以上证据，表明持有至到期投资出现减值情况，要按减值金额计提持有至到期投资减值准备。

【例 5-5】接【例 5-2】。A 公司以货币资金 5 000 000 元购买 X 公司面值发行的公司债券，债券期限为 5 年，年利率 6%。若公司在购买债券后的第四年 12 月份获悉 X 公司由于财务困难，到期只能支付债券本金的 70%。

根据以上资料，A 公司在购买债券第四年的资产负债表日应计提持有至到期投资减值准备 1 500 000（5 000 000×30%）元。计提减值准备后，持有至到期投资的账面价值为 3 500 000 元。

三、持有至到期投资处置

持有至到期投资到期时，无论面值购买、溢价购买或折价购买，其摊余成本都成为面值和应计利息之和：面值购买情况下，每个资产负债表日，按票面面值计算应计利息，持有日到期时，即可收回投资的本金和利息，持有期间的应计利息已经分期计入各期的投资收益；溢价购买情况下，每个资产负债表日，按票面面值计算应计利息，再计算溢价转销，待持有日到期时，债券溢价已经转销为零，即可收回投资的本金和利息，持有期间的应计利息已经分期计入各期的投资收益；折价购买情况下，每个资产负债表日，按票面面值计算应计利息，再计算折价转销，持有日到期时，债券折价已经转销为零，即可收回投资的本金和利息，持有期间的应收利息已经分期计入各期的投资收益。

企业在收回投资的本金和利息的同时，如果在持有期间计提有减值准备，应在投资收回时一并转销。

四、持有至到期投资信息披露

持有至到期投资按历史成本计量模式进行会计确认和计量。在资产负债表上，该项目是按其摊余成本进行信息披露的。

在面值购买债券的情况下，摊余成本的计算公式为

$$摊余成本 = 债券投资面值$$

在溢价购买债券的情况下，摊余成本的计算公式为

$$摊余成本 = 债券投资初始成本 - 溢价转销$$

在折价购买债券的情况下，摊余成本的计算公式为

$$摊余成本 = 债券投资初始成本 + 折价转销$$

五、持有至到期投资的管理要点

第一，根据闲置资金的长短选择投资期限。企业通常以货币资金进行持有至到期投资，以非货币性资产进行持有至到期投资的可能性很小。并且，这种投资的回收通常是超过一个年度，有时会是中长期投资。因此，企业在进行投资时，首先要根据闲置资金的性质和长短，判断其闲置的时间，再选择投资期限。例如，固定资产折旧形成、准备用于其更新改造的闲置资金，可选择相当于折旧年限的投资期限；用于固定资产建设的准备资金，可根据固定资产建设对资金的需求时间和数量等，选择适当的投资期限等。

第二，根据企业对投资风险的承受能力选择投资种类。持有至到期投资虽然属于债

权性质的投资，总体而言，其投资风险很小，但不同企业对不同投资种类投资风险的承受能力还是不同的。因而，企业应当根据自己对投资风险的承受能力选择投资种类。

从二级市场购买的固定利率的国债，如果不考虑利率提高可能带来的收益损失，几乎不存在投资风险。所以，在预期利率提高的前提下，适宜进行中短期国债投资。反之，适宜进行中长期国债投资。

浮动利率金融债券，存在着利率下降可能带来的收益损失风险，当然也存在利率提高可能带来的更大的收益。

购买的公司债券，存在着发行债券方公司经营成果变化、支付能力下降、其他不确定因素可能给购买方公司带来偿债能力下降等风险。

第三，建立持有至到期投资风险评估制度。为了保证持有至到期投资资产的安全，企业应当建立持有至到期投资风险评估制度，包括定期或不定期评估制度。定期评估制度，指在持有投资期间内的每个资产负债表日，组织专业人员对投资风险进行的评估。不定期评估制度，是指当国际国内政治、经济、市场情况发生变化，或当不可预见的突发事件发生时，对投资风险进行的评估。企业应当根据投资风险评估结果，对持有至到期投资进行适当的调整或处置。

第三节　长期股权投资

一、长期股权投资概述

（一）长期股权投资概念及特点

长期股权投资，是企业以现金资产或非现金对其他企业进行的各种股权性投资，包括购入的股票和其他股权投资。长期股权投资通常包括以下情况。

（1）投资企业能够对被投资单位实施控制的权益性投资，即对子公司投资（持股比例超过50%）。

（2）投资企业与其他合营方一同对被投资企业实施共同控制的权益性投资，即对合营企业的投资（持股比例达50%）。

（3）投资企业对被投资单位产生具有重大影响的权益性投资，即对联营企业的投资（持股比例达20%及以上但低于50%）。

（4）投资企业持有的对被投资单位不具有控制、共同控制或重大影响，并且在活跃市场中没有报价、公允价值不能可靠计量的权益性投资。

理论上讲，投资企业对被投资单位实施控制、共同控制或重大影响，是按以上标准来判断的。但在实践中，只要股权比例占到最大份额，就可对被投资单位实施控制。

长期股权投资具有以下特点。

1. 投资所需资金量大

企业在以货币资金进行对外投资时，由于投资方向不受限制，企业投资方式的选择更具灵活性，货币资金对企业的多元化经营形成直接贡献，但是货币资金投资要求企业的现金流比较充足，融资能力较强。

2. 未来投资收益的不确定性强

长期股权投资未来投资收益多少，取决于被投资单位的经营状况。若被投资单位经营状况好，投资单位可能获得好的投资收益；若被投资单位经营状况不好，投资单位就不会有好的投资收益，若被投资单位经营发生亏损，投资单位还要承担亏损。同时，长期股权通常是企业战略性投资，其投资收益的多少在投资时只是预测，未来取得收益的不确定性很强。

3. 投资风险的不确定性强

长期股权投资带来了企业之间的资产重组，资产重组后产生的企业间关系的变化、文化理念和经营理念的差异、生产方式的重组等，都是影响长期股权投资成功与否的因素。同时，股权投资完成后，投资单位的资金不能随意从被投资单位撤出，只能转让其持有的股份。但是股权的转让，不仅取决于转让方的意志，还取决于转入方的意愿，以及双方的讨价还价能力，从而造成投资在股权转让中的损益难以预料。因此，长期股权投资项目的账面价值往往与其可回收金额之间存在差距，带来了投资风险的不确定性。

（二）长期股权投资目的

一般而言，企业进行长期股权投资主要出于以下五个目的。

1. 通常是企业战略性发展的需要

企业进行战略性扩张，可以通过很多扩张策略实现，如通过增加资本投入实现扩张，但更多的企业扩张是出于战略发展需要，通过股权投资策略对竞争对手实施收购、兼并等，以消除竞争，实现自我扩张。也可通过对重要的原材料供应商的股权投资，从而使自己的原材料供应得到保障，或者通过对知名品牌的股权投资，迅速提升自己的市场影响力和知名度等。

2. 通过股权投资，优化产品或者服务组合

企业产品或者服务组合，是随着市场需求和技术创新能力不断变化的。企业新产品或者新服务项目的优化组合，也可以通过很多策略实现。通过对目标企业进行长期股权投资，从而实现产品或者服务的优化组合，是一个重要的手段。同时，企业可以通过股权投资，实现多元化经营战略，以降低经营风险，获得稳定的投资收益。

3. 稳定企业之间的合作关系

企业进行股权投资的另一个目的是，稳定企业之间的合作关系。企业之间存在着不同的优势，一个企业可能具有很强的新产品开发能力，另一个企业可能有一个销售能力很强的销售网络，而另一个企业又可能有一支管理水平很高的管理团队等。不同企业之间存在的不同优势，客观上都需要进行企业之间的合作，以达到共同发展的目的。

历史经验证明，建立企业之间稳定合作关系的重要方式之一，是相互之间通过股权投资方式实现的。通过股权投资建立的合作关系，可以存在于同一产业的上下游企业之间，也可以存在于不同产业之间建立的多元化经营模式之中。

4. 加强企业的竞争实力

企业的竞争实力，全面体现在其产品的质量、产品的技术含量、产品的市场占有率等方面。企业通过对其他企业进行股权投资，就有可能将存在于其他企业的大量的资

金、先进的设备、充足的原料供给系统以及优秀的人力资源等生产要素控制在自己手中，形成强大的企业竞争实力，进而实现企业对市场一定程度的垄断经营。

5. 实现规模经济

企业规模大小与产品成本和生产率高低有一定的关联度。一个企业要取得最佳经济效益，就需要有合理的企业规模，通过企业之间进行股权投资实现的企业并购，是调整企业规模的重要手段。实现规模经济主要是生产同类产品企业之间进行股权投资，使企业达到一定的规模，从而实现规模效益。

二、长期股权投资的会计确认及计量

（一）长期股权投资会计确认及初始计量

长期股权投资的实现方式有两种，即企业合并形成的长期股权投资和其他方式取得的长期股权投资。企业合并形成的长期股权投资，又分为同一控制下的企业合并和非同一控制下的企业合并。

1. 企业合并形成的长期股权投资初始成本计量

（1）同一控制下（相当于企业集团内）的企业合并。参与合并的企业在合并前后均受同一方或相同的多方最终控制且该控制并非暂时性的，为同一控制下的企业合并。这一合并形式下，合并方以合并日应享有被合并方账面所有者权益的份额作为长期股权投资的初始成本。

【例 5-6】 2010 年 1 月 3 日，A 公司向同一集团内的 K 公司原投资人定向增发 2 000 万股普通股股票，股票面值 1 元，发行价格 5 元，取得 K 公司 100%的股权。合并日，K 公司账面所有者权益总额为 85 000 000 元。

以上合并交易完成后，在 A 公司资产负债表上确认的对 K 公司长期股权投资的初始成本为 85 000 000 元。

（2）非同一控制下的企业合并。参与合并的各方在合并前后不受同一方或相同的多方最终控制的，为非同一控制下的企业合并。这一合并形式下，购买方在购买日按照确定的合并成本（不包括应被投资单位收取的现金股利或利润），作为长期股权投资的初始成本。

【例 5-7】 2010 年 1 月 3 日，A 公司以公允价值 41 000 000 元的无形资产和公允价值为 39 000 000 元的固定资产，向非同一集团的 L 公司投资，取得 L 公司 30%的股权。同时，以银行存款 2 000 000 支付资产评估费。

以上合并交易完成后，在 A 公司资产负债表上确认的对 L 公司长期股权投资的初始成本为 82 000 000 元。

2. 其他方式取得的长期股权投资初始成本计量

企业以其他方式取得的长期股权投资主要包括以支付现金、以发行权益性证券、投资人投入等方式取得的长期股权投资。

以支付现金取得的长期股权投资，应当按照实际支付的购买价款作为初始投资成本。初始投资成本包括与取得长期股权投资直接相关的费用、税金及其他必要支出。

以发行权益性证券取得的长期股权投资，其成本为所发行权益性证券的公允价值。为发行权益性证券支付的手续费、佣金等应从权益性证券的溢价发行收入中扣除，溢价收入不足的，应该冲减盈余公积和未分配利润。

投资人投入的长期股权投资，应当按照投资合同或协议约定的价值作为初始投资成本，但合同或协议约定价值不公允的除外。

（二）长期股权投资的后续计量

长期股权投资在持有期间，根据投资企业对被投资单位的影响程度及是否存在活跃市场、公允价值能否可靠计量等进行划分，分别采用成本法或权益法确定期末账面余额。

1. 长期股权投资的成本法

成本法，是指投资按成本计价的方法。

（1）成本法的适用范围：第一，投资企业能够对被投资单位实施控制的长期股权投资。控制，是指有权决定一个企业的财务和经营政策，并能据以从该企业的经营活动中获取利益；第二，投资企业对被投资单位不具有控制、共同控制或重大影响，并且在活跃市场中没有报价、公允价值不能可靠计量的长期股权投资。共同控制是指按照合同约定对某项活动共有的控制，仅在与该经济活动相关的重要财务和经营政策需要分享控制权的投资方一致同意时存在。重大影响，是指对一个企业的财务和经营政策有参与决策的权利，但并不能够控制或者与其他方一起控制这些政策的制定。

（2）成本法的基本特点：第一，初始投资或追加投资时，按照初始投资或追加投资的成本增加长期股权投资的账面价值；第二，投资企业按照享有被投资单位宣告发放的现金股利或利润确认投资收益，不论利润分配是属于对进行投资前还是进行投资后被投资单位实现净利润的分配。

从以上成本法的特点可以看到，对被投资单位实施控制的投资企业，只有从被投资单位得到分配来的（或已经宣告分配发放）现金股利或利润后，才可以作为投资收益计入利润之中。

【例 5-8】接【例 5-6】。2010 年 1 月 3 日，A 公司向同一集团内的 K 公司原投资人定向增发 2 000 万股普通股股票，取得 K 公司 100%的股权。以上合并交易完成后，A 公司能够对 K 公司实施控制，长期股权投资核算应采用成本法。

若 K 公司 2010 年度的净利润为 80 000 000 元，2011 年 3 月 8 日 A 公司收到 K 公司发放的现金股利为 3 700 000 元。按成本法的要求，A 公司确认的 2010 年度的投资收益为 3 700 000 元。资产负债表上长期股权投资项目余额仍为初始成本 85 000 000 元。

2. 长期股权投资的权益法

权益法，是指投资以初始成本计量后，在投资持有期间根据投资企业享有被投资单位所有者权益的份额变动对投资的账面价值进行调整的方法。

（1）权益法的适用范围：投资企业对被投资单位具有共同控制或重大影响的长期股权投资，采用权益法核算。即对合营企业投资或联营企业投资，采用权益法。

（2）权益法的基本特点：第一，初始投资时，长期股权投资以投资成本反映；第二，投资成本小于应享有被投资单位可辨认净资产公允价值份额的部分，确认为营业外收入，同时调整长期股权投资的账面价值；第三，投资成本大于应享有被投资单位可辨认净资产公允价值份额的部分，按实际成本反映；第四，投资企业取得长期股权投资后，应当按照应享有或应分担的被投资单位实现的净损益的份额，确认投资损益并调整长期股权投资的账面价值，投资企业按照被投资单位宣告分派的利润或现金股利计算应分得的部分，相应减少长期股权投资的账面价值；第五，投资企业确认被投资单位发生的净亏损，应当以长期股权投资的账面价值以及其他实质上构成对被投资单位净投资的长期权益减记至零为限，投资企业负有承担额外损失的情况除外。被投资单位以后实现净利润的，投资企业在其收益分享额弥补未确认的亏损分担额后，恢复确认收益分享额。

【例 5-9】接【例 5-7】。2010 年 1 月 3 日，A 公司以公允价值 82 000 000 元的投资成本，向非同一集团的 L 公司投资，取得 L 公司 30％的股权。以上合并交易完成后，A 公司对 L 公司的投资属于具有重大影响的长期股权投资，应采用权益法对长期股权投资进行核算。

若 L 公司 2010 年度取得净利润 18 000 000 元，分配现金股利总额为 12 000 000 元。按 A 持有 L 公司 30％的股权计算，应取得的投资收益为 5 400 000（18 000 000×30％）元，应取得的现金股利为 3 600 000（12 000 000×30％）元。

根据以上资料，计算 A 公司 2010 年资产负债表上长期股权投资项目的金额为

长期股权投资金额＝82 000 000＋5 400 000－3 600 000＝83 800 000（元）

若 L 公司 2011 年度发生亏损 20 000 000 元，按 30％股权比例计算 A 公司应承担的亏损为 6 000 000 元（20 000 000 元×30％），则 A 公司 2011 年度资产负债表上长期股权投资项目的金额为

长期股权投资金额＝83 800 000－6 000 000＝77 800 000（元）

采用权益法时，还应注意以下三点：第一，投资企业在确认应享有被投资单位净损益的份额时，应当以取得投资时被投资单位各项可辨认资产等的公允价值为基础，对被投资单位的净利润进行适当调整后确认；第二，被投资单位采用的会计政策及会计期间与投资企业不一致的，应当按照投资企业的会计政策及会计期间对被投资单位的财务报表进行调整，并据以确认投资损益；第三，投资企业对于被投资单位除净损益以外所有者权益的其他变动，应当调整长期股权投资的账面价值并计入所有者权益。

从以上权益法的特点可以看出，只要被投资单位经营产生利润，无论被投资单位是否进行现金股利或利润的分配，投资企业就可以按照在被投资单位享有的投资份额计算自己应享有的收益，确认为投资收益。当然，如果被投资单位经营发生亏损，投资企业也应按照在被投资单位享有的投资份额计算自己应承担的亏损，确认为投资损失。

3. *成本法与权益法的对比*

长期股权投资产生的投资收益数量，因采用不同的会计政策也有所不同：成本法下，投资收益来源于被投资单位分配的现金股利；权益法下，确认的投资收益一般大于收到的现金股利，即确认的投资收益并不完全是现金收益。

权益法可以让投资方在每个会计期末就能分享被投资企业的资本增值，而不受被投资企业的利润分配政策的影响，所以权益法核算为投资方企业提供了持续的利益分享机制，通常情况下权益法核算所能确认的收益要比成本法更加稳定，并且金额上要多。当然，更重要的是，权益法反映了投资企业与被投资企业之间经济关系的实质。此外，利用权益法进行核算，被投资单位的经营成果—净资产的波动在投资方的报表上可以得到反映，而成本法却掩盖了这一信息。

4. 成本法与权益法的转换

长期股权投资在持有期间，会因为持股比例或其他情况的变化，导致会计核算由一种方法转换为另一种方法。

（1）成本法转换为权益法。原持有的对被投资单位不具有控制、共同控制或重大影响、在活跃市场中没有报价、公允价值不能可靠计量的长期股权投资，因追投资导致持股比例上升，能够对被投资单位施加重大影响或实施共同控制的，应由成本法转换为权益法。

（2）权益法转换为成本法。因追加投资原因导致原持有的对联营企业或合营企业的投资转变为对子公司投资，或因收回投资等原因导致长期股权投资持股比例下降至对被投资单位不具有控制、共同控制或重大影响的，应由权益法转换为成本法。

5. 长期股权投资的期末计量

长期股权投资在按照规定进行核算确定其账面价值的基础上，如果存在减值迹象的，会计期末要按相关准则的规定计提减值准备。长期股权投资的减值分两种情况。

（1）采用权益法核算的长期股权投资，企业期末应对商誉进行减值测试，如果发生减值，先冲减商誉，商誉减为零后，再作长期股权投资的减值。

（2）采用成本法核算的、在活跃市场中没有报价且其公允价值不能可靠计量的权益工具投资发生减值时，应当将该权益工具投资的账面价值，与按照类似金融资产当时市场收益率对未来现金流量折现确定的现值之间的差额，确认为减值损失，计入当期损益。该减值损失在以后期间不能转回。

三、长期股权投资的处置

处置长期股权投资时，其账面价值与实际取得的处置收入的差额，应当计入当期损益。采用权益法核算的长期股权投资，因被投资单位除净损益以外所有者权益的其他变动而计入所有者权益的，处置该项投资时应当将原计入所有者权益的部分按相应比例转入当期损益。

四、长期股权投资信息披露

长期股权投资会计核算有成本法和权益法，在不同的方法下，长期股权投资期末余额所表现的长期股权投资的账面余额不同：成本法下，长期股权投资的期末账面余额为投资成本，因此，资产负债表上长期股权投资项目是按投资成本进行披露的；权益法下，长期股权投资的期末账面余额为资产负债表日投资企业享有的在被投资单位的股权比例，因此，资产负债表上的长期股权投资项目是按投资企业享有的在被投资单位的股权实际余额进行披露的。

此外，财务报告中还应披露以下与长期股权投资有关的事项：当期发生的投资净损益，其中重大的投资净损益项目应单独披露；长期股权投资中属于对子公司、合营企业、联营企业投资的部分，应单独披露；当年提取的长期股权投资减值损失准备；长期股权投资的计价方法；长期股权投资总额占净资产的比例；采用权益法时，投资企业与被投资单位会计政策的重大差异；长期股权投资变现及投资收益汇回的重大限制。

五、长期股权投资的管理要点

第一，明确长期股权投资的目的。企业进行长期股权投资，通常是一种战略性发展需求。例如，通过进行长期股权投资，对另一家或几家企业实施控制，从而逐渐形成自己的产业竞争优势；或者对企业同一产业链的上游企业进行股权投资，以保证原材料的采购或获得材料采购的优惠价格；或者对企业同一产业链的下游企业进行投资，以保证通畅的销售渠道；或者为了分散经营风险，而进行多元化投资等。明确长期股权投资的目的，对于科学地选择投资对象有重要意义。

第二，长期股权投资的授权管理制度。其主要根据投资金额及投资目的不同，对公司董事长或董事会进行授权管理。例如，董事会授权董事长的权限：公司进行策略性股权投资目的且董事长运用公司资产进行单项投资的权限不超过最近一期公司经审计的净资产的一定比例（如5%），在一个会计年度累计的投资不超过最近一期公司经审计的净资产的一定比例（如15%）。再如，股东大会授权董事会的权限：公司进行战略性投资、且投资占最近经审计的净资产总额的一定比例以下（如20%）的长期股权投资项目，或公司进行战略性投资、且达到或超过最近经审计的净资产总额的一定比例（如25%）的长期股权投资项目，由董事会审议后提请股东大会批准。

第三，建立长期股权投资的分部管理制度。公司企管部和证券部是投资业务的综合管理部门，负责对公司的拟投资项目进行研究论证，提供项目可行性研究报告，为投资决策提供依据；财务部负责选择适当的股权投资会计政策，对投资业务进行完整的会计确认、计量和报告；审计部负责对公司投资的资产进行定期盘点或与委托保管机构进行核对，检查其是否为本公司所拥有，并将盘点记录与账面记录相互核对以确认账实的一致性。

第四，建立长期股权投资的风险评估制度。企业进行长期股权投资，至少存在下列风险：投资行为违反国家法律法规，可能遭受外部处罚带来的经济风险和信誉风险；投资业务未经适当审批或超越授权审批，可能因重大差错、舞弊、欺诈而导致管理风险；投资项目未经科学、严密的评估和论证，可能因决策失误导致投资风险；投资项目执行缺乏有效的管理，可能导致的投资安全和投资收益风险；投资项目处置的决策与执行不当，可能导致权益受损风险。建立风险评估制度，是长期股权投资管理的重要内容。

第五，建立长期股权投资的内部控制机制。内部控制制度的核心是长期股权投资管理的职务分离。长期股权投资的工作环节有业务授权、业务执行、会计记录、资产保管、资产处置等。在这几项工作之间，要建立相互配合、互相监督的工作机制，保证长期股权投资的顺利进行和保值增值。

第六，建立完善的资产处置管理制度。如投资的收回、转让与核销，应当按规定权限和程序进行审批，并履行相关审批手续；对应收回的投资资产，要及时足额收回，保证投资资产的保值和增值；转让投资，应当由相关机构或人员合理确定转让价格，并报授权批准部门批准。必要时，可委托具有相应资质的专门机构进行转让资产的价值评估；核销投资，应当取得因被投资企业破产等原因不能收回投资的法律文书和证明文件，尽可能减少投资资产的损失等。

第四节　固定资产

一、固定资产概述

（一）固定资产概念及特点

固定资产是指为生产商品、提供劳务、出租或进行经营管理而持有、使用寿命超过一个会计年度的有形资产。固定资产包括企业在生产经营和管理活动中使用的房屋及建筑物、机械设备、交通运输设备、办公设备、家具设备、电子设备等。

从以上固定资产概念可以看出，固定资产基本特点如下。

（1）固定资产是企业为进行生产产品、提供劳务、出租或经营管理活动而持有的有形资产，目的是自用。即企业持有的固定资产是自用的生产工具，不是以出售为目的的产品。同时，固定资产的出租，是指机器设备的出租，不包括以经营租赁方式出租的建筑物，后者属于投资性房地产。

（2）固定资产使用年限超过一个会计年度。固定资产的使用年限，是指在其开始使用时预计可以使用的年限，或者可以生产产品、提供劳务的数量。

（3）固定资产是有形资产。固定资产具有实物特征，这一特征将固定资产与无形资产区别开来。有些无形资产可能符合固定资产的以上特征，但由于没有实物形态，因而不属于固定资产。

（4）固定资产单位价值较高。除前述三个特点外，为了强调对价值较高的固定资产管理，企业还可对固定资产价值进行限定。企业规模大、固定资产持有量多、价值比较高的企业，固定资产价值标准可以高一些。反之，企业规模小、固定资产持有量少、价值比较低的企业，固定资产价值标准可以低一些。

（二）固定资产分类

按不同标准，固定资产可划分为不同的类别。

（1）按经济用途分类，可分为生产经营用固定资产、非生产经营用固定资产。

（2）按使用情况分类，可分为使用中的固定资产、未使用的固定资产、不需用的固定资产。

（3）按所有权分类，可分为自有固定资产、租入固定资产。

（4）按经济用途和使用情况综合分类，可分为生产经营用固定资产、非生产经营用固定资产、租出固定资产、不需用固定资产、未使用固定资产、融资租入固定资产。

由于企业的组织形式、经营规模、所处行业的不同，对固定资产的分类不可能完全一致，也没必要强求统一，企业可以根据各自的具体情况、经营管理的需要、会计核算的方法等进行必要的分类。

二、固定资产会计确认及计量

（一）固定资产会计确认及初始计量

固定资产在符合定义的前提下，应当同时满足以下两个条件，才能加以确认：第一，与该固定资产相关的经济利益很可能流入企业；第二，该固定资产的成本能够可靠计量。

固定资产初始计量成本包括为构建某项固定资产并达到可使用状态前发生的一切合理的、必要的支出。既包括固定资产的购置价款、运杂费等直接费用，也包括借款利息等间接费用。固定资产的取得方式不同，其价值计量模式也不相同，下面介绍三种主要计量模式。

（1）按历史成本计量。历史成本是指企业购建某项固定资产达到预定可使用状态前所发生的一切合理必要支出，即固定资产的原始成本或原始价值，它是固定资产价值的基本计量模式。在持续经营假设的前提下，固定资产只有按历史成本计量，才能使其价值损耗在预计的使用年限内予以确认。同时，该方法又具有客观性和可验证的特点。

（2）按净值计量。净值是指固定资产的原始价值减去累计折旧后的余额，也称折余价值。它可以反映企业实际占用在固定资产上的资金数量，也可以反映固定资产的新旧程度。

（3）按重置完全价值计量。重置完全价值是指在现时的生产技术条件和市场环境下，重新购建与原来同样的固定资产所需要的全部支出。该方法在企业财产清查和对固定资产信息进行补充说明时经常采用。

各类固定资产取得方式不同，其初始成本的内容也各不相同。

1. 购入固定资产初始成本计量

购入固定资产是企业取得固定资产的主要方式。当企业通过购入方式取得固定资产时，其初始成本包括购买价款、相关税费、使用固定资产达到预计可使用状态前所发生的可归属于该项固定资产的运输费，装卸费和专业人员服务费等；若企业购入的是不需要安装的固定资产，其买价及相关税费合计构成固定资产的初始成本；若企业购入需要安装的固定资产，其买价、相关税费及安装时所发生的相关费用合计构成固定资产的初始成本。

【例 5-10】2010 年 5 月 5 日，A 公司购入一台不需要安装的设备，设备价款 650 000 元，增值税 17%，税款 110 500 元。同时支付设备的运输费 2 500 元。

根据以上资料，计算 A 公司购入设备的初始成本为

购入设备的初始成本＝650 000＋2 500＝652 500（元）

由于购入设备支付的增值税进项税可以抵扣，所以，支付的 110 500 元增值税进项税不构成购入设备的成本。该项交易发生后，A 公司资产负债表上固定资产项目为 652 500 元。

2. 自行建造固定资产成本的初始计量

企业根据生产经营的特殊需要，利用自有的人力、物力条件自行建造的固定资产，称为自制、自建固定资产。企业自制、自建固定资产所发生的全部支出构成该固定资产的成本。主要包括所消耗的材料费、人工费、其他费用和缴纳的有关税金等。

【例 5-11】 2010 年 10 月 15 日，A 公司以自建方式建设仓库一座。自工程建设日起至 2010 年 12 月 30 日，工程发生成本共计 2 880 000 元。2011 年该工程发生成本共计 3 945 000元，至 2011 年 12 月 30 日工程完工，验收后交付使用。

根据以上资料，计算 A 公司仓库建设工程的初始成本为

仓库工程初始成本＝2 880 000＋3 945 000＝6 825 000（元）

A 公司 2010 年 12 月 30 日资产负债表上的在建工程项目反映未完工程成本为 2 880 000 元。2011 年发生的在建工程成本继续增加 3 945 000 元，工程成本共计 6 825 000 元。至 2011 年 12 月 30 日工程完工、验收交付使用后，在 A 公司的资产负债表上从在建工程项目转入固定资产项目，工程总成本构成该项固定资产的初始成本。

3. 投资人投入固定资产成本的初始计量

投资人以固定资产折价入股，以双方协商的价值或中介机构评估的价值作为成本。

4. 租赁固定资产成本的初始计量

企业由于生产经营的临时需要或季节性需要，或从融资需要等方面的考虑，对生产经营所需的固定资产可采用租赁的方式取得。其租赁方式有融资租赁和经营租赁两种。

（1）融资租赁，是指在实质上转移了与资产所有权有关的主要风险和报酬的一种租赁，而其所有权最终可能转移，也可能不转移。融资租赁业务发生时，租赁资产的价值及其交易双方协议的其他费用之和，构成融资租赁固定资产初始成本。

（2）经营租赁，是固定资产临时租赁方式。采用经营性租赁方式租入的固定资产，资产的所有权仍归属出租方，企业只是在租赁期内拥有资产的使用权，租赁期满，将资产归还给出租人。通过经营性租赁租入的固定资产不作为承租方的固定资产入账。

5. 接受捐赠固定资产成本的初始计量

企业接受捐赠所形成固定资产的成本计量分两种情况。

（1）捐赠方提供了有关凭据的，按凭据上标明的金额加上应当支付的相关税费及其他费用，如运输费、安装费等，作为初始成本。

（2）捐赠方没有提供有关凭据的，按以下顺序确定其初始成本：同类或类似固定资产存在活跃市场时，按同类或类似固定资产的市场价格估计的金额，加上应当支付的相关税费，作为初始成本；同类或类似固定资产不存在活跃市场的，按该接受捐赠的固定资产的预计未来现金流量价值，作为初始成本；接受捐赠的固定资产是旧的固定资产，按上述方法将确认价值减去估计的价值损耗后的余额，作为初始成本。

6. 盘盈固定资产成本的初始计量

企业财产清查中盘盈的固定资产按同类或类似资产的市场价格，减去按该项资产的新旧程度估计的价值损耗后的余额，作为初始成本，若同类或类似固定资产不存在活跃市场的，按该项固定资产预计未来现金流量的现值，作为初始成本。

（二）固定资产的后续计量

企业固定资产的后续计量主要包括固定资产折旧和固定资产后续支出两个部分。

固定资产在长期使用过程中逐渐发生的损耗称为折旧。固定资产的损耗有有形损耗和无形损耗两种，有形损耗是指固定资产在使用过程中的正常磨损和自然对其的侵蚀，无形损耗是指由于技术进步而引起的固定资产的贬值。固定资产的后续支出是指其在使用过程中发生的更新改造支出、修理支出等。固定资产的后续支出，符合固定资产确认条件的计入固定资产价值，不符合固定资产确认条件的，在其支出发生时直接计入当期损益，从当期利润中直接扣除。

1. 固定资产折旧

1）折旧原因及计提折旧的范围

固定资产成本是企业用于固定资产方面的投资。固定资产投入使用后，企业要在整个使用期限内通过折旧方式，最终从收入中得到补偿。固定资产用于生产经营过程，其折旧费作为产品生产成本或企业费用的一部分，成为影响企业利润的重要因素。

计提折旧的固定资产应包括房屋和建筑物（不管使用与否），在用的机器设备、仪器仪表、运输工具、工具器具，季节性停用的固定资产，大修理停用的固定资产，融资租入和以经营方式租出的固定资产等。

不计提折旧的固定资产主要有已提足折旧但仍继续使用的固定资产，按规定单独作价作为固定资产入账的土地。

对已达到预定可使用状态但在年度内尚未办理竣工结算的，应该按照暂估价值入账，并计提折旧，待办理竣工结算手续后，再按照实际成本调整原来的暂估价格，但不需要调整原已计提的折旧额。

企业一般应按月提取折旧，当月增加的固定资产，当月不提折旧，从下月起计提折旧。当月减少的固定资产，当月仍然计提折旧，从下月起不提折旧。固定资产提足折旧后，无论能否继续使用，均不再提取折旧，提前报废固定资产，也不再补提折旧。

2）影响固定资产折旧的因素

影响固定资产折旧的因素主要有以下三个。

第一，固定资产的账面原值。它是固定资产折旧计算的基数，在某项固定资产的使用年限、净残值一定的情况下，固定资产的账面原值越高，当期计提的折旧费就多，反之，则相反。

第二，固定资产预计使用年限。在某项固定资产账面原值和净残值一定的情况下，预计使用年限越长，每期计提的折旧费就越少，反之，则相反。

第三，固定资产的净残值。它是指固定资产报废时预计可以收回的残余价值扣除清理费用后的余额。当某项固定资产的账面原值和其预计使用年限一定的情况下，固定资产的净残值预计数额越大，一定期内所提的折旧费就越小，反之，则相反。

3）固定资产折旧方法

第一，使用年限法，又称年限平均法或直线法，是指按固定资产预计使用年限平均计算各期折旧费的一种方法，按照该方法计算出的折旧费在各预计使用年份或月份是相等的。计算公式如下：

$$\text{年折旧额}=\frac{\text{固定资产原价}-\text{预计净残值}}{\text{预计使用年限}}$$

$$\text{月折旧额}=\text{年折旧额}\div 12$$

$$\text{年折旧率}=\text{年折旧额}\div(\text{固定资产原值}-\text{预计净残值})\times 100\%$$

$$\text{月折旧率}=\text{年折旧率}\div 12$$

该方法的优点在于易于理解，操作比较简便。缺点在于没有考虑固定资产在使用过程中的不同阶段损耗程度差异对各期折旧费多少的影响，同时，也没有考虑有形损耗的发生对各期折旧费的影响。

【例 5-12】A 公司 2011 年 12 月 30 日交付使用仓库的原值为 6 825 000 元，若该仓库预计使用年限为 20 年，预计净残值 25 000 元，则项该固定资产年折旧额、年折旧率计算如下：

$$\text{年折旧额}=(6\ 825\ 000-25\ 000)\div 20=340\ 000(\text{元})$$

$$\text{年折旧率}=340\ 000\div 6\ 800\ 000=5\%$$

以年折旧额和年折旧率分别除以 12，即为该项固定资产的月折旧额和月折旧率。

第二，工作量法，是指按固定资产实际工作量计提折旧费的一种方法。计算公式如下：

$$\text{单位工作量折旧额}=\frac{\text{固定资产原价}\times(1-\text{预计净残值率})}{\text{预计工作总量}}$$

$$\text{某项固定资产月折旧额}=\text{该项固定资产当月工作量}\times\text{单位工作量折旧额}$$

采用工作量法的前提是，能够得到固定资产在每一会计期间完成的工作量数据。以该方法计提折旧的优点在于，符合受益与成本之间的因果关系，弥补了直线法下不考虑固定资产在使用过程的不同阶段，损耗程度差异对各期折旧费多少影响的缺陷。缺点在于把固定资产使用价值发挥的状况作为唯一因素，同样没有考虑固定资产发生无形损耗对年折旧费多少的影响。

【例 5-13】A 公司 2010 年 10 月 30 日购置货车一辆，货车价款 800 000 元，同时支付增值税进项税 136 000 元。该货车预计行驶总里程为 20 万公里，2010 年 11 月行驶公里为 3 000 公里，采用工作量法计提折旧费。

若该项固定资产的净残值为 0，根据以上资料，计算货车单位折旧额及 2010 年 11 月应计提折旧费如下：

$$\text{单位工作量折旧额}=800\ 000\div 200\ 000=4(\text{元/公里})$$

$$2010\text{ 年 }11\text{ 月应计提折旧费}=3\ 000\times 4=12\ 000(\text{元})$$

由于购置货车支付的增值税进项税可以抵扣，不构成货车的初始成本，所以，在计算折旧费时，不包括支付的进项税。

第三，加速折旧法，是在固定资产使用的前期多计提折旧、后期逐期递减的一种折旧方法。加速折旧法又包括几个具体的方法，较常用的有双倍余额递减法和年数总和法。双倍余额递减法，是指在不考虑固定资产预计净残值的情况下，根据每期期初固定资产净值和双倍的直线法折旧率计算固定资产折旧的一种方法。其计算公式如下：

$$年折旧率=\frac{2}{预计使用年限}\times 100\%$$

$$月折旧率=年折旧率\div 12$$

$$年折旧额=期初固定资产账面净值\times 年折旧率$$

$$月折旧额=年折旧额\div 12$$

采用双倍余额递减法，由于在整个折旧期间内折旧率不变，而折旧基数是不断减少的净值，所以，各期折旧费呈逐年递减的趋势。同时，为了在折旧期限内计完折旧费，在折旧期满的最后两年，将固定资产剩余净值扣除预计净残值（由于每期期初计提折旧的固定资产净值没有扣除预计净残值）后的余额平均摊销。

【例 5-14】 2010 年 12 月 20 日，A 公司购入专用设备一台，设备原值 1 000 000 元，支付增值税进项税 170 000 元（不构成设备原值），预计使用 5 年，预计净残值 40 000 元。A 公司采用双倍余额递减法对该项固定资产计提折旧，计算的年折旧率为

$$年折旧率 = 1/5\times 2\times 100\% = 40\%$$

各年折旧费计算如表 5-1 所示。

表 5-1　双倍余额递减法各年折旧费计算表　　单位：元

使用年次	年折旧率/%	年折旧额	累计折旧额	账面净值
购置时				1 000 000
1	40	400 000	400 000	600 000
2	40	240 000	640 000	360 000
3	40	144 000	784 000	216 000
4		88 000	872 000	128 000
5		88 000	960 000	40 000
合 计		960 000		

在表 5-1 中，第 4 年和第 5 年的折旧费均为 88 000 元。其计算过程为

第 4、第 5 年年折旧费＝(216 000－40 000)÷2＝88 000（元）

年数总和法，是用固定资产原值减去预计净残值后的余额，乘以一个以固定资产尚可使用年限为分子、以预计使用年限年数总和为分母的逐年递减的比率，来计算每期折旧费的一种方法。其计算公式如下：

$$年折旧率=\frac{尚可使用年限}{预计使用年限的年数总和}\times 100\%$$

$$月折旧率=年折旧率\div 12$$

$$年折旧额=(固定资产原价-预计净残值)\times 年折旧率$$

$$月折旧额=年折旧额\div 12$$

采用年数总和法，由于在整个折旧期间内折旧基数（原值减去净残值的余额）不变，而折旧率在折旧期间内逐渐降低，所以，各期折旧费也呈逐年递减的趋势。

【例 5-15】2010 年 12 月 20 日，A 公司购入专用设备一台，设备原值 1 040 000 元，支付增值税进项税 176 800 元（不构成设备原值），预计使用 5 年，预计净残值 40 000 元。若 A 公司采用年数总和法对该项固定资产计提折旧，各年折旧费计算如表 5-2 所示。

表 5-2 年数总和法各年折旧费计算表 单位：元

使用时间	尚可使用年限	折旧率	年折旧额	累计折旧额	账面净值
购置时					1 000 000
1	5	5/15	333 333	333 333	666 667
2	4	4/15	266 667	600 000	400 000
3	3	3/15	200 000	800 000	200 000
4	2	2/15	133 333	933 333	66 667
5	1	1/15	66 667	1 000 000	
合 计			1 000 000		

与使用年限法相比，双倍余额递减法和年数总和法并不缩短固定资产折旧的年限，只是改变了折旧费在各期的分布，即在固定资产使用早期多提折旧，后期少提折旧，其递减的速度逐年放慢。其目的是使固定资产投资成本在预计使用年限内加快回收。由于同一项固定资产采用的折旧方法不同，每期的折旧费不尽相同，因此，企业可以选择不同的折旧方法，但方法一旦确定之后，不能随意改变，如有必要变更，应在报表的附注中予以披露。

企业固定资产无论采用哪种折旧方法计提固定资产折旧费，在资产负债表上，固定资产累计折旧项目金额会越来越多，固定资产净值项目金额会越来越少。

4）几种折旧方法的比较

A 设备的购入成本为 100 000 元，预计净残值为 4 000 元，预计使用年限 5 年，在整个使用期中可运转 50 000 小时，每年运转小时分别为 14 000 小时、16 000 小时、10 000 小时、6 000 小时、4 000 小时。根据上述资料，运用几种不同方法计算的年折旧额如表 5-3 所示。

表 5-3 A 设备不同折旧方法年折旧费对比表 单位：元

年份	直线法	工作量法	双倍余额递减	年数总和法
1	19 200	26 880	40 000	32 000
2	19 200	30 720	24 000	25 600
3	19 200	19 200	14 400	19 200
4	19 200	11 520	8 800	12 800
5	19 200	7 680	8 800	6 400
合计	96 000	96 000	96 000	96 000

通过表5-3的折旧费对比可以看出，采用不同的折旧方法，同一会计期间计算的折旧费不相等：使用年限法下，每期的折旧额都相等；工作量法下，每期的折旧费取决于资产的使用情况，使用得越多，折旧额就越大，反之，则相反；加速折旧的两个方法特点大致相同，每年的折旧费呈递减趋势，前期折旧费多，后期折旧费少。尽管同一会计期间不同的方法计算出的折旧费不相等，但从整个折旧期间所计提的折旧费总额是相等的。

2. 固定资产后续支出

固定资产的后续支出，是指企业的固定资产投入使用后，为了提高其使用效能，有时会对固定资产进行改建、扩建、改良或维修。改建、扩建、改良和维修过程中所发生的支出，称为固定资产的后续支出。固定资产的后续支出有资本化后续支出和费用化后续支出两种。

1）资本化后续支出

企业固定资产改建、扩建及改良中发生的资本化的后续支出，应作为固定资产价值新的构成部分，与改建、扩建及改良前的原值相加，形成新的原值。改建、扩建及改良完成后的固定资产折旧，应以新的原值为基础，并按其改建、扩建及改良后的技术状况，重新确定使用年限、预计净残值，并选择适当的折旧方法开始计提折旧。

固定资产的后续支出中，有时可能只涉及固定资产某一组成部分的替换。这时，应将满足资本化的部分，计入被替换部分的固定资产的账面价值，形成新的原值，并重新确定其预计使用年限、预计净残值，并选择适当的折旧方法开始计提折旧。

【例5-16】2010年7月7日，A公司将一栋厂房交付扩建，以增加使用面积。该厂房原值9 000 000元，累计折旧2 640 000元。在扩建中共发生扩建支出3 600 000元，2010年12月30日交付使用。

扩建完成后，在资产负债表上该项固定资产新的原值为12 600 000（9 000 000＋3 600 000）元，以后这项固定资产应按新的原值为基础计提折旧费。

固定资产后续支出资本化后，这部分投资会在以后固定资产使用期间内通过折旧方式回收。

2）费用化后续支出

固定资产投入使用后，各组成部分的耐用及磨损程度不同，可能会导致固定资产的局部损坏。为了维持固定资产的正常运转，应对其进行必要的维护，由于这种维护不会导致固定资产性能的改变或固定资产未来经济利益的增加，所以，企业发生的固定资产的日常维护支出，在发生时一次性计入当期费用。

【例5-17】2010年12月1日，A公司将一台设备交付维修保养。在维修保养过程中共发生支出680 000元，2010年12月30日维修保养完成交付使用。

由于维修保养发生的支出是为了恢复固定资产使用效能，保证固定资产处于正常使用状态所发生的支出，所以不能将其资本化，只能将其费用化，作为当期利润的减少项目，一次性得到回收。

3. 固定资产的期末计量

固定资产期末计量主要包括固定资产减值和固定资产清查等。固定资产减值，是指固定资产可收回金额低于其账面价值的差额。固定资产清查是指为保证固定资产的安全性，充分挖掘固定资产的潜力，企业定期对固定资产的盘点清查工作。

1）固定资产减值

企业在对固定资产进行减值测试中，如有下列迹象的，表明固定资产可能发生减值：①固定资产的市价当期大幅度下跌，其跌幅明显高于因时间的推移或者正常使用而预计的价值损失；②企业经常所处的经济、技术或者法律等环境以及资产所处的市场在当期或者将在延期发生重大变化，从而对企业产生不利影响；③市场利率或者其他市场投资报酬率在当期已经提高，从而影响企业计算资产预计未来现金流量现值的折现率，导致资产可收回金额大幅度下降；④有证据表明资产已经陈旧过时或者实体已经损坏；⑤固定资产已经或者将被闲置，终止使用或者计划提前处置；⑥企业内部报告的证据表明资产的经济绩效已经低于或者将低于预期；⑦其他表明资产可能已经发生减值的迹象。

企业可依据以上测试结果，如果固定资产的可收回金额低于账面价值，应当按可收回金额低于账面价值的差额计提固定资产减值准备，并计入当期损益。

已计提减值准备的固定资产应当按照该固定资产的账面价值以及尚可使用年限重新计算确定折旧率和折旧额；因固定资产减值准备而调整固定资产折旧额时，对此前已计提的累计折旧不作调整。由于固定资产等非流动资产发生减值后，价值回升的可能性比较小，通常属于永久性减值，同时，为了避免确认资产重估增值和操纵利润，资产减值损失一经确认，在以后会计期间不能转回。

对在建工程的减值，可按以下迹象进行判断：①长期停建并且预计在未来三年内不会重新开工的在建工程；②所建项目无论在性能上，还是在技术上已经落后，并且给企业带来的经济利益具有很大的不确定性；③其他足以证明在建工程已经发生减值的情形。

2）固定资产清查

企业固定资产清查至少每年实地盘点一次。固定资产清查会出现三种情况：账实相符、盘盈和盘亏。固定资产盘盈，是指清查时出现的账外固定资产；固定资产盘亏，是指清查时出现的固定资产丢失。

对盘盈的固定资产，应在清查结束后，进行入账登记。入账价值的确定原则是，同类或类似的固定资产存在活跃市场的，按同类或类似固定资产的市场价格，减去按该项资产的新旧程度估计价值损耗的余额，作为入账价值；同类或类似固定资产不存在活跃市场的，以盘盈的固定资产的预计未来现金流量的现值作为入账价值。

对盘亏的固定资产，应将尚未通过折旧收回的投资，即净值部分作为当期利润的一个减少项目处理。

【例 5-18】2010 年 12 月 10 日，A 公司对固定资产进行了全面清查。清查过程中，发现盘盈固定资产一项，按重置成本计算，该项固定资产原值为 700 000 元，估计新旧程度为 70%。同时盘亏固定资产一项，账面原值 1 100 000 元，累计折旧 300 000 元。

根据以上固定资产清查结果，计算盘盈和盘亏固定资产对当期利润的影响为

$$盘盈固定资产收益 = 700\ 000 \times 70\% = 490\ 000(元)$$

$$盘亏固定资产损失 = 1\ 100\ 000 - 300\ 000 = 800\ 000(元)$$

以上盘盈固定资产 700 000 元要增加到资产负债表上的固定资产项目之中，而盘亏固定资产的原值要从资产负债表上固定资产项目中减去。同时，盘盈固定资产收益 490 000 元作为当期利润的增加，盘亏固定资产的损失 800 000 元作为当期利润的减少，均在利润表中列示。

三、固定资产处置

固定资产的处置，是指企业固定资产的出售、转让、报废和毁损、对外投资、非货币性资产交换及债务重租等活动引起的固定资产的减少。固定资产满足下列条件之一，应当予以终止确认：第一，该固定资产处于终止状态；第二，该固定资产预期通过使用或处置不能产生经济利益。

企业对经营过程中那些不需用、不适用以及闲置的固定资产，从提高资产使用效率或提高资产收益效率的需要出发，可以通过各种方式进行处置，也可进行报废或提前报废。

企业固定资产的处置，按投资是否回收可能发生三种情况，即到期处置、折旧期未满处置及折旧期满后处置。这三种情况对处置当期的利润影响不同。

第一，在固定资产折旧到期进行处置的情况下，其投资已经通过折旧方式全部收回，对处置当期利润不产生影响。

第二，在固定资产折旧期未满进行处置的情况下，通过折旧只收回了投资的一部分（相当于该固定资产累计折旧额），处置时该固定资产的净值是提前处置产生的损失（如果处置时还发生其他税费也是损失）。如果处置时还可以取得处置收入，则该处置收入与处置损失的差额，可能产生处置净收益，也可能产生处置净损失。如是净收益，则构成当期利润的一个增加项目，如是处置净损失，则构成当期利润的一个减少项目。

【例 5-19】A 公司 2005 年 12 月 30 日购置固定资产一项，原值 842 000 元，预计使用年限 5 年，预计净残值 2 000 元，按使用年限法计提折旧。由于技术原因，该固定资产于 2008 年 12 月 30 日提前报废，残值收入 20 000 元。根据以上资料，计算该固定资产由于提前报废对企业利润的影响如下：

$$年折旧额 = (842\ 000 - 2\ 000) \div 5 = 168\ 000(元)$$

$$至报废时已累计计提折旧费 = 168\ 000 \times 3 = 504\ 000(元)$$

$$报废时固定资产的账面价值 = 842\ 000 - 504\ 000 = 338\ 000(元)$$

$$报废时固定资产净损失 = 338\ 000 - 20\ 000 = 318\ 000(元)$$

以上报废固定资产的原值和累计折旧要从资产负债表上相关项目中减去，同时报废发生的净损失是当期利润的减少项目。

第三，在折旧期满、继续使用后进行处置的情况下，由于通过折旧已经将固定资产投资全部收回，处置时取得的收入应作为当期利润的一个增加项目。

四、固定资产信息披露

资产负债表上关于固定资产直接披露的会计信息包括以历史成本计量的固定资产原值、计提的累计折旧、计提的固定资产减值准备以及固定资产账面净值。这几个会计信息的数量关系如下：

固定资产净值 = 固定资产原值 − 累计折旧 − 固定资产减值准备

在会计报表附注上需要披露的固定资产信息包括：固定资产所有权的限制及其金额和用于担保的固定资产账面价值；准备处置的固定资产名称、账面价值、公允价值、预计处置费用和预计处置时间；各类固定资产的使用寿命、预计净残值和折旧率；各类固定资产累计折旧额；当期确认的折旧费用等。

五、固定资产管理要点

固定资产作为企业的劳动资料，长期参加企业的生产过程，价值较高，因此，对固定资产的内部控制与管理就十分重要，企业固定资产的内部控制可以从以下四个方面入手。

第一，固定资产投资决策应谨慎。由于固定资产投资金额大、资金周转时期长、投资回收期长，投资风险也比较大，同时，固定资产的利用效率大小，不仅与宏观经济环境有一定的关联度，也与企业发展时期和发展战略密切相关。因此，企业固定资产投资规模，一定要与企业整体的生产经营水平、发展战略以及所在行业相适应，同时要与企业流动资产规模保持适当比例。如果盲目购置固定资产，势必造成资源的低效利用甚至浪费，因此，在进行固定资产投资决策时，一定要进行充分的论证。

第二，控制固定资产的建设成本。控制固定资产建设成本的意义在于，减少固定资产的资金投入，降低固定资产折旧费。固定资产的资金投入规模，往往决定了一个企业的资金投入规模，控制了固定资产的资金投入，往往可以控制整个企业的资金投入。同时，由于固定资产投资是在其投入使用后，通过将折旧费计入产品成本的方式逐期回收的，因而，固定资产建设成本的高低，又直接影响以后产品成本中折旧费的多少。

控制固定资产建设成本的主要途径如下：降低建设用材料费、人工费、机械使用费等直接费用；选择合理的筹资渠道，降低建设用资金成本；缩短在建工程的建设周期等。只有降低了固定资产的建设成本，才有可能降低产品成本中的折旧费。

第三，合理选择固定资产取得方式。企业固定资产的取得方式有多种，如购入、自建、投资人以固定资产折价入股、租赁等。在科学技术飞速发展的今天，企业拥有的固定资产随时面临贬值或淘汰等无形损耗带来的风险。因而，合理选择固定资产的取得方式，便成为固定资产管理的一个重要内容。

合理选择固定资产的取得方式，可以从以下几个方面考虑。

（1）比较同一固定资产不同方式取得的成本。同一类型固定资产的取得方式不同，其成本会有很大差别。如自建固定资产的成本会比购买固定资产的成本低，融资租赁固定资产的成本会比自建固定资产的成本低，经营租赁固定资产成本又比融资租赁固定资产的成本低等。

（2）比较不同方式取得固定资产的风险。在不同类别的固定资产中，技术发展快、更新周期短、投资金额大、具有贬值趋势的固定资产，无疑会有很大的经济风险和管理风险。对这类固定资产，应比较不同的取得方式，通过降低投资风险，达到降低经济风险和管理风险的目的。不同类别的固定资产，也存在不同的处置风险，房屋建筑物的处置风险会低于一般机械设备的处置风险，一般机械设备的处置风险又会低于专用设备的处置风险等。不同类别的固定资产，同样存在不同的管理风险。一般而言，固定资产专用性越强，管理风险越小，固定资产通用性越强，管理风险越大。通过对比不同类别固定资产的不同风险，对于合理选择固定资产的取得方式有重要意义。

（3）比较不同方式取得固定资产的节税效应。对购入或通过自建等方式取得的自有固定资产的折旧方法、预计使用年限等，企业所得税法有明确的税前扣除金额的规定。对于其他方式取得固定资产的折旧费扣除，相关法律会有很多优惠政策。如融资租赁的承租方，不仅可以以自有固定资产全额计提折旧费，还可以通过税金的平稳支付，减少利润、减轻税负。经营性租赁的租金通常也高于同类固定资产计提的折旧费，节税效应更显著。因而，固定资产应尽可能以租赁方式取得。

第四，建立固定资产的日常管理制度。建立固定资产的日常管理制度，对于加强企业资产管理、保证固定资产的有效使用具有重要意义。如可通过降低固定资产价值的确认标准，将具有生产资料性质的资产尽可能纳入固定资产的管理；对固定资产进行定期清查与不定期清查，以保证固定资产的安全完整；对固定资产投保，以防意外发生对企业形成较大损失。

第五节　无形资产

一、无形资产概述

（一）无形资产概念及特点

无形资产，是指企业拥有或者控制的没有实物形态的、可辨认非货币性资产，包括专利、非专利技术、商标权、著作权、土地使用权及特许经营权等。

无形资产具有以下基本特点。

1. 由企业拥有或者控制并能为其带来经济利益

预计能为企业带来未来经济利益是无形资产的本质特征。通常情况下，企业拥有或控制的无形资产应当拥有其所有权，并能够为企业带来未来经济利益。有的情况下，企业并不需要拥有无形资产的所有权，但却有权获得某项无形资产产生的经济利益，同时又能约束他人获得这些经济利益，这说明企业控制了该项无形资产。具体表现为企业拥有某项无形资产的法定所有权或者使用权，并受法律保护。

2. 无形资产不具有实物形态

无形资产通常表现为某种权利、技术或是某种获取超额利润的综合能力，它们不具有实物形态。无形资产是通过自身所具有的技术等优势为企业带来未来经济利益，不具有实物形态是无形资产区别于其他资产的主要特征之一。

3. 无形资产具有可辨认性

符合以下条件之一的，则认为其具有可辨认性。

（1）能够从企业中分离或者划分出来，并能单独用于出售或转让等，而不需要同时处置在同一获利活动中的其他资产，则说明无形资产可以辨认。某些情况下无形资产可能需要与有关的合同一起用于出售转让等，这种情况下也视为可辨认无形资产。

（2）产生于合同性权利或其他法定权利，无论这些权利是否可以从企业或其他权利和义务中转移或者分离，如一方通过与另一方签订特许权合同而获得的特许使用权，通过法律程序申请获得的商标权、专利权等。

（3）无形资产属于非货币性资产。非货币性资产是指企业持有的除货币资金和将以固定或可确定的金额收取的资产以外的其他资产。无形资产由于没有发达的交易市场，一般不容易转化成现金，在持有过程中为企业带来未来经济利益的情况不确定，不属于以固定或可确定的金额收取的资产，属于非货币性资产。

（二）无形资产的内容

无形资产通常包括专利权、非专利技术、商标权、著作权、特许权、土地使用权等。

1. 专利权

专利权，是指国家专利主管机关依法授予发明创造专利申请人，对其发明创造在法定期限内所享有的专有权利，包括发明专利权、实用新型专利权和外观设计专利权。

2. 非专利技术

非专利技术，也称专有技术。它是指不为外界所知、在生产经营活动中已采用了的、不享有法律保护的、可以带来经济效益的各种技术和诀窍。非专利技术一般包括工业专有技术、商业贸易专有技术、管理专有技术等。

3. 商标权

商标是用来辨认特定的商品或劳务的标记。商标权指专门在某类指定的商品或产品上使用特定的名称或图案的权利。

4. 著作权

著作权又称版权，指作者对其创作的文学、科学和艺术作品依法享有的某些特殊权利。著作权包括作品署名权、发表权、修改权和保护作品完整权，还包括复制权、发行权、出租权、展览权、表演权、放映权、广播权、信息网络传播权、摄制权、改编权、翻译权、汇编权以及应当由著作权人享有的其他权利。

5. 特许权

特许权，又称经营特许权、专营权，指企业在某一地区经营或销售某种特定商品的权利或是一家企业使用另一家企业的商标、商号、技术秘密等的权利。通常有两种形式，一种是由政府机构授权，准许企业使用或在一定地区享有经营某种业务的特权，如水、电、邮电通信等专营权，烟草专卖权等；另一种指企业间依照签订的合同，有限期或无限期使用另一家企业的某些权利，如连锁店分店使用总店的名称等。

6. 土地使用权

土地使用权，指国家准许某企业在一定期间内对国有土地享有开发、利用、经营的权利。企业取得土地使用权的方式有行政划拨取得、外购取得及投资人投资取得等方式。

二、无形资产会计确认及计量

（一）无形资产会计确认及初始计量

无形资产确认的条件主要有两个：第一，与该无形资产有关的经济利益很可能流入企业；第二，无形资产的成本能够可靠地计量。

企业获得的专利权、非专利技术、商标权、著作权、土地使用权、特许权等发生的支出只有在符合无形资产的定义以及满足两个确认条件的前提下，才能确认为无形资产。

无形资产通常按历史成本计量，即以取得无形资产并使之达到预定用途所发生的全部支出，作为无形资产的初始计量成本。

企业取得无形资产的主要方式有购入、投资人以无形资产折价入股、通过政府补助形式取得等。这几种方式取得的无形资产成本的初始计量原则是：外购无形资产的成本包括购买价格、相关税费及直接归属于使该无形资产达到预定可使用用途所发生的其他支出；投资人以无形资产折价入股的，以投资合同或协议约定的价值作为无形资产的成本；通过政府补助形式取得的无形资产按公允价值或名义金额计量。

企业取得的土地使用权，通常按照取得时所支付的价款及相关税费，作为其初始成本；土地使用权用于自行开发建造厂房等地上建筑物时，仍作为无形资产单独核算，不与地上建筑物合并计算成本；如果企业外购的房屋建筑物，实际支付的价款中包括土地及建筑物的价值，应对支付的价款按一定分配方法，在土地和地上建筑物之间进行分配，分别计量土地和建筑物的成本，如果确实无法在土地使用权与地上建筑物之间进行分配的，可全部作为固定资产成本予以计量；房地产开发企业取得的土地使用权，用于建造对外出售的房屋建筑物，相关的土地使用权应计入所建造的房屋建筑物的成本之中。

企业合并中取得的无形资产，同一控制下吸收合并，按照被合并企业无形资产的账面价值确认为无形资产。同一控制下的控股合并，合并方在合并日编制合并报表时，按照被合并方无形资产的账面价值作为合并基础；非同一控制的企业合并，购买方取得的无形资产应以其在购买日的公允价值计量，包括被购买企业原已确认和原未确认的无形资产。

（二）内部研究开发费用的确认及计量

企业内部研究与开发费用在发生时存在很多不确定性，如开发的项目是否符合无形资产的定义和相关特征，能否或者何时能够为企业产生预期未来经济利益，成本能否可靠计量等。为此，企业应将无形资产的形成过程分为研究阶段和开发阶段。

研究阶段是指为获取并理解新的科学或技术知识而进行的独创性的有计划的调查。研究阶段具有计划性和探索性的特点；开发阶段是指在进行商业生产或使用前，将研究成果或其他只是应用于某计划或设计，以生产出新的或具有实质性改进的材料、装置、产品等。开发阶段具有针对性和形成成果可能性较大的特点。

研究阶段的支出全部计入当期费用，从利润中扣除；开发阶段的支出符合资本化条件的，应予以资本化，形成无形资产。不符合资本化条件的支出计入当期费用，从利润中扣除；如果确实无法区分研究阶段与开发阶段的支出，应将其研发支出全部计入当期费用，从利润中扣除。

在开发阶段，判断某项支出可资本化、计入无形资产的条件是：第一，完成该无形资产以使其能够使用或出售在技术上具有可行性；第二，具有完成该无形资产并使用或出售的意图；第三，无形资产产生经济利益的方式，包括能够证明运用该无形资产生产的产品存在市场或无形资产自身存在市场，无形资产将在内部使用的，应当证明其有用性；第四，有足够的技术、财务资源和其他资源支持，以完成该无形资产的开发，并有能力使用或出售该无形资产；第五，归属于该无形资产开发阶段的支出能够可靠计量。

内部研发活动形成的无形资产的成本，由可直接归属于该资产的创造、生产并使该资产能够以管理层预定的方式运作的所有必要支出构成。包括开发该无形资产所消耗用的材料费、劳务成本、注册费、使用其他专利和特许权的费用，以及开发无形资产的专门借款的费用等。

【例 5-20】 2010 年 7 月 1 日至 2010 年 12 月 30 日，A 公司组织科研人员自行研究开发一项新产品专利技术，在研究阶段中发生材料费 4 000 000 元，职工薪酬 1 000 000 元，其他费用 600 000 元，总计 5 600 000 元。在开发阶段发生材料费 6 000 000 元，职工薪酬 3 000 000 元，其他费用 500 000 元，总计 9 500 000 元。期末，该项专利技术已经达到预定用途。

根据以上资料，计算该项专利技术应资本化及费用化金额，以及在财务报表上的金额：

研究阶段费用化金额＝4 000 000＋1 000 000＋600 000＝5 600 000（元）

开发阶段资本化金额＝6 000 000＋3 000 000＋500 000＝9 500 000（元）

以上研究阶段发生的费用 5 600 000 元构成当期费用。开发阶段发生的费用 9 500 000 元形成无形资产，表现在 2010 年资产负债表上无形资产项目之中，其投资通过在使用期间逐期计提无形资产摊销费用方式回收。

（三）无形资产的后续计量

1. 无形资产使用寿命的确定

无形资产初始确认和计量后，在其后使用该项无形资产期间内应以成本减去累计摊销额和累计减值损失后的余额计量。要确定无形资产在使用过程中的累计摊销额，基础是估计其使用寿命：使用寿命有限的无形资产的成本，要在估计的有限的使用寿命内采用一定的方法进行成本摊销；使用寿命不确定的无形资产则不作摊销。

对使用寿命有限的无形资产，根据下列原则确定其使用寿命。第一，无形资产的取得源自合同性权利或其他法定权利的，其使用寿命不应超过合同性权利或其他法定权利的期限。如果企业使用无形资产的预期期限短于合同性权利或其他法定权利规定的期限，则按照企业预期使用的期限确定其使用寿命。如果合同性权利或其他法定权利到期时因续约等延续，则仅当有证据表明企业续约不需要付出重大成本时，续约期才能够包括在使用寿命的估计中。第二，没有明确的合同或法律规定无形资产的使用寿命的，企业应当综合各方面的情况，确定无形资产给企业带来未来经济利益的期限。对于无法合理确定无形资产为企业带来经济利益的期限的情况，可作为使用寿命不确定的无形资产。

2. 无形资产摊销

对投资于无形资产方面的成本，企业应采取一定的方式进行回收。无形资产回收是采用成本摊销或计提减值准备的方式进行的，其基本原则是：对使用寿命有限的无形资产在估计使用年限内进行摊销；对使用寿命不确定的无形资产不进行摊销，于期末进行减值测试。

1）使用寿命有限的无形资产的摊销

使用寿命有限的无形资产，应在其使用寿命内采用系统合理的方法对应摊销金额进行摊销。应摊销金额，是指无形资产成本扣除残值后的金额（其残值一般应视为零）；无形资产的摊销期自其可供使用时起，至终止确认时止。其摊销方法有直线法、产量法等。直线法下，无形资产摊销额计算公式为

$$无形资产年摊销额 = 无形资产成本 \div 使用年限$$

已计提减值准备的无形资产，还应扣除已计提的无形资产减值准备累计金额。

企业根据无形资产的摊销金额、已计提减值准备、确定的摊销期及选择的摊销方法，计算出无形资产在每一会计期的摊销额后，应将其计入当期损益，最终从当期收入中扣除。

【例 5-21】2007 年 12 月 30 日，A 公司购入一项专利技术，成本共计 500 000 元，预计使用寿命 10 年。2011 年 1 月 3 日 A 公司将专利技术出售给其他单位，取得转让收入 400 000 元，假定不考虑税费因素。

根据以上资料计算，该项专利技术在 2007 年 12 月 30 日资产负债表上无形资产项目为 500 000 元；持有期间每年摊销额 50 000 元（500 000 元/10 年）。在资产负债表上各年价值分别为 2008 年 12 月 30 日 450 000 元，2009 年 12 月 30 日 400 000 元，2010 年 12 月 30 日 350 000 元。

2011 年 1 月 3 日转让专利获得利润＝400 000－350 000＝50 000（元）

2）使用寿命不确定的无形资产的摊销

使用寿命不确定的无形资产，在持有期间不需要进行摊销。可在每个会计期末对其进行减值测试，如经减值测试表明已经发生减值，需计提相应金额的减值准备。

【例 5-22】2009 年 1 月 1 日，A 公司购入一项产品商标，成本为 6 000 000 元，该商标按法律规定还有 5 年使用寿命。在保护期届满时，A 公司可申请延期，但有证据表明该商标将在不确定的期间内为企业带来现金流量。经评估，2009 年 12 月 30 日该商标的公允价值为 5 500 000 元，2010 年 12 月 30 日的公允价值为 4 900 000 元，2011 年

12 月 30 日的公允价值为 4 200 000 元。

根据以上资料计算该商标 2009 年至 2011 年各年应计提的减值准备为

2009 年应计提减值准备＝6 000 000－5 500 000＝500 000（元）

2010 年应计提减值准备＝5 500 000－4 900 000＝600 000（元）

2011 年应计提减值准备＝4 900 000－4 200 000＝700 000（元）

该项无形资产在资产负债表上各年价值分别为 2009 年 1 月 1 日 6 000 000 元，2009 年 12 月 30 日 5 500 000 元，2010 年 12 月 30 日 4 900 000 元，2011 年 12 月 30 日 4 200 000 元。

三、无形资产的处置

无形资产的处置，主要包括无形资产的出售、对外出租或报废。

（一）无形资产的出售

企业出售某项无形资产，表明企业要放弃无形资产的所有权。出售无形资产时，应将出售取得的收入与该无形资产账面价值及应交相关税费的差额，作为资产处置利得或损失，计入当期损益，增加或减少当期利润。

【例 5-23】 2010 年 11 月 10 日，A 公司将拥有的一项专利权转让，取得收入 280 000 元，应交营业税 14 000 元，该项专利权的初始成本为 300 000 元，累计摊销额为 65 000 元，已计提的减值准备为 12 000 元。

根据以上资料计算 A 公司出售无形资产取得的资产处置利得为

资产处置利得＝280 000－(300 000－65 000－12000)－14 000＝43 000（元）

由于以上无形资产的出售属于所有权转让，所以，该资产出售后，资产负债表上的无形资产为 0，资产处置利得 43 000 元增加了处置当期的利润。

（二）无形资产的出租

企业将所拥有的无形资产的使用权让渡给他人，并收取使用费，属于与企业日常活动相关的其他经营活动取得的收入。出租无形资产时，应将出租取得的收入与该无形资产的摊销成本及相关出租费用的差额，作为其他业务损益，增加或减少当期利润。

【例 5-24】 2010 年 11 月 1 日，A 公司将其拥有的商标使用权出租给 L 公司，所得出租当年两个月的租金 1 800 000 元，应交营业税 90 000 元，出租期应摊销费用 210 000 元。该无形资产在资产负债表上的初始成本为 18 800 000 元。

根据以上资料计算 A 公司出租无形资产的收益为

无形资产的出租收益＝1 800 000－210 000－90 000＝1 500 000（元）

由于以上无形资产的出租属于使用权转让，所以，该资产出租后，资产负债表上的无形资产仍为 18 800 000 元，无形资产的出租收益是当期利润的增加项目。

（三）无形资产报废

如果无形资产预期不能为企业带来经济利益，应将其报废并予以转销。无形资产报废时，将其账面价值转为当期损益，减少当期利润。

【例 5-25】2010 年 11 月 20 日，A 企业将一项成本为 1 500 000 元、累计摊销 400 000 元的产品设计专利权予以报废。

根据以上资料，计算无形资产报废后产生的损益：

无形资产报废后产生的损益＝1 500 000－400 000＝1 100 000（元）

该项无形资产报废后，资产负债表上的无形资产为 0，发生的损失 1 100 000 元，是报废当期利润的减少项目。

四、无形资产会计信息披露

资产负债表中无形资产项目列示的是企业外购、接受投资转入的无形资产的账面净值（初始成本－累计摊销－计提的减值准备），以及自行开发并已经形成无形资产的账面净值（初始成本－累计摊销－计提的减值准备）。

由于无形资产的特点，很多已经拥有并给企业带来经济利益的无形资产并没有在资产负债表上列示，而是“游离”于财务报表之外。

在财务报表附注中，应披露关于无形资产的信息包括无形资产的使用寿命，按使用寿命是否确定分别披露；使用寿命确定的无形资产的累积摊销额；使用寿命不确定的无形资产减值准备的累计金额；无形资产的摊销方法；用于担保的无形资产账面价值、当期摊销额等情况。

无形资产减值损失于利润表的信息列报：企业无形资产发生的减值损失于利润表资产减值损失项目列示。

无形资产减值准备于现金流量表的信息列报：在利用间接法报告经营活动产生的现金流量时，需在企业当期利润的基础上，对某些项目进行调整。调整的第一项“资产减值准备”的内容之一包括无形资产减值准备。因为，本期在计提资产减值准备时，减值损失已计入本期利润表的相关损益项目，但是实际上与经营活动现金流量无关。因此，在净利润的基础上进行调整计算时，要将其加回净利润中。

五、无形资产管理要点

无形资产管理是对无形资产进行计划、组织研究和开发、控制，使之发挥最佳效益的工作总称。无形资产管理的质量高低决定无形资产能否得到保值增值，能否依靠无形资产推动企业全面发展，能否依靠无形资产获得经济效益。无形资产管理要点包括：

第一，建立以无形资产为核心的企业发展战略。企业发展战略包括战略目标的制定和战略目标的实施。以无形资产建设为核心制定企业发展战略，无疑是推动企业快速发展的有效途径。无形资产在企业发展中的巨大作用已经通过无数个企业的实践得到证实。

第二，设置无形资产管理部门，配备专门的无形资产管理人员。无形资产管理具有比较强的专业性和技术性，因此，企业应设置专门的管理机构，配备专门的管理人员，对无形资产进行综合、全面、系统的管理。

无形资产管理部门的主要职能如下：①对无形资产的研究与开发、无形资产引进、无形资产投资进行总的控制；②就无形资产在企业生产经营活动中的实施应用，协调企业内部各有关的职能部门的关系；③协调企业与国家相关管理部门的关系；④协调企业与其他相关企业的关系；⑤维护企业无形资产的安全；⑥考核无形资产的投入与产出的关系等。

无形资产管理具有一定的专业性和技术性，因此，企业应配备具有一定法律专业背景、一定专业技术背景的专业人员从事无形资产的管理工作。否则，无形资产的管理质量就得不到保证。

第三，建立、健全无形资产的日常管理制度。包括无形资产开发方面的管理制度，无形资产权益（权益取得、维护、保护）方面的管理制度，无形资产对外许可、转让、合作管理制度，无形资产档案管理制度，无形资产奖惩管理制度，无形资产投入产出考核制度，无形资产融资管理制度，无形资产评估管理制度，无形资产监控制度，无形资产审计管理制度，无形资产国际权益管理制度，无形资产投资管理制度等。

第四，企业管理层要关注账外资产的管理。按照定义，资产是通过交易或者事项形成的，且其成本能够可靠计量。但企业的无形资产大部分是账外资产，如企业通过多年经营创立的商标、商誉等，虽然它们能够为企业带来大量财富，但由于它们不符合资产的定义，因而，成为价值巨大的账外资产。不可否认，这些账外资产在产品的市场销售方面起着比账内资产更大的作用，能够带来比账内资产更大的财富。因此，企业必须关注账外资产的管理，采取有效措施，维护账外资产的价值。

第五，加大无形资产研究、开发和维护方面的投入。自行研发是企业无形资产的重要来源之一，也是形成企业核心竞争力的关键所在。增加无形资产研究和开发方面的投入，对于企业长远生存和发展具有重要意义。企业应协调好无形资产和有形资产投入的关系，加大无形资产的研发投入。同时，为了保护无形资产的质量，企业还应加大对已有无形资产的保护力度，使其成为企业的一面旗帜。

第六节　投资性房地产

一、投资性房地产概述

（一）投资性房地产的概念及内容

投资性房地产是指为赚取租金或资本增值，或者两者兼有而持有的房地产，投资性房地产应当能够单独计量和出售。投资性房地产的主要形式是出租建筑物、出租土地使用权，其实质属于一种让渡资产使用权行为。投资性房地产包括三种。

1. 已出租的土地使用权

已出租的土地使用权，是指企业通过出让或转让方式取得，并以经营租赁方式出租的土地使用权。企业计划用于出租但尚未出租的土地使用权，不属于此类。

2. 持有并准备增值后转让的土地使用权

持有并准备增值后转让的土地使用权，是指企业通过出让或转让方式取得并准备增值后转让的土地使用权。但是，按照国家有关规定认定的闲置土地，不属于持有并准备增值的土地使用权。

3. 已出租的建筑物

已出租的建筑物，是指企业拥有产权并以经营租赁方式出租的房屋等建筑物。企业计划用于出租但尚未出租的建筑物，不属于投资性房地产。

（二）投资性房地产的特点

（1）投资性房地产是一种经营性行为。投资性房地产的主要形式包括出租建筑物、出租土地使用权、持有增值后准备转让的土地使用权，这实质上是一种让渡资产使用权行为。

（2）投资性房地产在用途、状态、持有目的等方面区别于作为自用或者销售的房地产。投资性房地产作为新准则实施后资产负债表的新增项目，与固定资产、无形资产在用途等方面有明显的区别。

（3）投资性房地产的变现能力弱。受宏观经济的影响，投资性房地产的公允价值往往高于其历史成本，但是大多数房地产公司不会将投资性房地产变现，因为采用公允价值调节利润，将导致企业业绩连续的动荡。同时与交易性金融资产、可供出售金融资产等投资项目相比，投资性房地产不存在活跃市场，变现能力小于前者。

（4）投资性房地产具有一定的风险性。投资性房地产未来变现时，会受制于宏观和微观因素的影响，当风险因素和预期产生差异，就会影响到未来现金流量折现金额的准确性。

二、投资性房地产会计确认及计量

（一）投资性房地产会计确认及初始计量

投资性房地产在符合资产定义的前提下，同时满足以下条件才能予以确认：第一，与该投资性房地产有关的经济利润很可能流入企业；第二，该投资性房地产的成本能够可靠计量。

投资性房地产的初始计量应当按照投资成本确定，其后续计量模式有两种，即成本计量模式和公允价值计量模式。无论后续计量采用哪种计量模式，其初始计量应当按照投资成本确定：外购投资性房地产成本都按照取得时的实际成本进行初始计量；自行建造的投资性房地产，其成本由建造该项资产达到预定可使用状态前发生的必要的支出构成。

（二）投资性房地产的后续支出及后续计量

与投资性房地产有关的后续支出，满足投资性房地产确认条件的，应当将其资本化，计入投资性房地产成本。与投资性房地产有关的后续支出，不能满足投资性房地产确认条件的，应当将其费用化，计入当期损益，从收入中扣除。

投资性房地产后续计量模式有两种，即成本模式和公允价值模式。

1. 采用成本模式进行后续计量的投资性房地产

采用成本模式进行后续计量的投资性房地产，对建筑物的后续计量，应按期（月）

计提折旧（与固定资产计提折旧的方法基本一致），取得的租金收入与计提折旧的差额，构成该投资性房地产的利润；对土地使用权的后续计量，应按期（月）进行摊销（与无形资产摊销的方法基本相同），取得的租金收入与计算的摊销的差额，构成该投资性房地产的利润。

采用成本计量模式进行投资性房地产的核算时，期末还应对投资性房地产进行减值测试，如果投资性房地产出现减值迹象，还应计提减值准备。

【例 5-26】 A公司对其拥有的投资性房地产采用成本模式进行后续计量。2010 年 2 月，投资性房地产——X项目初始成本为 14 000 000 元，本期计提的折旧费为 560 000 元；投资性房地产——Y 项目初始成本为 587 000 元，本期计提的摊销费用为 260 000 元。

根据以上资料计算 A 公司投资性房地产计提折旧或摊销金额为

投资性房地产计提折旧或摊销金额＝560 000＋260 000＝820 000（元）

通过计提折旧或者摊销费用，投资性房地产在资产负债表上的余额减至 13 767 000（14 000 000＋587 000－820 000）元，计提的折旧费和摊销费用 820 000 元是本期利润的减少项目。

2. 采用公允价值模式进行后续计量的投资性房地产

采用公允价值模式计量投资性房地产，应同时满足以下条件：第一，投资性房地产所在地存在有活跃的房地产交易市场；第二，企业能够从活跃的房地产交易市场上取得同类或类似房地产的市场价格及其他相关信息，从而对投资性房地产的公允价值作出合理的估计。

采用公允价值模式对投资性房地产不计提折旧或进行摊销，也不计提减值准备。以资产负债表日投资性房地产的公允价值为基础调整其账面价值，其差额计入当期损益：资产负债表日企业应当以投资性房地产的公允价值为基础调整其账面价值，公允价值与原账面价值之间的差额计入当期损益，增加或减少当期利润。

【例 5-27】 A 公司对其拥有的投资性房地产采用公允价值模式进行后续计量。2010 年 2 月，投资性房地产——X 项目初始成本为 14 000 000 元，经评估其公允价值为 15 200 000 元；投资性房地产——Y 项目初始成本为 587 000 元，经评估其公允为 727 000 元。

根据以上资料计算 A 公司投资性房地产价值增加额为

投资性房地产价值增值额＝(15 200 000－14 000 000)＋(727 000－587 000)
＝1 340 000（元）

通过对投资性房地产公允价值评估，投资性房地产在资产负债表上的余额增至 15 927 000（14 000 000＋587 000＋1 340 000）元，公允价值与原初始成本的差额 1 340 000元是本期利润的增加项目。

3. 投资性房地产后续计量模式的变更

投资性房地产的计量模式确定以后，应保持其前后各期会计政策的一致性，不能随意变更。只有在房地产市场比较成熟、能够满足采用公允价值条件的情况下，才允许对投资性房地产从成本模式计量变更为公允价值模式计量，已采用公允价值模式计量的投资性房地产，不能从公允价值模式计量转为成本模式计量。

成本模式计量转为公允价值模式计量时，应作为会计政策变更业务进行会计处理：计量模式变更时，公允价值与原账面价值的差额作为期初留存收益的调整项目，增加或减少期初留存收益。

三、投资性房地产的处置

投资性房地产被处置，或永久退出使用且预计不能从其处置中取得经济利益时，应当终止确认该项投资性房地产。

投资性房地产在处置时，不论在成本模式还是公允价值模式下，企业收到的处置收入与投资性房地产的账面价值的差额，为投资性房地产的处置损益，构成处置当期利润的增加或减少项目。

四、投资性房地产的信息披露

投资性房地产在资产负债表上的信息披露：以成本模式进行后续计量的投资性房地产，资产负债表上“投资性房地产”项目的金额为

投资性房地产 ＝ 投资性房地产初始成本 － 计提累计折旧 － 计提减值准备

以公允价值模式进行后续计量的投资性房地产，资产负债表上“投资性房地产”项目的金额为资产负债表日投资性房地产的公允价值。

五、投资性房地产管理要点

第一，对房地产投资进行可行性研究。投资房地产需要大量货币资金，在投资房地产时，首先要确定投资于房地产的资金量。如果企业的货币资金存量仅仅能够维持正常的生产经营需要，进行房地产投资必然会影响企业生产经营活动的正常进行，那么，这种投资行为通常是不可行的。如果房地产的投资前景看好，但企业的货币资金存量又有限，那么就需要外来资金进行投资，如果投资性房地产收益大于外来资金成本，投资通常是可行的，否则是不可行的。

第二，根据资金闲置的时间决定是否投资房地产。投资性房地产的变现能力差，在投资房地产时，首先要确定投资于房地产的资金的变现需要。如果将变现需要比较强的货币资金投资于变现能力比较差的房地产，当企业生产经营需要货币资金时，不能保证投资性房地产的变现，就会影响生产经营活动的正常进行，甚至会造成企业资金链断裂。

第三，根据企业对投资性房地产资产管理目标，选择适当的计量模式。不同的计量模式，对企业资产价值的影响不同。采用成本模式计量，要按投资性房地产的原值和预计使用年限计提折旧。随着使用年限的减少和累计折旧的不断增加，资产负债表上投资性房地产的价值会不断减少；采用公允价值模式计量，在每个会计期末，要对投资性房地产的公允价值进行评估，在投资性房地产市场价格不断上涨的情况下，投资性房地产的价值会不断增加，资产负债表上的投资性房地产价值也会增加。在投资性房地产的市场价格不断下降的情况下，投资性房地产的价值会不断减少，资产负债表上的投资性房

地产价值就会减少。

第四，根据企业的利润管理目标，选择适当的计量模式。不同的计量模式，对企业利润的影响不同。采用成本模式计量，要按投资性房地产的原值和预计使用年限计提折旧，计提折旧一定会减少企业利润；采用公允价值模式计量，在每个会计期末，要对投资性房地产的公允价值进行评估，在投资性房地产的市场价格不断上涨的情况下，投资性房地产的价值会不断增加，由此带来企业利润的增加，而在投资性房地产市场价格不断下降的情况下，投资性房地产的价值会不断减少，由此带来企业利润的减少。

第五，对房地产市场前景进行预测，适时增加房地产投资，或者适时处置房地产投资。如果对房地产市场前景看好，可采取积极的投资策略，如果对房地产市场前景不看好或者认识不清，可采取保守的投资策略。此外，可进行不同地域、不同品种房地产投资组合，以规避投资风险。

第七节　其他非流动资产

其他非流动资产指除以上非流动资产之外的其他资产，主要包括长期待摊费用。

长期待摊费用是指企业在当期已经支付、但费用的受益期在本期及以后各期（一年以上）、应由本期和以后各期共同分摊的费用。长期待摊费用主要包括固定资产的大修理费等摊销期在一年以上的其他待摊费用。

开办费是指企业在筹建期间发生的、不应计入有关资产成本的各项费用，如企业筹建期间发生的职工薪酬、办公费、差旅费、职工培训费、注册登记费、律师费等。这些费用在筹建期间发生、应在建设期结束并开始进行正常生产经营活动当期，一次性作为当期利润的减少项目。

其他具有先期支付、后期摊销的费用也可作为长期待摊费用。长期待摊费用应在受益期限内平均摊销。如果长期待摊费用不能使以后会计期间受益，应当将尚未摊销的摊余价值全部转入当期损益，作为当期利润的减少项目。

【例 5-28】2010 年 1 月 1 日至 2011 年 7 月 30 日，A 公司建设固定资产一项。其间共发生建设支出 5 930 000 元。其中可构成固定资产原值的支出为 5 100 000 元，不能构成固定资产原值的开办费 830 000 元。固定资产于 2011 年 8 月 1 日交付使用。

以上固定资产建设支出 5 100 000 元构成固定资产，在交付使用时，从资产负债表上的在建工程项目转入固定资产项目，开办费 830 000 元则列示于资产负债表上的开办费项目。在固定资产开始投入使用后作为利润的减少项目。

第八节　案例解读

一、案例信息

MT 公司 2010 年年度报告中有关非流动资产的信息披露如表 5-4 所示。

表 5-4　MT 公司非流动资产信息　　单位：元

非流动资产项目	期末余额	期初余额
持有至到期投资	60 000 000.00	10 000 000.00
长期股权投资	4 000 000.00	4 000 000.00
固定资产	4 191 851 111.97	3 168 725 156.29
在建工程	263 458 445.10	193 956 334.39
无形资产	452 317 235.72	465 550 825.17
长期待摊费用	18 701 578.16	21 469 624.81
递延所得税资产	278 437 938.97	225 420 802.14
非流动资产合计	5 268 766 309.92	4 089 122 742.80

二、案例解读

（一）总体情况解读

以上信息显示，MT 公司 2010 年年末的非流动资产比年初增加了近 30%，在一定程度上表明了企业资产的规模在不断扩大。但是，由于非流动资产的增加主要来源于持有至到期投资（增加幅度最大，年末数为年初数的 6 倍）、固定资产和在建工程的增加（其中，固定资产增加 32.29%，在建工程增加 35.83%），同时递延所得税资产也增加了 23.52%（其绝对数较大，增加额为 20 655 655.73 元），因此，非流动资产增加部分质量的高低，需结合企业流动资产的规模、非流动负债的规模进行解析，本章主要对非流动资产的具体项目进行解析。

（二）分项解读

1. 持有至到期投资

持有至到期投资作为一种承诺，表示一种信用与能力，对资产结构产生影响，从而对信息使用者作决策产生影响，如果改变，则可能意味着违背承诺，必须做出合理的解释才能免除惩罚。MT 公司的持有至到期投资由年初的 10 000 000.00 元，增加到年末的 60 000 000.00 元，持有至到期投资主要是债权性投资，企业大量持有该项资产，表明企业 2010 年有明确意图和能力将该项非衍生金融资产持有至到期。

2. 长期股权投资

MT 公司 2010 年度的长期股权投资并未发生改变，表明企业本年度没有扩大对外投资。一般情况下，企业长期股权投资通常是为长期持有，以期通过股权投资达到控制被投资单位，或对被投资单位施加重大影响，或为了与被投资单位建立密切关系，以分散经营风险。长期股权投资通常具有投资大、投资期限长、风险大以及能为企业带来较大的利益等特点。在阅读财务报表时，应当查阅各个具体的长期股权投资明细项目，关注 MT 公司对被投资单位具有共同控制或重大影响的长期股权投资，以及对被投资单位不具有共同控制或重大影响的长期股权投资，准确地评价该项资产的质量。

3. 固定资产

固定资产本期增加 32.29%，说明企业处于扩张阶段。要对固定资产的质量作进一步分析，需要结合现金流量表和利润表的相关信息。

结合现金流量表的投资活动的现金流出——构建无形资产、长期资产和其他长期资产支付的现金项目进行评价，分析二者的差额，用以判断固定资产的取得方式是采用货币资金购买的，还是采用其他方式取得的。

结合利润表营业收入的数据，可以判断固定资产的盈利能力。

4. 在建工程

在建工程本期增加 35.83%，在建工程的增加需结合会计报表附注，分析本期由在建工程转入固定资产的部分是多少，母公司、子公司本期增加的在建工程是多少。

5. 无形资产

无形资产本期变化不大，期末数值减少的原因可能有两个：①使用寿命确定的无形资产价值的摊销；②使用寿命不确定的无形资产减值准备的计提。具体原因可参考会计报表附注中关于无形资产的说明，同时要关注报表以外无形资产种类及质量的说明。

6. 长期待摊费用

长期待摊费用本期减少 13%，减少的主要原因是本期对前期发生的长期待摊费用的摊销。需要说明的是，长期待摊费用是企业已经支出但摊销期限在一年以上的各项费用。企业本期负担的借款利息、租金等不作为长期待摊费用。长期待摊费用虽然在资产负债表上列示，但并非真正的资产，主要是为了达到收入与费用配比的目的。

7. 递延所得税资产

递延所得税资产本期增加 24%，递延所得税资产产生的原因在于资产负债表债务法下，税法和会计准则关于资产、负债的计税基础不同而产生的可抵扣时间性差异。可抵扣时间性差异，主要产生于以下两种情况：①资产的账面价值小于计税基础；②负债的账面价值大于计税基础。具体是由于公允价值的变动还是减值准备的计提造成的，需要参考财务报表附注的相关信息。

习 题

1. 持有至到期投资的管理要点是什么？如何选择合理的持有至到期投资？

2. 长期股权投资成本法与权益法的含义是什么？

3. 为什么控股投资人长期股权投资应采用成本法？

4. 固定资产折旧方法的选择对企业的利润有何影响？如何选择合理的固定资产折旧年限？

5. 内部研究和开发无形资产支出资本化和费用化确认对企业利润的影响是什么？

6. 企业在满足哪些条件下可用公允价值模式计量投资性房地产？公允价值模式和成本模式的区别是什么？

7. 投资性房地产采用不同计量模式对企业利润会产生什么影响？

第六章

资产负债表：负债

第一节　负债概述

一、负债概念及特点

企业购置资产的资金通常来源于两个渠道，即投资人投入企业的资金和企业向债权人借入的资金。前者称为“所有者权益”，后者称为“负债”。

负债是指企业过去的交易或者事项形成、预期会导致经济利益流出企业的现时义务。负债主要有以下特点：

第一，负债是由企业已经发生的交易或事项导致的现时义务，即负债是由企业过去发生的相关经济业务引起的、在资产负债表日尚未清偿的债务。未来经济业务也可能使企业产生新的债务，但它并不产生资产负债日的债务，因而，不属于现时负债。

第二，未来负债的清偿预期会导致经济利益流出企业，即企业在未来清偿债务时，是以现金或非现金资产、提供劳务或债转股等方式来进行的。无论以何种方式清偿债务，都会导致经济利益的减少。

二、负债分类

负债是企业未来需要以资产或劳务清偿的义务。在资产负债表中，按负债的清偿时间的长短，可将负债分为流动负债和非流动负债。

流动负债具有以下特点：一是企业过去的交易或者事项形成的；二是自资产负债日起预期将在一年或者超过一年的一个营业周期内偿还。按照流动负债的定义，通常情况下企业从金融机构或非金融机构取得的、偿还期在一年以内的短期借款，企业对其他单位在日常交易或事项结算中形成的债务，企业对内部职工在日常工资结算或其他福利性事项的结算中形成的债务，企业对国家在税收或其他费用、基金结算中形成的债务，企业对投资人在现金股利结算中形成的债务等属于流动负债。

企业日常交易或事项形成的不符合以上特征的负债归为非流动负债。非流动负债包括企业在金融机构或非金融机构取得的、偿还期在一年以上的借款，企业以公开或私募形式发行的、到期日在一年以上的债券，以及其他形式的非流动负债。

非流动负债在偿还期的最后一年，要转为流动负债。

三、负债按偿还期限分类的意义

资产负债表上，负债分为流动负债和非流动负债的意义在于以下几个方面。

第一，突出负债的偿还期限。按偿还期限将负债划分为流动负债与非流动负债，有助于企业根据债务到期时间，合理安排资产清偿债务。

第二，提示企业控制流动负债的规模。虽然短期融资成本通常低于长期融资成本，但是大量存在的短期内必须支付的债务，意味着企业在短期内要支付现金的大量，将导致企业现金的大量流出，造成企业营运资金不足，甚至可能导致企业资金链断裂。

第三，向企业财务报表阅读者提供企业短期偿债能力的信息。对于短期债权人而言，他们更关心企业是否有足够的现金或者能随时变现的资产，以支付各种即将到期的债务。对于长期债权人而言，他们更关心企业的盈利能力，更注重短期负债和长期负债的比例以及负债占资产的比率。

第二节　流动负债

一、流动负债概述

（一）流动负债概念及内容

流动负债是指企业过去的交易或者事项形成的，预期将在一年或者超过一年的一个营业周期内偿还的债务，该债务的偿还会导致经济利益流出企业。流动负债主要包括对金融机构负债、对供应商负债、对企业职工负债、对国家负债以及对投资人负债。

流动负债的具体内容有企业向金融机构或非金融机构取得的短期借款，企业在采购材料、商品或接受劳务过程中形成的对供货方或提供劳务方的债务（如应付票据、应付账款等），企业在产品销售过程中向购买方收取的预收账款，企业对职工的应付职工薪酬，企业对国家的应交税费，以及企业对投资人的应付股利等。

（二）流动负债的特点

（1）偿还期短。流动负债必须在短期内以企业资产或者劳务加以偿还，它是企业短期内面临的一种还款负担。

（2）以流动资产作为偿还保证。流动资产与流动负债的比率——流动比率反映了流动资产对流动负债的保障能力，通常流动资产应大于流动负债，企业短期偿债能力才有保证。

（3）分为带息负债和不带息负债。从流动负债的融资成本来看，应付账款、应付票据、应交税费、其他应付款、预收账款等负债来源，在不考虑机会成本的前提下，融资成本是零，而应付股利、应付利息是利用股票融资、债券融资付出的代价。

二、流动负债项目解读

（一）短期借款

短期借款，是指企业向金融机构或非金融机构借入的、偿还期在一年或一个营业周期内的借款。企业借入短期借款主要是为了补充流动资金的不足。

企业从银行等金融机构取得借款后，要按期支付利息。短期借款利息一般于季末支付，也有到期一次还本付息的支付形式。短期借款支付的利息构成企业当年融资费用——财务费用的一部分。

企业可取得短期借款数额的多少，通常取决于企业生产经营活动对流动资金的需求量、现有流动资产的沉淀以及短缺情况，以及企业用于抵押的资产价值状况。如果企业可取得担保贷款，短期借款数额多少还取决于担保人的偿还能力，如果企业可取得银行贷款额度，又取决于银行给予的贷款额度状况。

短期借款的期限不长，融资成本较低，适用于企业经营过程的资金周转需要。由于非流动资产的周转缓慢，无法在短期内回笼现金以偿还债务，所以，短期借款不适合作为购置非流动资产的资金来源。

【例 6-1】2010 年 1 月 3 日，A 企业取得期限 6 个月、年利率 6%、金额 1 000 000 元的短期借款一项；4 月 1 日取得期限 1 年、年利率 8%、金额 1 200 000 元的短期借款一项。

3 月 31 日应支付借款利息＝1 000 000×6%÷4＝15 000（元）

6 月 30 日应支付借款付息＝(1 000 000×6%÷4)＋(1 200 000×8%/4)＝39 000（元）

9 月 30 日应支付借款付息＝1 200 000×8%÷4＝24 000（元）

12 月 31 日应支付借款付息＝1 200 000×8%÷4＝24 000（元）

以上短期借款事项反映在 A 公司 2010 年资产负债表上的变动情况为 2010 年 1 月短期借款项目金额 1 000 000 元；2010 年 4 月短期借款项目金额 2 200 000 元；2010 年 6 月短期借款项目金额 1 200 000 元。

各期的利息则作为当期利润的减少项目。

通常情况下，短期借款的融资成本要低于长期借款。长期借款利率比较固定，而短期借款采用浮动利率计息，当银行浮动利率变动导致企业短期借款利率高于长期借款利率时，就产生了短期信用风险。

（二）应付票据和应付账款

应付票据和应付账款都是因商业信用产生的一种无资金成本或者资金成本极低的资金来源，企业应对其充分利用，以减少其他融资方式的筹资数额，降低融资成本。

企业购入货物时没有立即给供货商支付款项，而是以商业汇票（商业承兑汇票或银行承兑汇票）向对方承诺将来某一时日支付货款，是企业间在日常购销活动中经常采用的一种商业信用方式。企业开出票据向供货商承诺付款，在票据到期之前，形成企业对供货商的债务，债务方企业称之为“应付票据”，债权方称之为“应收票据”。在按照商业汇票约定日期支付货款后，这种债务便解除。

应付票据按照面值入账。如为带息应付票据，其利息金额不大的，于票据到期日支付本金和利息，将利息一次性计入财务费用；利息较大时，应按期计息，于每个期末计入财务费用。票据到期时，若企业没有能力支付票款，属于商业承兑汇票的，按照应付商业汇票面值和应计未付利息之和一并转为应付账款；属于银行承兑汇票的，银行已经承兑了汇票的款项，则转为企业的借款，成为企业在银行的短期借款。

企业购入材料物资、商品或者接受劳务，当时未付款、也未以商业汇票方式向对方承诺付款的情况，形成企业的应付账款。这也是企业间在日常购销活动中经常采用的一种商业信用方式。在企业购入材料物资、商品或者接受劳务时，形成应付账款。以后某一时日以货币资金或其他资产向对方支付后，这种债务随之解除。

企业应付票据和应付账款的规模，不仅与企业自身的资金充裕程度有关，也与其他企业的信用政策和收账政策有关。在市场经济条件下，企业之间相互提供商业信用是正常的，虽然应付账款和应付票据基本是无代价的融资方式，但是企业也应该合理使用，避免造成企业信用损失。

（三）预收账款和其他应付款

企业按照合同规定向购货单位或者个人预先收取的货款或者定金，称为“预收账款”。由于企业收款时未向对方发出商品或者提供劳务，相当于占用了购货单位或者个人的资金，因而形成了企业对客户的一种负债。待向购货方发出商品后，这种债务随之解除。

其他应付款，是企业与其他单位或个人，除以上应付票据、应付账款或预收账款以外，因为某种经济事项产生的应付款项。业务发生时，形成企业的一项流动负债，以货币资金或其他资产偿付之后，这种负债随之解除。

（四）应付职工薪酬

1. 货币性工资

在职工薪酬中，货币性工资是基本内容。具体内容包括以下三个方面：

（1）工资，包括支付给职工构成工资总额的计时工资、计件工资、支付给职工的超额劳动报酬等。

（2）奖金，包括生产奖、节约奖、劳动竞赛奖、其他奖金。

（3）津贴和补贴，包括为了补偿职工特殊或额外的劳动消耗和由于其他特殊因素支付给职工的保健津贴、技术津贴、年终津贴和其他津贴等。

企业每月或每年以货币资金向职工支付的工资、奖金、各种津贴和补贴等，构成企业成本或费用的一个部分，在尚未以货币资金向职工支付时，形成企业对职工的一项负债。企业以货币资金向职工实现支付后，这项负债随之解除。

2. “五险一金”

“五险一金”是企业按照国家有关部门规定的基准和比例计算，向社会保险经办机构缴纳的职工医疗保险费、养老保险费、失业保险费、工伤保险费、生育保险费等社会保险，以及企业按照国家有关部门规定的基准和比例计算，向住房公积金管理机构缴存的住房公积金。其中，除了工伤保险费、生育保险费由企业全额缴纳外，其余均由企业和职工共同交纳。

企业每月需按工资总额的一定比例计算出“五险一金”的金额，并将其计入当月成本或费用，同时，形成对职工的一项负债。在以货币资金向国家指定的社会福利管理部门支付后，这种负债随之解除。

3. 非货币性福利和辞退福利

（1）非货币性福利。非货币性福利，是企业以自己生产的产品或外购商品发放给职工作为福利，或企业提供给职工无偿使用企业拥有的资产或租赁资产的一种福利形式。如企业购置房屋供职工使用，向职工提供医疗保健服务等。

（2）辞退福利。辞退福利，是企业因解除与职工的劳动关系给予职工的补偿。如由于分离企业的社会职能、实施主辅分离改制而分流安置富余人员，实施重组、改组计划，职工不能胜任工作等原因，在职工劳动合同尚未到期之前，解除与职工的劳动关系，或为鼓励职工自愿接受裁减等而给予职工的补偿。辞退福利通常采用在解除劳动关系时一次性支付补偿的方式，也有采用提高退休后养老金或其他离职后福利的标准，或者将职工工资支付至辞退后未来某一时期等方式。

4. 工会经费和职工教育经费

企业为丰富职工文化生活、提高职工技术水平或提高职工文化素质和业务素质，每月应按工资总额的一定比例计提工会经费和职工教育经费。计提的工会经费和职工教育经费计入企业成本或费用，同时形成企业对职工的一项负债。当以货币资金支付了工会经费或职工教育经费后，这项负债随之解除。

5. 其他薪酬

其他薪酬，指除上述薪酬以外的、其他为获得职工服务而给予的薪酬。如企业提供给职工以权益形式结算的认股权，以现金形式结算、但以权益工具公允价值为基础确定的现金股票增值权等。

【例 6-2】 A 公司 2010 年 8 月计算的各种应付职工薪酬如表 6-1 所示。假设医疗保险、基本养老保险、住房公积金、工会经费和职工教育经费分别按照工资总额的 10%、20%、10%、2%和 1.5%计提。

表 6-1　A 公司职工薪酬明细表

2010 年 8 月　　　　单位：元

种类＼部门	基本工资	医疗保险	基本养老保险	住房公积金	工会经费	职工教育经费	合计
基本生产车间	500 000	50 000	100 000	50 000	10 000	7 500	717 500
车间管理部门	200 000	20 000	40 000	20 000	4 000	3 000	287 000
企业管理部门	120 000	12 000	24 000	12 000	2 400	1 800	172 200
销售部门	180 000	18 000	36 000	18 000	3 600	2 700	258 300
合计	1 000 000	100 000	200 000	100 000	20 000	15 000	1 435 000

以上A公司职工薪酬明细表中的职工薪酬总额1 435 000元全部计入2010年8月份A公司有关生产成本或相关费用之中，其中，基本生产车间职工薪酬计入车间生产产品的成本，车间管理部门人员薪酬计入制造费用，企业管理部门人员薪酬计入企业管理费用，销售部门人员薪酬计入销售费用。

在职工薪酬总额中，其中基本工资部分是以现金发放给职工的薪酬，医疗保险、基本养老保险和住房公积金以现金支付给国家有关医疗保险、基本养老保险和住房公积金管理部门，工会经费以现金支付给企业工会，职工教育经费则留存于企业会计部门，按职工教育的实际支出予以抵销。

如果以上各项职工薪酬在当期均以货币资金支付，则期末资产负债表上的应付职工薪酬项目无余额。

（五）应交税费

企业在一定时期内取得的营业收入和实现的利润，或发生的特定经营行为，要按照规定向国家交纳各种税金。企业计算的各种税金在实际交纳之前，形成企业对国家的负债。

按有关法律和法规的规定，企业应向国家交纳的税金有增值税、资源税、消费税、关税、城市维护建设税、房产税、城镇土地使用税、耕地占用税、车辆购置税和车船税、印花税和契税、企业所得税等。

1. 增值税

（1）增值税的概念。增值税是以商品（含应税劳务）在流转过程中产生的增值额为计税依据而征收的一种流转税。从理论上讲，增值额是指企业在生产经营过程中新创造的价值。就一个纳税单位而言，增值额是这个单位商品销售收入额或经营收入额扣除非增值项目价值后的余额。依据实行增值税的各个国家允许抵扣已纳税额的扣除项目范围的大小，增值税分为生产型增值税、收入型增值税和消费型增值税。我国实行消费型增值税。

（2）增值税的纳税人。增值税的纳税义务人是指在我国境内销售货物、提供加工修理修配等劳务，以及进口货物的单位和个人。按照增值税纳税人的生产经营规模及财务会计核算制度健全程度，根据《增值税暂行条例》及其细则的规定，增值税的纳税人分为一般纳税人和小规模纳税人两类。小规模纳税人的认定标准有多项，其中对从事货物生产或者提供应税劳务的纳税人，以及从事货物生产或者提供应税劳务为主兼营货物批发或者零售的纳税人，以年应征增值税销售额为标准。除小规模纳税人外的其他企业，认定为一般纳税人。

（3）增值税的扣缴义务人。中华人民共和国境外的单位或者个人在境内提供应税劳务，在境内未设有经营机构的，以其境内代理人为扣缴义务人；在境内没有代理人的，以购买方为扣缴义务人。

（4）增值税的课税基础。增值税的征税对象是纳税人从事生产经营活动所取得的增值额。除此之外，《增值税暂行条例》还规定了增值税的特殊征税范围。

第一，视同销售行为。货物销售一般是指货物所有权已经发生转移并能取得补偿的经济活动。但在有些情况下，即使货物并没有对外销售或者所有权并没有发生转移，或者货物所有权虽然转移但并未获得报酬，这种行为也属于销售行为，要视同销售征税。增值税视同销售业务主要包括货物在企业内部的总分支机构（不在同一县市）将货物从一个机构移送到另一个机构且用于销售的内部调拨；企业委托代销或受托代销；企业将自产或委托加工收回的产品、接受捐赠或接受投资的产品或购买的货物，供外部使用，其中货物供外部使用，包括将货物提供给其他单位或个体经营者的对外投资行为，作为礼物赠送他人的对外捐赠行为，作为股利分配给投资人或者投资人的对外分配行为；产品的内部使用，即属于企业新生产出来的产品，无论是自产还是委托他人生产的产品，除本企业连续生产以外的内部使用，应视同销售，缴纳增值税。

第二，混合销售行为。混合销售行为是指一项行为既涉及征收增值税的货物销售，又涉及不征增值税的劳务提供。混合销售行为是否征收增值税，主要取决于该行为的主体是否是一个以缴纳增值税为主的纳税人。如果该主体是一个缴纳增值税的纳税人，则其所发生的混合销售行为，应缴纳增值税；如果该主体是一个缴纳营业税的纳税人，则其所发生的混合销售行为，应缴纳营业税。

第三，兼营行为。纳税人兼营非增值税应税项目的，应分别核算货物或者应税劳务的销售额和非增值税应税项目的营业额。未分别核算的，由税务机关核定货物或者应税劳务的销售额。

(5) 增值税税率。增值税一般纳税人的税率分为下列几档：一般货物和应税劳务适用的基本税率为17%；特定货物适用的低税率为13%；其他劳务（交通运输等）适用税率11%；现代服务业适用税率为6%；出口货物适用零税率。小规模纳税人的增值税采取简易征收的办法，征收率为3%。

(6) 增值税税额计算。一般纳税人根据应税业务的不同，增值税税额的计算主要有三种情况，即国内销售货物或劳务应纳税额的计算、进口业务应纳税额的计算和出口业务应退税额的计算。

第一种情况：国内销售货物或劳务增值税额的计算方法。国内销售业务或劳务应纳税额的计算公式为

$$\text{一般纳税人当期应纳增值税税额} = \text{当期销项税额} - \text{当期进项税额}$$

$$\text{当期销项税额} = \text{销售额} \times \text{增值税税率}$$

式中，增值税销售额，是指纳税人销售货物或者提供应税劳务，而向购买方收取的不包括收取的销项税额的全部价款和价外费用。价外费用主要包括向购买方收取的手续费、补贴、集资费、包装费、包装物租金、运输装卸费、代收款项、代垫款项以及其他各种性质的价外收费。

当期进项税额，是指准予从销项税额中抵扣的进项税额。准予从销项税额中抵扣的进项税额必须同时符合两个条件，即凭证条件和时间条件。进项税额准予抵扣的凭证条件为，纳税人购进货物或接受应税劳务而向销售方支付的进项税额，必须凭合法的扣税凭证才能抵扣，合法的扣税凭证包括增值税专用发票、海关完税凭证、免税农产品的收购凭证或普通发票、运费的结算单据以及废旧物资普通发票；进项税额准予抵扣的时间条件为，一般纳税人国内购进普通货物，申请抵扣的防伪税控系统开具的增值税专用发

票，必须在自该专用发票开具之日起 90 日内到税务机关认证，一般纳税人进口货物取得的海关完税凭证，应当在开具之日起 90 天后的第一个纳税申报期结束以前向主管税务机关申报抵扣。

企业支付的增值税进项税额有一部分不能从销项税中抵扣。不能抵扣的情形主要有六种：①用于非增值税应税项目、免征增值税项目、集体福利或者个人消费的购进货物或者应税劳务；②非正常损失的购进货物及相关的应税劳务；③非正常损失的在产品、产成品所耗用的购进货物或者应税劳务；④国务院财政、税务主管部门规定的纳税人自用消费品；⑤第①至第④规定的货物的运输费用和销售免税货物的运输费用；⑥未取得增值税专用发票的购进货物或者应税劳务。

【例 6-3】 A 公司 2010 年 12 月发生的与增值税有关的业务如下。

（1）以银行存款购买 X 材料 100 吨，单价 8 000 元，增值税率 17%，税额 136 000 元；

（2）销售 Y 产品 15 吨，单价 18 000 元，增值税率 17%，税额 45 900 元；

（3）以银行存款购入一条生产线，价格 600 000 元，增值税率 17%，税额 102 000 元；

（4）库存 X 材料 2 吨，由于发生非正常损失全部毁损，X 材料的购买单价 9 000 元，增值税率 17%，税额 3 060 元；

（5）以银行存款购入在建工程用材料 50 吨，单价 2 000 元，增值税率 17%，税额 17 000 元；

（6）公司将总价值 200 000 元自产产品 Z 用于职工集体福利，增值税率 17%，税额 34 000 元；

（7）销售 Y 产品 100 吨，单价 17 000 元，增值税率 17%，税额 289 000 元；

（8）公司以总价值 250 000 元的自产产品 Z 用于对外捐赠，增值税率 17%，增值税额 42 500 元；

（9）公司以生产用外购材料 P 对外投资，材料数量 20 吨，外购成本每吨 3 000 元，增值税率 17%，税额 10 200 元；

（10）公司以总价值 500 000 元的自产产品 Z 用于股利分配，增值税率 17%，税额 85 000元；

（11）以银行存款购买 X 材料 80 吨，单价 11 000 元，增值税率 17%，税额 149 600 元。

根据以上业务，计算 A 公司 2010 年 12 月应交增值税额为

增值税销项税额＝45 900＋3060＋34 000＋289 000＋42 500＋10 200＋85 000

＝509 660（元）

增值税进项税额＝136 000＋102 000＋149 600＝387 600（元）

A 公司应交增值税额＝509 660－387 600＝122 060（元）

其中第⑤个业务，以银行存款购入在建工程用材料支付的增值税进项税额 17 000 元，是用于增值税的非应税项目，因而不能从销项税额中抵扣。

以上计算出的 A 公司应交增值税 122 060 元反映在资产负债表上应交税费项目之中。

第二种情况：进口业务增值税额的计算方法。增值税纳税人进口货物应缴纳的增值税，应按规定的组成计税价格和适用税率计算。

进口货物的组成计税价格，为进口货物所支付的全部金额。其内容包括为进口货物支付的货物价款、关税，如果进口货物属于消费税应税消费品，组成计税价格中还包括进口环节已纳消费税额。其中，进口货物所支付的价款是指由海关根据货物的到岸价格为基础确定的关税完税价格。其计算公式为

组成计税价格＝关税的完税价格＋关税＋消费税

应纳增值税＝(关税的完税价格＋关税＋消费税)×增值税税率

＝[关税的完税价格关税×(1＋关税税率)＋消费税]×增值税税率

有关进口业务增值税额计算方法的举例，合并在消费税的举例中。

第三种情况：出口退税额的计算方法。生产企业自营或者委托外贸企业代理出口资产货物，实行“免抵退”的办法，可退还已纳的增值税额；有出口经营权的外贸企业收购货物出口，实行“先征后退”的计算办法。

【例6-4】A公司为外贸进出口公司，2010年9月份购进商品一批，购进商品的总成本100 000元，支付增值税进项税17 000元。当月，将该批商品出口销售，出口离岸价折合人民币120 000元。出口后凭出口报关单等凭证办理出口退税。按增值税出口退税有关规定，该批商品的出口退税率为15%。

A公司应收出口退税额＝100 000×15%＝15 000（元）

以上A公司应收出口退税15 000元作为资产负债表上应交税费的减少项目。

小规模纳税人采取简易办法征收增值税，无论是否取得增值税专用发票，不得抵扣任何税款，从一般纳税人处购入货物或接受劳务支付价款中包括的增值税，作为货物或者劳务成本的组成部分，不涉及进项税抵扣的问题。小规模纳税人增值税计算公式为

不含税销售额＝含税销售额÷(1＋征收率)

应纳增值税额＝不含税销售额×征收率

【例6-5】B公司为小规模纳税人，2010年8月份含税销售收入总额为206 000元，增值税的征收率为3%。根据以上业务，计算B公司2010年8月份应纳增值税税额如下：

不含税销售额＝206 000÷(1＋3%)＝200 000(元)

应纳增值税＝200 000×3%＝6 000(元)

2. 营业税

(1) 营业税的概念。营业税是以在我国境内提供应税劳务、转让无形资产或销售不动产所取得的营业额为课税对象而征收的一种税。

(2) 营业税的纳税人。凡在我国境内从事提供应税劳务、转让无形资产或销售不动产的单位和个人均为营业税的纳税人。

(3) 营业税的课税基础和税率。营业税的课税基础为在我国境内提供应税劳务、转让无形资产或销售不动产所取得的营业额。目前，营业税税率分为三档，即3%、5%和5%～20%。

(4) 营业税税额的计算。营业税的计税依据是纳税人提供应税劳务、转让无形资产或销售不动产而向对方收取的营业额、转让额和销售额（包括全部价款和价外费用）。计算公式为

应交营业税税额 = 营业额×适用税率

【例 6-6】 A 公司下属 C 公司从事餐饮服务，2010 年 7 月共取得销售收入 880 000 元，餐饮服务业应交营业税税率为 3%。根据以上业务，计算 C 公司 2010 年 7 月份应交营业税税额如下。

应交营业税税额＝880 000×3%＝26 400（元）

以上应交营业税作为资产负债表上应交税费的增加项目，同时是当期利润的减少项目。

3. 消费税

1）消费税的概念

消费税是对消费品和特定的消费行为按消费流转额征收的一种税。消费税可分为一般消费税和特别消费税。前者主要指对所有消费品包括生活必需品和日用品普遍课税，后者主要指对特定消费品或特定消费行为如奢侈品等课税。我国现行消费税是对在我国境内从事生产、委托加工和进口应税消费品的单位和个人就其应税消费品征收的一种税。它选择部分消费品征税，因而属于特别消费税。我国消费税具有征收范围选择性、征税环节单一性、平均税率水平比较高且税负差异大、征收方法灵活性和税负转嫁性的特点。

2）消费税纳税人

凡在我国境内从事下列五种经济业务之一的单位和个人都是消费税的纳税义务人：①自产自销业务，即从事应税消费税的生产并销售的单位和个人，为消费税的纳税人；②自产自用业务，即从事应税消费品的生产并自我使用的，以生产单位或个人为消费税的纳税人；③委托加工业务，即从事委托加工（委托他人生产）应税消费品业务的，以委托单位或个人为消费税的纳税义务人；④进口业务，即从境外进口应税消费品的，进口报关单位或个人为消费税的纳税人；⑤零售业务，即从事金银首饰、钻石及其饰品生产经营业务的，以零售单位或个人为消费税的纳税人。

3）消费税的税目和税率

消费税的税目包括 14 种：①烟，以烟叶为原料加工生产的产品，不论使用何种辅料，均属于消费税税目的征收范围；②酒及酒精，酒包括粮食白酒、薯类白酒、黄酒、啤酒、果啤和其他酒，酒精包括各种工业用、医用和食用酒精；③化妆品，包括各类美容、修饰类化妆品、高档护肤类化妆品和成套化妆品；④贵重首饰及珠宝玉石；⑤鞭炮、焰火；⑥成品油，包括汽油、柴油、石脑油、溶剂油、航空煤油、润滑油、燃料油等；⑦汽车轮胎，不包括农用拖拉机、收割机、手扶拖拉机的专用轮胎；⑧小汽车，指由动力驱动、具有四个或四个以上车轮的非轨道承载的车辆；⑨摩托车，最大设计车速不超过 50 千米/时，发动机气缸总工作容量不超过 50 毫升的三轮摩托车不征收消费税；⑩高尔夫球及球具，包括高尔夫球、高尔夫球杆、高尔夫球包（袋）；⑪高档手表，指销售价格（不含增值税）每只在 10 000 元以上的种类手表；⑫游艇，指艇身长度大于 8 米（含）小于 90 米（含），内置发动机，可在水上移动，主要用于水上运动和休闲娱乐等非牟利活动的各类机动艇；⑬木制一次性筷子，包括各类木制一次性筷子；⑭实木地板。消费税的税率有三种方式，即比例税率、定额税率和复合税率。其中，比例税率主要适用于价格差异大、计量单位难以规范的应税消费品，包括烟、酒、化妆品、鞭炮和焰火、贵重首饰及珠宝玉石、汽车轮胎、摩托车、小汽车、高尔夫球及球具、高档手表、游艇、木制一次性筷子和实木地板；定额税率主要适用于供求基本平衡、价格差异小、计量单位比较容易规范的应税消费品，包括酒类产品中的黄酒和啤酒，以及成品油科目下的各类产品，它们均属于液体产品；复合税率的应税消费品是卷烟、粮食白酒和薯类白酒。

4）消费税应纳税额的计算

消费税应纳税额的计算分四种情况。

第一种情况：自产自销业务消费税的计算。纳税人生产并且销售自产应税消费品，应缴纳增值税的消费品。消费税的计算，要区别从价计征、从量计征和复合计征。

对从价计征的消费品，应确定销售额和适用税率，两者相乘即可。其计算公式为

从价计征消费品应缴纳消费税额 = 销售额×适用税率

【例 6-7】 A公司为增值税一般纳税人，2010年4月销售一批应税消费品，产品销售总收入300 000元，适用的增值税税率17%，适用的消费税税率10%。根据以上业务，计算A公司2010年4月增值税销项税、应交消费税如下：

增值税销项税额=300 000×17%=51 000（元）

若本月份增值税进项税为23 000元，则

应交增值税税额=51 000－23 000=28 000（元）

应交消费税税额=300 000×10%=30 000（元）

以上应交增值税与应交消费税之和作为资产负债表上应交税费的增加项目，同时，应交消费税是当期利润的减少项目。

对从量计征的消费品，应确定销售量和适用税额，两者相乘即可。其计算公式为

从量计征消费品应缴纳消费税额 = 销售量×适用税额

【例 6-8】 A公司为增值税一般纳税人，2010年6月销售一批应税消费品，该应税消费品适用从量定额的计征方法。销售应税消费品的数量20 000件，每件适用税额30元。根据以上业务，计算A公司2010年6月应交消费税如下：

应交消费税税额=20 000×30=600 000（元）

对复合计征的消费品，分别按从价定率和从量定额两种方法汇总计算。

【例 6-9】 A公司下属D酿酒公司于2010年9月销售自产粮食白酒850箱，每箱10瓶，每瓶1000克，每箱不含税售价为500元。粮食白酒采用复合计税方法计算缴纳消费税，其中从量定额征收的单位税额为0.5元/500克；从价定率的比例税率为20%。计算该酒厂本月应纳消费税税额如下：

应纳消费税税额=(850×10×1000÷500×0.5)+(850×500×20%)=93 500（元）

第二种情况：自产自用业务消费税的计算。自产自用业务包括三种情况：用于连续生产其他应税消费品，不征消费税；用于连续生产非应税消费品，视同销售征收消费税；用于其他方面，征收消费税。

第三种情况：委托加工业务消费税的计算。委托加工是指原材料由委托方提供、受托方只收取加工费或代垫部分辅助材料的情况。对委托加工业务，无论受托方还是委托方均应承担相应的涉税义务，由委托方承担纳税义务，受托方承担代收代缴义务。

对受托加工的应税消费品，受托方有同类应税消费品销售价格的，受托方计算代收

代缴消费税款时，按当月销售的同类消费品的销售价格计算；如受托方无同类应税消费品销售价格的，受托方按组成计税价格计算代收代缴消费税款。

从量计征消费税计算公式为

应纳消费税税额 = 委托加工应税消费品数量 × 定额税率

从价计征消费税计算公式为

应纳消费税税额 = 组成计税价格 × 委托加工应税消费品的比例税率

组成计税价格 =（材料成本 + 加工费）÷（1 − 比例税率）

复合计征消费税计算公式为

应纳消费税税额 =（委托加工应税消费品数量 × 定额税率）

+（组成计税价格 × 委托加工应税消费品比例税率）

其中，组成计税价格 =（材料成本 + 加工费 + 委托加工数量 × 定额税率）÷（1 − 比例税率）

第四种情况：进口业务消费税的计算。进口业务消费税的计算包括从量计征、从价计征和复合计征三种计算方法。

从量征税的消费品，应按应税消费品的进口数量和规定的定额税率计算应纳消费税税额。进口应税消费品所支付的金额包括以进口货物为基础由海关审定的关税完税价格、关税和应纳消费税三个部分。其应纳消费税的计算公式为

应纳消费税税额 = 进口应税消费品的数量 × 单位税额

由于进口货物也属于增值税的纳税义务，因而还要计算进口消费品应纳增值税：

应纳增值税额 = 组成计税价格 × 增值税税率

=（关税完税价格 + 关税 + 消费税）× 增值税税率

对从量计征消费税的应税消费品，进口时要分别计算出进口关税和消费税，再以包含关税完税价格、关税和消费税在内的进口成本为基础，计算应纳增值税税额。

对从价征税的消费品，进口环节增值税和消费税的计税依据是相同的，即均以关税定税价为基础，计算组成计税价格，作为增值税与消费税的计税依据。其计算公式分别为

组成计税价格 =（关税完税价格 + 关税）÷（1 − 消费税比例税率）

应纳消费税 = 组成计税价格 × 消费税比例税率

应纳增值税 = 组成计税价格 × 增值税税率

或 =（关税完税价格 + 关税 + 消费税）× 增值税税率

【例 6-10】 A 公司为增值税一般纳税人，2010 年 10 月，进口应税消费品一批，该批商品关税完税价格为 1 000 000 元，关税税率 15%，消费税税率 50%，进口环节增值税税率、商品销售适用的增值税税率均为 17%。根据以上资料，计算该业务应交关税、应交消费税、进口货物应交增值税进项税、应交增值税如下：

应交关税税额 = 1 000 000 × 15% = 150 000(元)

消费税计税价格 =（1 000 000 + 150 000）÷（1 − 50%）= 2 300 000(元)

应交消费税税额 = 2 300 000 × 50% = 1 150 000(元)

增值税进项税额 = 2 300 000 × 17% = 391 000(元)

若该批商品的经营毛利为 30%，则售价为

商品售价(不含税) = 2 300 000 ÷（1 − 30%）= 3 285 714(元)

增值税销项税税额＝3 285 714×17％＝558 571(元)

含税销售价格＝3 285 714＋558 571＝3 844 285(元)

应交增值税＝558 571－391 000＝167 571(元)

在从价征税进口应税消费品时，先计算出关税，再将消费税包含在组成消费税计税价格之中，以此为基础，作为增值税的计税依据。

复合征税的消费品的计算公式为

应纳消费税税额＝从价税＋从量税

＝组成计税价格×消费税税率＋应税消费品数量×消费税定额税率

4. 土地增值税

(1) 土地增值税的概念。土地增值税是对有偿转让国有土地使用权、地上建筑物及其附着物，取得增值收入的单位和个人征收的一种税。土地增值税具有以转让房地产的增值额为计税依据，征税面比较广，实行超率累进税率，按次征收等特点。

(2) 土地增值税的纳税人和课税基础。土地增值税的纳税义务人，是转让国有土地使用权、地上建筑物及其附着物并取得收入的单位和个人。单位包括各类企业、事业单位、国家机关和社会团体及其他组织，个人包括个体经营者。土地增值税的征收对象是纳税人转让房地产所取得的增值额，增值额为纳税人转让房地产取得的收入减去税法规定的准予扣除项目金额后的余额。

(3) 土地增值税税率。土地增值税税率以增值率为累进依据，实行超率累进税率。增值率是增值额占扣除项目金额的比例。目前，土地增值税税率如表6-2所示。

表6-2 土地增值税税率

级次	增值率	税率	速算扣除数
1	未超过50％的部分	30％	0
2	50％～100％的部分	40％	5％
3	100％～200％的部分	50％	15％
4	200％以上的部分	60％	35％

(4) 土地增值税应纳税额计算。土地增值税的计算一般有以下几个步骤：①确定转让房地产所取得的收入，包括转让房地产的全部价款以及有关经济利益；②确定可扣除项目的金额，包括纳税人为取得土地使用权所支付的金额，房地产开发成本，房地产开发费用，房地产转让税金及附加，以及加计扣除金额；③计算增值额和增值率；④计算应纳税额。根据增值额、增值率以及适用税率，计算应纳土地增值税。有关计算公式如下：

增值额＝转让房地产所取得的收入－准予扣除项目金额

增值率＝增值额÷扣除项目金额×100％

应纳土地增值税额＝增值额×适用税率－扣除项目金额×速算扣除率

【例6-11】2010年，A公司下属E房地产开发公司销售其新建商品房一幢，取得销售收入280 000 000元，该公司支付与该商品房相关的土地使用权费及开发成本120 000 000元，该项目的银行借款利息为9 000 000元，分摊的管理费用和销售费用共计3 000 000

元，销售商品缴纳的相关税金 14 000 000 元。根据有关规定，加计扣除费用为土地使用权费用及开发成本的 20%计算。由此计算该公司销售商品房应缴纳的土地增值税如下：

销售收入 = 280 000 000(元)

扣除项目金额= 土地使用权费用及开发成本＋房地产开发费用＋税金＋加计扣除费用
= 120 000 000＋9 000 000＋3 000 000＋14 000 000＋(120 000 000×20%)
= 170 000 000(元)

增值额 = 280 000 000 − 170 000 000 = 110 000 000(元)

增值率 = 110 000 000 ÷ 170 000 000 × 100% = 64.71%

土地增值税额 = 110 000 000 × 40% − 170 000 000 × 5% = 35 500 000(元)

5. 资源税

(1) 资源税的概念。资源税是对在我国境内从事应税矿产品开采和生产盐的单位和个人课征的一种税。

(2) 资源税的纳税人和课税基础。资源税的纳税人，是在我国境内从事应税矿产品开采和生产盐的单位和个人；资源税的征税对象是在我国境内开采的应税矿产品和生产的盐两大类，其中，矿产品包括原油、天然气、煤炭、其他非金属矿产品、黑色金属矿产品和有色金属矿产品，盐包括固体盐和液体盐。

(3) 资源税税率。大部分矿产品征收资源税实行从量定额征税，也有部分矿产品采用从价定率方法征收。

(4) 资源税税额的计算公式。对从量计征的矿产品，应纳税额的计算公式为

应纳资源税额= 课税数量 × 单位税额

代扣代缴应纳税额= 收购未税矿产品的数量 × 适用的单位税额

【例 6-12】 A 铜矿公司 2010 年 9 月用原矿入选铜精矿，税务部门无法精确确定入选精矿时移送的原矿量，但是知其入选后精矿量为 10 000 吨，选矿比为 1∶35。该矿山的单位税额为 5 元/吨。则该矿山的应纳资源税计算如下：

应纳资源税税额=10 000×35×5=1 750 000（元）

从价计征矿产品应纳资源税额的计算公式为

应纳资源税额=销售额×税率

6. 关税

(1) 关税概念。关税是海关依法对进出境货物、物品征收的一种税。根据进口的货物类别、原产地以及国家的关税政策，分别采用从价定率、从量定额、复合征税的方法，采用比例税率、定额税率、复合税率和滑准税率等形式进行计算。

(2) 关税的纳税人和课税基础。关税的纳税人有两种：一种是贸易性进出口货物的纳税人，指进出口货物的收货人、发货人；另一种是非贸易性进出口货物的纳税人，是指进出境物品的所有人，包括该物品的所有人和推定为所有人的人。关税的征税对象是准许进出境的货物和物品。货物是指贸易性货物；物品指入境旅客随身携带的行李物品、个人邮递物品、各种运输工具上的服务人员携带进口的自用物品、馈赠物品以及其他方式进境的个人物品。

(3) 关税税率。关税税率分为进口关税税率、出口关税税率和特别关税。①进口关

税税率设置与适用范围：我国进口税设有最惠国税率、协定税率、特惠税率、普通税率、关税配额税率等税率。适用不同税率的国家或者地区名单，由国家有关部门决定。我国对进口商品大部分实行从价税，少部分产品实行从量税、复合税和滑准税。②出口关税税率设置与适用范围：我国出口税率为一栏税率，即出口税率。仅对少数资源性产品及易于竞相杀价、盲目出口、需要规范出口秩序的半制成品征收出口关税。③特别关税包括报复性关税、反倾销税与反补贴税、保障性关税。征收特别关税的货物、适用国别、税率、期限和征收办法，由国家有关部门决定。

税率应用：我国《进出口关税条例》规定，进出口货物，应当依照简则规定的归类原则归入合适的税号，并按照适用的税率征税。进出口货物，应当按照纳税义务人进口或者出口申报之日实施的税率征收。经海关核准先行申报的，应当按照装载此货物的运输工具申报进境之日实施的税率征税。进出口货物的补税和退税，适用该进出口货物原申报进出口之日所实施的税率。

(4) 关税税额计算。根据计税标准不同，关税应纳税额的计算方法如下。

从价税应纳税额的计算：

关税税额 = 应税进(出)口货物数量 × 单位完税价格 × 税率

从量税应纳税额的计算：

关税税额 = 应税进(出)口货物数量 × 单位货物税额

复合税应纳税额的计算：

关税税额 =应税进(出)口货物数量 × 单位货物税额
+ 应税进(出)口货物数量 × 单位完税价格 × 税率

滑准税应纳税额的计算：

关税税额 = 应税进(出)口货物数量 × 单位完税价格 × 滑准税率

进口关税税额计算步骤如下：首先确定该进口货物属于一般贸易方式进口还是特殊贸易方式进口；再分别按不同的方法确定完税价格；然后根据进口货物的原产地确定其适用的税率；最后计算应纳税额。

一般贸易进口货物完税价格的确定有两种方法。

第一种方法是以成交价格为基础确定进口货物的关税完税价格。成交价格，因为有不同的成交条件，因而具有不同的价格形式。进口货物关税完税价格的计算公式为

进口货物关税完税价格= 到岸价格(CIF 价格)
或= 离岸价格(FOB 价格) + 运费 + 保险费

需要说明的是，以成交价格为基础的完税价格，要符合海关规定的成交价格的接受条件。

第二种方法是进口货物海关估价法。如果进口货物的价格不符合成交价格条件，或者成交价格不能确定的，海关应当依次以相同或类似货物成交价格方法、倒扣价格方法、计算价格方法及其他合理方法确定的价格为基础，估定完税价格。

出口货物关税税额的计算方法也有两种：①以成交价格为基础确定出口货物的关税完税价格。出口货物的关税完税价格，由海关以该货物向境外销售的成交价格为基础审查确定，并应包括货物运至我国境内输出地点装载前的运输及其相关费用、保险费等。

其中，出口货物的成交价格，是指该货物出口销售到我国境外时买方向卖方实付或应付的价格。②出口货物海关估价方法。出口货物的成交价格不能确定时，完税价格由海关依次使用合理的方法估定。出口货物的销售价格中包括的离境口岸至境外口岸之间的运输费、保险费的，应当扣除。

7. 城市维护建设税

(1) 城市维护建设税概念。城市维护建设税是对从事工商经营，缴纳增值税、消费税、营业税的单位和个人征收的一种税。城市维护建设税是以上三种税的一种附加税，具有征收范围广、根据城镇规模适用不同的比例税率等特点。

(2) 纳税人和课税基础。城市维护建设税的纳税义务人，是负有缴纳增值税、消费税、营业税“三税”义务的单位和个人。该税种属于附加税，没有自己独特的征税对象，是以纳税人实际缴纳的增值税、消费税、营业税的税额为计税依据计算缴纳的。一般情况下，海关对进口产品代征的增值税和消费税，不征收城市维护建设税。

(3) 税率。城市维护建设税的适用税率，按纳税人所在地不同，设置了三档税率，即纳税人所在地为市区的，税率为7%，纳税人所在地为县城、镇的，税率为5%，纳税人所在地不在市区、县城或者镇的，税率为1%。由受托方代扣代缴“三税”的单位和个人，适用受托方所在地的税率。

(4) 城市维护建设税税额计算。城市维护建设税的计税依据是纳税人实际缴纳的“三税”税额。其计算公式为

应纳城市维护建设税税额 = 纳税人实际缴纳的增值税、消费税、营业税税额 × 适用税率

8. 房产税

(1) 房产税概念。房产税是以房屋为征税对象，按照房屋的计税余值或租金收入，向产权所有人征收的一种财产税。房产税的征收范围是在城市、县城、建制镇和工矿区的房屋，不涉及农村房屋。房产税征收方式可分为一般财产税和个别房产税，我国现行的房产税属于个别房产税；房产税根据纳税人经营方式不同，确定对房屋征税可以按房产计税余值征收，又可以按租金收入征收。

(2) 房产税的纳税人和课税基础。房产税的纳税义务人是房屋的产权所有人：产权属于国家所有的，由经营管理的单位缴纳；产权属于集体和个人所有的，由集体单位和个人缴纳；产权出典的，由承典人缴纳。房产税的征收对象是房产。

(3) 房产税税率。房产税采用比例税率方法征收。从价计征的房产税，税率为1.2%；从租计征的房产税，税率为12%（对个人按市场价格出租的居民住房，用于居住的，税率从低）。

(4) 房产税税额计算。房产税税额计算有两种方法。

第一种计算方法：从价计征税额计算，是指纳税人未用于出租的应税房产，其应纳税额按应税房产的原值减除规定比例后的余值计征，计算公式为

应纳房产税税额 = 应税房产原值 ×（1 − 扣除比例）× 1.2%

第二种计算方法：从租计征的房产，是指纳税人出租的房产，其应纳税额应以纳税人取得的租金收入为计算依据，计算公式为

出租房屋应纳房产税税额 = 应税房产的租金收入 × 12%(或适用税率)

9. 城镇土地使用税

(1) 城镇土地使用税概念。城镇土地使用税是以国有土地为征收对象，对拥有土地使用权的单位和个人征收的一种税。其特点有征税对象是国有土地（农业土地因属集体所有，故未纳入征税范围），征收范围广，由于该税种开征的目的之一是调节土地的级差地租，所以实行差别幅度税额。

(2) 城镇土地使用税的纳税人和课税基础。城镇土地使用税的纳税人是在城市、县城、建制镇和工矿区内使用土地的单位和个人；城镇土地使用税的征收范围，包括城市、县城、建制和工矿区内的国家所有和集体所有的土地。

(3) 城镇土地使用税税率。《中华人民共和国城镇土地使用税暂行条例》规定，城镇土地使用税采用定额税率，采用有幅度的差别税额，每平方米应税土地的年税额标准为大城市 1.5～30 元，中等城市 1.2～24 元，小城市 0.9～18 元，县城、建制镇、工矿区 0.6～12 元。

(4) 城镇土地使用税税额计算。城镇土地使用税以纳税人实际占用的土地面积为计税依据，土地面积计量标准为每平方米。其计算公式为

全年应纳城镇土地使用税税额 = 实际占用应税土地面积(平方米) × 适用税额

10. 耕地占用税

(1) 耕地占用税概念。耕地占用税是对占用耕地建房或从事其他非农业生产建设的单位和个人，就其占用的耕地面积征收的一种税，属于对特定土地资源占用课税。耕地占用税兼具资源税与特定行为税的性质，同时具有采用地区差别税率、在占用耕地环节一次性征收等特点。

(2) 耕地占用税的纳税人和课税基础。耕地占用税的纳税义务人，是占用耕地建房或从事非农业生产建设的单位和个人。该税种征收的范围为建房或从事非农业生产建设而占用的国家所有和集体所有的耕地。

(3) 耕地占用税税率。耕地占用税采用地区差别定额税率。

(4) 耕地占用税应纳税额计算。耕地占用税以纳税人实际占用的耕地面积为计税依据，以每平方米土地为计税单位，按适用的定额税率计税。其计算公式为

应纳税额 = 实际占用耕地面积(平方米) × 适用定额税率

11. 车辆购置税和车船税

(1) 车辆购置税。车辆购置税是以在中国境内购置的规定车辆为课税对象、在特定环节向车辆购置者征收的一种税。该税种有征收范围单一、征收环节单一、税率单一、征收方法单一等特点。车辆购置税的纳税义务人，是在中华人民共和国境内购置应税车辆的单位和个人。车辆购置税的应税行为是在中华人民共和国境内购置应税车辆的行为。车辆购置税的税率实行统一比例税率，税率为 10%。

购买自用应税车辆的计税价格为，纳税人购买应税车辆而支付给销售者的全部价款和价外费用（不包括增值税款）。其计算公式为

计税价格 = 含增值税的销售价格 ÷ (1 + 17%)

进口自用应税车辆的计税依据为

$$组成计税价格 = 关税完税价格 + 关税 + 消费税$$

车辆购置税实行从价定率的方法计算应纳税额，其计算公式为

$$应纳税额 = 计税价格 \times 税率$$

（2）车船税。车船税是对我国境内应当依法到公安、交通、农业、渔业、军事等车船管理部门办理登记手续的车辆、船舶，根据其种类，按照规定的计税单位和年税额标准征收的一种财产税。车船税具有利于车船的管理与合理配置、调节财富差距等特点。车船税的纳税义务人为在中华人民共和国境内车辆、船舶的所有人或者管理人。车船税的征税范围为应当依法在车船管理部门登记的车船。车船税的税率实行定额税率，其计税依据为车辆按“排气量”或“自重吨位”计算，船舶按净吨位计算。应纳税额的计算公式为

$$应纳税额 = 计税单位 \times 单位税额$$

12. 印花税和契税

（1）印花税。印花税是以经济活动和经济交往中书立、领受应税凭证，如合同性凭证、产权转移书据、营业账簿、权利许可证照等行为为征税对象征收的一种税。印花税具有征税范围广、税负从轻、自行贴花纳税、多缴不退不抵等特点。印花税的纳税义务人，是在中华人民共和国境内书立、使用、领受印花税法所列举的凭证并应依法履行纳税义务的单位和个人。印花税的应税凭证可以划分为合同类、书据类、账簿类和证照类等四大类。印花税税率有两种，即比例税率和定额税率。按比例税率征税的凭证，一般都载有金额，适用于合同类凭证、书据类凭证和账簿类凭证中记载资金的账簿，定额税率适用于营业账簿中的其他账簿和证照类凭证。印花税税率依凭证种类不同，税率高低差别较大。

（2）契税。契税是以在中华人民共和国境内转移的土地、房屋权属为征税对象，向产权承受人征收的一种财产税。契税属于财产转移税，由财产承受人纳税，因而，契税是一种买方税。契税的纳税义务人，是境内转移土地、房屋权属的承受单位和个人。契税的课税基础是境内转移的土地、房屋权属。契税的税率实行比例税率，计税依据为不动产的价格。其中，不动产买卖行为的计税依据是，受让国有土地使用权、受让土地使用权、购买房屋时的成交价格。其应纳税额的计算公式为

$$应纳税额 = 计税依据 \times 税率$$

13. 企业所得税

1）企业所得税的概念

企业所得税是对我国境内的企业和其他取得收入的组织的生产经营所得和其他所得征收的一种税。企业所得税具有以纯所得为征税对象、以计算出来的应纳税所得额为计税依据、可以直接调节纳税人收入等特点。

2）企业所得税的纳税人、课税基础和税率

企业所得税的纳税人，是在中华人民共和国境内的企业和其他取得收入的组织。企业所得税的征税对象，是企业的生产经营所得、其他所得和清算所得。

现行企业所得税的基本税率为25%，同时，对非居民企业的所得、符合条件的小型微利企业、国家重点扶持的高新技术企业实行低税率或者优惠税率。

3）企业所得税税额计算

第一，计税收入的确认。企业所得税计税收入包括一般收入、特殊收入、处置资产收入等。其中，一般收入包括销售货物收入、提供劳务收入、转让财产收入、股息和红利等权益性投资收益、利息收入、租金收入、特许权使用费收入、接受捐赠收入和其他收入；特殊收入包括分期收款方式销售收入、委托加工制造大型机械设备和船舶等收入、建筑和安装及装配工程劳务收入、产品分成方式取得的收入、非货币性资产交换以及将货物、财产、劳务用于捐赠、抵债或赞助等用途的收入；处置资产收入，包括用于市场推广或销售、交际应酬、职工奖励、股息分配、对外捐赠等改变资产所有权属用途的行为的收入。不征税的收入包括财政拨款、依法收取并纳入财政管理的行政事业性收费和政府性基金、国务院规定的其他不征税的收入。免税收入包括国债利息收入、符合条件的居民企业之间的股息和红利等权益性投资收益、在中国境内设立机构或场所的非居民企业从居民企业取得与该机构或场所有实际联系的股息和红利等权益性投资收益、符合条件的非营利组织的收入。

第二，准予税前扣除的项目。在计算所得税时准予从计税收入中扣除的项目，指纳税人与取得收入有关的成本、费用、税金和损失。

税前扣除项目的基本原则为权责发生制、配比原则、相关性原则、确定性原则和合理性原则等。

税前扣除项目的范围如下：成本，即产品生产的直接成本和间接成本；费用，即在生产经营和管理过程中发生的管理费用、财务费用和销售费用；税金，即企业发生的除企业所得税和允许抵扣的增值税以外的营业税等各项税金及附加；损失，即企业在生产经营活动中发生的盘亏、毁损、报废损失、转让财产损失、呆账损失、坏账损失、自然灾害等不可抗力因素造成的损失。

税前不得扣除的项目的范围如下：向投资人支付的股息和红利等权益性投资收益的款项、企业所得税、税收滞纳金、罚金和罚款及被没收财物的损失、超过规定标准的捐赠、赞助支出（与生产经营活动无关的各种非广告性质支出）、未经核定的准备金支出（不符合国家有关部门规定计提的各项资产减值准备、风险准备等准备金支出）、企业之间支付的管理费、企业内营业机构之间支付的租金和特许权使用费、非银行企业内营业机构之间支付的利息、与取得收入无关的其他支出。

限定条件准予税前扣除的项目包括 15 种：①工资薪金，合理的工资和薪金支出准予据实扣除；②职工福利费、工会经费及职工教育经费按规定的计提比例扣除；③社会保险费，依照国家有关部门规定的范围和标准为职工缴纳的基本养老保险费、基本医疗保险费、失业保险费、工伤保险费生育保险费等基本社会保险费和住房公积金准予扣除；④利息支出，非金融企业向金融企业借款的利息支出、金融企业的各项存款利息支出和同业拆借利息支出、企业经批准发行债券的利息支出可据实扣除，非金融企业之间的利息支出，不超过金融企业同期同类贷款利率计算的数额部分可据实扣除，超过部分不得扣除；⑤借款费用，企业在管理决策经营活动中发生的合理的、不需要资本化的借款费用准予扣除，企业为购置长期资产及经过长时间建造才能达到预定或销售状态的存货，在其交付使用后发生的借款利息，可在发生当期扣除；⑥汇兑损失，企业在货币交易中，以及纳税年度终了时将人民币以外的货币性资产、负债，按照期末即期人民币汇率中间价折算为人民币时产生的汇兑损失，除已经计入有关资产成本以及向所有者进行利润分配相关的部分外，准予扣除；⑦业务招待费，企业发生与生产经营活动有关的业务招待费支出，按照发生额的60%扣除，但最高不得超过当年销售收入的5‰；⑧广告费和业务宣传费，企业发生的符合条件的广告费和业务宣传费支出，除国家有关部门另有规定外，不超过当年销售收入15%的部分，准予扣除，超过部分，准予在以后纳税年度结转扣除；⑨环境保护专项资金，企业按照法律、行政法规有关规定提取的用于填平保护、生态恢复等方面的专项资金，准予扣除，环境保护专项资金提取后改变用途的，不得扣除；⑩租赁费，企业以经营租赁方式租入固定资产支付的租赁费，按照租赁期限均匀扣除，企业以融资租赁方式租入固定资产支付的租赁费，按照规定构成融资租入固定资产价值的部分应当提取折旧费，分期扣除；⑪劳动保护费，企业发生合理的劳动保护支出，准予扣除；⑫公益性捐赠支出，企业发生的公益性捐赠支出，在年度利润总额12%以内的部分，准予扣除；⑬有关资产的费用，企业转让各类固定资产发生的费用，准予扣除，按规定计算的固定资产折旧费、无形资产摊销、长期待摊费用的摊销费，准予扣除；⑭资产损失，企业当期发生的固定资产和流动资产盘亏、毁损净损失、由有关税务部门审核后，准予扣除，企业因存货盘亏、毁损、报废等原因不得从销项税金中抵扣的进项税金，准予同存货损失一起在税前按规定扣除；⑮会员费、合理的会议费、差旅费、违约金、诉讼费用等，可据实扣除。

第三，应纳税额的计算。居民企业应纳税额的计算公式为

应纳税所得额＝收入总额－不征税收入－免税收入－各项扣除金额－弥补亏损

或＝会计利润总额＋纳税调增项目金额－纳税调减项目金额

应纳所得税税额＝应纳税所得额×适用税率－减免税额－抵免税额

【例6-13】A公司2010年税前利润总额为3 000 000元，全年销售额为50 000 000元。当年支付的工资总额为2 000 000元；全年发生的职工福利费支出为300 000元，工会经费支出为60 000元，职工教育支出100 000元；为职工支付商业保险费100 000元；向银行借款100 000元，年利率为10%，向其他企业借款200 000元，年利率为20%，借款均用于生产经营；捐赠支出210 000元，其中通过红十字会捐赠给希望工程200 000元，直接捐赠给灾区10 000元；因未按期纳税缴纳滞纳金和罚款30 000元。该公司应纳所得税税额计算过程如下：

合理的工资薪金可以全额扣除。

职工福利费扣除限额＝2 000 000×14%＝280 000（元）

调增应纳税所得额＝300 000－280 000＝20 000（元）

工会经费扣除限额＝200 000×2%＝40 000（元）

调增应纳税所得额＝60 000－40 000＝20 000（元）

职工教育经费扣除限额＝200 000×2.5%＝50 000（元）

调增应纳税所得额＝100 000－50 000＝50 000（元）

为职工支付的商业保险不得在税前扣除，调增应纳税所得额100 000元。

利息调增应纳税所得额＝200 000×(20%－10%)＝20 000（元）

公益性捐赠扣除限额＝300 000×12％＝360 000（元）

实际捐赠200 000元，不需要纳税调整。

非公益捐赠不得在税前扣除，调增应纳税所得额10 000元。

未按期纳税缴纳滞纳金和罚款不得在税前扣除，调增应纳税所得额30 000元。

应纳税所得额＝3 000 000＋20 000＋20 000＋50 000＋100 000＋20 000＋10 000＋30 000
＝3 250 000（元）

该企业所得税税率为25％，则

应纳所得税税额＝3 250 000×25％＝812 500（元）

通过以上将利润总额调整为应纳税所得额计算出的应纳所得税税额，是资产负债表上应交税费的增加项目，同时所得税作为企业费用，是当期利润的减少项目。

14. 其他费用、基金

1）应交教育费附加

教育费附加的纳税义务人，是负有缴纳增值税、消费税和营业税“三税”义务的单位和个人。教育费附加以纳税人实际缴纳的“三税”税额为计税依据，按3％比例计征，并同“三税”一起交纳。

2）应交矿产资源补偿费

矿产资源补偿费是国家为了发展矿业，加强矿产资源的勘查、开发利用以及保护，维护国家对矿产资源的财产权益而向开采矿产资源的采矿权人征收的一种费用。计算公式如下：

矿产资源补偿费＝矿产品销售收入×补偿费率×开采回收率

开采回收率系数＝核定开采回收率÷实际开采回收率

补偿费率按国家规定为1％～4％。

（六）应付利息

应付利息项目反映企业按照规定应当支付的利息，包括分期付息到期还本的长期借款应支付的利息、企业发行债券应支付的利息等。

（七）应付股利

当企业确定分配给投资人红利或者利润时，记入“应付股利”账户，实际向投资人支付投资红利或者计提利润时，减少“应付股利”。应付股利反映企业应向投资人支付而未付的现金股利，是企业因宣告现金股利而形成的一项负债。

（八）其他应付款

其他应付款项目反映企业暂收和应付的其他单位和个人的款项，包括应付租入固定资产的租金、包装物的租金、应付保险费、存入保证金、应付统筹退休金等。

三、流动负债的信息披露

负债应按其现值披露，但由于流动负债的偿还期限较短，未来偿付金额的现值与未来偿付金额相差不大，所以，流动负债一般按确定的未来需要偿付的金额来披露，即资产负债表上各流动负债项目的金额就是未来需要偿付的负债金额。

四、流动负债管理要点

第一，规划合理的流动负债的负债费用结构。流动负债中，有的负债项目需要支付负债费用，如短期借款、带息应付票据、应交税费等。对需要支付费用的流动负债项目要尽可能控制在可承受范围之内。

第二，规划合理的流动负债的偿还时间结构。除短期借款和应付票据外，流动负债的其他项目都处于随时归还的状态，如应付账款、应付职工薪酬、应交税费、应付股利等。要规划好流动负债的偿还时间结构，减少偿还时间性较强的负债项目和金额，或规划好负债的偿还时间，控制财务风险出现。

第三，控制流动负债的规模，注意流动负债与流动资产的数量关系。如果流动负债大于流动资产，说明企业偿债能力差，不能完全偿还到期流动负债。一般情况下，要按期、完全偿还流动负债，流动资产应大于流动负债。

第四，控制好流动负债与非流动负债的关系。流动负债主要用流动资产偿还，而非流动负债主要形成企业的固定资产、无形资产以及流动资产中的固定部分。因此，企业应该根据发展的需要，合理安排流动负债与非流动负债，在考虑偿还能力的前提下，合理利用资本成本较低的流动负债融资方式。

第五，注意负债的偿还时间。就偿还时间上来看，流动负债相对于非流动负债，更加强调偿还时间安排的合理性。由于流动负债通常要在一年内偿还，企业特别是季节性生产企业，在借入资金的同时，要事先规划好借款的偿还期限，避免出现某一个月集中偿还的情况。偿还时间尽可能地安排在企业现金流相对宽裕的时期。

第三节　非流动负债

一、非流动负债概述

（一）非流动负债的概念及内容

非流动负债，是指偿还期限在一年或者超过一年的一个营业周期以上的债务，是企业向债权人筹集、不需要即期偿还的债务资金。

非流动负债主要包括企业对金融机构或非金融机构的长期借款、对社会公众或其他单位或个人的应付债券和长期应付款等。其中，长期借款是企业从金融机构或非金融机构借入的期限在一年以上的各种借款；应付债券是指企业依照法定程序发行、约定在一定期限内还本付息的有价证券；长期应付款是指企业除长期借款和应付债券以外的其他各种长期应付款项所形成的非流动负债。

（二）非流动负债的特点

企业进行长期资产的建设或进行生产经营规模的扩张，需要大量资金。其中有些资金可以通过短期借款、应付票据、应付账款等流动负债途径解决。但由于流动负债的偿还期短、金额少，因而，往往不能满足企业长期资产建设或生产经营规模扩张对资金的需求，倘若通过企业自身的资本积累进行投资，可能会错失良机。因此，通过举借非流动负债方式来筹措长期资金，可以在投资人不需要继续投资的情况下，为其带来更多的收益。

非流动负债除了具有负债的共同特点外，还具有如下特点。

(1) 非流动负债的金额大。举借长期债务通常是为购置固定资产、无形资产或进行重大的资产重组筹集资金，因此，非流动负债的金额一般都比较大。

(2) 非流动负债的偿还期长。固定资产、无形资产等长期资产的资金周转期很长，因而，非流动负债的偿还期一般比较长。

(3) 非流动负债的利息费用成为企业长期的固定性支出。非流动负债的金额大、偿还期长，因而其利息支出就成为企业的一项长期的固定性支出。同时，非流动负债所形成的资产，通常是变现能力差的长期资产。如果企业经营管理不善，或者市场形势逆转，非流动负债的还本付息就会成为企业一个沉重负担。

(4) 非流动负债本金和利息的偿还方式比较灵活。非流动负债可以采用分期偿还本金和利息、或者分期还息定期还本、或者债务期满时一次性还本付息等方式。企业可以根据情况选择不同的偿还方式，合理安排偿还非流动负债的资金来源。

因此，企业经营管理者在举借长期债务时，要对项目投资进行详尽的可靠性分析，慎重地进行非流动负债的决策，合理地选择负债方式，适当地确定举债规模。

(三) 举借非流动负债的目的

企业的流动负债主要用于补充流动资金，而非流动负债主要用于满足扩大企业的生产经营规模、购建固定资产、设立附属企业等方面的资金需求。事实上，企业购置长期资产的资金主要来源于两个方面：一是由投资人投资，增加了权益资本；二是由债权人提供贷款，增加负债资金。与权益资本相比，举借非流动负债有以下有利方面。

(1) 举借非流动负债不影响投资人的投资比例，使企业既取得了长期资金，又不影响原有投资人对企业的控制能力，从而使投资人继续保持对企业生产经营活动的管理控制权。

(2) 在税息前利润率大于利息率时，举借非流动负债可以为投资人带来收益。但因为非流动负债的利息支出是固定的，如果税息前利润率小于利息率，投资人就会发生损失。

(3) 举借非流动负债的资金成本较低。因为在计算缴纳企业所得税时，非流动负债的利息费用可作为正常的经营费用在税前扣除，从而起到抵税作用。

(4) 举借非流动负债不会导致企业股票价格下跌。企业通过发行股票筹集资金，往往会稀释每股收益，导致股价下跌。而举借非流动负债不会增加企业股票数量，通常也不会导致股价下跌。

需要说明的是，流动负债和非流动负债的区分并不是绝对的，如非流动负债中如果有将于一年内或一个营业周期内到期的，则应转为流动负债；对在资产负债表日起一年内到期的负债，企业预计能够自主地将清偿义务展期至资产负债表日起一年以上的，应当归类为非流动负债，不能自主地将清偿义务展期的，即使在资产负债表日后、财务报表批准报出日前签订了重新安排清偿计划协议，该项负债仍应归类为流动负债；企业在资产负债表日或之前违反了长期借款协议，导致债权人可随时要求清偿的负债，应当归类为流动负债，债权人在资产负债表日或之前同意提供在资产负债表日起一年以上的宽限期，企业能够在此期限内改正违约行为，且债权人不要求随时清偿，该项负债应当归类为非流动负债。

（四）非流动负债的分类

非流动负债可以按照以下标准进行分类。

（1）按取得的途径划分，可分为从银行或其他金融机构取得的非流动负债和从非银行单位取得的非流动负债。前者为各类长期借款，后者则主要是企业通过国家有关部门批准、在市场公开发行债券筹集资金形成的应付债券等。

（2）按应付金额是否肯定划分，可分为应付金额肯定的非流动负债和应付金额需要估计的非流动负债。应当说，非流动负债大都是应付金额肯定的负债，即在负债发生之日，就有着明确的到期应偿付金额。但也有例外情况，如企业在金融机构借入的外币借款，在每个会计期末，应将外币借款余额按当日汇率进行折算，这时，外币负债金额就成为非流动负债中应付金额需要估计的类别。

（3）按经济内容划分，非流动负债可分为三个方面。①长期借款。长期借款是指企业向银行或其他金融机构借入的、偿还期限在一年以上的各种借款。长期借款一般用于固定资产、无形资产、土地使用权等长期资产的购置，或进行项目投资、重大资产重组等方面的资金需要。②应付债券。应付债券是指企业依照法定程序发行、约定在一定期限内还本付息的有价证券。企业发行债券筹集的资金，通常也是用于固定资产、无形资产、土地使用权等长期资产的购置，或进行项目投资、重大资产重组等方面的资金需要。企业发行的超过一年期以上的债券构成了一项非流动负债。③长期应付款。长期应付款，是指企业除长期借款和应付债券以外的其他各种非流动负债，主要包括补偿贸易引进设备应付款和融资租入固定资产应付款等。

二、非流动负债项目解读

（一）长期借款

长期借款，即企业从银行或其他金融机构借入的期限在一年以上（不含一年）的各种借款。长期借款是我国企业获取非流动负债资金的主要筹资方式，且主要是从银行取得的。长期借款具有筹资速度快、筹资弹性大、使用期限长等特点。长期借款有四种不同的分类标准。

（1）长期借款按其偿还方式可分为定期偿还和分期偿还两种方式。

（2）按付息方式可分为在还本时一次付息、在借款期限内分期付息两种方式。

（3）按借款条件可分为抵押借款、担保借款和信用借款。

（4）按借款的币种可分为人民币借款和外币借款。

企业借入长期借款，必须按规定的手续办理借款，按期支付借款利息，并按约定的期限归还本金。

【例6-14】 2010年1月1日，A公司从银行借入期限为2年的长期借款800 000元，款项已存入银行，借款利率为8%，复利计息，期满后一次还本付息。

2010年12月31日，A公司资产负债表上长期借款项目的账面金额为800 000×(1+8%)=864 000（元）。

2011年12月31日，A公司资产负债表上长期借款项目的账面金额为800 000×$(1+8\%)^2$=933 120（元）。

（二）应付债券

应付债券，即企业依照法定程序发行、约定在一定期限内还本付息的有价证券。由于企业发行应付债券的期限通常在一年以上，所以，将其归类为非流动负债。应付债券是企业筹集长期资金的另一种重要方式，与发行股票资金相比，具有以下特点。

（1）债券发行价格受市场利率的影响。在债券面值与票面利率一定的情况下，市场利率越高，发行价格越低；反之，市场利率越低，则发行价格越高。因此，债券发行价格与其面值之间可能会出现三种情况：①当市场利率与票面利率相等时，债券发行价格等于其票面价值，债券以面值方式发行；②当市场利率低于票面利率时，债券发行价格会高于其票面价值，债券以溢价方式发行；③当市场利率高于票面利率时，债券发行价格会低于其票面价值，债券以折价方式发行。

股票发行价格主要受投资人对企业未来获利能力的估计以及当时资本市场股票供求关系等因素的影响，股票发行价格可能等于面值，也可能高于面值、以溢价方式发行。股票之所以按溢价发行，主要有三方面原因：一是发行股票时证券市场对股票的需求旺盛；二是投资人与发行者对企业获利能力期望较高；三是企业资信度较高。我国有关法律规定，股票发行价格不得低于其面值，即我国企业股票不能以折价发行。

（2）债券存续期间需要调整利息费用。在债券溢价或折价发行的情况下，所形成的债券溢价或折价，其实质是债券发行企业对未来逐期多付利息（溢价发行）的提前收回，或对未来逐期少付利息（折价发行）的提前付出。因此，在每期结算债券利息时，不仅要确认债券的票面利息，还要按一定方法将债券发行时产生的溢价或折价进行转销，调减或调增按票面利率计算的利息费用。

（3）债券筹资的成本较低。与股票相比，应付债券的筹资成本主要包括发行费用和债券利息，并且这些筹资成本可以在企业所得税前扣除。而股票发行成本的项目多、金额大，同时支付的股利也不能在企业所得税前扣除。因此，企业发行债券的筹资成本一般低于发行股票的筹资成本。

（4）便于调整资本结构。企业可通过发行可转换债券，或可提前赎回债券，主动地、合理地调整资本结构，确定负债与资本的合理比例。

（5）债券筹资风险大。债券有固定的到期日，并定期支付利息，要承担到期还本付息的义务。当企业经营状况欠佳时，大量的债券还本付息会加剧企业财务状况的恶化，增加企业的财务风险，甚至会导致企业的破产。

(6) 限制条件严格。发行债券的限制条件一般比长期借款、租赁融资的限制条件要多而且严格，从而限制了企业对债券筹资方式的使用，这可能会影响企业的正常发展和再筹资能力。

(7) 筹资数量有限。利用债券筹资，通常受一定额度的限制，当企业的负债比率超出了一定程度后，债券筹资的成本就增加了。我国公司法规定，企业发行流通在外的债券累计总额不得超过该企业净资产的40%。

【例6-15】 2008年1月1日，A公司以面值发行债券5 000 000元，用于固定资产的购建。债券期限5年，年利率6%，每年付息一次。

A公司每年应付利息＝5 000 000×6%＝300 000（元）

以上经济业务反映在A公司资产负债表上应付债券项目的金额为5 000 000元，在债券到期之前，这一金额不变。每年支付的利息300 000元构成A公司的在建工程成本。

若A公司以5 250 000元价格发行面值为5 000 000元的公司债券，债券期限为5年，票面利率7%，每年付息一次，则A公司每年应付利息为

债券票面利息＝5 000 000×7%＝350 000（元）

债券溢价转销＝250 000÷5＝50 000（元）

实际应付利息＝350 000－50 000＝300 000（元）

以上经济业务反映在A公司资产负债表上应付债券项目的金额为5 250 000元，在债券到期之前的每年年末，由于溢价转销会使得应付债券项目的金额逐年减少50 000元，至债券到期时，溢价转销完毕，应付债券的金额为5 000 000元。每年实际支付的利息300 000（350 000－50 000）元，则构成A公司的在建工程成本。

若A公司以4 750 000元价格发行面值为5 000 000元的公司债券，债券期限为5年，票面利率5%，每年付息一次，则A公司每年应付利息为

债券票面利息＝5 000 000×5%＝250 000（元）

债券折价转销＝250 000÷5＝50 000（元）

实际应付利息＝250 000＋50 000＝300 000（元）

以上经济业务反映在A公司资产负债表上应付债券项目的金额为4 750 000元，在债券到期之前的每年年末，由于折价转销会使得应付债券项目的金额逐年增加50 000元，至债券到期时，折价转销完毕，应付债券的金额为5 000 000元。每年实际支付的利息300 000（250 000＋50 000）元，则构成A公司的在建工程成本。

（三）其他非流动负债

其他非流动负债一般主要是指长期应付款，即企业除长期借款和应付债券以外的其他各种长期应付款项所形成的非流动负债。其他非流动负债也是企业负债筹资的一种方式，主要包括应付融资租入固定资产租赁费、补偿贸易方式下引进国外设备款等。长期应付款除了具有数额大、偿还期限长等特点外，还具有以下两个特点。

(1) 长期应付款具有分期付款的性质。如融资租入固定资产的租赁费是在整个租赁期内分期支付的，可以缓解企业取得固定资产时一次性支付大量现金的困难。对融资租

入的固定资产，长期应付款核算内容包括设备买价、运杂费、途中保险费、安装费、调试费等。

(2) 长期应付款的计价经常涉及外币与人民币比价的变动，从而会影响到还款时的人民币数额。如对以补偿贸易方式引入的设备，长期应付款只核算用外币计算引进设备折算为人民币的价值，不包括企业用人民币支付的有关国内费用，如关税和国内运费等。

【例 6-16】 A 公司与 B 公司签订一份租赁合同：A 公司自 2010 年 1 月 1 日起租赁 B 公司的起重机共 3 年。每半年 A 公司向 B 公司支付租金 150 000 元。租赁期届满时，A 公司享有优惠购买该机器的选择权，购买价为 100 000 元。

本例中 A 公司该项租赁满足融资租赁的条件。在租赁日，资产负债表上长期应付款的金额为 150 000×6＋100 000＝1 000 000（元）。

三、非流动负债信息披露

由于非流动负债具有借款金额大、利息费用多、还款周期时间长等特点，其借款现值与其终值的差额比较大，为了准确地向信息使用者报告资产负债表日企业非流动负债实际余额，非流动负债是以其寿命现值进行披露的。

“长期借款”项目，是资产负债表日企业尚未归还的长期借款的本息金额；“应付债券”项目，是资产负债表日企业发行债券的本金及应计利息之和。如果债券以溢价或折价方式发行，还应减去或者加上债券溢、折价转销金额；“长期应付款”是指企业除长期借款和应付债券以外的其他各种长期应付款，如应付引进设备款、融资租入固定资产应付款等，其中，融资租入固定资产形成的非流动负债，按负债的现值披露。

四、非流动负债管理要点

第一，举借前注意经营状况和财务状况的表现。企业的资产结构、偿债能力、盈利能力、资金结构等财务和经营状况直接影响到企业的收益和风险，从而影响到企业的筹资能力。如果举借前企业的经营状况和财务状况好，盈利能力强，偿债能力较好，则该企业就比较容易筹措到所需的长期资金，同时，随着企业信用等级的提高，利用债务资金筹资方式的成本就会降低。

第二，对贷款项目前景的充分论证。为了提高贷款项目的偿债能力，降低其财务风险，必须加强负债筹资项目的获利性分析，评价其偿债能力的强弱，这也是负债筹资过程的首要环节。首先，要预测企业贷款项目的经营是否处于良好的运行状态，分析其偿债能力。其次，要分析各种负债指标是否处于最佳的变动范围。要预计贷款项目的效益水平。当企业贷款项目的产品销路好、盈利高时，可以提高负债比率；当产品销路不好、盈利低时，应当降低负债比率。企业所处行业的竞争状态也会影响贷款项目的前景。如果贷款项目处于竞争激烈、利润稳定性差的行业，应使用较低的负债比率，反之，可使用较高的负债比率。最后，对贷款项目的筹资方式应当作出比较合理的选择，要对不同时期资金需要量进行全盘考虑，使资金供应量得到最经济、最充分的满足，通过对不同的举债结构、举债方式的综合分析，采用最优的非流动负债组合方式。

第三，估算非流动负债对资本结构的影响程度。企业资金总额中的权益资金与债务资金的比例关系称为财务结构。通常将长期资金称为资本，长期债务资金与权益资金的比例关系称为资本结构，不同的资本结构对企业的风险和成本有相当大的影响。因此，合理安排资本结构，正确估算非流动负债对资本结构的影响程度，是非流动负债管理中的一项非常重要的内容。

第四，非流动负债都是带息负债，且利率较高，应谨慎决策。企业通过举借非流动负债筹集长期资金，无论是长期借款、应付债券，还是融资租赁，其共同点都是带息负债，且利率较高，因此，为了力求降低资金成本，企业在进行资金筹措决策时，应力求谨慎，要根据资金的用途来决定各种非流动负债的金额，做到以“投”定筹，以“用”定筹。

第五，要按期支付利息。定期支付非流动负债的利息是企业承担的责任，也关系到企业的信贷信用和财务形象，因此，企业应在非流动负债存续期间，在各个付息日之前，提前安排好偿付资金，严格遵守借款合同、债券合同及租赁合同的付息规定，偿还贷款利息。

第六，筹划好非流动负债本金偿还的资金来源。企业偿还非流动负债本金的基本资金来源有两个，一是非流动负债形成的固定资产计提的折旧费，二是非流动负债形成项目投入使用后所产生的利润（或现金流量）。因此，做好折旧费用和利润分配的管理对按时偿还非流动负债十分重要。

第七，规划好非流动负债的时间结构等。举借非流动负债筹措取得的资金要按照资金投放使用时间来合理安排，使筹资与用资在时间上尽量相衔接，负债过早会造成资金的闲置，降低资金使用效益。负债过迟将严重影响生产经营或损失投资的良好时机。因此，规划好非流动负债的时间结构，除了要确保所筹资金的及时供应，还要考虑到期债务资金的按期偿还。

第四节　案例解读

一、案例信息

SH 公司 2010 年年度报告中披露的有关负债的信息如表 6-3 所示。

表 6-3　SH 公司负债信息　　单位：元

项目	期末数	期初数
短期借款	16 147 000 320	13 118 999 552
应付票据	490 000 000	1 000 000
应付账款	13 400 000 512	9 640 999 936
预收账款	2 579 000 064	2 032 999 936
应付职工薪酬	2 636 000 000	2 539 000 064
应交税费	7 918 000 128	5 752 999 936

续表

项目	期末数	期初数
应付利息	150 000 000	179 000 000
应付股利	1 079 000 064	143 000 000
其他应付款	4 904 999 936	3 889 999 872
流动负债合计	49 304 001 024	37 297 999 296
长期借款	53 930 999 808	56 044 998 656
长期应付款	2 313 999 872	2 764 999 936
递延所得税负债	315 000 000	932 000 000
非流动负债合计	56 559 999 680	59 741 998 592
负债合计	105 864 000 704	97 039 997 888

二、案例解读

（一）总体情况解读

从总体上看，SH 公司 2010 年年末负债总额上涨 9.09%，流动负债上涨 32.18%，非流动负债下降 5.32%，流动负债占负债总额的比例由 38.4%上升为 46.6%。这说明，2010 年年末相对于 2010 年年初，将要偿还的短期负债较多，企业短期偿债压力较大。企业是否能够及时偿还债务，依赖能随时变现的企业流动资产的状况。

（二）分项解读

1. 短期借款

SH 公司短期借款 2010 年期末数与期初数相比增幅为 23%。这一方面说明企业信用较好，融资能力强；另一方面，要结合企业货币资金的数量，判断短期借款的规模是否超过了实际资金需求，过多的融入资金将导致企业不必要的财务费用支出。

2. 应付票据

SH 公司应付票据 2010 年期末是期初的 490 倍，这一方面说明企业当期扩大了生产规模，大量购进原材料，企业发展前景乐观；另一方面说明企业在与供应商在结算方式的谈判能力上较弱。此外，要结合企业的货币资金数额分析一年内到期的应付票据支付，是否会给企业带来巨大的短期偿债压力。

3. 应付账款

SH 公司应付账款 2010 年期末比期初上涨了 39%，说明企业更好地利用了这种无息的融资方式。

对应付票据和应付账款规模变化进行分析时，要特别注意应付款项变化与企业存货规模变化的关系；同时要注意当期必须支付的应付票据、应付账款等强制性债务的比例，而不必当期支付的非强制性债务，实际并不构成企业短期偿债压力。

4. 预收账款

SH公司预收账款期末数比期初上涨26.85%，这说明企业生产的产品比较紧俏，同时由于各种因素的影响，预收账款不必当期支付，不构成企业短期偿债压力。

5. 应付职工薪酬

SH公司应付职工薪酬期末数和期初数相比变化不大，每个月支付给职工的固定金额的工资、奖金对企业短期偿债能力影响不大。

6. 应交税费

SH公司其他应付款2010年期末与期初相比上涨37.63%，这一方说明企业生产规模较大，交纳的增值税较多；另一方面，企业的盈利能力较强，交纳的企业所得税较多。具体是哪个税种带来的应交税费的增长，应结合财务报表附注的资料进行分析，同时要结合企业应交所得税、递延所得税以及利润表中的所得税费用之间的变化，分析企业所处的税务环境。

7. 应付利息

SH公司应付利息2010年期末与期初相比下降12.3%，在短期借款上升的同时，应付利息出现了下降，很可能是因为本期借入的短期借款更多地采用了到期一次还本付息的偿还方式。

8. 应付股利

SH公司应付股利2010年期末与期初相比上涨6.5倍。这一方面说明，企业盈利状况较好，拟向投资人派发股利；另一方面，现金股利的发放，将导致大量的现金流出企业，要求企业有充裕的现金流。

9. 其他应付款

SH公司其他应付款2010年期末与期初相比上涨26%，对其他应款项目进行分析时，应结合财务报表附注的资料进行，分析企业是否存在长期占用关联方资金的现象。

10. 长期借款

SH公司长期借款2010年期末与期初相比下降3.8%，基本与年初持平，在对长期借款的质量进行分析时，要注意长期借款形成的固定资产、无形资产的利用状况与增量效益，因为长期借款取得成本相对较高，加入其形成的资产得不到充分利用，将造成企业财务效益的下降。

11. 长期应付款

SH公司长期应付款2010年期末与期初相比下降16.3%，数量变化不大，具体原因需结合财务报表附注资料进行分析。

12. 递延所得税负债

SH公司递延所得税负债2010年期末数是期初数的33.8%，大幅度下降，这说明当期转回大量原已确认的递延所得税负债。

习　题

1. 资产负债表上负债分为流动负债与非流动负债的意义是什么？

2. 为了保证企业资金周转正常，负债方的应付票据和应付账款，与资产方的应收票据和应收账款在数量上应保持怎样的关系？

3. 如果资产负债表上应付职工薪酬项目出现大量余额，反映企业在职工薪酬的支付方面出现了哪些问题？

4. 增值税、营业税、土地增值税和资源税的纳税义务分别是什么？

5. 增值税的视同销售业务包括哪些内容？增值税进项税不可抵扣包括哪些情况？

6. 你认为在国家税务部门在流转税的管理方面还存在哪些漏洞？

7. 企业所得税的税前支出扣除项目包括哪些内容？哪些支出项目在税前是有比例的扣除？哪些支出项目不能在税前扣除？

8. 你认为企业所得税费用的管理核心是什么？为什么？

9. 流动负债的管理要点有哪些？你认为管理核心是什么？为什么？

10. 如果要保证流动负债能够到期偿还，你认为流动负债与流动资产在数量方面应保持怎样的关系？

11. 非流动负债与流动负债相比，有哪些特点？

12. 长期借款、发行公司债券是企业筹集长期资金的不同方式，你认为这两种方式的特点是什么？请举例说明你所在的企业为进行长期资产的建设筹集长期负债资金的方式，你认为哪种方式对企业更为有利？

13. 企业偿还非流动负债的本金和利息的资金来源有哪些？

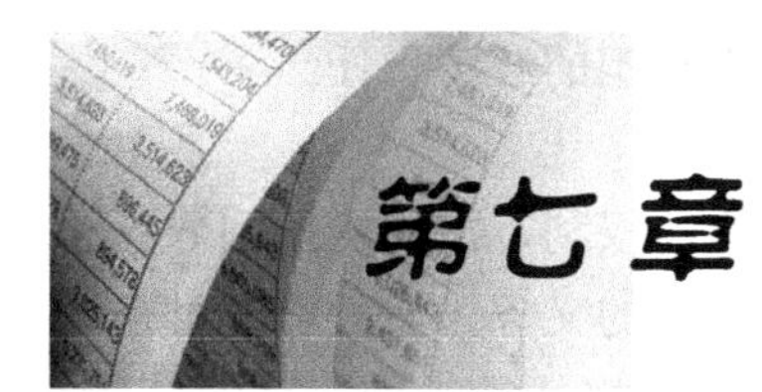

第七章

资产负债表：所有者权益

第一节　所有者权益概述

一、所有者权益的概念及特点

（一）所有者权益的概念及内容

企业要维持正常的生产经营活动，实现持续发展，必须要有充足而优良的资产作为基础。企业的资产主要有两个来源：一是投资人投入，二是债权人投入。投资人和债权人为企业提供了生存和发展所需的资产，他们对企业的资产都享有要求权。这种要求权从会计学的角度来讲，称之为“权益”。属于投资人的权益，称之为所有者权益；属于债权人的权益，称之为负债。

所有者权益是指企业资产扣除负债后由投资人享有的剩余权益。在公司制企业中，所有者权益也称作投资人权益。

企业所有者权益包括实收资本、资本公积和留存收益三部分内容。实收资本，是投资人实际投入企业、用于日常经营活动的各种财产物资所形成的权益；资本公积，是企业收到投资人的超过其在企业注册资本中所占份额的投资部分，以及直接计入所有者权益的利得和损失等；留存收益，是企业从历年经营所得的净利润中提取的、留存于企业内部的收益积累。留存收益主要由两部分内容构成，一是盈余公积，即企业提取的法定盈余公积和任意盈余公积；二是未分配利润，即企业以前年度累积的、留待以后年度分配的利润或尚未明确用途的利润。

（二）所有者权益的特点

虽然所有者权益和负债都属于“权益”，但二者却有着本质上的区别。

1. 权益性质不同

所有者权益是投资人向企业投入资产所享有的资产权利，以及资产运营所产生的盈余权利，同时意味着企业向投资人承担的经济责任；负债是债权人向企业提供债权资金所享有的收回本金和利息的权利，同时意味着企业向债权人承担的经济责任。

2. 权益内容不同

投资人具有参与企业经营管理和委托他人经营管理企业的权利，按投资比例分享利润的权利，如果企业经营出现亏损，投资人也同样有承担亏损的义务。但投资人对企业资产没有优先求偿权，只对资产减去负债后的剩余资产有要求权，是一种滞后的权利。债权人在企业的权益是到期收回本金和约定的利息，不享有其他权益，但债权人对企业的资产具有优先求偿权。

3. 权益收益形式不同

投资人权益收益的形式主要是税后利润；债权人权益收益的形式是按约定的条件收取利息。由于符合所得税税前扣除条件的利息可以作为税前费用扣除，因而，债权人权益收益是企业的一种税前费用，具有抵税效应。

4. 权益期限不同

在企业持续经营的情况下，投资人投入企业的资本不能随意抽回，企业也没有义务将投资人投入的资本退还给投资人。即投资人投入企业的资本是一种没有期限的永久性投资。如果投资人拟撤资，只能依法转让。而债权人投入企业的资本是一种有明确期限的债务，负债到期时，企业必须向债权人偿还本金和利息。在企业破产清算的情况下，负债要求被优先偿还，之后如果还有财产剩余，才可能退还给投资人。

由此可见，虽然企业的资产由投资人和债权人共同形成，但是债权人承担的风险较小，而投资人承担的风险较大，并对企业的经营活动承担着最终风险。

二、实收资本与企业组织形式的关系

实收资本的取得方式与企业的组织形式密切相关。按照国际通行的分类方法，根据企业债务偿还的法律责任不同，并按实收资本的取得方式不同，企业组织形式有公司制企业、合伙企业和个人独资企业。

（一）公司制企业

公司制企业是目前发展最成熟也是最复杂的企业组织形式，包括有限责任公司和股份有限公司。

有限责任公司，是指由 50 个以下投资人共同出资设立，每个投资人以其所认缴的出资额对公司承担有限责任，公司以其注册资本对债权人承担有限责任的企业法人；我国《公司法》还规定了 1 人有限责任公司和国有独资公司的特殊情况。1 人有限责任公司是只有 1 个自然人或者 1 个法人作为投资人设立的有限责任公司；国有独资公司指国家单独出资、由国务院或者地方人民政府授权本级人民政府国有资产的监督管理机构履行出资人职责的有限责任公司。有限责任公司的投资人以其在公司的出资比例享有权利并承担义务；有限责任公司投资人转让所持投资须经其他投资人同意；有限责任公司投资人可以用货币出资，也可以用实物、知识产权、土地使用权等可以用货币估价并可以依法转让的非货币性财产作价出资；我国有关法律规定，全体投资人的货币出资金额不得低于有限责任公司注册资本的 30%。

股份有限公司，是指全部资本由等额股份构成，并通过发行股票筹集资本，投资人以其认购的股份对公司承担有限责任，公司以其全部财产对公司债务承担责任的企业法人；股份有限公司的设立有发起式和募集式两种方式。发起式设立的特点是，公司的股份全部由发起人认购，不向发起人之外的任何社会公众发行。募集式设立的特点是，公司股份除发起人认购一部分（不少于公司股份的 35%）外，其余股份向社会公开募集或者向特定对象募集。股份有限公司最显著的特点就是可以将全部资本划分为等额股份，并通过公开或非公开方式发行股票来筹集资本。

（二）合伙企业

合伙企业是指由两个或两个以上的合伙人以合伙协议为法律基础设立的企业。根据合伙人对企业债务承担的责任不同，合伙型企业又可以分为普通合伙企业和有限合伙企业。普通合伙企业由普通合伙人组成，合伙人对合伙企业的债务承担无限连带责任。有限合伙企业由普通合伙人和有限合伙人组成，前者对合伙企业的债务承担无限连带责任，后者以其认缴的出资额为限承担有限责任。合伙企业不具备法人资格，合伙人出资时也不会产生资本溢价；合伙企业的所有者权益性质类似于独资企业，但合伙企业的权益需按每个合伙人进行分类，分别记录其投资的增减；合伙企业要对每一个合伙人设立单独的提款账户，以便控制其提款是否符合合同契约的规定。

（三）个人独资企业

个人独资企业是由 1 个自然人投资，财产为投资人个人所有，投资人以其个人财产对企业债务承担无限责任的经营实体。个人独资企业不具备法人资格，具有投资少、规模小、企业资产与投资人其他资产不易区分等特点；个人独资企业的所有者权益通常只表现为一个总额，代表业主对企业的所有权，没有详细的分类，这是因为个人独资企业对业主的投入和提款没有什么限制，而且除了债权人之外没有其他优先要求权。

需要注意的是，要将个人独资企业与 1 人有限责任公司以及国有独资公司区分开来，前者是不具有法人资格的非公司制企业，后者是具有法人资格的公司制企业。

第二节　实收资本

一、实收资本的概念及主要法律规定

（一）实收资本的概念

实收资本是投资人实际投入企业的资本金额。对有限责任公司而言，称其为实收资本，对股份有限公司而言，称其为股本。

投资人设立企业首先必须投入资本。每个投资人投入资本的数量，是计算其出资比例或持股比例的依据，也是其参与企业经营决策的基础，同时，还是企业进行利润分配或股利分配以及清算时确定投资人对企业净资产要求权的依据。

(二)实收资本的法律规定

我国相关法律对企业实收资本管理有如下规定。

(1)设立企业必须具备符合国家规定并与其生产经营规模或服务规模相适应的资本数额,即企业在工商行政管理部门的注册资本不得低于其法定注册资本的最低限额,如有限责任公司注册资本的最低限额为人民币3万元,1人有限责任公司注册资本的最低限额为人民币10万元等。

(2)有限责任公司的注册资本为在公司登记机关登记的全体投资人认缴的出资额。公司全体投资人的首次出资额不得低于注册资本的20%,也不得低于注册资本的最低限额,其余部分由投资人自公司成立之日起两年内缴足,投资公司可以在五年内缴足。

发起设立的股份有限公司的注册资本,是在公司登记机关登记的全体发起人认购的股本总额。公司全体发起人的首次出资额不得低于注册资本的20%,其余部分由发起人自公司成立之日起两年内缴足,投资公司可以在五年内缴足,缴足前不得向他人募集股份。募集设立的股份有限公司的注册资本,是在公司登记的实收资本总额。其中,发起人认购的股份不得少于公司股份的35%。股份有限公司法定注册资本的最低限额为人民币500万元。

(3)有限责任公司的投资人以及股份有限公司的发起人,可以用货币资金出资,也可以用实物资产、知识产权、土地使用权等可以用货币估价并可以依法转让的非货币性资产作价出资,不能用劳务、信用、自然人姓名、商誉、特许经营权或者设定担保的财产等作价出资。有限责任公司全体投资人的货币出资额不得低于公司注册资本的30%。对投资人以无形资产方式出资的,企业吸收的无形资产出资总量不能超过注册资本总额的20%,特殊情况需报经国家工商行政管理部门审查批准,但最高不能超过30%。

(4)收到投资人投入企业资本时,必须聘请注册会计师验资,出具验资报告,并由企业签发出资证明。

(5)我国目前实行的是注册资本金制度,要求企业的实收资本(股本)在缴完之后应当与注册资本数额一致。

(6)投资人向企业投入资本后,不允许抽回投资。

(7)企业在经营过程中,如果出现实收资本比原注册资本数额增减超过20%时,应持资金使用证明或者验资报告,向原登记的主管机关申请变更登记。

(8)当投资人投入的资本超过其在注册资本中所占的份额时,超过的部分作为资本溢价,计入资本公积。股份有限公司的股本是通过公开发行股票的方式募集的,通常情况下会采取溢价发行,即股票的发行价高于股票的面值,形成股票溢价。

【例7-1】2008年3月,A股份有限公司采用募集设立方式设立。其注册资本为30 000 000元,股本总额与注册资本相等。公司股份中,发起人认购的股份为10 000 000股,公开发行股份20 000 0000股。公司股票每股面值1元,以3元的价格发行。

以上A公司股本总额为30 000 000股,股本溢价为60 000 000元,共取得股款90 000 000元。在A公司的资产负债表上,股本项目的金额为30 000 000元,资本公积项目的金额为60 000 000元。

二、实收资本的增减变动

（一）实收资本的增加

企业在经营过程中，根据业务发展的需要，可以增加实收资本金额。有限责任公司投资人认缴新增资本的出资，股份有限公司的投资人认购新股，应分别依照《公司法》设立有限责任公司缴纳出资和设立股份有限公司缴纳股款的有关规定。

企业变更注册资本应当提交依法设立的验资机构出具的验资证明。

公司法定公积金转增为注册资本，验资证明应当载明留存的该项公积金不少于转增前公司注册资本的25%。

企业变更实收资本前，应当提交依法设立的验资机构出具的验资证明，并按照公司章程载明的出资时间、出资方式缴纳出资额。同时，在足额缴纳出资额或股款之日起30天内向工商行政管理部门申请注册资本的变更登记。

企业增加实收资本的主要途径包括企业原投资人继续投入、新增投资人投入、资本公积转增资本（股本）、盈余公积转增资本（股本）。此外，股份有限公司还可通过发放股票股利、可转换公司债券行使转换权、债务重组转为资本、以权益结算的股份支付等途径实现增资。

（二）实收资本的减少

企业在经营过程中，也会因为资本过剩、发生巨额亏损或缩减生产经营规模等原因而减少实收资本。

按照相关法律规定，公司减少注册资本，应在作出减资决议之日起10天内通知债权人，并于30天内在报纸上公告；应当自公告之日起45日后申请变更登记，并应当提交公司在报纸上登载公司减少注册资本公告的有关证明和公司债务清偿或者债务担保情况的说明；公司减资后的注册资本不得低于法定的最低限额。

企业通常以货币资金、非现金资产折价等方式，向投资人支付收回投资的款项。由于股份有限公司采用发行股票方式筹集资本，其减少注册资本时通常采取股份回购的方式来完成，即以公司出资收购在外流通股票的方式实现减资。

第三节　资本公积

一、资本公积的概念及内容

（一）资本公积的概念

资本公积是企业收到投资人超过其在企业注册资本（或股本）中所占份额的投资，以及直接计入所有者权益的利得和损失等。资本公积包括资本溢价（股本溢价）和直接计入所有者权益的利得和损失等。

资本溢价，通常是有限责任公司在新增投资人时，其投入的资本超过其在企业注册资本中所占份额的部分；股本溢价，是指股份有限公司发行股票时，股票发行价大于股票面值的差额；直接计入所有者权益的利得和损失，是指不应计入当期损益、会导致所有者权益发生增减变动、与所有者投入资本或者向所有者分配利润无关的利得和损失。利得导致资本公积的增加，损失导致资本公积的减少。

（二）资本公积的内容

资本公积由两部分内容构成，一是投资人投入资本的溢价，二是直接计入资本公积的利得和损失。其具体内容如表 7-1 所示。

表 7-1　资本公积来源

投入资本的溢价项目	直接计入所有者权益的利得和损失项目
资本溢价（有限责任公司）	采用“权益法”核算的长期股权投资
股本溢价（股份有限公司）	以权益结算的股份支付 存货或自用房地产转换为投资性房地产 可供出售金融资产公允价值的变动 金融资产的重新分类 可供出售外币非货币性项目的汇兑差额 可转换公司债券

1. 资本溢价

一般而言，有限责任公司在创立初期，投资人只按照其认资额出资，全体投资人的投资总额之和等于实收资本，不产生资本溢价。但在企业重组并有新的投资人加入时，为了维护原有投资人的权益，企业一般会要求新加入的投资人实际投入的资本大于其在实收资本中所占的份额，超出的部分作为全体投资人共同享有的资本公积。实际上，资本溢价是新加入的投资人对原有投资人进行的一种补偿。

【例 7-2】A 有限责任公司原来由 4 个投资人组成，公司设立时每一投资人出资 1 000 000元，实收资本共计 4 000 000 元。经营一年后，公司产生未分配利润 800 000 元。公司由于扩大资本规模需要，拟吸收另一投资人加入，并协商新投资人加入后，公司注册资本增加至 5 000 000 元，每一投资人的出资为 1 000 000 元，各占 20%的股权。同时协议商定，新投资人实际出资 1 300 000 元，但构成实收资本的部分为1 000 000元。

以上 A 公司接受新投资人出资额为 1 300 000 元，但构成实收资本的部分只有 1 000 000元，两者差额 300 000 元为资本溢价。其中构成实收资本的部分反映在资产负债表上的实收资本项目，资本溢价部分反映在资本公积项目之中。

2. 股本溢价

股本溢价，是指股份有限公司发行股票时，股票发行价大于股票面值的差额。股份有限公司股票发行费用通常从其溢价收入中扣除。《公司法》规定，股份有限公司发行股票可以以面值发行、溢价发行，不可以折价发行。

我国股份公司股票的面值通常为 1 元。面值发行，即股票的发行价也为 1 元；溢价发行，即股票的发行价大于 1 元。

与有限责任公司不同，股份有限公司在初次发行股票筹集资本、以后增发股票、向原投资人配股时，都有可能溢价发行。这是因为，股票发行价格受市场供求关系的影响，同时，增发股票、向原投资人配股时，为了维护原投资人的权益，也会以溢价发行。

【例 7-3】 2009 年 3 月，A 股份有限公司采用募集设立方式设立。其注册资本为 30 000 000元，股本总额与注册资本相等。公司股份中，其中发起人认购的股份为 10 000 000股，公开发行股份 20 000 0000 股。公司股票以每股 3 元的价格发行。

以上 A 公司资产负债表上的股本总额为 30 000 000 元，股本溢价 60 000 000 元则反映在资本公积项目之中。

3. 采用权益法核算的长期股权投资

长期股权投资采用权益法核算，在持股比例不变的情况下，被投资单位除净利润以外的其他所有者权益项目的变动（如被投资单位资本公积发生增减变动等），投资人应按其持股比例计算自己应享有的被投资单位资本公积增减变动的份额。如果被投资单位的资本公积增加，投资人应按持股比例增加资本公积；如果被投资单位的资本公积减少，投资人也应按持股比例减少资本公积。

4. 以权益结算的股份支付

股份支付，是指企业为获取职工或其他方提供的服务而授予权益工具或者承担以权益工具为基础确定的负债的交易。以权益结算的股份支付，是指企业为获取服务以股份或其他权益工具作为对价进行结算的交易。以权益结算的股份支付换取职工或其他方提供服务的，应按照确定的金额增加资本公积。

5. 其他方面形成的资本公积

存货或自用房地产转换为采用公允价值模式计量的投资性房地产时，转换日的公允价值小于原账面价值的，其差额应计入当期损益；转换日的公允价值大于原账面价值的，其差额作为其他资本公积。

可供出售金融资产在持有期间的资产负债表日，应当以公允价值计量，且公允价值变动形成的利得或损失应计入其他资本公积。

将可供出售金融资产重分类为采用成本或摊余成本计量的金融资产，重分类日该金融资产的公允价值或账面价值作为成本或摊余成本，该金融资产没有固定到期日的，与该金融资产相关、原直接计入所有者权益的利得或损失，应计入资本公积。将持有至到期投资重分类为可供出售金融资产，并以公允价值进行后续计量，在重分类时该投资的账面价值与公允价值之间形成的差额计入资本公积。按照金融工具确认和计量的规定应当以公允价值计量，但以前公允价值不能可靠计量的可供出售金融资产，企业应当在其公允价值能够可靠计量时改按公允价值计量，将相关账面价值与公允价值之间形成的差额计入资本公积。

对以公允价值计量的可供出售的非货币性项目，如果期末的公允价值以外币反映，则应当先将该外币按照公允价值确定当日的即期汇率折算为记账本位币金额，再与原记账本位币金额进行比较，其差额计入资本公积。

企业在发行可转换公司债券时，应当在初始确认时将其包含的负债成分和权益成分进行分拆，将负债成分确认为应付债券，将权益成分确认为资本公积。可转换公司债券的持有人在将债券转换为股份时，分别减少可转换公司债券的账面余额和资本公积的账面余额，增加股本。

二、资本公积的用途

资本公积主要用于扩大生产经营规模或者转增资本，即将资本公积转为实收资本或股本。在资本公积转增资本时，按原投资人的持股比例计算结转。

资本公积转增资本只是所有者权益内部项目发生增减变动，既没有增加或者减少投入资本总额，也没有增加或者减少所有者权益总额，因此，资本公积转增资本不会增加企业的价值。但是资本公积转增资本可以改变企业所有者权益的结构，表现为企业资本规模的扩张和持续发展能力的增强。对于上市公司而言，资本公积转增资本会增加投资人持有的股份总额，从而增加公司股票的流通量，进而可以激活股价，提高股票的交易量和资本的流动性。

第四节　留存收益

一、留存收益的概念及内容

留存收益是企业从其经营所得的净利润中提取的，留存于企业内部的盈余积累，是企业通过经营所得形成的资本增值。留存收益包括盈余公积和未分配利润两个内容。

按我国《公司法》相关条款的规定，企业经营所得的净利润在向投资人进行利润分配之前，须先按比例计算一定数额的净利润留存在企业，将其称为盈余公积。企业提取盈余公积，一方面可以满足企业维持或者扩大再生产的资金需要，另一方面，可以保证企业有一定数额的资金用于弥补以后年度可能出现的亏损。留存收益的提取和使用，除了企业的自主行为外，法律上往往也有诸多的规定和限制。

未分配利润，是企业尚未分配或尚未明确用途的利润。

由于盈余公积和未分配利润都是企业经营所得净利润的一部分，因而，又统称留存收益。

二、盈余公积

盈余公积是企业按照法律规定和自愿从当年实现的净利润中提取的、留存于企业用于以后年度弥补亏损或转增资本的盈余积累，包括法定盈余公积和任意盈余公积。

（一）法定盈余公积

根据我国《公司法》有关条款规定，公司制企业法定盈余公积的提取比例是净利润的10%（非公司制企业也可超过10%）；企业提取的法定盈余公积在累计达到注册资本50%时可以不再提取；在计算法定盈余公积的提取基数时，不包括年初未分配利润；以前年度存在的超过亏损弥补期限仍未弥补的亏损，以前年度计提的法定盈余公积不足以

弥补的，在提取法定盈余公积之前，应先用当年净利润弥补亏损。计提法定盈余公积的基数计算公式为

计提基数 = 当年净利润 −（未弥补亏损 − 盈余公积补亏）

式中，未弥补亏损是指超过亏损弥补期限仍未弥补的亏损。

【例 7-4】 B公司 2010 年取得净利润 3 000 000 元，按 10%提取法定盈余公积的金额为 300 000 元，则提取法定盈余公积后的利润为 2 700 000 元。

在资产负债表上，盈余公积项目的金额为 300 000 元，未分配利润项目的金额为 2 700 000元。

（二）任意盈余公积

任意盈余公积是公司制企业根据股东会或股东大会的决议，自愿从当年净利润中提取的留存于企业的盈余积累。提取比例由股东会或股东大会确定，非公司制企业经过类似权力机构批准，也可以提取任意盈余公积。企业提取的任意盈余公积的使用由股东会或股东大会或类似权力机构决定。

任意盈余公积是公司出于实际需要或采取谨慎的经营策略，自愿提取的一项积累资金。其目的在于，在获利较多的年度积蓄财力，防范特殊情况或亏损年度可能带来的财务风险，使各期股利的水平不会差距过大，避免股价剧烈波动。

【例 7-5】 接【例 7-4】。除提取法定盈余公积外，若 B 公司还按净利润的 15%提取任意盈余公积，则提取的任意盈余公积的金额为 450 000 元。提取任意盈余公积后，资产负债表上的盈余公积金额为 750 000 元，未分配利润为 2 250 000 元。

（三）盈余公积的用途

1. 弥补亏损

弥补亏损是盈余公积的主要用途。

2. 转增资本（股本）

企业积累的盈余公积，经权力机构批准，可以用来转增资本。在用盈余公积转增资本时应注意以下三个方面：第一，先办理增资手续；第二，按投资人原有的持股比例转增；第三，法定盈余公积转增股本时，转增后留存的盈余公积应不少于注册资本的 25%。

3. 分配现金股利

当企业积累了较多的盈余公积，而未分配利润较少时，经股东大会或类似权力机构同意，可以用盈余公积发放现金股利。

4. 用于扩大再生产

通常情况下，盈余公积的资产表现是货币资金。提取盈余公积，只是企业利润分配的一个去向。事实上，无论盈余公积的用途如何，它已经用于了企业的扩大再生产，参加了经营资金的周转过程。

【例 7-6】 接【例 7-5】。B 公司 2010 年年末，以盈余公积转增资本 400 000 元。2011 年发生经营亏损 2 400 000 元，除用未分配利润余额 2 250 000 元弥补外，还用盈余公积弥补亏损 150 000 元。

由于B公司2010年年末以盈余公积转增资本400 000元，转增资本后盈余公积余额为350 000元。2011年发生经营亏损2 400 000元，由于未分配利润余额为2 250 000元，除用未分配利润全部弥补亏损外，还用盈余公积弥补亏损150 000元。亏损弥补后，资产负债表上的盈余公积项目余额为200 000元，未分配利润项目的余额为0元。

三、未分配利润

未分配利润是企业留待以后年度进行分配的留存利润。未分配利润有两层含义：一是留待以后年度分配的利润；二是尚未指定用途的利润。

从性质上看，相对于盈余公积，未分配利润是尚未指定用途的留存收益。所以，企业在未分配利润的用途上，相对于所有者权益的其他内容，受国家法律法规的限制较少，有较大的自主权。未分配利润的用途主要有转增资本、发放现金股利等。

从数量上看，期末未分配利润等于期初未分配利润加本期留存的未分配利润，本期留存的未分配利润等于本期净利润减去提取的各项盈余公积和分配的投资利润后的余额。其计算公式如下：

期末未分配利润＝期初未分配利润＋本期留存的未分配利润

本期留存的未分配利润＝本期净利润－提取的法定盈余公积

－提取的任意盈余公积－分配给投资人的利润

【例7-7】 接【例7-6】。若B公司2011年期初未分配利润余额2 250 000元。2011年度公司取得净利润4 000 000元，按10%提取法定盈余公积，向投资人分配现金股利2 700 000元，则2011年期末未分配利润的计算如下：

本期留存的未分配利润＝4 000 000－400 000－2 700 000＝900 000（元）

期末未分配利润＝2 250 000＋900 000＝3 150 000（元）

B公司2011年资产负债表上的未分配利润期初金额为2 250 000元，期末金额为3 150 000元。

第五节　所有者权益的其他问题

一、所有者权益的信息披露

资产负债表中所有者权益信息，是按所有者权益各项目在资产负债表日的实际余额进行披露的。

“实收资本”项目反映企业实际收到投资人投入企业的资本。其中，有限责任公司以“实收资本”列示；股份有限公司以“股本”列示，反映股票的面值总额。

“资本公积”反映企业收到的投资人出资额大于其在注册资本或股本中所占份额的部分，以及直接计入所有者权益的利得和损失。在我国上市公司的资产负债表中，所有者权益中的“资本公积”项目金额往往比“股本”金额大很多，这是因为股份有限公司在发行股票时往往是溢价发行，且溢价往往高出股票面值很多倍。

“库藏股”反映股份有限公司已经回购、但尚未处置的本公司股票的余额，是股本和资本公积的抵减项目。公司的股票回购价格与当初的股票发行价格往往不一致。当回购价格高于当初的股票发行价格时，按股票面值抵减股本，按当时的股本溢价抵减资本公积，按回购价格高于发行价格的差额依次抵减盈余公积和未分配利润；当回购价格低于当初的发行价格但高于股票面值时，按股票面值抵减股本，按回购价格高于股票面值的差额抵减资本公积；当回购价格低于当初的股票面值，则按回购价格抵减股本，按回购价格与股本的差额增加资本公积。

“盈余公积”反映企业计提的法定盈余公积和任意盈余公积的合计数。

“未分配利润”反映企业尚未分配的利润，是以前年度积累的未分配利润和本年度形成的未分配利润的合计数；以前年度积累的未分配利润反映在“未分配利润”项目的年初余额一栏，本年度形成的未分配利润是“未分配利润”期末余额与年初余额的差额。

二、所有者权益的管理要点

第一，控制股本规模。股本规模并不是越大越好，企业应该根据自己的实际情况和行业特点来决定股本规模，而不能盲目扩张。诚然，企业可以通过扩大股本规模筹集更多的资金，增强企业的发展潜力，减小股价的波动性，但是企业扩股融资的后果是稀释了每股收益，往往会引发股价下跌。相关研究和各国实践都表明股本规模较小公司的投资收益率通常会大于股本规模较大公司的投资收益率，从而股本规模过大的公司不利于吸引投资者。

第二，选择股本来源。企业的股本根据来源不同大致可以分为外源性股本和内源性股本。外源性股本主要是指外部投资人投入的资本形成的股本，内源性股本主要是指企业通过资本公积和留存收益转增的股本。与内源性股本相比，外源性股本的生成数额相对较大，可以更好地满足企业发展的需要，但其生成途径相对复杂、使用成本相对较高。内源性股本可以很好地克服这些缺点，但是其生成数额受到企业盈利状况的限制，一般都比较小。所以，企业应该能够根据自身的发展状况和对资金的需求，合理选择股本来源。

第三，优化股权结构。虽然在资产负债表上无法获知企业的股权结构，但是投资人却不能忽视企业股权结构的变化。股权结构的变化关系到企业的生存与发展，也关系到利益相关者的各项利益，因此往往成为企业内部以及企业之间博弈的焦点。投资人应该能够充分认识股权结构的重要性，善于运用各种手段保证企业股权结构的合理变化，保证企业经营的相对稳定。

第四，合理使用资本公积。资本公积的主要来源是资本溢价或者股本溢价，也包括了很多其他的来源，企业决策层和管理层应该清楚本公司资本公积的构成。资本公积可全额转增资本和扩大生产经营，但是不能用来弥补亏损。资本公积转增资本的时机和数量，都会对上市公司的股价造成一定的影响，因而，决策层和管理者要确定使用资本公积的最佳时机和最优数量。

第五，用好留存收益。留存收益的构成相对复杂，但是其各组成部分都可以用来转增资本、扩大生产经营和弥补亏损。需要注意的是法定盈余公积不能全额转增资本，其在转增资本后的余额不能低于转增前公司注册资本的25%，但是法定盈余公积可全额弥补亏损。任意盈余公积和未分配利润的使用则相对自由，两者都可以全额转增资本和弥补亏损，还可以用来发放现金股利和利润。企业的决策层和管理者应该对留存收益的使用进行权衡，保留太多，投资人无法获取预期的收益，不利于吸引潜在的投资人，还有可能造成资源的浪费；保留太少，企业以后的发展储备不足，在一定程度上减弱了企业抵御风险的能力。

第六节 案例解读

一、案例信息

HF公司在2010年年度报告中披露的有关所有者权益的信息如表7-2所示。

表7-2 HF公司所有者权益信息 单位：元

项目	期末余额	年初余额
所有者权益（或投资人权益）：		
实收资本（或股本）	337 350 000.00	337 350 000.00
资本公积	625 366 084.70	625 366 084.70
减：库存股		
盈余公积	133 737 795.03	121 773 009.94
未分配利润	332 850 993.68	258 902 927.93
所有者权益（或投资人权益）合计	1 429 304 873.41	1 343 392 022.57

二、案例解读

（一）总体情况解读

以上信息显示，HF公司2010年年末的所有者权益比年初增加了85 912 850.84元，增幅达6.4%，在一定程度上表明了企业自有净资产规模的扩大。还可以看出，该企业的股本和资本公积并没有发生变化，而盈余公积和未分配利润都有所增加，这说明该企业并没有增发股份或转增资本来扩大股本规模，所有者权益的增加主要来源于本年的盈利。

（二）分项解读

1. 实收资本（或股本）

HF公司的股本与上年相比没有发生变化，说明该公司没有增发新股，也没有转增股本，股本规模相对稳定。但是，单从这一项目无法获知该公司的股权结构是否发生变化，以及该公司是否进行过股票分割，这需要获取更多的信息才能明确。

2. 资本公积

HF公司的资本公积与上年相比没有发生变化，说明该公司没有增发新股，也没有用资本公积转增股本，也没有发生直接可以影响资本公积增减变动的其他业务。

3. 库存股

HF 公司本年度和上年度都没有产生库存股，说明该公司并没有进行股份回购，股本规模相对稳定。

4. 盈余公积

HF 公司的盈余公积比上年增加了 11 964 785.09 元，增幅达 9.8%，说明该公司本年度产生了较好的经济效益。但是，单从这一项目无法获知法定盈余公积和任意盈余公积提取的具体数额。

5. 未分配利润

HF 公司的未分配利润比上年增加了 73 948 065.75 元，增幅达 28.6%，说明该公司本年度产生了较好的经济效益。但是，单从这一项目无法获知期末数与期初数之间的差额产生的具体过程。

习　题

1. 如何理解“债权人权益”与“所有者权益”?

2. 所有者权益由哪几部分组成？各个部分的形成过程及其用途是什么？

3. 如何理解上市公司的资产负债表上，“资本公积”项目金额比“股本”项目金额大这一普遍现象？

4. 你认为该如何合理选择“负债融资”与“权益融资”的时机与规模？

5. 你认为“所有者权益”项目的管理要点是什么？

利　润　表

第一节　利润表概述

一、利润表概念及结构

利润表是反映企业在一定会计期间（通常是一年、半年、一季度或一个月）经营成果的会计报表。利润表会计要素有三个，即收入、费用和利润。

利润表以会计等式“收入－费用＝利润”为依据，将同一个会计期间的营业收入与营业费用进行配比，计算出当期的营业利润；以营业利润加上（或减去）同期的营业外收支净额，即为当期的利润总额；以利润总额减去当期应缴纳的所得税费用，即为当期的净利润。

利润表通过对当期收入、费用、利得等项目的分步计算，将影响利润形成的主要因素列示出来，通过一些中间性利润指标，分步计算当期净利润的形成。利润表各信息来源如下。

第一步，以营业收入为基础，减去营业成本、营业税金及附加、管理费用、财务费用、销售费用、资产减值损失，加上公允价值变动收益（减去公允价值变动损失）和投资收益（减去投资损失）后的余额，为营业利润。

第二步，以营业利润为基础，加上营业外收入，减去营业外支出后的余额，为利润总额。

第三步，以利润总额为基础，减去所得税费用后的余额，为净利润（或净亏损）。

为了便于会计信息使用者对利润表的信息进行对比分析，判断企业经营成果的未来发展趋势，企业应当提供比较利润表。利润表各项目分“本期金额”和“上期金额”两栏分别进行披露。

二、利润表编制遵循的原则

利润表各项目是遵循权责发生制和收入与费用配比原则编制的。

权责发生制也称应计制。其基本含义是，凡属于本期的收入和费用，不论其款项是否在本期实际收到或付出，均应作为本期的收入或费用确认；凡不属于本期的收入和费用，即使其款项在本期实际收取或付出，也不能作为本期的收入或费用确认。

配比原则，是指在确认和计量收入、费用和利润时，应将收入与取得这些收入所发生的费用相配比，只有按收入与费用配比原则计算出来的利润，才能客观地表现企业一定会计期间的经营成果。配比原则强调收入与费用两者之间存在的因果关系。

第二节 收入

一、收入概念及分类

收入是企业在日常活动中形成的，会导致企业所有者权益的增加，与所有者投入资本无关的经济利益的总流入。

按不同的标准，收入有不同的分类。

（一）按企业从事日常活动的性质分类

按企业从事日常活动的性质，收入可分为销售商品收入、提供劳务收入、让渡资产使用权收入、建造合同收入等。

1. 销售商品收入

销售商品收入是指企业通过销售商品实现的收入，如制造业企业生产并销售产品所取得的收入，商品流通企业销售商品所取得的收入。

2. 提供劳务收入

提供劳务收入是指企业通过提供劳务所取得的收入，如交通运输企业通过提供交通运输服务所取得的收入，工程安装企业通过提供设备安装所取得的收入。

3. 让渡资产使用权收入

让渡资产使用权收入是指企业通过让渡资产使用权所取得的收入，如租赁公司出租资产收取的租赁费收入，企业委托银行贷出货币资金收取的利息收入等。

4. 建造合同收入

建造合同收入一般是指建筑施工企业承担建造合同所取得的收入。

（二）按收入与企业日常经营活动的重要性分类

1. 主营业务收入

主营业务收入是指企业从事的主要生产经营活动所取得的收入，如制造业企业销售产品取得的收入，商品流通企业销售商品取得的收入，交通运输企业通过提供交通运输劳务取得的收入等。

2. 其他业务收入

其他业务收入是指企业从事的非主要生产经营活动所取得的收入，如制造业企业在销售产品以外、通过其他业务活动取得的收入，商品流通企业在销售商品以外、通过其他业务活动取得的收入，交通运输企业在提供交通运输劳务以外、通过其他业务活动取得的收入等。

二、收入项目解读

（一）销售商品收入的确认和计量

销售商品收入同时满足下列条件，才能予以确认。

（1）企业已经将商品所有权上的主要风险和报酬转移给购货方。

（2）企业既没有保留通常与所有权相联系的继续管理权，也没有对已售出商品实施有效控制。

（3）收入的金额能够可靠计量。

（4）相关的经济利益很可能流入企业。

（5）相关的已经发生或将要发生的成本能够可靠计量。

销售商品收入依销售方式不同，其金额计量原则也不同。

（1）一般商品销售方式，按已收或应收的销售合同或协议价款确认收入，不包括应收取的增值税税额。

【例 8-1】B 公司 2011 年度共取得商品销售收入 12 000 000 元，增值税税率 17%，应收取增值税销项税额 2 040 000 元。在销售收入和增值税销项税中，收到的货款共计 10 000 000 元，税款 1 700 000 元，发生的应收账款共计 2 340 000 元。

按照商品销售收入确认的条件，B 公司 2011 年度在利润表应确认的销售收入为 12 000 000元。

（2）托收承付销售商品方式，在发出商品、办妥托收手续时，按应收的合同或协议价款确认收入，不包括应收取的增值税税额。

【例 8-2】B 公司 2011 年 12 月 30 日向异地购买方发出商品价款共计 5 000 000 元，增值税销项税 17%，应收销项税款共 850 000 元，货款和税款共计 5 850 000 元。B 公司于 2012 年 1 月 3 日以相关凭证向银行办理了托收手续。

在利润表上，该项商品销售业务确认的时间应为 2012 年度，销售收入金额为 5 000 000元。

（3）以现金折扣、商业折扣、销售折让销售商品方式下，应分情况确认收入。现金折扣，指销售方为鼓励购买方在规定的期限内付款而给予购买方的债务扣除，这种情况下，按扣除现金折扣前的金额确定销售商品收入，现金折扣在实际发生时，计入财务费用。商品折扣，是指企业为促进商品销售而在商品标价上给予的价格扣除，这种情况下，按扣除商业折扣后的金额确定销售商品收入。销售折让，是指企业因售出商品的质量不合格等原因给予购买方在售价上的减让，这种情况下，如果已确认收入的销售商品发生销售折让，通常在发生时冲减当期销售商品收入，如果已确认收入的销售发生销售折让属于资产负债表日后事项，按资产负债表日后事项规定处理。

【例 8-3】B 公司 2011 年销售商品一批，合同约定的销售价格为 400 000 元，增值税销项税 68 000 元。B 公司开出发票并发出商品。根据合同约定，商品赊销期限为 30

天，现金折扣条件为 2/10、1/20、N/30，计算现金折扣时不包括增值税。

根据以上条件，B 公司如果在 10 之内收到全部款项，则按 2%给予购买方现金折扣，计 8 000 元；如果在 20 之内收到全部款项，则按 1%给予购买方现金折扣，计 4 000元。

按照商品销售收入确认的条件，无论在何种情况下，B 公司在利润表上确认的销售收入都是 400 000 元，支付给购买方的现金折扣作为融资费用在财务费用项目中列示。

（4）预收款销售商品方式，是指购买方在商品尚未收到前按合同或协议约定分期付款，销售方在收到最后一笔款时才交货的销售方式。这种方式下，销售方在收到最后一笔款、发出商品时确认收入，在此之前预收的货款应确认为负债。

还有其他商品销售方式及相应的确认原则，这里不再一一列举。

（二）提供劳务收入确认与计量

企业提供劳务收入分两种情况。

1. 提供劳务交易结果能够可靠估计

在资产负债表日，提供劳务交易的结果能够可靠估计的，应当采用完工百分比法确认提供劳务收入。

其中，提供劳务交易结果能够可靠估计应同时满足的条件如下：①收入的金额能够可靠地计量，指提供劳务收入的总额能够合理地估计；②相关的经济利益很可能流入企业，指提供劳务收入总额收回的可能性大于不能收回的可能性；③交易的完工进度能够可靠地确定，指交易的完工进度能够合理地估计，劳务交易完工进度的确定方法有已完工作的测量、已经提供的劳务占应提供劳务总量的比例、已经发生的成本占估计总成本的比例；④交易中已发生和将发生的成本能够可靠地计量，指交易中已经发生和将要发生的成本能够合理地估计。

完工百分比法，是指按照劳务交易的完工进度确认收入和费用的方法。应用这种方法时，在资产负债表日，按提供劳务收入总额乘以完工进度，再扣除以前会计期间累计已经确认提供劳务收入后的金额，作为当期提供劳务收入；同时，按照提供劳务估计总成本乘以完工进度，再扣除以前会计期间累计已经确认提供劳务成本后的金额，作为当期劳务成本。其计算公式为

本期确认的收入＝劳务总收入×本期末止劳务的完工进度－以前期间已确认的收入

本期确认的费用＝劳务总成本×本期末止劳务的完工进度－以前期间已确认的费用

【例 8-4】 2010 年 11 月 20 日，B 公司与客户签订了一项设备安装劳务合同。合同约定，设备安装费用总额 600 000 元，在开始安装时，客户预付安装费用总额的 60%，安装完成、验收合格后支付 40%。

2010 年 12 月 1 日 B 公司开始进行设备安装劳务，并收到客户预付 360 000 元。至 2010 年 12 月 31 日，该设备安装劳务发生的安装成本 300 000 元，B 公司估计至设备安装劳务完成，还会发生安装成本 180 000 元，至 2011 年 1 月 30 日，设备安装完成。2011 年实际发生的安装成本 200 000 元。设备安装完成验收合格后，收到客户支付的劳务款 240 000 元。

B公司按实际发生的劳务成本占估计劳务总成本的比例确定劳务完工进度。根据以上资料，计算B公司2010年的劳务收入、劳务成本如下：

2010年劳务完工程度＝300 000/(300 000＋180 000)×100％＝62.5％

2010年应确认的劳务收入＝600 000×62.5％＝375 000（元）

2010年应确认的劳务成本＝480 000×62.5％＝300 000（元）

2011年1月30日，设备安装完成，确认其余的劳务收入、劳务成本如下：

2011年应确认的劳务收入＝600 000－375 000＝225 000（元）

2011年应确认的劳务成本＝500 000－300 000＝200 000（元）

2. 提供劳务交易结果不能可靠估计

在资产负债表日，提供劳务交易结果不能够可靠估计的，不能采用完工百分比法确认提供劳务收入。这种情况下，企业应正确预计已经发生的劳务成本是否能够得到补偿，分别确认收入和费用：①已经发生的劳务成本预计能够得到补偿的，按已收或预计能够收回的金额确认提供劳务收入，并结转已经发生的成本；②已经发生的劳务成本预计全部不能得到补偿的，应将已经发生的劳务成本计入当期损益，不确认劳务收入。

【例8-5】2010年9月20日B公司与客户签订一项职工培训劳务合同，培训期为同年10月8日至12月30日。协议约定，培训费总额为240 000元，分三次等额支付，分别于10月30日、11月30日和12月30日支付给B公司。

2010年10月8日，培训劳务开始，B公司于10月30日、11月30日分别收到客户支付的培训费共160 000元。12月30日客户未能如约支付第三次培训费。经了解，B公司确定客户由于发生财务困难，其余培训费难以收回。该培训劳务共支付成本175 000元。

根据劳务确认条件规定，B公司应当确认的劳务收入为160 000元，应确认的劳务成本为175 000元。

（三）让渡资产使用权收入确认与计量

1. 让渡资产使用权收入的确认

让渡资产使用权收入主要包括利息收入和使用权收入。其中，使用权收入主要指，企业转让无形资产及其他资产的使用权取得的使用费收入。

让渡资产使用权收入同时满足两个条件，才能予以确认：①相关的经济利益很可能流入企业；②收入的金额能够可靠地计量。

2. 让渡资产使用权收入的计量

让渡资产使用权的利息收入计量，应在资产负债表日，按照他人使用本企业货币资金的时间和实际利率计算确定利息收入金额；让渡资产使用权的使用费收入计量，应在资产负债表日，按照有关合同或收费时间和方法计算确定。

（四）建造合同收入确认与计量

1. 建造合同收入和合同成本的组成

合同收入包括两部分内容：①合同规定的初始收入，即建造承包商与客户签订的合同最初商定的合同总金额；②因合同变更、索赔、奖励等形成的收入。

合同成本是指为建造某项合同而发生的相关费用，包括从合同签订开始至合同完成止所发生的、与执行合同有关的直接费用和间接费用。其中，直接费用，是指为完成合同所发生的、可以直接计入合同成本核算对象的各项费用支出，包括耗用的材料费用、耗用的人工费用、耗用的机械使用费用和其他直接费用；间接费用，是指为完成合同所发生的、不宜直接归属于合同成本核算对象，而应采用一定的分配方法分配计入有关合同成本核算对象的各项费用支出，包括临时设施摊销费用、企业下属施工和生产单位组织和管理施工生产活动所发生的费用。

此外，因订立合同发生的费用，包括建造承包商为订立合同而发生的差旅费、投标费等，能够单独区分和可靠计量、且合同很可能订立的，待取得合同时计入合同成本；未满足上述条件的，计入当期损益。

在建造合同费用中，还有一些不能计入合同成本的费用，包括建筑施工企业为组织和管理生产经营活动而发生的管理费用、销售费用和财务费用等期间费用，这些费用应在发生时，直接计入当期损益，不计入建造合同成本。

2. 合同收入与合同成本的确认

第一，如果建造合同的结果能够可靠估计，应当按照完工百分比法在资产负债表日确认合同收入和合同费用。

其中，建造合同结果能够可靠估计的认定标准分两种情况。

(1) 固定造价合同的结果能够可靠估计的认定标准是同时具备以下四个条件：①合同总收入能够可靠地计量；②与合同相关的经济利益很可能流入企业；③实际发生的合同成本能够清楚地区分和可靠地计量；④合同完工进度和为完成合同尚需发生的成本能够可靠地确定。

(2) 成本加成合同结果能够可靠估计的认定标准为同时具备以下两个条件：与合同相关的经济利益很可能流入企业；实际发生的合同成本能够清楚地区分和可靠地计量。

完工进度的确定有以下三种方法。

(1) 根据累计实际发生的合同成本占合同预计总成本的比例确定，其计算公式为

合同完工进度＝累计实际发生的合同成本÷合同预计总成本×100％

(2) 根据已完成的合同工作量占合同预计总工作量的比例确定，其计算公式为

合同完工进度＝已经完成的合同工作量÷合同预计总工作量×100％

(3) 根据实际测定的完工进度确定。

【例 8-6】 2010 年 2 月 20 日，B 公司与客户签订一项总金额为 2 800 000 元的固定造价工程合同，合同约定工程期为 2010 年 5 月至 2012 年 12 月 30 日。合同同时约定，如果工程提前两个月完工，客户将支付 B 公司奖励款 120 000 元。

2010 年 5 月 B 公司预计的工程总成本为 2 300 000 元，2011 年 12 月 30 日由于人工费、材料费等价格上涨原因，B 公司将工程总成本调整为 2 600 000 元。2012 年 10 月 30 日，工程完工并验收。

B 公司合同完工进度的确定采用累计实际发生的合同成本占合同预计总成本比例的方法。

建造合同的其他相关资料如表 8-1 所示。

表 8-1 建造合同成本发生额进度表

项目	2010 年	2011 年	2012 年
累计实际发生成本	800 000	2 200 000	2 600 000
预计完成合同尚需发生成本	1 500 000	400 000	—

根据以上资料，B 公司确认计量的各年合同收入和合同成本如下：

2010 年的完工进度＝800 000÷(800 000＋1 500 000)×100% ＝ 35%

2010 年确认的合同收入＝2 800 000×35%＝980 000（元）

2010 年确认的合同成本＝(800 000＋1 500 000)×35%＝ 800 000（元）

B 公司 2010 年利润表上的营业收入为 980 000 元，营业成本为 800 000 元。

2011 年的完工进度＝2 200 000÷(2 2000 000＋ 400 000)×100% ＝ 85%

2010 年确认的合同收入＝(2 800 000×85%)－980 000＝1 400 000（元）

2010 年确认的合同成本＝(2 200 000＋ 400 000)×85%－800 000＝1 410 000（元）

B 公司 2011 年利润表上营业收入为 1 400 000 元，营业成本为 1 410 000 元。

2012 年确认的合同收入＝(2 800 000＋120 000)－980 000－1 400 000＝540 000（元）

2012 年确认的合同成本＝2 600 000－800 000－1 410 000＝ 390 000（元）

B 公司 2012 年利润表上的营业收入为 540 000 元，营业成本为 390 000 元。

第二，如果建造合同的结果不能可靠估计，应分两种情况处理：其一，合同成本能够收回的，合同收入根据能够收回的实际合同成本金额予以确认，合同成本在其发生的当期确认为合同费用；其二，合同成本不可能收回的，应在发生时立即确认为合同费用，不确认合同收入。

【例 8-7】 B 公司与客户签订一项总金额为 1 500 000 元的建造合同，合同自 2010 年 1 月 1 日起至 2012 年末止，共三年完成。合同约定，客户在 2010 年初支付工程费用的 50%，2011 年初支付工程费用的 30%，2012 年末工程完工时支付 20%。B 公司 2010 年内发生实际发生工程成本 850 000 元，但工程的完工进度无法可靠确定。2011 年完工进度可以确定。

根据建造合同收入确认的条件，B 公司各年度合同收入、合同成本的确认如下：2010 年合同收入为 750 000 元，合同成本为 850 000 元，因此，该建造合同业务在 B 公司利润表上确认的营业收入为 750 000 元，合同成本为 850 000 元。

2011 年实际发生的成本为 50 000 元，预计为完成合同尚需发生的成本为 300 000 元。2011 年 B 公司应当确认的合同收入、合同成本计算如下：

2011 年合同完工进度＝(850 000＋50 000)÷(850 000＋50 000＋300 000)×100%
＝75%

2011 年确认的合同收入＝1 500 000×75%－750 000＝375 000（元）

2011 年确认的合同成本＝(850 000＋50 000＋300 000)×75%－850 000
＝50 000（元）

2011 年合同收入为 375 000 元，合同成本 50 000 元，因此，该建造合同业务在 B 公司利润表上确认的营业收入为 375 000 元，合同成本为 50 000 元。

第三，合同预计损失的确认。资产负债表日，企业应对正在建造的资产进行减值测试，如果建造合同的预计总成本超过合同总收入，则形成合同预计损失，应计提损失准备（存货跌价准备），并确认为当期费用。合同完工时，将已提取的损失准备冲减合同费用。

三、收入信息披露

利润表中各收入项目，是以“权责发生制”原则为基础，采用“来源法”分别进行披露的。

对于收入的确认而言，权责发生制的基本含义是，凡属于本期的收入，不论其款项是否在本期实际收到，均应作为本期的收入确认；凡不属于本期的收入，即使其款项在本期实际收取，也不能作为本期的收入确认。

收入按“来源法”列示，即按照企业收入的不同来源分别披露。收入分为营业收入和营业外收入，其中，营业收入又分为主营业务收入和其他业务收入，同时，利润表中的投资收益（或损失）、公允价值变动收益（或损失）也是影响利润增加（或减少）的两个项目。将其分开进行信息披露，有助于会计信息使用者了解企业利润的构成情况，从而判断影响收入的主要因素。

为了使利润的确认与计量做到真实、可比，收入信息的披露要遵循配比原则的要求，即收入与其存在因果关系的费用之间存在配比关系。

四、收入管理要点

由于收入涉及税收问题，所以，除会计准则对其的确认和计量有规定外，《中华人民共和国企业所得税法》对收入确认和计量也有规定。企业管理者应当熟知掌握。

收入管理的核心是，合法、合规地确认收入的归属期和收入金额。前已述及，销售商品收入的确认要同时满足五个条件，其中，最为重要的一个条件是，企业已将商品所有权上的主要风险和报酬转移给购买方。在实践中，以权责发生制原则对收入进行确认的做法，与这一条件的要求是一致的。

按收入与税收的关系，收入有既与流转税相关又与企业所得税相关的营业收入，也有与流转税无关，只与企业所得税相关的营业外收入。企业在取得一项收入时，首先要划分是营业性收入，还是营业外收入，以便履行相应的纳税义务。

第三节 费用

一、费用概念及分类

费用是指企业在日常活动中发生的、会导致所有者权益减少、与向所有者分配利润无关的经济利益的总流出。

费用有狭义和广义之分。广义费用泛指企业在日常生产经营、管理活动中发生的各种费用；狭义费用仅指与一定会计期间营业收入相配比的那部分费用。按不同的标准，费用有不同的分类。

（一）费用按其经济内容分类

1. 外购材料费

外购材料费指企业为进行生产产品耗用而从外部购入的原料及主要材料、辅助材料、包装物、低值易耗品等。

2. 外购燃料

指企业为进行生产产品或其他用途耗用，而从外部购入的各种固体、气体、液体燃料。

3. 外购动力

外购动力指企业为进行生产产品或其他用途耗用，而从外部购入的各种动力、蒸汽等。

4. 职工薪酬

职工薪酬指企业应计入产品生产成本和期间费用的职工薪酬。包括货币性薪酬、“五险一金”、工会经费和教育经费、非货币性薪酬和辞退福利等。

5. 固定资产折旧费

固定资产折旧费指企业按规定的固定资产折旧方法计算的折旧费。

6. 利息支出

利息支出指企业计入财务费用的借款利息支出减去利息收入后的净额。

7. 税金

税金指计入管理费用的各种税金。包括房产税、车船使用税、印花税、土地使用税等。

8. 其他费用

其他费用指不包括在以上各项费用、但应计入产品成本或期间费用的支出，如差旅费、通讯费、企业资产保险费等。

费用按经济内容分类的意义在于，企业各级管理部门和相关管理人员要掌握不同时期各类费用的支出总量和构成比例，进而为企业的资金需求作出计划和准备。

（二）费用按其经济用途分类

费用按其经济用途分类，可以分为计入产品成本的生产费用和计入当期损益的期间费用两大类。

1. 计入产品成本的费用

计入产品成本的费用，又可划分为若干项目，也称其为产品成本项目。制造业企业的成本项目包括四部分内容，即材料费、燃料及动力费、生产工人薪酬和制造费用。前三项费用又称为直接费用，制造费用又称为间接费用。

制造费用是指除材料费、燃料及动力费、生产工人薪酬外，直接用于产品生产但又不便于直接计入产品成本的其他费用。如生产车间固定资产年折旧费、车间管理人员的薪酬等。制造费用在发生时，先归集于“制造费用”项目之中，期末，再采用一定的方法，分配计入各受益产品的成本。

每个会计期末，产品的生产费用归集以后，还要在完工产品和在产品之间进行分配：完工产品入库后，成为库存的产成品，库存产成品销售以后，其生产成本结转为利润表上的“营业成本”；在产品，指在生产车间尚未加工完成、等待进一步加工的产品，期末，在产品成本要合并到“存货”项目之中。

2. 期间费用

期间费用，是指企业为组织和管理生产经营活动，为融资和为销售产品而发生的，与产品生产关系不直接的费用，包括管理费用、财务费用和销售费用。

管理费用是指企业行政管理部门为管理和组织企业生产经营活动而发生的各项费用支出，包括由企业统一负担的管理人员工资及福利费、劳动保险费、职工待业保险费、业务招待费、研究与开发费、董事会会费、工会经费、职工教育经费、咨询费、诉讼费、商标注册费、技术转让费以及其他管理费用等。

财务费用指企业资金筹集和运用中发生的各项费用。其内容主要包括企业生产经营期间发生的利息净支出（减利息收入）、汇兑损失（减汇兑收益）、金融机构手续费以及筹资发生的其他财务费用等。

销售费用是指企业销售商品过程中发生的费用。一般包括应由企业负担的运输费、装卸费、包装费、保险费、展览费、广告费、租赁费（不包括融资租赁费用），以及为销售本公司商品而专设销售机构的职工工资、福利费等经常性费用。

产品成本与期间费用的不同之处表现在三个方面。第一，与生产产品的关系不同。产品成本是明确与生产产品有关的直接费用和间接费用；而期间费用的发生是为生产产品和销售活动的正常进行提供保障。第二，与会计期间的关系不同。产品成本中当期完工的部分在当期转为产成品，未完工的部分则结转到下期继续加工；而期间费用只与费用发生当期有关，不影响或不分配到以后会计期间。第三，与会计报表的关系不同。产品成本完工部分成为产成品，其中已经销售产品的生产成本转为“营业成本”列示于利润表上，尚未销售的产成品作为存货，列示于资产负债表上；而期间费用全部列入利润表，成为当期收入的三个扣减项目。

二、费用项目解读

（一）费用的确认和计量

与收入确认的原则同样，费用的确认也采用“权责发生制”和“配比原则”。这两个原则的概念和含义在有关章节已经叙述，不再重复。这里需要介绍费用确认和计量的一般要求。

1. 正确划分资本性支出和收益性支出的界线

资本性支出，是指其支出所产生的效益与几个、甚至几十个会计年度相关的支出。资本性支出形成企业的非流动资产，如购置固定资产的支出、投资于无形资产开发阶段并形成无形资产的支出、在建工程的支出等。资本性支出的投资回收，是通过计提固定资产折旧，或计提无形资产摊销来完成的。

收益性支出，是指其支出所产生的效益仅与本会计年度相关，是为取得本年度收益而发生的，应由本年度收入来扣除的支出。收益性支出形成企业当期产品成本或期间费用，如购买材料支付的费用、支付职工薪酬、各项期间费用等。收益性支出的投资回收，是通过计入当期产品成本或期间费用、通过当期产品销售收入得到补偿的。

2. 正确划分生产费用与期间费用的界线

前已述及，企业发生的各种生产费用，其用途和计入损益的时间不同：生产产品发生的费用形成产品成本，产品成本是在产品入库并销售后才以营业成本的形式计入当期损益；尚未销售的产品成为存货，待销售时再将其成本计入损益；而发生的期间费用，全部计入当期损益。

3. 正确划分各个月份的费用界线

为了客观、正确地计算各月损益，还应将计入产品成本的生产费用和期间费用，在各个月份之间进行划分。要按照权责发生制的要求，按照费用的受益情况，正确确认费用的归属期。本月份支付、但本月及以后各月共同受益的费用，应作为待摊费用（或长期待摊费用），在受益期内合理分摊；同时，本月虽未支付、但却受益的费用，应作为预提费用，计入本月成本或期间费用。

4. 正确划分各成本计算对象的费用界线

产品成本是为生产一定品种、一定数量产品所发生的生产费用。为了正确计算每个品种产品的总成本和单位成本，生产费用应按成本计算对象（品种、批别等）归集和分配。凡属于某成本计算对象单独发生的费用，应直接计入该对象的成本；凡属于几个成本计算对象共同发生的费用，应采用适当的分配方法，分配计入各成本计算对象的成本。

5. 正确划分完工产品和在产品费用的界线

会计期末计算产品成本时，如果某种产品全部完工，那么，为生产这种产品发生的各项生产费用之和，即为该完工产品的成本；如果某种产品部分完工，那么，为生产这种产品发生的各项生产费用，要在完工产品和在产品之间进行分配；如果某种产品全部未完工，那么，为生产这种产品发生的各项生产费用之和，即为该在产品的成本。

如果以上生产费用与期间费用的各种界线被混淆，费用项目实质上成为了人为调节各期损益的手段。

（二）费用在利润表上的分类

1. 营业成本

营业成本指已销产品的生产成本，即与利润表上“营业收入”项目对应的销售产品的生产成本。在不同类型的企业里，营业成本有不同的构成内容：在制造业企业，营业成本是已销产品的生产成本；在商品流通企业，营业成本是已销商品的进价；在交通运输企业，营业成本是交通运输工具在营运中发生的各种费用；在餐饮服务企业，营业成本是餐饮制品的材料费用。

2. 营业税金及附加

营业税金及附加是企业开展经营活动所取得的营业收入应负担的各种流转税费。由于增值税是价外税，所以，利润表中的“营业税金及附加”不包括增值税。除增值税以外的多个流转税都包括在这个项目之中，如营业税、土地增值税、资源税、消费税、城市维护建设税、教育费附加等。

3. 管理费用

管理费用是指企业行政管理部门为管理和组织企业生产经营活动而发生的各项费用支出，包括由企业统一负担的管理人员工资及福利费、劳动保险费、职工待业保险费、业务招待费、研究与开发费、董事会会费、工会经费、职工教育经费、咨询费、诉讼费、商标注册费、技术转让费、排污费、矿产资源补偿费、聘请中介机构费、低值易耗品摊销、无形资产摊销、修理费、开办费摊销、房产税、土地使用税、车船使用税、印花税、审计费、存货盘亏或盘盈（不包括应计入营业外支出的存货损失）以及其他管理费用等。

4. 财务费用

财务费用指企业资金筹集和运用中发生的各项费用。其内容主要包括企业生产经营期间发生的利息净支出（减利息收入）、汇兑损失（减汇兑收益）、金融机构手续费及筹资发生的其他财务费用等。

5. 销售费用

销售费用是指企业销售商品过程中发生的费用。一般包括应由企业负担的运输费、装卸费、包装费、保险费、展览费、广告费、租赁费（不包括融资租赁费用），以及为销售本公司商品而专设销售机构的职工工资、福利费等经常性费用。

6. 资产减值损失

前已述及，企业在资产负债表日要对各种资产进行减值测试。如果资产可收回金额低于其账面价值，应当将资产的账面价值减记至可收回价值，减少的金额确认为资产减值损失，计入当期损益。如应收账款发生坏账、存货跌价、持有至到期投资减值、长期股权投资减值、固定资产减值、无形资产减值等。这些资产减值计提的减值准备，实际上是将减值金额计入当期损益，从当期收入中扣除。

7. 所得税费用

所得税费用是企业应计入当期损益的所得税费用。需要注意的是，由于税法与会计准则在涉税业务上处理的不一致，企业当期确认的所得税费用通常与企业实际缴纳的应交所得税费用不一致，需要按照资产负债表债务法进行调整。

【例 8-8】2010 年 12 月份，A 公司发生以下费用项目：销售产品成本 100 000 元；营业税 2 300 元；教育费附加 700 元；咨询费用 2 500 元；劳动保护费 1 000 元；办公用品 1 000 元；无形资产摊销 1 000 元；购买方享受现金折扣 500 元；银行短期借款利息 2 500 元；产品广告费用 4 000 元；销售部门人员工资 10 000 元；计提应收账款坏账准备 5 000 元、无形资产减值准备 5 000 元；所得税费用 20 000 元。在本例中，各项费用归类及其金额如表 8-2 所示。

表 8-2 费用发生额汇总表 单位：元

项目	金额
营业成本	100 000
营业税金及附加	3 000（2 300+700）
管理费用	5 500（2 500+1 000+1 000+1 000）
财务费用	3 000（2 500+500）
销售费用	14 000（4 000+10 000）
资产减值损失	10 000（5 000+5 000）
所得税费用	20 000

三、费用信息披露

利润表中有关费用项目，是按“权责发生制”原则的要求，采用“功能法”进行信息披露的。

对于费用而言，权责发生制的基本含义是，凡属于本期的费用，不论其款项是否在本期实际付出，均应作为本期的费用确认；凡不属于本期的费用，即使其款项在本期实际支付，也不能作为本期的费用确认。

费用按“功能法”进行信息披露，即按照费用在生产经营活动中发挥的功能进行分类披露。如营业成本是销售商品的生产成本，营业税金及附加是与取得收入直接相关的税金和费用，管理费用是与企业管理活动相关的费用，财务费用是与企业融资活动相关的费用，而销售费用则是与企业销售活动相关的费用。

费用按其在生产经营活动中的功能分开披露，有助于信息使用者了解费用的构成和用途。

为了使利润的确认与计量做到真实、可比，费用信息的披露要遵循配比原则的要求，即费用与其存在因果关系的收入之间存在配比关系。

四、费用管理要点

费用的管理要点方法有很多，如作业成本管理、全生命周期成本管理、标准成本管理、本-量-利分析等。出于成本管理不同层面的需求，本书仅介绍本一量一利分析方法。费用，是其在财务报表体系中的称谓。在成本管理方法中，通常将费用称为成本。

（一）成本性态分析

成本性态，是指成本总额与产量之间的依存关系。企业在生产经营活动中发生的全部成本按其性态可分为固定成本、变动成本和混合成本三大类。

固定成本，是指在一定会计期间、在一定产量范围内，发生额不受产量变动的影响、总额保持相对稳定的成本，如制造业企业在一定会计期间发生的固定资产折旧费、职工薪酬、财产保险费、广告费等。

变动成本，是指在一定会计期间、在一定产量范围内，发生额与产品产量基本成正比例关系变动的成本。如制造业企业在一定会计期间发生的材料费、外部加工费等。

如果将成本分为固定成本和变动成本，产量增加时固定成本不变，变动成本随产量增加而增加，那么，总成本的增加额是由变动成本增加引起的。因此，变动成本是产品生产的增量成本。

混合成本，是指介于固定成本和变动成本之间的成本，它们因产量变动而变动，但其变动不成正比例关系。由于混合成本在大多数制造业企业不是成本的主要构成部分，在此，不作为主要内容介绍。

（二）成本、数量和利润的关系

将成本分解为固定成本和变动成本后，再引入收入和利润要素，成本、数量和利润的关系就如下列公式所示：

利润＝收入－总成本

总成本＝变动成本＋固定成本

＝(单位变动成本×销售量)＋固定成本

假设产量和销售量相等，则

利润＝（单价×销售量）－（单位变动成本×销售量）－固定成本

（三）盈亏临界点的确定

如果将上列计算利润的公式所表达的成本、数量和利润之间的关系看成一个方程式，它含有5个相互联系的变量，给定其中的4个，便可求出另一个变量的值。在实际应用中，通常将单价、单位变动成本和固定成本视为常量，销售量和利润视为两个自由变量。给定销售量时，便可利用方程式计算出预期利润；给定目标利润时，可计算出应达到的销售量；假设利润为0时，可计算出盈亏临界点销售量。

盈亏临界点，是指企业收入与成本处于相等状态、经营处于不盈不亏的状态，通常用销售量来表示这种状态。根据以上成本、销售量和利润之间关系的基本公式，变换出制造业企业盈亏临界点的计算公式为

制造业企业盈亏平衡点(销售量)＝固定成本÷(单位商品售价－单位变动成本) (8-1)

式中，分母也称为单位边际贡献。

在有预期目标利润额情况下，完成目标利润额销售量的计算公式如式（8-2）所示，即在式（8-1）的分子上再加上目标利润额。

完成目标利润的销售量＝(固定成本＋目标利润额)÷单位边际贡献 (8-2)

在已知盈亏临界点销售收入以及预测可实现销售收入的前提下，计算可实现利润的公式为

可实现利润＝(销售收入总额－盈亏临界点销售收入)×边际贡献率 (8-3)

式中，销售收入总额减去盈亏临界点销售收入的余额又称为安全边际，其计算公式为

边际贡献率＝单位边际贡献÷销售产品单位价格×100% (8-4)

【例8-9】某企业生产A产品，单价为100 000元，单位变动成本为60 000元，固定成本为400 000 000元，2010年的生产经营能力为12 500件。在本例中：

单位边际贡献＝100 000－60 000＝40 000（元）
边际贡献率＝40 000÷100 000＝40％
保本生产量＝400 000 000÷(100 000－60 000）＝10 000（件）

（四）按成本性态分类对成本管理的意义

在成本、销售量和利润关系的分析中，将企业成本分为固定成本和变动成本，不仅是分析成本、销售量和利润关系的基础，同时，提出了一个新的成本管理思路。

前已述及，固定成本是在一定产量范围内，发生额不受产量变动的影响、总额保持相对稳定的成本。根据固定成本特点，总结固定成本的管理要点如下：第一，固定成本总量在一定产量范围内的发生额相对固定，即固定成本的总量是不可降低的；第二，降低固定成本，要通过增加销售量来相对降低包含在每个产品中的固定成本；第三，固定成本的主要内容是企业固定资产折旧费、职工薪酬、财产保险费等。因此，降低固定成本要从成本形成的源头入手，如固定资产折旧费要从固定资产建设期间开始进行成本管理，通过控制建设成本、缩短建设周期等，降低固定资产原值。只有这样，固定资产形成后的折旧费才可能降低。

变动成本，是指在一定产量范围内发生额与产品产量基本成正比例关系变动的成本。根据变动成本的特点，总结出变动成本的管理要点如下：第一，由于变动成本的多少与销售量存在正比例关系，变动成本的总量是变动的；第二，要利用变动成本与销售量之间的正比例关系，进行变动成本的总量控制；第三，变动成本的主要内容是企业生产产品的材料费、外部加工费等。降低变动成本也要从成本形成的源头入手，如对材料采购成本进行管理，尽可能减少材料采购的中间环节等。

第四节　利润形成和分配

一、利润形成

利润是指企业在一定会计期间的经营成果。利润由收入减去费用后的净额、直接计入当期利润的利得和损失构成。其中，直接计入当期利润的利得和损失，是指应当计入当期损益、会导致所有者权益发生增减变动、与所有者投入资本或者向所有者分配利润无关的利得或损失。

在利润表，有营业利润、利润总额和净利润几个概念，分述如下。

（一）营业利润

营业利润是企业开展日常经营活动所获得的利润，其计算公式如下：

营业利润 ＝营业收入－营业成本－营业税金及附加－管理费用－财务费用
－销售费用－资产减值损失＋公允价值变动收益(－公允价值变动损失)
＋投资收益(－投资损失)

（二）利润总额

利润总额（也称为税前利润），是在营业利润的基础上，加上计入当期利润的利得，

减去计入当期利润的损失后的余额。其计算公式为

利润总额＝营业利润＋营业外收入－营业外支出

营业外收入，是指企业发生的与生产经营活动无直接关系的各项利得，是从偶发的经济业务中形成的。包括非流动资产处置利得、非货币性资产交换利得、债务重组利得、固定资产和流动资产盘盈利得、捐赠利得、罚款利得等。由于营业外收入是不需要企业作出相应付出的利得，所以，不需要采用配比原则进行计算，直接构成当期利润的增加项目。

营业外支出，是指与企业生产经营活动无直接关系的各项损失。包括非流动资产处置损失、非货币性资产交换损失、债务重组损失、固定资产和流动资产盘亏损失、公益性捐赠支出、罚款支出、非常损失等。由于营业外支出的发生得不到相应的收入，所以，也不需要采用配比原则进行计算，直接作为当期利润的减少项目。

（三）净利润

净利润（也称为税后利润），是在利润总额的基础上，减去应缴纳的所得税费用后的、归属于企业投资人所有的利润。其计算公式为

净利润＝利润总额－所得税费用

所得税费用，是指企业确认的、应从当期利润总额中扣除的所得税。

【例 8-10】 B公司 2010 年度销售商品收入 12 000 000 元，营业成本 8 500 000 元，营业税金及附加 105 000 元，销售费用 370 000 元，管理费用 480 000 元，财务费用 550 000 元，资产减值损失 135 000 元，投资收益 420 000 元，营业外收入 85 000 元，营业外支出 60 000 元。B公司 2010 年度不存在企业所得税调整项目，所得税率 25%。

根据以上资料，编制 B公司 2010 年利润表如表 8-3 所示。

表 8-3 利润表

编制单位：B公司　　　　2010 年 12 月 30 日　　　　单位：元

项目	本期金额	上期金额（略）
一、营业收入	12 000 000	
减：营业成本	8 500 000	
营业税金及附加	105 000	
销售费用	370 000	
管理费用	480 000	
财务费用	550 000	
资产减值损失	135 000	
加：公允价值变动收益（损失以“－”填列）		
投资收益（损失以“－”填列）	420 000	
其中：对联营企业和合营企业的投资收益		
二、营业利润（损失以“－”填列）	2 280 000	
加：营业外收入	85 000	

续表

项目	本期金额	上期金额（略）
减：营业外支出	60 000	
其中：非流动资产处置损失		
三、利润总额（损失以“－”填列）	2 305 000	
减：所得税费用	576 250	
四、净利润（损失以“－”填列）	1 728 750	
五、每股收益		
（一）基本每股收益		
（二）稀释每股收益		

二、利润分配

（一）利润分配的法定顺序

根据《公司法》等有关法规的规定，企业当年实现的净利润，一般应按如下顺序进行分配。

1. 提取法定公积金

公司制企业的法定公积金按照税后利润的10％提取，非公司制企业也可按照超过10％的比例提取。在计算提取法定公积金的基数时，不应包括企业年初未分配利润。公司法定公积金累计金额达到公司注册资本的50％以上时，可以不再提取法定公积金。

公司的法定公积金不足以弥补以前年度亏损的，在提取法定公积金之前，先用当年利润弥补亏损。

2. 提取任意公积金

公司从税后利润中提取法定公积金后，经投资人或者投资人大会决议，还可以从税后利润中提取任意公积金。非公司制企业经类似权力机构批准，也可以提取任意公积金。

3. 向投资人分配利润或者股利

公司弥补亏损和提取公积金后的余额，即为可以向投资人分配的利润或者股利。有限责任公司投资人按照实缴的出资比例分取红利（全体投资人约定不按照实缴的出资比例分取红利除外）；股份有限公司按照投资人持有的股份比例分配红利（股份有限公司章程规定不按持股比例分配的除外）。

（二）未分配利润

未分配利润是企业留待以后年度进行分配的利润。由于未分配利润是税后利润进行分配后留存的部分，所以，也属于所有者权益的组成部分。未分配利润的计算公式为

年末未分配利润＝年初未分配利润＋本年度实现的净利润－本年度提取的各种盈余公积－本年度分配给投资人的利润

【例 8-11】若B公司2010年年初未分配利润为350 000元，2010年度实现净利润

1 728 750元，按10%计提盈余公积，向投资人分配现金股利900 000元。据此计算B公司2010年末未分配利润如下：

年末未分配利润=350 000+1 728 750−172 875−900 000=1 005 875（元）

三、亏损弥补

企业经营最终出现亏损，即各项收入之和小于各项成本、费用和损失之和，利润表上的“未分配利润”项目，就会以“−”号表示。亏损弥补可分为以下几种情况。

（1）如果以前年度有留存的未分配利润，当年发生亏损，首先以以前年度留存的未分配利润弥补当年亏损。如果以前年度留存的未分配利润不能完全弥补当年亏损，则尚未弥补的亏损就作为当年年末“−未分配利润”出现在资产负债表上。

（2）如果以前年度无留存的未分配利润，当年发生亏损，则亏损就作为当年年末“−未分配利润”分别出现在利润表和资产负债表相关项目上。

（3）如果年初资产负债表上“未分配利润”项目为“−”，说明年初存在尚未弥补的以前年度亏损。如果当年经营产生了利润，则可以税前利润弥补以前年度亏损。按现行有关制度规定，企业发生亏损时，可以用以后五年内实现的税前利润弥补。如果五年期间产生的利润还不能完全弥补以前年度的亏损，五年以后只能用税后利润来继续弥补。

（4）用提取的公积金弥补亏损。企业按《公司法》提取的公积金及提取的任意公积金，统称为盈余公积。盈余公积也可以用来弥补亏损。

综上所述，企业经营发生亏损的弥补渠道有三条：以前年度的留存收益、以前年度提取的盈余公积、以后年度形成的税前利润和税后利润。

第五节　利润表的其他问题

一、利润信息披露

利润表采用多步式结构进行信息披露，即将不同性质的收入、费用分类进行配比，从而可以得出一些中间性利润数据，便于会计信息使用者了解企业经营成果的不同来源。即利润表是分步披露营业利润、利润总额、净利润的影响因素及其形成过程的。

利润表上所有项目的数据都是按权责发生制要求编制的。即所有收入项目，包括营业收入、投资收益（长期股权投资采用权益法除外）、营业外收入等都是应收金额；所有费用项目，包括营业成本、营业税金及附加、管理费用、财务费用、销售费用等都是应付金额。因而，利润表上不同分步的利润也必然是权责发生制下的计算结果。

已进行股票公开交易的上市公司，还应当在利润表中披露基本每股收益和稀释每股收益信息。

二、利润及利润分配管理要点

（一）利润形成管理

利润形成管理，也称为盈余管理，是指不同的利益主体为达到不同的目的，在合法运用各种会计政策的前提下，对利润形成进行的控制与调整。企业进行盈余管理的主要手段是，在合法、合规的前提下，通过对会计政策的选择、应计项目的管理、交易时间的改变等达到对利润预期值的管理。

1. 会计政策的选择

企业在对不同会计要素进行核算时，有可供选择的会计政策。在不同的经济环境下，采用不同的会计政策，可以达到盈余管理目的。例如，在通货膨胀情况下，存货发出采用先进先出法，比采用其他方法可以计算出比较少的生产成本、比较多的利润；低值易耗品采用分期摊销法，比采用其他方法可以计算出比较少的费用、比较多的利润等。

2. 应计项目的管理

应计项目指企业销售商品、提供劳务后，购买方或接受劳务方尚未支付货款或劳务款产生的应收票据或应收账款。按照会计准则有关规定，符合销售商品收入或提供劳务收入确认条件的交易，应确认为本期收入。但有些企业为了将利润额在不同期间进行调整，采用收付实现制确认收入，以便达到增加业绩或调整税收的目的。

3. 交易时间的改变

收入确认在不同的会计期间，会影响不同会计期间经营业绩的完成情况，更重要的是会影响不同会计期间的纳税情况。例如销售商品收入确认在不同会计期间，不仅会影响不同会计期间营业收入、利润等指标的完成情况，还会影响企业应缴纳的流转税税额、企业所得税税额的多少。

企业应当按照会计准则相关规定，对收入、费用和利润进行正确的确认和计量。

（二）利润分配管理

1. 影响利润分配的因素分析

企业进行利润分配时，要受到多种因素的影响。

（1）可供分配利润数量。企业一定时期利润分配数量受到本期可供分配利润数量的制约。本期可供分配利润由本期实现的可供分配利润加以前年度累计未分配利润两部分构成，其计算公式为

本期可供分配利润＝本期实现的可供分配利润＋以前年度累计未分配利润

由以上计算公式可知，本期实现的可供分配利润数量只是影响利润分配的一个因素，并不起决定作用。如果企业本会计期间经营成果不好、且发生经营亏损，但如果以前年度有累计未分配利润，那么，本期仍然可以进行利润分配；如果企业本会计期间经营成果很好，同时，以前年度累计未分配利润数量很多，那么，本期实际进行的利润分配状况应当更好；如果以前年度累计未分配利润数量不多，那么，本期的利润分配则要依赖本期产生的可供分配利润。

（2）企业不同发展阶段对利润分配的影响。上述第一个影响利润分配的因素是从企业利润状况角度进行分析的。事实上，利润分配还要受到企业发展阶段的影响。一般而言，企业在发展初期会表现出各种费用发生额大、利润率水平低、对资金需求量多的特点，在这种情况下，企业经营即使产生净利润，通常也会将其用于扩大生产，而不进行利润分配；企业在发展稳定期，会表现出费用发生额稳定、利润率水平正常、对资金需

求量少的特点，在这种情况下，对企业经营产生的净利润，通常会进行利润分配。

(3) 社会平均收益率水平。以上从企业内部不同角度分析影响利润的因素，事实上，企业外部的各种因素也在影响着利润分配数量的多少。其中不同时期社会平均收益率水平是一个重要的影响因素。在社会平均收益水平比较高的时期，企业的利润分配水平也应该高；在社会平均收益水平比较低的时期，企业的利润分配水平就没有必要高。

企业进行利润分配，应综合考虑以上因素的影响，制定自己的利润分配政策。

2. 股利政策

企业应当从其发展战略角度，从宏观层面制定自己的利润分配政策。通常可供选择的利润分配政策有以下几种。

(1) 剩余股利政策：制定最佳资本结构－测算权益资本－盈余留用－剩余盈余的股利分配政策。

(2) 固定或持续增长的股利政策：相对固定股利水平－按年度发放股利分配政策，只有预测未来利润有显著增长时，才提高股利发放金额。

(3) 固定股利支付率政策：确定（股利/净利润）的比例，长期按比例发放股利的政策。

(4) 低正常股利＋额外股利政策：确定低正常股利额，在净利润增长年份，再加发额外股利的政策。

不同股利政策下，利润分配的思路不同。

第六节 案例解读

一、案例信息

GY 公司 2009 年度合并利润表如表 8-4 所示。

表 8-4 利润表

编制单位：GY 公司　　2009 年 12 月 31 日　　单位：元

项目	本期金额	上期金额
一、营业收入	20 004 819 769.69	17 033 136 483.46
减：营业成本	15 903 926 058.72	13 872 878 630.38
营业税金及附加	280 884 091.58	205 857 873.85
销售费用	262 585 618.90	379 908 204.01
管理费用	958 301 883.06	1 140 041 690.72
财务费用	90 925 630.37	55 910 434.26
资产减值损失	－7 068 006.57	143 788 739.23
加：公允价值变动收益（损失以“－”填列）		
投资收益（损失以“－”填列）		960 000.00
其中：对联营企业和合营企业的投资收益		

续表

项目	本期金额	上期金额
二、营业利润（损失以“－”填列）	2 515 264 493.63	1 235 710 911.01
加：营业外收入	20 140 041.07	4 485 095.52
减：营业外支出	48 418 896.88	44 828 796.03
其中：非流动资产处置损失		
三、利润总额（损失以“－”填列）	2 486 985 637.82	1 195 367 210.50
减：所得税费用	617 543 866.26	220 585 117.13
四、净利润（损失以“－”填列）	1 869 441 771.56	974 782 093.37
归属于母公司所有者的净利润	1 856 333 055.38	930 082 256.64
少数投资人权益	13 108 716.18	44 699 836.73
五、每股收益		
（一）基本每股收益	1.93	0.97
（二）稀释每股收益	1.93	0.97
六、其他综合收益		
七、综合收益总额	1 869 441 771.56	974 782 093.37
归属于母公司所有者的综合收益总额	1 856 333 055.38	930 082 256.64
归属于少数投资人的综合收益总额	13 108 716.18	44 699 836.73

二、案例解读

（一）总体情况解读

如表 8-5 所示，GY 公司 2009 年经营利润为 251 526.45 万元，投资收益是 0 万元，营业外收益是－2 827.89 万元，利润总额是 248 698.56 万元，企业的当年利润水平主要来自公司的经营活动，经营利润与利润总额的比率为 101.14％。纵向来看，2009 年盈利状况与 2008 年基本持平，但利润总额比 2008 年增长超过 1 倍，利润的增长主要来自经营利润。

因此，可以作出初步判断：GY 公司营业活动突出且具有稳定性，该企业的经营能力和成长性较好。

表 8-5 GY 公司利润构成情况表 单位：万元

项目＼年度	2009		2008	
	金额	占利润总额的比例/％	金额	占利润总额的比例/％
经营利润	251 526.45	101.14	123 475.09	103.29
投资收益	0.00	0.00	96.00	0.08
营业外收益	－2 827.89	－1.14	－4 034.37	－3.37
利润总额	248 698.56	100.00	119 536.72	100.00

（二）分项目解读

根据GY公司2009年的利润表数据，结合年报中披露的附注信息对利润表进行分项解读。

1. 营业收入

1）营业收入的构成情况

根据表8-6可知，2009年GY公司主营业务收入占营业收入总额的比例为87.51%，其他业务收入占比为12.49%，与2008年基本持平，营业收入构成情况较好。营业收入总额较上年有所增长，根据公司报告披露的附注信息，我们得知公司营业收入增加主要来源于煤炭产品销售增加，利润构成未发生重大变化。

表8-6 营业收入构成情况表 单位：元

项目	本年发生额	占比/%	上年发生额	占比/%
主营业务收入	17 506 661 837.19	87.51	16 123 453 483.85	94.66
其他业务收入	2 498 157 932.50	12.49	909 682 999.61	5.34
营业收入总计	20 004 819 769.69	100.00	17 033 136 483.46	100.00

2）主营业务收入的分产品情况

根据“GY公司”报表附注，该公司主要经营煤炭、电力、供热三种产品。三种产品的营业收入及其营业成本情况如表8-7所示，煤炭是其主要产品和利润来源。

根据表8-7数据计算得到表8-8分产品毛利率。三类产品的毛利率，整体上较上年均所改所善，煤炭的毛利率提高了4个百分点，电力对企业的贡献由负变正，供热的亏损情况也有所改善。

表8-7 营业收入分产品情况表 单位：元

项目	本年发生额		上年发生额	
	营业收入	营业成本	营业收入	营业成本
煤炭	17 376 501 198.61	13 448 621 183.44	15 958 896 109.75	12 862 769 537.48
电力	103 099 062.96	82 402 020.27	130 758 188.93	151 339 914.22
供热	27 061 575.62	29 640 115.21	33 799 185.17	60 691 286.72
合计	17 506 661 837.19	13 560 663 318.92	16 123 453 483.85	13 074 800 738.42

表8-8 分产品毛利率表 单位:%

项目	本年情况		上年情况	
	占营业收入比例	毛利率	占营业收入比例	毛利率
煤炭	0.99	0.23	0.99	0.19
电力	0.01	0.20	0.01	−0.16
供热	0.00	−0.10	0.00	−0.80
合计	1.00	—	1.00	—

3）公司前五名客户的营业收入情况

公司的客户构成及其稳定状况对信息使用者也具有重要价值。占营业收入比重较大的客户是企业过去业绩的主要增长点，但是如果公司前五名客户的营业收入比例过大的话，销售收入的实现很大程度上依赖大客户的经营状况，具有一定的风险。利润表中一般没有关于公司前五名客户的营业收入情况的信息，需要结合报表附注来分析。

根据GY公司利润表及其附注计算得到表8-9，来源于前五大客户的营业收入总金额为415 874万元，占总收入的比例为20.79%，每个大客户平均为4.2%。由此看来，公司的营业收入对大客户的依赖程度不是很强，即使有个别大客户的经营状况出现波动，只要公司积极采取对策，影响也不是很大。

表8-9 公司前五名客户的营业收入情况 单位：元

	营业收入总额	占公司全部营业收入的比例/%
第一名	1 166 358 481.96	5.83
第二名	1 013 178 922.34	5.06
第三名	854 595 529.91	4.27
第四名	644 461 746.77	3.22
第五名	480 145 321.18	2.40
合计	4 158 740 002.16	20.78

4）关联方交易在营业收入中的比重

关联方交易往往被用做“盈余管理”的手段，粉饰财务报表。关联方交易与财务报表粉饰不存在必然的联系。如果关联方交易定价公允，则不会对交易双方产生异常的影响，事实上有些公司的关联方交易采取了协议定价的方法，定价的高低取决于公司的需要，使得利润在关联方之间转移，这样形成的利润质量很低。因此，要关注财务报表附注中对关联交易的披露，分析关联方交易之间商品价格的公平性。

根据GY公司报表附注向关联方销售商品、提供劳务1 895 240 306.33元，占营业收入的比例为12.86%。关联交易采取市场价或政府定价原则。在遵循公开、公平、公正和诚实信用原则的前提下，双方签署了相关关联交易协议和合同，交易价格符合市场化定价原则。该交易保证了公司生产经营的有序进行，促进了公司的可持续发展，对公司当期以及未来的财务状况及经营成果的影响在正常范围之内，对公司生产经营未构成不利影响，没有损害公司及全体投资人的利益，具有必要性和持续性。

2. 营业成本

营业成本是企业经营业务所发生的实际成本总额，包括主营业务成本和其他业务成本。营业成本是取得营业收入所发生的代价，通过对成本的分析，可以对企业产品水平有所了解，与销售价格相对比，还可以分析企业的盈利情况。企业的营业成本水平的高低，既有不可控的因素（如受市场因素的影响而引起的价格波动），也有企业可以控制的因素（如在一定市场价格水平条件下，企业可以通过选择供货渠道、批量采购等控制成本水平)。因此,对营业成本水平的评价,应该结合内外部多种因素来进行。

由于2009年煤炭行业精煤价格回落,煤炭盈利能力下降。在行业业绩下滑的情况下,GY公司的毛利率为20.32%,保持同比增长2.42%。原因是作为动力煤的混合煤价格大幅提升,但是依然低于40%左右的行业毛利率。由此可见,GY公司的营业成本高于行业平均水平,有较大的降低空间。

3. 营业税金及附加

对营业税金及附加进行分析时,应将该项目与企业的营业收入配比,并进行前后期间比较。因为企业在一定期间取得的营业收入要按国家规定缴纳各种税金及附加。如果二者不配比,则企业存在"偷税"、"漏税"之嫌。营业税金及附加与营业收入的比例本年为1.13%,比去年(0.97%)增长0.15%,增加主要原因为煤炭产品增值税由13%调至17%,导致增值税增加,相应的应交城建税和教育费附加也随之增加。

4. 销售费用

销售费用作为一种期间费用,与当期商品销售直接相关,而与产品的产量无直接关系,在发生的当期从损益中扣除。从销售费用的功能来分析,有的与企业的业务活动规模有关(如运输费、装卸费、整理费、包装费、保险费、销售佣金、差旅费等);有的与企业从事销售活动的人员的待遇有关(如营销人员的薪酬);有的与企业的未来发展、开拓市场、扩大企业的知名度等有关(如展览费、广告费)。从企业管理层对上述各项费用的有效控制来看,尽管管理层可以对诸如广告费、营销人员的薪酬等采取措施加以控制或减低其规模。但是这种控制或降低对企业的长期发展不利,可能影响有关人员的积极性。因此,我们认为在企业业务正常发展的情况下,企业的销售费用与营业收入保持一定比例,不会大规模降低。

根据GY公司利润表,销售费用与营业收入的比例2009年为1.31%,2008年2.23%,降低的比例较大。利用报表附注信息,可以得知销售费用减少的主要原因是出口销量减少,相应的出口煤费用减少。

5. 管理费用

GY公司2009年管理费用为69 736万元,比2008年的96 730万元下降近30%。从整体上来看,在营业收入增加的情况下,管理费用降低,企业的管理水平提高。管理费用的降低主要原因是研究与开发费用的大规模降低。

6. 财务费用

财务费用2009年比上年增加35 015 196.11元,增加比例为62.63%,增加原因主要为报告期发行的应付公司债券计提的利息。2009年9月11日,公司根据中国证券监督管理委员会《关于核准山西GY公司股份有限公司公开发行公司债券的批复》(证监许可[2009]732号),向社会公开发行面值不超过人民币14亿元的公司债券。本期债券为5年期固定利率债券,票面金额100元/张,发行数量1 400万张,票面利率5.38%,在债券续存期内固定不变;采用单利计息,不计复利;利息每年支付一次,最后一期利息随本金一起支付。起息日为2009年9月15日;根据公司董事会和投资人大会对本次募集资金运用的主要意见,本次发行公司债券募集资金14亿元,其中约5亿元用于偿还短期银行借款和一年内到期的长期银行借款,约9亿元用于补充流动资金。

该公司债券的发行筹集的资金不是直接用于投资项目或研发新产品，未来不会产生额外的收益，同时还会使公司每年支付固定金额利息，投资人应该对此予以关注。

7. 资产减值损失

解读资产减值损失时，应结合报表附注，了解资产减值损失的具体构成情况，即企业当年主要是哪些项目发生了减值。同时还要结合资产负债表中有关资产减值的幅度，从而对合理预测企业未来财务状况提供帮助。

根据GY公司的报表及其附注得到表8-10。根据表8-10可知资产减值损失减少的主要原因是应收账款收回导致相应的坏账准备转回，在建工程减值损失没有增加。资产减值程度如表8-11所示。

表 8-10 资产减值损失明细表 单位：元

项目	本年发生额	上年发生额
坏账损失	−7 068 006.57	140 070 572.02
在建工程减值损失		3 718 167.21
合计	−7 068 006.57	143 788 739.23

表 8-11 资产减值程度明细表 单位：元

项目	减值损失	净值	减值程度/%
应收账款	87 947 355.62	719 714 753.99	10.89
在建工程	3 718 167.21	3 718 167.21①	100

①注：本公司计划投资25 734.00万元建设年产5万吨二甲醇项目，于2003年开始投入，至2007年该项目因煤矿瓦斯制甲醇技术尚未成熟，公司决定暂缓该项目的建设，截至2009年末共投资3 718 167.21元，对该项目全额计提减值准备。

8. 公允价值变动损益

公允价值变动损益是指企业交易性金融资产等公允价值变动形成的应计入当期损益的利得或损失。对公允价值变动损益的解读应注意，企业对金融资产的初始确认或分类是否正确，以及对有关金融资产公允价值变动损益的处理是否正确。注意有无将应计入所有者权益的公允价值变动损益计入利润表的情况，或者相反。GY公司2009年利润表中该项目金额为零。

9. 投资收益

投资收益是企业对外投资的结果，企业保持适度对外投资，表明企业能够从正常的生产经营中获取利润之外，还有第二条获取收益的途径。对此项目进行解读时，应该注意以下问题。

(1) 投资收益是一种间接获得的收益。投资，是通过向其他单位让渡资产使用权，目的是通过分配被投资单位利润取得收益，或通过控制等手段获取其他利益。正是由于对外投资的这种间接获益的特点，其投资收益的高低及其真实性不易控制。

(2) 投资收益与有关投资项目（交易性金融资产、长期股权投资等）配比，分析企业对外投资的获利能力。一般而言，投资收益率应高于同期银行存款利率，只有这样才值得企业对外投资。

GY 公司 2009 年投资收益金额为 0 万元，而资产负债表显示长期股权投资期末余额为 359 788 万元，二者相比较说明该公司对外投资的获利能力很弱，公司存在不当投资的嫌疑，或该公司对外投资的目的是通过控制权获取其他收益。

10. 营业外收支

营业外收入、营业外支出指的是与日常经营活动无直接关系的各项利得、损失，它们的发生具有偶然性，因此二者间不存在配比关系。营业外收支的净额，通常不是利润总额的主要构成部分，对此前面已进行过解读，在此不再赘述。

11. 所得税费用

2007 年 1 月 1 日起实施执行的新会计准则规定对所得税的核算采用资产负债表债务法。根据这种方法，资产负债表上列示的资产、负债按照企业会计准则确定的账面价值与按照税法确定的计税基础间存在的差额分为应纳税暂时性差异与可抵扣暂时性差异，确认相关的递延所得税负债与所得税资产，并在此基础上确定每一期利润表中的所得税费用。所得税费用由两部分组成，即当期所得税和递延所得税。当期所得税是指企业按照税法规定计算确定的针对当期发生的交易和事项，应缴纳给税务部门的所得税金额。递延所得税是递延所得税资产、递延所得税负债在本期的调整金额。GY 公司 2009 年所得税费用 617 543 866.26 元，由两部分构成，即

所得税费用＝当期所得税＋递延所得税调整
＝609 250 667.33＋8 293 198.93
＝617 543 866.26（元）

12. 净利润

净利润是利润总额减去所得税后的余额，是企业经营业绩的最终结果，也是利润分配的源泉，净利润的增长是企业成长性的基本表现。在合并报表中，根据母公司和少数投资人的权益份额，净利润又划分为归属于母公司所有者的净利润和少数投资人权益。

13. 每股收益

普通股已公开交易的企业，以及正处于发行普通股过程中的企业，还应当在利润表中列示每股收益。每股收益包括两个指标：基本每股收益、稀释每股收益。

基本每股收益＝(净利润－优先股股利)÷(流通在外的普通股股数＋增发的普通股股票＋真正稀释的约当股数)

稀释每股收益是以基本每股收益为基础，假设企业所有发行在外的稀释性潜在普通股均已转换为普通股，从而分别调整归属于普通股投资人的当期净利润以及发行在外普通股的加权平均数计算而得的每股收益。潜在普通股主要包括可转换公司债券、认股权证和股份期权等。

稀释每股收益＝(净利润－不可转换优先股股利)÷(流通在外的普通股股数＋潜在普通股等同权益)

在本案例中，GY 公司 2009 年不存在潜在普通股，因此普通每股收益与稀释每股权益额相等。

习　题

1. 企业的收入由哪些部分构成？你认为应如何管理企业的收入？
2. 企业的费用由哪些部分构成？你认为应如何管理企业的费用？
3. 企业利润是如何形成和分配的？你认为应如何管理企业的利润？
4. 你认为应如何处理企业利润与现金的关系？

第九章

现金流量表

第一节　现金流量表概述

一、现金流量表概念

现金流量表，是反映企业一定会计期间现金和现金等价物流入、流出和现金净流量的报表。现金流量表是以“现金”为基础编制的。现金流量表中的“现金”是一个广义的现金概念，即包含现金和现金等价物两个内容。

现金，指企业的库存现金和存在银行或其他金融机构的、随时可以用于支付的银行存款。其中，银行存款又包括一般银行存款、其他货币资金（如外埠存款、银行汇票存款、银行本票存款、信用证保证金存款、信用卡存款）、提前通知银行或其他金融机构便可支取的定期存款等。不能随时用于支付的存款，如不能随时支取的定期存款，不应视为现金，而应列作投资。

现金等价物是指企业持有的期限短、流动性强、易于转换为已知金额现金、价值变动风险很小的短期投资。其中，期限短，通常是指自购买之日起三个月内到期的投资，如在证券市场上购买的 3 个月内到期的债券投资等。权益性投资变现的金额通常不确定，因而，不属于现金等价物。

经营不同业务的企业，其业务特征不同，现金流量的来源或流向自然也就不完全一样。但是，无论业务特征有多大差别，按现金流向分类，企业的经营活动可分为经营活动、投资活动和筹资活动三大类，而每类经营活动都可以产生现金流入，也可以产生现金流出。因而，在现金流量表上，首先，按经营活动的三大类分为“经营活动产生的现金流量”、“投资活动的现金流量”和“筹资活动的现金流量”；其次，在每大类的现金流量下，再分为现金流入和现金流出，即“经营活动的现金流入”和“经营活动的现金流出”、“投资活动的现金流入”和“投资活动的现金流出”、“筹资活动的现金流入”和“筹资活动的现金流出”。此外，若企业有外币银行存款，还要受到汇率变动对现金流量的影响。因此，企业最终现金净流量、经营活动现金净流量、投资活动现金净流量和筹资活动现金净流量的计算公式如下：

现金净流量＝经营活动现金净流量＋投资活动现金净流量＋筹资活动现金净流量＋汇率变动对现金及现金等价物的影响

经营活动现金净流量＝经营活动的现金流入－经营活动的现金流出

投资活动现金净流量＝投资活动的现金流入－投资活动的现金流出

筹资活动现金净流量＝筹资活动的现金流入－筹资活动的现金流出

二、现金流量的分类

在现金流量表上，按照影响现金净流量的主要经营活动的性质，将一定时期内产生的现金流量分为企业经营活动的现金流量、投资活动的现金流量和筹资活动的现金流量。

（一）经营活动的现金流量

1. 经营活动的现金流入

经营活动的现金流入，指企业开展正常经营活动所取得的现金流入，如制造业企业销售产品取得的现金流入、商品流通企业销售商品取得的现金流入、提供劳务企业通过提供劳务取得的现金流入等。还包括正常经营活动中收到的国家各种税费返还，以及不能归入投资活动现金流入、筹资活动现金流入的其他活动产生的现金流入。

2. 经营活动的现金流出

经营活动的现金流出，指企业开展正常经营活动所发生的现金流出，如制造业企业为生产产品购买原材料支付的现金、商品流通企业购买商品支付的现金、接受劳务企业支付的现金等。还包括企业支付给职工和为职工支付的现金，支付的各项税费，以及支付的其他与经营活动有关的现金。

以上经营活动的现金流入减去经营活动的现金流出，即为经营活动的现金净流量。如果前者大于后者，经营活动现金净流量为正数，如果前者小于后者，经营活动的现金净流量为负数。

（二）投资活动的现金流量

1. 投资活动的现金流入

投资活动的现金流入，指企业进行各种投资活动产生的现金流入。包括收回投资所收到的现金，取得投资收益收到的现金，处置固定资产、无形资产和其他非流动资产收回的现金净额，处置子公司及其他营业单位收到的现金，以及收到的其他与投资活动有关的现金。

2. 投资活动的现金流出

投资活动的现金流出，指企业进行投资活动所发生的现金流出。包括购置固定资产、无形资产和其他非流动资产支付的现金，投资支付的现金，取得子公司及其他营业单位支付的现金净额，以及支付的其他与投资活动有关的现金。

以上投资活动的现金流入减去投资活动的现金流出，即为投资活动的现金净流量。如果前者大于后者，投资活动现金净流量为正数，如果前者小于后者，投资活动的现金净流量为负数。

（三）筹资活动的现金流量

1. 筹资活动的现金流入

筹资活动的现金流入，指企业进行各种筹资活动产生的现金流入。包括资本性筹资和负债性筹资。资本性筹资指企业收到投资人的现金投入，以及资本溢价、股票溢价收到的现金；负债性筹资指企业取得银行借款、发行公司债券等收到的现金，以及收到的其他与筹资活动有关的现金。

2. 筹资活动的现金流出

筹资活动的现金流出，指企业进行筹资活动所发生的现金流出。包括偿还债务支付的现金，分配股利、利润或偿付利息支付的现金，以及支付的其他与筹资活动有关的现金。

以上筹资活动的现金流入减去筹资活动的现金流出，即为筹资活动的现金净流量。如果前者大于后者，筹资活动现金净流量为正数，如果前者小于后者，筹资活动的现金净流量为负数。

（四）汇率变动对现金及现金等价物的影响

按照外币银行存款的会计核算方法，在资产负债表日，企业的外币银行存款余额应按当日的汇率进行折算，折算出的人民币余额与原账面人民币余额的差额，即为汇率变动对现金流量的影响。

在一个会计期间，以上四个现金净流量可能有正数，也可能有负数，将其相加即为企业在一个会计期间的最终现金净流量。

以上现金流量表的基本内容及关系如图 9-1 所示。

三、现金流量表编制遵循的原则

现金流量表各项目是遵循收付实现制和收入原则编制的。

收付实现制的基本含义是，凡是在本期因销售商品、提供劳务等正常经营活动而收到的现金，确认为本期收入；凡是在本期因销售商品、提供劳务等正常经营活动而支付的现金，确认为本期费用。

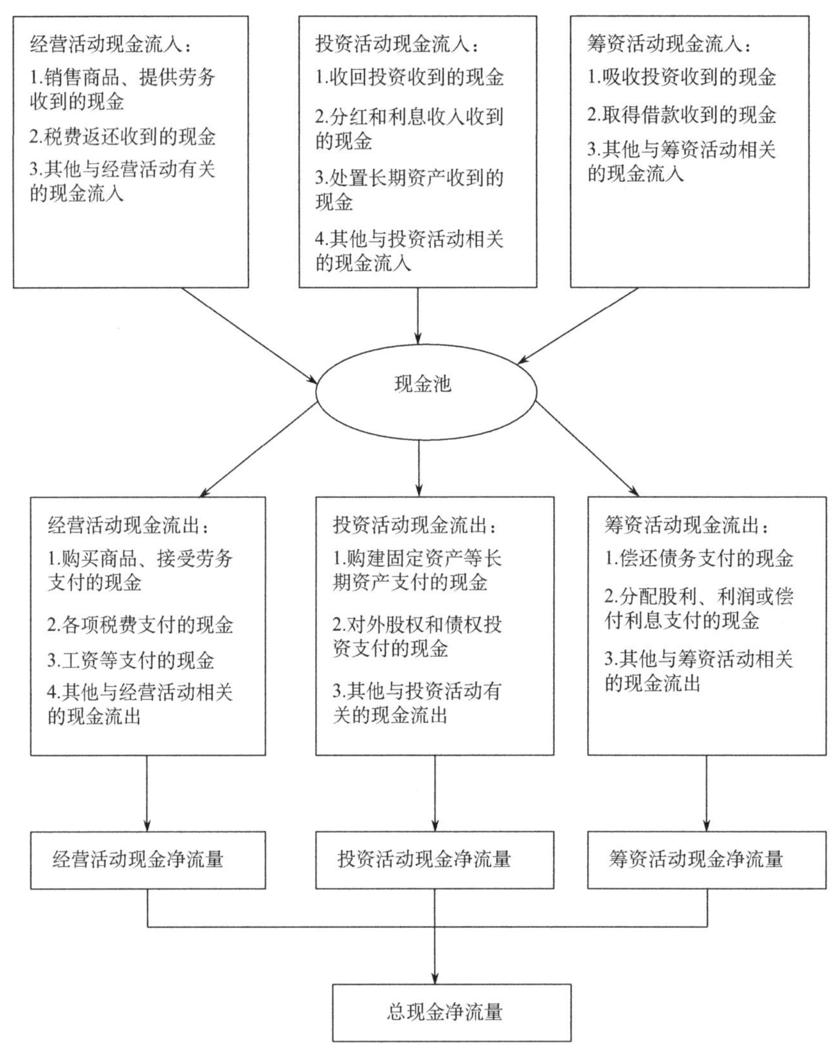

图 9-1 企业总现金净流量形成示意图

第二节 经营活动现金净流量的形成

经营活动的现金净流量是经营活动现金流入和现金流出的差额。

计算经营活动现金净流量有两种方法，即直接法和间接法。本书仅介绍直接法下经营活动现金净流量的计算方法。

直接法是按现金流入和现金流出的主要渠道直接反映企业经营活动产生的现金流量的方法。即根据利润表、资产负债表的有关数据，计算确定“销售商品、提供劳务收到的现金”、“购买商品、接受劳务支付的现金”等项目的金额。直接法下，一般是以利润表中的营业收入为起点，再根据资产负债表中相关数据的增减变动，逐项将与经营活动有关的项目转换为经营活动的现金流入和经营活动的现金流出。

直接法下，“销售商品、接受劳务收到的现金”和“购买商品、接受劳务支付的现金”，是经营活动现金净流量的转换中最能代表经营活动的现金流量与资产负债表、利润表相关项目关系的两个项目。以下介绍这两个项目的金额的计算。

一、销售商品、提供劳务收到的现金

这一项目反映企业在报告期销售商品实际收到的销售收入和增值税销项税或者提供劳务收到的现金，也包括收回前期应收票据、应收账款产生的现金流入，以及预收以后期间销售商品、提供劳务产生的现金流入；如果发生销售退回支付的现金，无论本期销售本期退回、还是前期销售本期退回，都要从前几项现金流入之和中减去；如果应收账款发生坏账损失，要将已经核销的坏账损失减去。因此，计算这一项目时，会涉及利润表中的营业收入项目和资产负债表中的应收票据、应收账款、预收账款、坏账准备、应交税费等项目的增减变化。

根据利润表、资产负债表这几个项目之间的关系，现金流量表中“销售商品、提供劳务收到的现金”的计算公式为

销售商品、提供劳务收到的现金＝本期销售商品、提供劳务收到的现金＋以前期间销售商品、提供劳务在本期收到的现金＋以后期间将要销售商品、提供劳务在本期收到的现金＋本期收回前期已经核销的坏账－本期销售退回支付的现金

如果以利润表、资产负债表有关项目金额的增减变动来表现其与“销售商品、提供劳务收到的现金”项目的关系，其计算公式为

销售商品、提供劳务收到的现金＝营业收入＋应收票据（期初余额－期末余额）＋应收账款（期初余额－期末余额）＋预收账款（期末余额－期初余额）－本期核销坏账导致应收账款的减少－债务人以非现金资产抵债减少的应收票据和应收账款

二、购买商品、接受劳务支付的现金

这一项目反映企业在报告期购买材料、购买商品支付的货款及增值税进项税款、接受劳务支付的现金，本期支付前期购买材料、购买商品、接受劳务的应付款项，以及本期支付以后期间购买材料、购买商品、接受劳务的预付款项；如果本期发生购货退回收到的现金，应当从前几项现金流出中减去。

因此，计算这一项目时，会涉及利润表中的营业成本项目和资产负债表中的存货、应付票据、应付账款、预付账款等项目的增减变化。

如果以利润表、资产负债表有关项目金额的增减变动来表现其与“购买商品、接受劳务支付的现金”项目的关系，其计算公式为

购买商品、接受劳务支付的现金＝营业成本＋存货（期末余额－期初余额）＋应付票据（期初余额－期末余额）＋应付账款（期初余额－期末余额）＋预付账款（期末余额－期初余额）

经营活动现金流入、经营活动现金流出的其他项目的计算转换不再一一叙述。

第三节 投资活动现金净流量的形成

投资活动现金流量，是指企业通过投资活动产生的现金流入、现金流出和现金净流量。

一、投资活动的现金流入

投资活动的现金流入反映企业因收回投资而产生的现金流入。其中，“收回投资所收到的现金”项目包括出售、转让或到期收回除现金等价物以外的交易性金融资产、持有至到期投资、长期股权投资、投资性房地产等收到的现金；“取得投资收益收到的现金”项目包括因股权性投资而分得的现金股利，从子公司、联营企业或合营企业分得的利润而收到的现金，因债权性投资而取得的现金利息收入等；“处置固定资产、无形资产和其他长期资产收回的现金净额”项目包括处置各类固定资产、无形资产或其他长期资产收回的现金净额；“处置子公司及其他营业单位收到的现金净额”项目，反映企业处置子公司及其他营业单位所取得的现金净额。

二、投资活动的现金流出

投资活动的现金流出反映企业因进行各种投资而产生的现金流出。其中，“购置各类固定资产、无形资产或其他长期资产支付的现金”项目，主要包括企业购买、建造固定资产支付的现金及增值税款，进行无形资产和其他长期资产投资支付的现金；“投资支付的现金”项目包括企业进行各种权益性投资、债权性投资支付的现金；“取得子公司及其他营业单位支付的现金净额”项目，指取得子公司及其他单位购买出价中以现金支付的部分，减去子公司及其他单位持有的现金及现金等价物后的净额。

投资活动现金净流量是投资活动现金流入与投资活动现金流出的差额，其计算公式为

投资活动现金净流量＝投资活动现金流入－投资活动现金流出

第四节 筹资活动现金净流量的形成

筹资活动现金流量，是指企业在筹集资金活动中形成的现金流入、现金流出和现金净流量。

一、筹资活动的现金流入

筹资活动的现金流入反映企业因筹集资金而产生的现金流入。其中，“吸收投资收到的现金”项目，包括企业以发行股票、股权投资方式筹集资金实际收到的现金净额；“取得借款收到的现金”项目，包括企业以各种负债方式举借债务收到的现金。

二、筹资活动的现金流出

筹资活动的现金流出反映企业因筹集资金而产生的现金流出。其中，“偿还债务支

付的现金”项目，包括归还各种债务本金所支付的现金；“分配股利、利润或偿付利息支付的现金”项目，包括企业实际支付的现金股利、支付给其他投资单位的利润、以现金支付的借款利息等。

筹资活动现金净流量是筹资活动现金流入与筹资活动现金流出的差额，其计算公式为

筹资活动现金净流量＝筹资活动现金流入－筹资活动现金流出

第五节 现金净流量的形成及现金流量表的其他问题

一、汇率变动对现金及现金等价物的影响

按照外币银行存款的会计核算方法，在资产负债表日，企业的外币银行存款余额应按当日的汇率进行折算，折算出的人民币余额与原账面人民币余额的差额，即为汇率变动对现金流量的影响。如果折算出的人民币余额大于原账面人民币余额，其差额对现金流量的影响为正数；如果折算出的人民币余额小于原账面人民币余额，其差额对现金流量的影响为负数。

二、现金净流量的形成及与其他财务报表的关系

（一）现金净流量的形成

企业一定会计期间最终现金净流量的形成由以上四部分内容构成。由于这四个部分的现金净流量有可能是正数，也有可能是负数，所以，现金流量表中“现金及现金等价物净增加额”就有可能是正数，也有可能是负数。

【例 9-1】 B 公司 2010 年期初银行存款的余额为 1 385 000 元，库存现金余额为 15 000元。2010 年度发生的与现金流入、流出相关的经济业务如下。

（1）购买材料一批，货款及税款合计 117 000 元，其中以银行存款支付 80 000 元，尚未支付的款项为 37 000 元。

（2）以银行存款 262 000 元进行长期股权投资。

（3）销售商品一批，货款及税款共计 585 000 元，购买方以银行存款支付了 425 000 元，其余尚未收回。

（4）以银行存款购置生产设备一台，价款及税款共计 351 000 元。

（5）以银行存款支付职工薪酬 258 000 元。

（6）以现金购买办公用品 1 200 元。

（7）处置持有至到期投资，收到现金 132 000 元，其中，本金 120 000 元，利息 12 000 元。

（8）以银行存款购买土地使用权一项，支付价款 247 000 元。

（9）接受投资人投资，其中，货币资金投资 550 000 元，固定资产折价投资 283 000元，无形资产折价投资 319 000 元。

（10）以银行存款购买交通运输车 3 辆，支付货款及税款共计 462 000 元。

（11）向银行取得短期借款 1 400 000 元，已转入银行存款账户。

（12）以银行存款支付差旅费 32 000 元。

（13）向银行提取现金 50 000 元，同时以现金支付罚款 2 500 元。

（14）销售商品一批，货款及税款共计 234 000 元，收到购买方的商业汇票一张，票面价值 234 000 元。

（15）收回应收账款 155 000 元，转入银行存款账户。

（16）取得罚款收入 4 200 元。

（17）以银行存款支付职工“五险一金”，共计 126 500 元。

（18）以银行存款支付税款 168 400 元。

（19）处置固定资产一项，收到价款 58 900 元。

（20）以银行存款购置生产线一条，支付价款及税款共计 574 000 元。

（21）以银行存款购买周转用材料一批，支付价款及税款共计 174 280 元。

（22）销售商品一批，收到货款及税款共计 678 000 元。

（23）以银行存款分配现金股利 188 000 元。

（24）以银行存款归还到期的长期借款 729 000 元，其中，本金 650 000 元，利息 79 000 元。

（25）以银行存款支付电费、水费及通讯费共计 88 300 元。

根据以上资料，B 公司 2010 年现金流量表信息如表 9-1 所示。

表 9-1　现金流量表

编制单位：B公司　　　　2010 年 12 月 30 日　　　　单位：元

项目	本期金额	上期金额（略）
一、经营活动产生的现金流量		
销售商品、提供劳务收到的现金	1 258 000	
收到的税费返还		
收到的其他与经营活动有关的现金	4 200	
经营活动现金流入小计	1 262 200	
购买商品、接受劳务支付的现金	255 480	
支付给职工以及为职工支付的现金	384 500	
支付的各项税费	168 400	
支付的其他与经营活动有关的现金	122 800	
经营活动现金流出小计	931 180	
经营活动产生的现金流量净额	331 020	
二、投资活动产生的现金流量		
收回投资收到的现金	120 000	
取得投资收益收到的现金	12 000	
处置固定资产、无形资产和其他长期资产现金净额	58 900	
处置子公司及其他营业单位收到的现金净额		

续表

项目	本期金额	上期金额（略）
收到其他与投资活动有关的现金		
投资活动现金流入小计	190 900	
购建固定资产、无形资产和其他长期资产支付的现金	1 634 000	
投资支付的现金	262 000	
取得子公司及其他营业单位支付的现金净额		
支付其他与投资活动有关的现金		
投资活动现金流出小计	1 896 000	
投资活动产生的现金流量净额	−1 705 100	
三、筹资活动产生的现金流量		
吸收投资收到的现金	550 000	
取得借款收到的现金	1 400 000	
收到的其他与筹资活动有关的现金		
筹资活动现金流入小计	1 950 000	
偿还债务支付的现金	650 000	
分配股利、利润或偿付利息支付的现金	267 000	
支付其他与筹资活动有关的现金		
筹资活动现金流出小计	917 000	
筹资活动产生的现金流量净额	1 033 000	
四、汇率变动对现金及现金等价物的影响		
五、现金及现金等价物净增加额	−341 080	
加：期初现金及现金等价物余额	1 400 000	
六、期末现金及现金等价物余额	1 058 920	

（二）现金流量表与其他财务报表的关系

（1）以直接法编制的现金流量表与间接法编制的“现金流量表附注”的关系。现金流量表中以直接法计算的“经营活动产生的现金流量净额”项目的金额，与用间接法调整计算得出的“经营活动产生的现金流量净额”相等。

（2）现金流量表与资产负债表的关系。现金流量表中“现金及现金等价物净增加额”与资产负债表中“货币资金”项目的期末余额、期初余额的差额，以及现金等价物期末余额、期初余额的差额之和相等。

（3）如果资产负债表中“货币资金”项目的期末余额与现金等价物的期末余额之和大于这两个项目的期初余额之和，则现金流量表中“现金及现金等价物净增加额”为正数；如果资产负债表中“货币资金”项目期末余额与现金等价物的期末余额之和小于这两个项目的期初余额之和，则现金流量表中“现金及现金等价物净增加额”为负数。

(4) 资产负债表中“货币资金”项目的期末余额与现金等价物的期末余额之和与这两个项目的期初余额之和的差额，与现金流量表中“现金及现金等价物净增加额”相等。

(5) 资产负债表“货币资金”及包含在交易性金融资产中的现金等价物的期末、期初余额，反映了现金及现金等价物在报告期流动的结果；现金流量表则反映了现金及现金等价物在报告期流动的过程。

三、现金流量表信息披露

现金流量表信息披露的基本要求如下。

第一，现金流量表是按收付实现制要求，对经营活动取得的收入、发生的费用进行披露的。收付实现制，是以现金的实际收付为原则，来确认和计量收入或费用的方法。即在本期实际收到的销售商品、提供劳务的款项，就确认为本期收入；在本期实际支付的费用，就确认为本期费用。在这种方法下，企业以实际收到购买方支付的销售商品、提供劳务的款项的时间和金额为标准，进行营业收入的确认和计量；以企业实际支付的购买材料、商品或接受劳务款项的时间和金额为标准，进行费用的确认和计量。

第二，应同时以直接法和间接法两种方法，披露现金流量表的信息。如果仅按直接法进行信息披露，经营活动中有些重要的信息就得不到充分披露，如企业非付现费用的构成、金额等。

第三，不涉及现金流入或流出的投资和筹资活动的披露。企业在本期发生的有些不涉及现金流入或流出的投资或筹资活动，如以固定资产、无形资产或其他长期资产进行股权投资，以非现金资产进行的债务重组，以融资租赁方式租入的固定资产等。虽然这些活动不涉及本期的现金流入或流出，也不会出现在现金流量表中，但由于它们是企业重大的投资或融资活动，同时，这些活动对以后会计期间的现金流量会产生较大影响，所以，将这类不涉及当期现金流入或流出的投资和筹资活动在财务报表附注中进行披露。

尽管现金流量表对现金流动的过程进行了大体披露，但还是有些现金流动的信息得不到单独披露，如企业取得赔款收入引起的现金流入，或企业支付罚款引起的现金流出等。这些现金流动信息被合并到有关项目之中，使得信息阅读者无法看到。

四、现金流管理要点

(一) 经营活动现金流量管理

经营活动现金净流量是企业通过日常经营活动获取的现金净增加（或减少）金额。

若经营活动现金净流量为正，首先说明企业正常经营活动取得的现金流入保证了正常经营活动的现金流出，并可为未来发展提供资金支持，如增加投资、偿还负债或增加分红等，是企业持续健康发展的基本表现。

若经营活动现金净流量为负，则说明企业正常经营活动取得的现金流入不能保证正常经营活动的现金流出，动用了前期的现金余额，那么，无法为未来发展提供资金支持，使企业经营活动现金流的管理出现问题。一般而言，经营活动现金净流量出现负数，现金流管理存在的问题表现在两个方面。第一，销售商品、提供劳务收到的现金流量不足，导致经营活动现金流入不足以支付经营活动的现金流出。这种情况下，现金流量表上“销售商品、提供劳务收到的现金”项目的金额与利润表上“营业收入”项目的金额差距比较大。同时，资产负债表上“应收票据”和“应收账款”项目的余额会比较多。现金流量表上的这种表现，反映了企业售后收款环节的管理出现问题，应加强销售收款工作管理。第二，在销售收款正常的情况下，如果经营活动现金净流量还出现负数，那么，通常在材料、商品的采购环节，即购买材料或商品和接受劳务环节出现支付现金量过大的问题，这时，现金流量表上“购买商品、接受劳务支付的现金”项目的金额会比较大，资产负债表上“存货”项目的余额会比较多。现金流量表上的这种表现，反映了企业材料或商品采购环节的管理出现问题，应加强采购工作管理，尽可能少地支付现金。

综上所述，为了保证企业经营活动的正常进行，经营活动现金净流量应为正数。否则，企业的现金流随时会“断裂”。

（二）投资活动现金流量管理

投资活动现金净流量在企业不同的发展阶段可能表现出不同的特点。第一，对于正在通过投资扩张的初创企业来说，由于固定资产等长期资产的投资活动多，投资活动的现金流出量就比较大。同时，企业进行长期资产的投资，其投资所需现金多来源于项目筹资，通过投资活动的现金流入进行长期资产的投资活动的可能性很小，因而，投资活动现金净流量通常是负数。第二，对于趋于成熟的企业来说，由于固定资产等长期资产的投资活动比较少，投资活动现金净流量通常是正数。但是，随着科学技术的发展，多数产品的生命周期越来越短，企业又必须不断寻求新的投资机会，因此，多数企业投资活动现金净流量通常是负数。

与经营活动现金净流量应当为正数不同，投资活动现金净流量为正数或负数，并不重要。也就是说，投资活动现金流入仅仅展示了投资活动流入了多少现金，投资活动现金流出仅仅展示了投资活动流出了多少现金。如果投资活动现金净流量为负数，可能是一个利好信息。

（三）筹资活动现金流量管理

筹资活动现金流入主要来源于吸收资本性投资收到的现金和企业通过负债方式筹资收到的现金。筹资活动现金流出的主要去向是偿还到期债务和向投资人分配现金股息、红利以及支付各种负债筹资的利息等。

与投资活动现金净流量在企业不同的发展阶段可能表现出不同的特点一样，对于筹资活动现金流量来说，其特点表现在三个方面。第一，对于正在通过投资扩张的企业来说，由于固定资产等长期资产的投资活动多，所以对现金的需求量就大。那么，无论通过资本性筹资，还是通过负债性筹资，在融资阶段现金流入量就大。因而，这个特殊的时期筹资活动现金流入可能会大于筹资活动的现金流出，那么，筹资活动的现金净流量通常是正数。第二，当企业将筹资活动所取得的现金用于固定资产等长期资产建设以后，投资产生的收益要进行现金股利的分配，同时，在负债筹资的归还期，企业要以现金归还债务的本金和利息，这个时间现金流出量就会比较大。因而，筹资活动现金净流量通常是负数。第三，筹资活动的现金流入与投资活动的现金流出通常有时间上的先后衔接，即一般是项目筹资（筹资活动的现金流入）在前期，而项目投资（投资活动的现金流出）在后期。

（四）现金流量关系管理

经营活动现金流量、投资活动现金流量和筹资活动现金流量之间存在着一定关系，企业管理者应当掌握它们之间的关系，便于进行有效的现金流管理。

第一，企业筹资活动的现金流入主要是用于固定资产等长期资产的投资。若投资后，能够产生足够的经营活动现金净流量，则企业将步入良性发展轨道；若投资后，不能产生足够的经营活动现金净流量，则企业将陷入财务危机，即无力偿还负债的本金和利息，也无法给予投资人一定的回报。第二，企业一般有自己的股利分配政策，而股利分配政策的实施不仅受企业赢利能力的影响，更会受到企业现金生成能力的制约。第三，企业支付利息和分配现金股利的现金流出，应当来源于经营活动现金净流量。若经营活动现金净流量为负数，则说明经营活动产生的现金流入不够经营活动的现金流出，没有剩余的现金用来偿还债务或进行现金股利分配。这种情况下，如果要支付利息和分配现金股利，只能依赖投资活动现金净流量。若投资活动现金净流量也为负数，则只能依赖筹资活动现金净流入。可以推断，企业将出现用投资人的现金投入和银行借款去归还负债的本金和利息，进行现金股利分配的异常现象。长此以往，投资人和债权人必将停止为企业提供资本性投资或债权性投资，企业也就难以为继。

第六节　案例解读

一、案例信息

ZGSH 公司 2008～2010 年现金流量表如表 9-2 所示。

表 9-2　ZGSH 公司 2008～2010 年现金流量表　　单位：百万元

项目	2010 年	2009 年	2008 年
一、经营活动产生的现金流量			
销售商品、提供劳务收到的现金	1 019 516	1 128 155	1 027 467
收到的租金	192	340	171
收到的补助	—	38 653	—
收到的其他与经营活动有关的现金	19 646	31 727	12 513
现金流入小计	1 039 354	1 198 875	1 040 151
购买商品、接受劳务支付的现金	(730 312)	(968 452)	(821 988)

续表

项目	2010 年	2009 年	2008 年
经营租赁所支付的现金	(6 351)	(6 847)	(5 680)
支付给职工以及为职工支付的现金	(24 040)	(23 095)	(16 930)
支付的增值税	(32 671)	(30 857)	(32 060)
支付的所得税	(111)	(15 871)	(18 875)
支付除增值税、所得税外的各项税费	(109 150)	(41 078)	(26 090)
支付的其他与经营活动有关的现金	(18 617)	(37 984)	(20 751)
现金流出小计	(921 252)	(1 124 184)	(942 374)
经营活动产生的现金流量净额	118 102	74 691	97 777
二、投资活动产生的现金流量			
收回投资所收到的现金	16	866	330
收到的股利	10 976	11 370	9 108
处置固定资产和无形资产所收回的现金净额	527	587	101
收到于金融机构的已到期定期存款	57	44	867
收到的其他与投资活动有关的现金	107	98	87
现金流入小计	11 683	12 965	10 493
购建固定资产和无形资产所支付的现金	(99 362)	(98 755)	(93 600)
投资所支付的现金	(7 394)	(4 122)	(8 222)
存放于金融机构的定期存款	(50)	(49)	(523)
收购子公司及少数投资人权益所支付的现金净额	(213)	(598)	(3 500)
现金流出小计	(107 019)	(103 524)	(10 5845)
投资活动产生的现金流量净额	(95 336)	(90 599)	(95 352)
三、筹资活动产生的现金流量			
借款所收到的现金	581 704	29 850	11 368
发行债券所收到的现金	60 000	15 000	35 000
发行可转换债券所收到的现金（已扣除发行费用）	—	802 882	495 310
现金流入小计	641 704	847 732	541 678
偿还借款所支付的现金	(626 552)	(799 883)	(514 015)
偿还债券所支付的现金	(15 000)	(10 000)	(10 000)
分配股利、利润或偿付利息所支付的现金	(19 183)	(20 653)	(19 772)
分配予中国石化集团公司	(1 262)	(2 180)	—
现金流出小计	(662 210)	(832 716)	(543 787)
筹资活动产生的现金流量净额	(20 506)	15 016	(2 109)
现金及现金等价物净增加/减少额	2 473	(852)	316

二、案例解读

（一）ZGSH 公司 2008 年现金流量结构分析

ZGSH 公司 2008 年的现金及现金等价物净增加 316 百万元，其中，经营活动产生的现金流量净额为 97 777 百万元，投资活动产生的现金流量净额为－95 352 百万元，筹资活动产生的现金流量净额为－2 109 百万元。经营活动现金流量净额为正，主要原因是公司 2008 年销售商品和提供劳务收到的现金金额较大；投资活动现金流量净额为负，主要原因是公司购买固定资产和无形资产支付的现金金额较大；筹资活动现金流量净额为负，主要原因是偿还借款支付的现金金额较大。

（二）ZGSH 公司 2009 年现金流量结构分析

ZGSH 公司 2009 年的现金及现金等价物净减少 852 百万元，其中，经营活动产生的现金流量净额为 74 691 百万元，投资活动产生的现金流量净额为－90 599 百万元，筹资活动产生的现金流量净额为 15 016 百万元。经营活动现金流量净额为正，主要原因是公司销售商品和提供劳务收到的现金金额较大；投资活动现金流量净额为负，主要原因是公司购买固定资产和无形资产支付的现金金额较大；筹资活动现金流量净额为正，主要原因是公司发行了可转换债券，收到了大量现金。

（三）ZGSH 公司 2010 年现金流量结构分析

ZGSH 公司 2010 年的现金及现金等价物净增加 2 473 百万元，其中，经营活动产生的现金流量净额为 118 102 百万元，投资活动产生的现金流量净额为－95 336 百万元，筹资活动产生的现金流量净额为－20 506 百万元。经营活动现金流量净额为正，主要原因是公司销售商品和提供劳务收到的现金金额较大；投资活动现金流量净额为负，主要原因是公司购买固定资产和无形资产支付的现金金额较大；筹资活动现金流量净额为负，主要原因是公司用现金偿还了借款和到期债券。

习　题

1. 现金流量表与利润表反映的信息存在哪些联系与区别？

2. 经营活动的现金净流量如果出现负数，通常反映企业经营的哪些环节出现了问题？

3. 投资活动现金净流量和筹资活动现金净流量为正数，是否说明现金管理成效好？

4. 投资活动现金净流量和筹资活动现金净流量为负数，是否说明现金管理成效不好？

第十章

所有者权益变动表

第一节　所有者权益变动表概述

所有者权益变动表（股份有限公司称为股东权益变动表）是反映构成所有者权益各组成部分当期增减变动情况的报表。所有者权益变动表应当全面反映一定会计期间所有者权益变动的情况，即不仅包括所有者权益总量的增减变动，也包括所有者权益各组成部分的增减变动。

除净利润外，所有者权益变动表在一定程度上还反映了企业的其他综合收益。其他综合收益是指直接计入所有者权益的利得和损失。

在所有者权益变动表中，净利润、会计政策变更和差错更正的累积影响金额、直接计入所有者权益的利得和损失项目及其总额、所有者投入资本和向所有者分配利润、按照规定提取的盈余公积、所有者权益内部结转等信息应当单独披露。

所有者权益变动可分为两种情况：一是引起所有者权益总额发生增减变动的情况；二是所有者权益总额不变动，只是所有者权益项目内部发生结转引起的增减变动的情况。

第二节　所有者权益变动——总额变动

在所有者权益变动表中，引起当年所有者权益总额发生增减变动的情况有以下几种。

（一）净利润

净利润指企业当年实现的净利润（或净亏损）。所有者权益变动表上的“净利润”应与利润表上的“净利润”金额相等。企业当年经营取得净利润，会引起所有者权益——未分配利润项目的增加；企业当年经营发生亏损，会引起所有者权益——未分配利润项目的减少。

（二）会计政策变更和差错更正的累积影响

会计政策变更和差错更正的累积影响金额，指企业采用追溯调整法处理的会计政策变更的累积影响金额，以及采用追溯重述法处理的会计差错更正的累积影响金额。对会计政策变更和差错更正的累积影响进行调整或更正，会使所有者权益项目——盈余公积、未分配利润等发生增减变动。

（三）直接计入所有者权益的利得和损失

直接计入所有者权益的利得和损失，指企业当年直接计入所有者权益的利得和损失。包括企业持有的可供出售金融资产当年公允价值变动金额；长期股权投资采用权益法下，企业在被投资单位除当年实现的净利润以外的、其他所有者权益当年变动中应享有的份额；企业按规定应计入所有者权益项目的当年所得税影响金额等。

企业当年直接计入所有者权益的利得会导致所有者权益的增加；企业当年直接计入所有者权益的损失会导致所有者权益的减少。直接计入所有者权益的利得和损失，计入资本公积。

（四）投资人资本投入和减少资本

投资人在当年向企业投入资本，会引起所有者权益——实收资本和资本公积项目的增加；企业当年投资人收回投资，会引起所有者权益——实收资本、资本公积项目的减少。

（五）向投资人分配现金股利

企业当年向投资人分配现金股利，会引起所有者权益——未分配利润项目的减少。

第三节　所有者权益变动——总额不变

在企业所有者权益变动表中，不会引起当年所有者权益总额增减变动的，属于所有者权益内部结转的项目有三个。

（一）资本公积转增资本（或股本）

资本公积转增资本（股本），使得资本公积减少，实收资本（或股本）增加。由于资本公积和实收资本同属于所有者权益项目，因而，一个项目增加，另一个项目减少，所有者权益总额不变。

（二）盈余公积转增资本（或股本）

盈余公积转增资本（股本），使得盈余公积减少，实收资本（或股本）增加。由于盈余公积和实收资本同属于所有者权益项目，因而，一个项目增加，另一个项目减少，所有者权益总额不变。

（三）盈余公积弥补亏损

企业发生亏损，表现为“一未分配利润”。企业用盈余公积弥补亏损，引起所有者权益内部两个项目一增一减——未分配利润增加，盈余公积减少。

以上所有者权益变动的内容及其关系如图 10-1 所示。

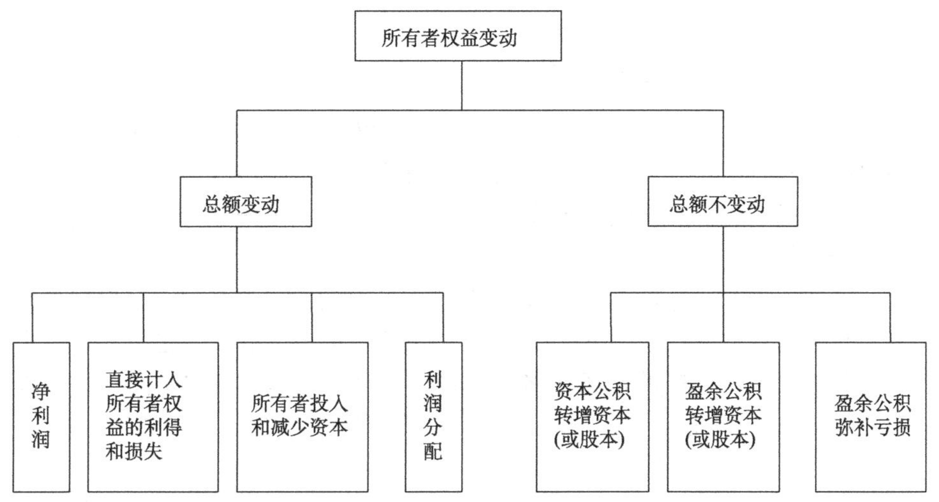

图 10-1　所有者权益总额变动情况图

【例 10-1】 2010 年 12 月 31 日，A 公司的所有者权益总额为 10 000 000 元，其中，股本 5 000 000 元，资本公积 2 000 000 元，盈余公积 2 000 000 元，未分配利润 1 000 000元。2010 年 5 月，用盈余公积转增股本 1 000 000 元，合计 500 000 股，每股面值 1 元，发行价格每股 2 元；2010 年 8 月，用未分配利润分配股票股利 500 000 元；2010 年 8 月，用未分配利润分派现金股利 500 000 元；2010 年 10 月，因公司发展需要，回购公司股票 100 000 股，每股 3 元。

在本例中，用盈余公积转增股本 1 000 000 元，导致股本总额增加 500 000 元，资本公积增加 500 000 元，盈余公积减少 1000 000 元，所有者权益总额不变；分配股票股利，公司的股本增加 500 000 元，未分配利润减少 500 000 元，所有者权益总额不变；分派现金股利 500 000 元，公司的未分配利润减少 500 000 元，现金减少 500 000 元；回购公司股票，公司的股本减少 300 000 元，现金减少 300 000 元。

第四节　所有者权益变动表的其他问题

一、所有者权益变动信息披露

所有者权益变动表上的信息是按其资产负债表日各项目的实际余额披露的。

其中，“上年年末余额”信息，来自上年度所有者权益变动表各对应项目；“会计政策变更、前期差错更正”金额，来自对上年度会计政策变更、前期差错更正有关业务对所有者权益有关项目影响的计算结果。

本年所有者权益各项目的增减变动信息，来自本年度利润表、资产负债表中的实收资本、资本公积项目相关内容的计算结果。

本年利润分配的信息，来自资产负债表相关项目中有关利润分配的结果。

本年度所有者权益内部结转信息，来自资产负债表相关项目中有关所有者权益内部结转的结果。

二、所有者权益变动管理要点

第一，资本公积转增资本（股本）时，所有者权益总额不变。资本公积转增资本（股本）将导致公司每股收益的摊薄，进而影响股票的市场价格。因此，公司应选择公司股票稳定上升期间施行资本公积转增资本（股本）方案，这样股票市场价格将较少受到每股收益摊薄的影响。

第二，盈余公积转增资本（股本）时，所有者权益总额不变。盈余公积既可以用来弥补亏损，也可用来转增资本（股本）。盈余公积转增资本（股本）也将导致公司每股收益的摊薄，进而影响股票的市场价格。因此，公司应选择恰当的时间进行转增。此外，《公司法》规定，用盈余公积转增资本，转增后的盈余公积不得少于注册资本的25%。

第三，分配股票股利，所有者权益总额不变。股票股利是指公司以股票形式向投资人支付的股利。这种股利分派方式，不影响公司的所有者权益总额，而只是把所有者权益内部的留存收益转化为股本，使所有者权益的结构发生变化。

第四，分派现金股利，所有者权益总额减少。现金股利是以现金方式向投资人派发的股利，也是最常见的一种股利派发方式。发放现金股利，必须具备两个条件：其一，有足够的留存收益；其二，有足够的现金。

第五，回购公司已发行股票，所有者权益总额减少。股份有限公司因缩小经营规模而导致资本过剩时，可以在《公司法》规定的股份有限公司最低注册资本以上的范围内，收购已发行在外的股票并予以核销。已经回购、但尚未核销或另有用途的公司股票信息在库存股项目中披露，库存股无表决权和收益分配权，只是所有者权益的减少。

第六，因公司生产经营规模扩大、公司原投资人追加投资或者增加新投资人投资，以及公司当年的未分配利润为正时，公司的所有者权益总额增加。

第五节　案例解读

一、案例信息

ZGGM公司2010年度编制的所有者权益变动表如表10-1所示。

表 10-1　ZGGM 公司 2010 年所有者权益变动表　　单位：元

项目	股本	资本公积	盈余公积	未分配利润	股东权益合计
2010 年 1 月 1 日余额	1 007 282 534	1 872 501 925	358 481 274	968 360 495	4 206 626 228
2010 年度增减变动额					
净利润				289 961 603	289 961 603
利润分配					
提取盈余公积			28 996 160	(28 996 160)	—
对投资人的分配				(151 092 380)	(151 092 380)
2010 年 12 月 31 日余额	1 007 282 534	1 872 501 925	387 477 434	1 078 233 558	4 345 495 454

二、案例解读

（一）总体解读

所有者权益的变动主要包括两大类：总额不变以及总额增减变动。总额不变的项目主要有资本公积转增资本、盈余公积转增资本、股票股利增资、盈余公积弥补亏损；总额增加的项目有原投资人追加投资、新增加投资人投资、公司当年的未分配利润为正；总额减少的项目有分派现金股利、回购股票。由 ZGGM 公司所有者变动权益表可以看出，公司 2010 年并未发生资本公积转增资本、盈余公积转增资本、股票股利增资、盈余公积弥补亏损等导致所有者权益总额不变的事项。2010 年所有者权益总额的增加主要原因是未分配利润增加，进而导致所有者权益总额增加。

（二）所有者权益总额变动的解读

由表 10-1 可知，ZGGM 公司 2010 年的所有者权益为 4 345 495 454 元，比 2009 年增加 138 869 226 元。所有者权益总额的增加意味着投资人的财富实现了增值。导致所有者权益总额变动的项目有净利润增加、对投资人分配利润。

（三）所有者权益内部变动的解读

与 2009 年相比，2010 年所有者权益中的股本、资本公积两项没有变动，这一方面说明公司 2010 年没有发生增资扩股活动，另一方面也说明公司 2010 年没有发生直接计入资本公积的利得项目。2010 年的盈余公积项目增加 28 996 160 元，是在 2010 年实现 289 961 603 元净利润的基础上按 10％提取的。盈余公积的提取并不影响所有者权益总额。2010 年未分配利润为 1 078 233 558 元（968 360 495＋289 961 603－28 996 160－151 092 380）。所有者权益的净增加额 138 869 226 元由盈余公积的净增加额 28 996 160 元与未分配利润的净增加额 109 873 063 元两部分组成。

习　题

1. 你认为披露所有者权益变动方面的信息意义何在?

2. 引起所有者权益总额发生变动的情形有哪些?这些变动反映了企业在所有者权益管理方面的哪些意图?

3. 引起所有者权益项目内部发生变动的情形有哪些?这些变动反映了企业在所有者权益管理方面的哪些意图?

4. 如何理解体现在所有者权益变动表中的国有资产保值和增值?

第十一章 合并财务报表

第一节 合并财务报表概述

一、企业合并概述

（一）企业合并的界定

企业合并，是指将两个或两个以上单独的企业合并形成一个报告主体的交易或事项。企业合并的结果通常是一个企业取得了对一个或多个业务的控制权。如果一个企业取得了对另一个或多个企业的控制权，而被合并方并不构成业务，则该交易或事项不形成企业合并。

企业合并概念中的“业务”，是指企业内部某些生产经营活动或资产负债的组合。该组合具有投入、加工处理过程和产出能力，能够独立计算其成本费用或产生的收入，但一般不构成一个企业，不具有独立的法人资格，如企业的分公司、分部等。

除看取得的企业是否构成业务外，是否形成企业合并，还要看有关交易或事项发生前后，是否引起报告主体的变化，而报告主体的变化控制权的变化。第一，在交易事项发生以后，一方能够对另一方的生产经营产发生实施控制，形成母子公司关系，涉及了控制权的转移。因而，该合并交易或事项发生以后，财务报告的报告主体发生变化，可以构成企业合并。第二，合并交易或事项发生以后，一方能够控制另一方的全部净资产，被合并的企业在合并后失去其法人资格，也涉及控制权的变化。因而，该合并交易或事项发生以后，财务报告的报告主体发生变化，也可以构成企业合并。

（二）企业合并的方式

企业合并按合并方式划分，有吸收合并、新设合并和控股合并三种方式。

1. 吸收合并

吸收合并，是指在企业合并中，一方通过支付现金、转让非现金资产、承担债务或发行权益性证券等方式，取得被合并方的全部净资产，并将其有关资产、负债并入合并方的账簿和报表之中的一种企业合并方式。

吸收合并完成后，被合并方的法人资格被注销，由合并方持有合并中取得的被合并方的资产、负债，并继续经营。因而，吸收合并使得合并方企业的规模更大，而被合并方企业不再存在。

吸收合并过程中出现的会计问题是，第一，合并方在合并日取得被合并方有关资产、负债入账价值的确定；第二，合并方为进行企业合并支付的对价与所取得的被合并方资产、负债的入账价值之间差额的处理。

2. 新设合并

新设合并，是指两个或两个以上企业，合并注册成立一家新的企业，由新注册成立的企业持有参与合并各企业的资产、负债，并在新的基础上经营的一种企业合并方式。新设合并完成后，参与合并企业的法人资格均被注销，新设企业开始进行经营活动。

3. 控股合并

控股合并，是指合并方企业通过支付现金、转让非现金资产、承担债务或发行权益性证券等方式取得对被合并方控制权的一种企业合并方式。

控股合并交易完成后，合并方企业和被合并企业作为两个不同的法人实体依然独立存在，但合并方企业与被合并企业之间形成了控制与被控制的母、子公司关系。被合并方应当纳入合并方合并财务报表的编制范围；合并方能够通过所取得的被合并方的控制权，来主导被并方的生产经营决策、并从被合并方的生产经营活动中获益，被合并方在企业合并后仍维持其独立法人资格继续经营。

（三）企业合并类型划分

在控制合并下，按照参与合并的企业是否受同一方控制，又将合并分为同一控制下的企业合并和非同一控制下的企业合并两种类型。

1. 同一控制下的企业合并

同一控制下的企业合并，是指参与企业合并的企业在合并前后均受同一方或相同多方的最终控制，且该控制并非暂时性的。

对同一控制下的企业合并概念，可从以下几方面理解：第一，能够对参与合并各方在合并前后均实施最终控制的一方，通常指企业集团的母公司；第二，能够对参与合并的企业在合并前后均实施最终控制有相同多方，是指根据合同或者协议的约定，拥有最终决定参与合并企业的财务和经营政策，并从中获取利益的投资人群体；第三，实施控制的时间性要求，是指参与合并各方在合并前后较长时间内为最终控制方所控制；第四，企业之间的合并是否属于同一控制下的企业合并，要依据实质重于形式原则进行判断，通常情况下，同一控制下的企业合并是指发生在同一企业集团内部企业之间的合并；第五，同受国家控制的企业之间的合并，不应仅仅因为参与合并各方在合并前后均受国家控制，而将其作为同一控制下的企业合并。

2. 非同一控制下的企业合并

非同一控制下的企业合并，是指参与合并的各方在合并前后不受同一方或相同的多方最终控制的企业合并。

二、母公司与子公司

（一）母公司与子公司的概念

企业集团由母公司和其全部子公司组成。

母公司是指有一个或一个以上的子公司的企业。作为母公司，应当同时具备两个条件：第一，母公司必须有一个或一个以上的子公司；第二，母公司可以是企业，也可以是非企业但形成会计主体的其他组织。

子公司是指被母公司控制的企业。作为子公司，也应当同时具备两个条件：第一，子公司必须被母公司而且只能是一个母公司所控制；第二，子公司可以是企业，也可以是非企业但形成会计主体的其他组织。

（二）母公司对其子公司形成控制关系的表现形式

1. 由母公司和一个子公司组成的企业集团

母公司只控制了一个子公司，能够决定子公司的财务和经营政策，并能够从子公司的经营活动中获取利益。图 11-1 表现了由母公司和一个子公司组成的企业集团。

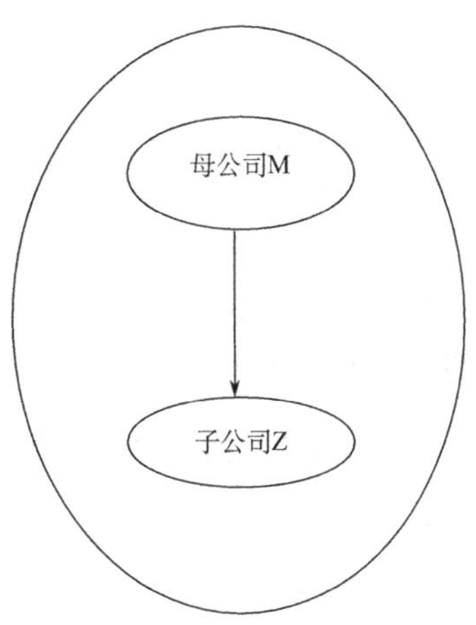

图 11-1　母公司和一个子公司组成的企业集团

2. 由母公司和多个子公司组成的企业集团

母公司控制了多个子公司，能够决定子公司的财务和经营政策，并能够从子公司的经营活动中获取利益。图 11-2 表现了由母公司和多个子公司组成的企业集团。在图 11-2 表现的企业集团关系中，Z_1 公司、Z_2 公司是 M 公司通过直接投资形成控制的子公司，Z_3 公司是通过间接投资形成控制的子公司，Z_4 公司是通过直接和间接投资形成控制的子公司。

三、合并财务报表概念及信息披露的意义

（一）合并财务报表概念

合并财务报表，是指反映母公司和其全部子公司形成的企业集团整体财务状况、经营成果和现金流量的财务报表。

与个别财务报表（为了与合并报表相区别，将企业集团内各个企业单独编制的财务报表称为个别报表）相比，合并财务报表反映的是企业集团整体的财务状况、经营成果

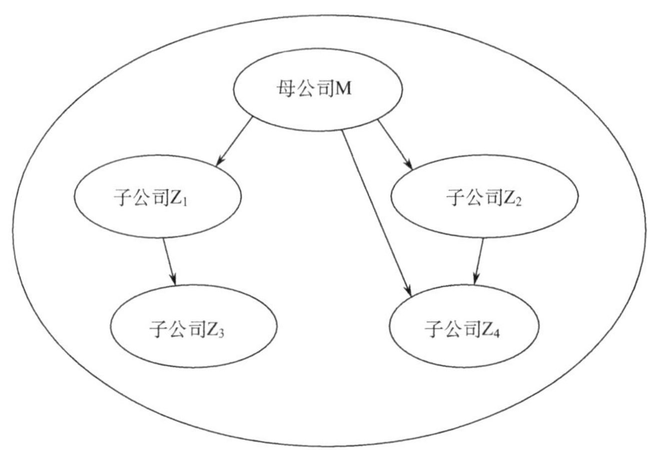

图 11-2 母公司和多个子公司组成的企业集团

和现金流量状况，其包含的对象是由若干个法人（包括集团内的母公司和其全部子公司）组成的会计主体，而非法律意义上的主体。

合并财务报表编制的主体是母公司。即母公司以纳入合并范围的企业个别报表为基础，再根据其他有关资料，抵销母公司与子公司、子公司之间发生的内部交易对合并财务报表的影响。

合并财务报表的编制有其独特的方法。即在对纳入合并范围的母公司和全部子公司的个别财务报表相关数据进行加总的基础上，将内部交易对合并财务报表的影响予以抵销，然后按照合并财务报表的项目要求，合并个别财务报表各项目而编制。

合并财务报表的种类包括合并资产负债表、合并利润表、合并现金流量表、合并所有者权益（或股东权益）变动表和附注。在企业合并完成后，企业集团应当编制合并财务报表，并应按国家有关规定进行财务报告的信息披露。

（二）合并财务报表信息披露的意义

（1）合并财务报表向会计信息使用者提供企业集团整体的会计信息。合并财务报表由母公司编制，它可以为利益相关者提供关于企业集团整体的财务状况、经营成果和现金流动等状况，以弥补母公司、子公司个别财务报表的不足。

（2）合并财务报表对母公司和子公司的个别财务报表进行了有效整合，更能真实反映企业集团真实的财务状况。母公司、子公司各自编制的个别财务报表仅反映其作为一个法律主体在一定会计期间财务状况、经营成果和现金流动等状况，从企业集团整体来看，个别财务报表提供的会计信息是分散的，因而，企业集团的母公司应在母公司、子公司编制的个别财务报表的基础上，通过相关项目的汇总、抵销，编制反映企业集团整体的财务状况、经营成果和现金流动等状况的合并财务报表。

（3）合并财务报表有利于对企业集团的整体经营状况进行监督。合并财务报表有利于避免一些企业集团利用内部控股关系，通过内部转移价格等手段人为粉饰财务报表情况的发生，有利于对企业集团整体经营状况进行有效监督。

第二节　合并财务报表

一、合并财务报表合并范围的确定

（一）“控制”的含义

合并财务报表的合并范围应当以控制为基础加以确定。控制，是指一个企业能够决定另一个企业的财务和经营政策，并据以从另一个企业的经营活动中获取权益的权力。控制通常具有以下特征：第一，控制的主体是唯一的，不是多方的；第二，控制的内容是另一个企业日常生产经营活动的财务政策和经营政策；第三，控制的性质是一种法定权力，也可以是通过公司章程或投资人之间的协议授予的权力；第四，控制的目的是为了获取经济利益。

如果一个企业取得了对另一个企业的控制权，应当编制合并财务报表，并进行合并财务报表信息的披露。

（二）合并财务报表的合并范围

在实践中，应纳入合并财务报表的范围有以下几种情况。

1. 母公司拥有其半数以上表决权的被投资单位应纳入合并财务报表范围

母公司拥有子公司半数以上表决权通过以下几种方式实现：第一，母公司直接拥有被投资单位半数以上表决权；第二，母公司间接拥有被投资单位半数以上表决权；第三，母公司直接和间接合计拥有被投资单位半数以上表决权。

2. 母公司拥有子公司半数以下的表决权，但被投资单位应纳入合并财务报表范围

在母公司没有通过直接和间接方式拥有被投资单位半数以上表决权的情况下，如果母公司通过其他方式对被投资单位的财务、经营政策能够实施控制时，这些被投资单位也应作为子公司纳入其合并范围。这种情况下，母公司控制权的实现有以下方式：①通过与被投资企业的其他投资人之间的协议，拥有被投资单位半数以上的表决权；②根据章程或协议，有权决定被投资单位的财务和经营政策；③有权任免被投资单位的董事会或类似机构的多数成员；④在被投资单位董事会或类似机构中占多数表决权。

（三）不纳入合并财务报表的范围

由于各种原因，母公司对一些子公司已经不具有控制权，不具有控制权的子公司不纳入合并财务报表的范围。包括已宣告被清理整顿的原子公司，已宣告破产的原子公司，母公司不再控制的其他被投资单位。

二、企业合并日合并财务报表信息披露

（一）同一控制下企业合并信息

1. 同一控制下的企业合并采用的合并方法

同一控制下的企业合并，采用“权益联合法”处理合并交易。“权益联合法”的要点是：①合并方在合并中取得的被合并方的资产和负债，仅限于被合并方账面上原已确认的资产和负债，合并中不产生新的资产和负债；②合并方在合并中取得的被合并方的资产和负债，应维持其在被合并方的原账面价值不变；③合并方在合并中取得的净资产的入账价值，相对于为进行企业合并支付的合并对价账面价值的差额，调整所有者权益相关项目。

2. 同一控制下的控股合并所涉及的会计问题

同一控制下的控股合并，涉及的会计问题主要有两个。

（1）合并方对被合并方长期股权投资的确认和计量。按会计准则有关规定，同一控制下控股合并形成的长期股权投资，合并方以合并日应享有被合并方账面所有者权益的份额作为长期股权投资的初始投资成本。初始投资成本与合并方支付的现金、非现金资产、所发行股份面值总额之间的差额，依次调整资本公积、留存收益。

【例 11-1】2010 年 5 月 5 日，A 集团计划将下属的 X、Y 公司合并。合并计划为，X 公司采取控股合并的方式合并 Y 公司，取得 Y 公司 60%的股份。X 公司以支付现金 50 000 000 元、承担 Y 公司债务 30 000 000 元作为对价。在合并日，Y 公司所有者权益账面余额为 200 000 000 元。

这项合并事项属于同一控制下的控股合并。根据上述资料，合并方 X 公司在合并 Y 公司时的合并会计信息为长期股权投资增加 120 000 000 元，现金减少 50 000 000 元，应付账款增加 30 000 000 元，资本公积增加 40 000 000 元 。

（2）合并日合并财务报表的编制。被合并方有关资产、负债应以其账面价值并入合并资产负债表，在合并日及以前期间发生的交易，应作为内部交易进行抵销；合并方及被合并方自合并当期期初至合并日实现的净利润，应合并反映到合并利润表中；双方在当期发生的交易，应作为内部交易进行抵销。

3. 同一控制下的企业合并应注意的问题

（1）被合并方采用的会计政策与合并方不一致的，合并方在合并日应当按照本企业会计政策对被合并方财务报表的相关项目进行调整。

（2）在企业合并过程中，合并方为进行企业合并而发生的各项相关费用，包括为合并而发生的评估费、审计费、咨询费等，作为合并方发生的管理费用，直接计入当期损益。

（二）非同一控制下的企业合并

1. 非同一控制下的企业合并采用的方法

非同一控制下的企业合并，采用“购买法”处理合并交易，其要点如下。

（1）确定购买方。购买方是在企业合并中取得对另一方或多方控制权的一方。合并中一方取得了另一方半数以上有表决权的股份，一般认为取得控制权的一方为购买方。某些情况下，即使一方没有取得另一方半数以上有表决权的股份，但如果通过与其他投资人的协议，实质上拥有被购买企业半数以上表决权，或按照法律或协议规定，具有主导被购买企业财务和经营的权力，或有权任免被购买企业董事会或类似权力机构绝大多数成员，或在被购买企业董事会或类似权力机构具有绝大多数投票权，一般也可认为其获得了对另一方的控制权。

（2）确定购买日。购买日是购买方获得对被购买企业控制权的日期。实现控制权转移的条件有五个：第一，企业合并合同或协议已获投资人大会等内部权力机构通过；第二，合并事项需要国家有关部门审批的已经获得批准；第三，参与合并各方已经完成了必要的财产转移交接手续；第四，购买方已经支付了购买价款的大部分，并且有能力支付余款；第五，购买方实际上已经控制了被购买方的财务和经营政策，并享有相应的收益和风险。

（3）确定企业合并成本。企业合并成本包括购买方为进行企业合并支付的现金或非现金资产、发行或承担的债务、发行权益性证券等在购买日的公允价值，以及企业合并中发生的各项直接相关费用。通过多次交换交易分步实现的企业合并，其合并成本为每一单项交换交易成本之和。

（4）企业合并成本在取得的可辨认资产和负债之间的分配。购买方取得的被购买方的各项可辨认资产和负债，要作为本企业的资产、负债进行确认；企业合并中取得的无形资产在其公允价值能够可靠计量的情况下应单独确认；对于购买方在企业合并时可能需要代被购买方承担的或有负债，在其公允价值能够可靠计量的情况下，应作为合并负债单独确认；企业合并中取得的资产、负债在满足确认条件后，应按其公允价值计量。

（5）企业合并成本与合并中取得的被购买方可辨认净资产公允价值份额差额的处理。这里有两种情况：合并成本大于合并中取得的被购买方可辨认净资产公允价值份额的差额应在合并财务报表中单独列示为商誉；合并成本小于合并中取得的被购买方可辨认净资产公允价值份额的部分，计入合并当期损益。

2. 非同一控制下的控股合并所涉及的会计问题

非同一控制下的控股合并，在合并日涉及的会计问题主要有两个。①购买日因进行企业合并形成的对被购买方的长期股权投资初始成本的确定，该成本与作为合并对价支付的有关资产账面价值之间差额的处理。②合并财务报表的编制。非同一控制下的企业合并形成母、子公司关系的，购买方应当于购买日编制合并资产负债表。在合并资产负债表中，合并中取得的被购买方各项可辨认资产、负债应以其在购买日的公允价值计量。长期股权投资成本大于合并中取得的被购买方可辨认净资产公允价值份额的差额，在合并财务报表中以商誉单独列示；长期股权投资成本小于合并中取得的被购买方可辨认净资产公允价值份额的差额，由于购买日不编制合并利润表，只能作为合并当期损益调整合并资产负债表的盈余公积和未分配利润。

【例 11-2】 A 公司与 B 公司属于非关联方。2010 年 5 月 10 日，A 公司以 10 000 000 元购入 B 公司发行在外的全部股份，合并日 B 公司净资产的公允价值为 8 000 000 元。

在本例中，A、B公司的合并属于非同一控制下的股权合并，根据上述资料，合并方A公司在合并B公司时的合并会计信息为长期股权投资增加8 000 000元，商誉增加2 000 000元，银行存款减少10 000 000元。

若B公司净资产的公允价值为12 000 000元，则合并会计信息为长期股权投资增加12 000 000元，营业外收入增加2 000 000元，银行存款减少10 000 000元。

三、合并日后合并财务报表需要抵销的项目

（一）合并财务报表的编制程序

企业控股合并完成后，由母公司和其全部子公司组成企业集团。由于母公司和其每个子公司都是独立的法人，各自开展其生产经营活动，每个公司都要按要求定期编制其财务报告，并向有关部门报送。与此同时，作为企业集团还要编制反映集团整体财务状况、经营成果和现金流量状况的合并财务报表。

合并财务报表是在集团内每一个别财务报表及相关资料的基础上，由母公司编制的。其编制程序如下。

1. 统一会计期间和会计政策

母公司应当统一子公司的会计期间，使子公司的会计期间与母公司保持一致。子公司的会计期间与母公司不一致时，应当按照母公司的会计期间对子公司财务报表进行调整；母公司应当统一子公司的会计政策，使子公司的会计政策与母公司保持一致。子公司的会计政策与母公司不一致时，应当按照母公司的会计政策对子公司财务报表进行调整。

2. 编制合并工作底稿

合并工作底稿，是编制合并财务报表的基础环节。在合并工作底稿中，对母公司和子公司的个别财务报表各项目的金额进行汇总和抵销，然后计算得出合并财务报表各项目的金额。

3. 编制调整分录和抵销分录

在合并工作底稿中，将内部交易对合并财务报表有关项目的影响进行抵销处理，其目的在于将个别财务报表各项目加总金额中的重复因素予以抵销。编制调整分录和抵销分录，是编制合并财务报表的关键环节。

4. 计算合并财务报表各项目的合并金额

在母公司和子公司个别财务报表各项目加总金额的基础上，分别计算出合并财务报表中各项目的合并金额。

5. 填制合并财务报表

根据合并工作底稿中计算出的财务报表各项目的合并金额，填列生成正式的合并财务报表。

（二）合并资产负债表

合并资产负债表，是反映企业集团在某一特定日期财务状况的财务报表。其格式及

内容与个别资产负债表大致相同。编制合并资产负债表的程序如下。

1. 对子公司的个别财务报表进行调整

在编制合并财务报表时，首先应对各子公司按同一控制下企业合并取得的子公司和非同一控制下企业合并取得的子公司进行分类。

对于同一控制下企业合并取得的子公司的个别财务报表而言，如果不存在与母公司会计政策不一致的情况，则只需要抵销内部交易对合并财务报表的影响即可；对于非同一控制下企业合并取得的子公司而言，除了存在与母公司会计政策和会计期间不一致的情况，需要对该子公司的个别财务报表进行调整外，还应当以其各项可辨认资产、负债及或有负债等在购买日的公允价值为基础，对其个别财务报表进行调整，以使该子公司的个别财务报表反映为购买日公允价值基础上确定的可辨认资产、负债及或有负债在本期资产负债表日的金额。

2. 按权益法调整对子公司的长期股权投资

按会计准则有关规定，长期股权投资中对子公司有控制权的母公司，在长期股权的后续计量中采用成本法，但在编制合并财务报表时，要按权益法对子公司的长期股权投资进行调整。

在确认享有子公司净收益的价额时，对属于非同一控制下企业合并形成的长期股权投资，应当以购买日记录的子公司各项可辨认资产、负债及或有负债等在购买日的公允价值为基础，对该子公司的净利润进行调整后确认。

对属于同一控制下企业合并形成的长期股权投资，可以直接以该子公司的净利润进行确认。如果存在未实现内部交易损益，在采用权益法进行调整时，还应该对未实现内部交易损益进行调整。

3. 合并资产负债表应抵销的项目

第一，母公司长期股权投资项目与子公司所有者权益项目的抵销。母公司对子公司进行的长期股权投资，在母公司个别资产负债表上以“长期股权投资”项目列示；子公司在接受母公司投资时，在其个别资产负债表上以“实收资本”项目列示。但从母公司和子公司作为一个整体的企业集团的角度来看，母公司的长期股权投资与子公司的实收资本，并不引起企业集团的资产、负债和所有者权益的增减变化。因此，在合并资产负债表中，要将母公司长期股权投资金额与子公司所有者权益金额进行抵销。

【例 11-3】B公司为A公司的全资子公司。2010 年 12 月 30 日，A 公司资产负债表上长期股权投资项目为 12 000 000 元，B 公司资产负债表上所有者权益各项目为股本 6 000 000元，资本公积 2 400 000 元，盈余公积 3 200 000 元，未分配利润 400 000 元。

根据以上资料，在编制 2010 年 12 月 31 日合并资产负债表时，需要抵销的项目如下：子公司减少的项目，包括股本 6 000 000 元，资本公积 2 400 000 元，盈余公积 3 200 000元，未分配利润 400 000 元；母公司的长期股权投资减少 12 000 000 元。

第二，母公司与子公司、子公司相互之间发生的内部债权债务项目的抵销。母公司与子公司、子公司相互之间发生的内部债权债务，是母公司与子公司、子公司相互之间因销售商品、提供劳务等活动产生的应收票据与应付票据、应收账款与应付账款、预付账款与预收账款、其他应收款与其他应付款、持有至到期投资与应付债券等。从企业集团整体角度来看，这些在一方反映为债权的项目，另一方反映为负债的项目，并不能引起企业集团资产、负债发生增减变化。因此，在合并资产负债表中，要将这些债权与债务金额进行抵销。

【例 11-4】 A 公司 2010 年 12 月 31 日的资产负债表中，持有至到期投资中有 5 000 000元是投资于子公司 B 发行的公司债券；同时，在 B 公司的资产负债表应付债券项目中有 5 000 000 元属于 A 公司购买。

根据以上资料，编制 2010 年 12 月 31 日合并资产负债表时，需要抵销的项目如下：B 公司应付债券减少 5 000 000 元；A 公司持有至到期投资减少 5 000 000 元。

第三，内部购进存货价值中包含的未实现内部销售利润的抵销。存货价值中包含的未实现内部销售损益，是由企业集团内部商品购销、劳务提供所产生的。在内部购销活动中，销售一方将内部销售作为营业收入确认，并计算了其销售利润；购买方则将购入的商品作为存货确认，而且，销售方的销售价格作为购买方的存货成本。由于销售方的销售价格由其营业成本和毛利构成，那么，购买方存货价值也包含营业成本和毛利。在购买方本期内未实现对外销售、形成存货情况下，存货价值中包含的毛利称为未实现内部销售利润。从企业集团整体来看，销售方形成的营业收入、营业成本、购买方存货价值中包含未实现内部销售利润应予以抵销。

【例 11-5】 2010 年 12 月 1 日，A 公司销售 10 000 000 元的产品给子公司 B，该产品的生产成本为 8 000 000 元。

根据以上资料，在编制 2010 年 12 月 31 日合并资产负债表时，需要抵销的项目如下：A 公司的主营业务收入减少 10 000 000 元，主营业务成本减少 8 000 000 元；B 公司的存货减少 2 000 000 元。

第四，内部交易形成的固定资产价值中包含的未实现内部销售利润的抵销。内部固定资产交易是指企业集团内部发生交易的一方与固定资产有关的购销活动。这里包括两种类型：一是企业集团内部企业将自己生产的产品销售给企业集团内部其他企业作为固定资产使用；二是企业集团内部企业将自己使用的固定资产出售给企业集团内部其他企业作为固定资产使用。

在第一种情况下的内部购销活动中，销售一方将内部销售作为营业收入确认，并计算了其销售利润；购买方则将购入的商品作为固定资产确认，而且，销售方的销售价格作为购买方的固定资产原值。由于销售方的销售价格由其营业成本和毛利构成，购买方固定资产也包含营业成本和毛利。在购买方固定资产的原值中也包含有未实现内部销售损益。因此，销售方销售产品形成的营业收入、营业成本应与购买方形成的固定资产原值中包含的未实现内部销售损益予以抵销。

【例 11-6】 2010 年 12 月 10 日，A 公司销售 10 000 000 元的产品给子公司 B，该产品的生产成本为 8 000 000 元。B 公司购入后作为固定资产使用，其原值为 10 000 000元。

根据以上资料，在编制 2010 年 12 月 31 日合并资产负债表时，需要抵销的项目如下：A 公司的主营业务收入减少 10 000 000 元，主营业务成本减少 8 000 000 元；B 公司的固定资产减少 2 000 000 元。

第二种情况属于企业集团内部企业之间固定资产的交易。对于销售方来说，属于固定资产处置，计算出的固定资产清理净收益或净损失，转入了本期利润；对于购买方来说，购买的固定资产价格中包含了销售方因出售该项固定资产所产生的损益。但从企业集团来看，这一交易属于内部固定资产转移，不产生收益或损失，因而，购买方固定资产原值中包含的未实现内部销售损益金额应予以抵销。

由于购入的固定资产投入使用后，要计提折旧费，并且已包含了未实现内部销售损益的原值作为折旧基数。从企业集团整体来看，需对该内部交易形成的固定资产每期多（或少）计提的折旧费进行相应的抵销。

（三）合并利润表

1. 合并利润表概况

合并利润表以母公司和子公司的利润表为基础，在抵销母公司与子公司、子公司之间发生的内部交易对合并利润表的影响后，由母公司编制而成。合并利润表的格式及内容与个别利润表基本相同。

作为独立开展经营活动的企业集团内部的母公司及全部子公司，每个会计期末要独立编制反映其一定会计期间经营成果的利润表。由于企业集团内部的母公司与子公司、子公司之间会发生商品的购销或提供劳务活动，这些内部交易活动所形成的营业收入、营业成本及利润分别反映在各自的利润表的相关项目之中。因此，在合并利润表中，以母子公司个别利润表为基础计算的收入、成本等项目的加总金额中，也必然包含有重复计算的因素，因此，在合并利润表中，应将这些重复因素予抵销。

2. 合并利润表应抵销的项目

（1）内部营业收入和内部营业成本项目的抵销。企业集团内部母公司与子公司、子公司相互之间发生的购销交易，销售方进行了营业收入、营业成本和利润的确认和计量，而购买方购进的商品，可能用于对外销售，也可能作为固定资产等长期资产使用。在购买方购进的商品用于对外销售时，又可能出现三种情况，即购买方购进的商品在当期全部实现对外销售，或购进的商品当期全部未实现对外销售，或购买方购进的商品在当期部分实现对外销售，部分未实现对外销售。在购买方购进的商品在当期全部实现对外销售的情况下，按销售收入确认和计量要求，要对该交易形成的营业收入、营业成本和利润进行确认，并在其个别利润表上反映。也就是说，从企业集团整体角度来看，内部购销交易确认了一次营业收入，对外销售交易又确认了一次营业收入。实际上，企业集团只应确认一次营业收入，即对外销售构成企业集团营业收入。因而，在合并利润表中，应将重复反映的内部营业收入与内部营业成本予以抵销。

【例 11-7】2010 年 12 月 1 日，A 公司销售 9 000 000 元的产品给子公司 B，该产品的生产成本为 6 500 000 元。B 公司在 2010 年 12 月 20 日将购入的产品全部实现对外销售。

根据以上资料，在编制 2010 年 12 月 31 日合并资产负债表时，需要抵销的项目如下：A 公司的主营业务收入减少 9 000 000 元，B 公司的主营业务成本减少 9 000 000元。

在购买方购进的商品在当期全部未对外销售的情况下，可参照合并资产负债表中

“内部购进存货价值中包含的未实现内部销售利润的抵销”的内容。

购买方购进的商品在当期部分实现对外销售，部分未实现对外销售的抵销，可参照上两个部分的内容。这里不再重复。

(2) 内部销售商品形成存货、固定资产、无形资产等项目中包含的未实现内部销售损益，内部销售商品形成固定资产、无形资产等计提的折旧额或摊销额中包含的未实现内部销售损益的抵销。本部分可参照资产负债表“内部交易形成的固定资产价值中包含的未实现内部销售利润的抵销”的相关内容。

【例 11-8】 2010 年 1 月 1 日，A 公司销售 10 000 000 元的产品给子公司 B，该产品的生产成本为 8 000 000 元。B 公司购入后作为固定资产使用，其原值为 10 000 000 元，预计使用年限为 5 年。

根据以上资料，在编制 2010 年 12 月 31 日合并资产负债表时，需要抵销的项目如下：A 公司的主营业务收入减少 10 000 000 元，主营业务成本减少 8 000 000 元；B 公司的固定资产减少 2 000 000 元。

同时，由于 B 公司按固定资产原值 10 000 000 元计提折旧费，每年折旧费为 2 000 000元（10 000 000 元/5 年），但从企业集团角度看，该项固定资产应计提的提折旧费为 1 600 000 元（8 000 000 元/5 年）。因此，应将多计提的折旧费 400 000 元进行抵销。

根据以上资料，在编制 2010 年 12 月 31 日合并资产负债表时，需要抵销的项目如下：B 公司的累计折旧和管理费用同时减少 400 000 元。以后各年要作同样的抵销。

(3) 内部应收款项计提的坏账准备等减值准备的抵销。前已述及，企业集团内部母公司与子公司、子公司之间发生的应收账款、应付账款，在合并资产负债表中已经作了抵销。除此之外，在每个会计期末，应收账款还要计提坏账准备。由于应收账款与应付账款已经抵销，应收账款计提的坏账准备也应该进行抵销。

【例 11-9】 2010 年 12 月 30 日，A 公司资产负债表上应收账款项目中有 7 500 000 元属于其子公司所欠。B 公司资产负债表上应付账款中有 7 500 000 元是欠母公司的款项。同时，A 公司已经为该应收账款计提坏账准备 500 000 元。

根据以上资料，在编制 2010 年 12 月 31 日合并资产负债表时，需要抵销的项目如下：A 公司的应收账款减少 7 500 000 元；B 公司的应付账款减少 7 500 000 元。同时，应将 A 公司计提的坏账准备进行抵销：A 公司资产减值损失和坏账准备同时减少 500 000 元。

与内部应收账款计提坏账准备需要进行抵销一样，企业集团内部交易形成的存货计提的存货跌价准备、内部交易形成的固定资产计提的减值准备等，也需要进行抵销。

以上内容的抵销对利润表中的合并利润会产生影响。

(4) 内部投资收益与利息费用的抵销。在资产负债表中，企业集团内部母公司与子公司、子公司之间，一方发行公司债券、另一方进行债券投资形成的内部债务、债权已经进行抵销。在这项内部交易中，发行债券的债务方要向投资债券的债权方按约定的利率支付利息，从而构成其利息费用；对于投资债券的债权方来说，债务方支付的利息构成了自己的投资收益。从企业集团整体角度来看，内部投资收益与利息费用应进行抵销。

【例 11-10】 2010 年 12 月 30 日，A 公司资产负债表上持有至到期投资项目中有

8 000 000元是购买其子公司发行的公司债券。B公司资产负债表上应付债券中有8 000 000元是母公司购买。同时，A公司当年应从B公司收取的债券利息为600 000元。

根据以上资料，在编制2010年12月31日合并资产负债表时，需要抵销的项目如下：A公司的持有至到期投资项目与B公司应付债券项目同时减少8 000 000元；A公司的投资收益项目与B公司的财务费用（或在建工程）项目同时减少600 000元；A公司的应收利息项目与B公司的应付利息项目同时减少600 000元。

（5）母公司与子公司、子公司相互之间持有对方长期股权投资的投资收益的抵销。内部股权投资收益，是母公司对子公司、子公司对母公司、子公司相互之间的长期股权投资的收益。

在子公司为全资子公司的情况下，母公司对子公司在合并工作底稿中按权益法调整的投资收益，实际上是该子公司当期实现的净利润。母公司按权益法调整后，子公司当期实现的净利润又作为投资收益全部计入了母公司的利润之中。因此，在子公司为全资子公司的情况下，母公司的股权投资收益要与子公司的净利润进行抵销。

在子公司为非全资子公司的情况下，母公司对子公司在合并工作底稿中按权益法调整的投资收益，实际上是该子公司当期实现的净利润属于母公司的部分。母公司按权益法调整后，子公司当期实现的净利润归属于母公司的部分又作为投资收益计入了母公司的利润之中。因此，在子公司为非全资子公司的情况下，母公司的股权投资收益应该与子公司净利润归属于母公司的部分进行抵销。但无论是合并资产负债表，还是合并利润表，在有少数股权的情况下，母公司是将子公司作为一个整体来合并的，无论是归属于少数投资人的权益，还是归属于少数投资人的损益，都需要在合并资产负债表、合并利润表中进行抵销。

【例11-11】2010年12月30日，A公司资产负债表上长期股权投资项目中有5 800 000元是当年子公司B的净利润。B公司当年实现的净利润为5 800 000元，B公司当年利润分配情况为提取盈余公积580 000元，向投资人分配现金股利3 420 000元，未分配利润1 800 000元。

根据以上资料，在编制2010年12月31日合并资产负债表时，需要抵销的项目如下：A公司长期股权投资项目减少5 800 000元；B公司盈余公积减少580 000元，应付股利减少3 420 000元，未分配利润减少1 800 000元。

（四）合并现金流量表

1. 合并现金流量表概述

合并现金流量表，是综合反映母公司及其全部子公司组成的企业集团在一定会计期间现金流入、流出和现金净流量的报表。合并现金流量表的格式及内容与个别现金流量表基本相同。

作为独立开展经营活动的企业集团内部的母公司及全部子公司，每个会计期末要独立编制反映其一定会计期间现金流入、现金流出和现金净流量的现金流量表。由于企业集团内部的母公司与子公司、子公司之间会发生商品的购销活动、提供劳务活动、投资活动、筹资活动等，这些内部交易或事项所形成的现金流入、现金流出已经分别反映在各自的现金流量表的相关项目之中。因此，在合并现金流量表中，以母、子公司个别现金流量表为基础计算的现金流入、现金流出和现金净流量等项目的加总金额中，也必然包含有重复计算的因素，因此，在合并现金流量表中，应将这些重复因素予以抵销。

2. 合并现金流量表的抵销项目

（1）母公司与子公司、子公司相互之间当期以现金投资或收购股权增加的投资所产生的现金流量的抵销。母公司以现金对子公司进行的长期股权投资，或以现金从子公司的其他投资人处收购股权，表现为母公司的现金流出，在母公司个别现金流量表中表现为投资活动现金流出；子公司接受母公司这一投资时，表现为现金流入，在子公司个别现金流量表中表现为筹资活动现金流入。但从企业整体角度来看，现金流量并没有发生增减变动，因此，在合并现金流量表中，应当在母公司与子公司现金流量数据加总的基础上，将母公司当期对子公司长期股权投资的现金流出与子公司筹资活动所产生的现金流入予以抵销。

（2）母公司与子公司、子公司相互之间当期取得投资收益收到的现金与分配股利、利润或偿付利息支付的现金的抵销。母公司对子公司进行长期股权投资和债权投资，在持有期间收到子公司分配的现金股利或债券利息，在母公司个别现金流量表上表现为现金流入；子公司向母公司分配现金股利或支付债券利息，在子公司个别现金流量表上表现为现金流出。但从企业整体角度来看，现金流量并没有发生增减变动，因此，在合并现金流量表中，应当在母公司与子公司现金流量数据加总的基础上，将母公司当期取得的投资收益收到的现金与子公司分配现金股利、支付债券利息的现金流出予以抵销。

（3）母公司与子公司、子公司相互之间以现金结算债权与债务所产生的现金流量的抵销。母公司与子公司、子公司相互之间当期以现金结算的债权与债务，在支付现金一方的现金流量表上表现为现金流出，在收到现金一方的现金流量表上表现为现金流入。但从企业整体角度来看，现金流量并没有发生增减变动。因此，在合并现金流量表中，应当在母公司与子公司现金流量数据加总的基础上，将母公司与子公司、子公司相互之间以现金结算债权与债务所产生的现金流量予以抵销。

（4）母公司与子公司，子公司相互之间当期销售商品所产生的现金流量的抵销。母公司与子公司、子公司相互之间当期销售商品或提供劳务，销售方或提供劳务所收到的现金，在其现金流量表上表现为现金流入；购买商品或接受劳务方支付货款或劳务款，在其现金流量表上表现为现金流出。但从企业集团角度来看，现金流量并没有发生增减变动。因此，在合并现金流量表中，应当在母公司与子公司现金流量数据加总的基础上，将母公司与子公司、子公司相互之间当期因销售商品、提供劳务产生的现金流量予以抵销。

（五）合并所有者权益变动表

1. 合并所有者权益变动表概述

合并所有者权益变动表，是反映构成企业集团所有者权益的各个组成部分当期的增减变动情况的报表。合并所有者权益变动表的格式及内容与个别所有者权益变动表基本相同。

企业集团内部的母公司及全部子公司，每个会计期末要独立编制反映其一定会计期间所有者权益各组成部分变动的所有者权益变动表。由于企业集团内部的母公司与子公司、子公司之间发生的内部交易会对合并所有者权益产生影响，这些内部交易或事项所形成的现金流入、现金流出已经分别反映在各自的所有者权益变动表的相关项目之中。因此，在合并所有者权益变动表中，以母子公司个别所有者权益变动表为基础计算的现金流入、现金流出等项目的加总金额中，也必然包含有重复计算的因素，因此，在合并所有者权益变动表中，应将这些重复因素予以抵销。

2. 合并所有者权益表抵销项目

合并所有者权益变动表需要抵销的项目主要有母公司对子公司的长期股权投资与母公司在子公司所有者权益中享有的份额相互抵销，以及母公司对子公司、子公司相互之间持有对方长期股权投资的投资收益的抵销。这两个内容可参照合并资产负债表有关内容。

四、合并财务报表会计信息披露的其他要求

合并财务报表除提供合并资产负债表、合并利润表、合并现金流量表、合并所有者权益（或投资人权益）变动表这四张财务报表外，还应在附注中披露以下信息。

第一，子公司的清单，包括企业名称、注册地、业务性质、母公司的持股比例或表决权比例。

第二，母公司直接或通过子公司间接拥有被投资单位表决权不足半数但能对其形成控制的原因。

第三，母公司直接或通过子公司间接拥有被投资单位表决权不足半数但未能对其形成控制的原因。

第四，子公司所采用的与母公司不一致的会计政策，编制合并财务报表的处理方法及其影响。

第五，子公司与母公司不一致的会计期间，编制合并财务报表的处理方法及其影响。

第六，本期增加子公司，按照《企业会计准则第 20 号—企业合并》的规定进行披露。

第七，本期不再纳入合并范围的原子公司，说明原子公司的名称、注册地、业务性质、母公司的持股比例和表决权比例，本期不再成为子公司的原因，其在处置日和上一会计期间资产负债表日资产、负债和所有者权益的金额以及本期期初至处置日的收入、费用和利润的金额。

第八，子公司向母公司转移资金的能力受到严格限制的情况。

第九，需要在附注中说明的其他事项。

第三节　案例解读

一、案例信息

TCGF 公司的基本控股关系如图 11-3 所示。

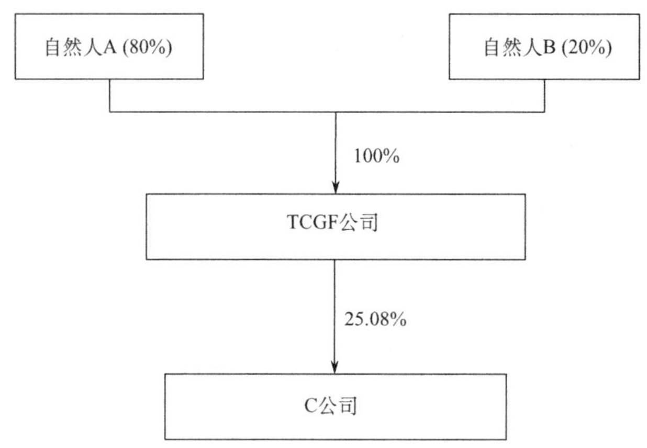

图 11-3　TCGF 公司与实际控制人之间的产权及控制关系图

由图 11-3 可知，自然人 A 和自然人 B 分别持有 TCGF 公司 80%和 20%的股份，自然人 A 为 TCGF 公司的第一大控股投资人。TCGF 公司控制 C 公司 25.08%的股份，为母公司。TCGF 公司不仅要编制自身的个别会计报表，还要编制合并会计报表。

TCGF 公司 2010 年个别报表与合并报表如表 11-1～表 11-4 所示。

表 11-1　TCGF 公司 2010 年合并资产负债表　　　　单位：元

项　　目	个别报表	合并报表
货币资金	50 763 002.35	181 967 784.10
应收票据	50 018 752.68	7 699 575.00
应收账款	36 843 646.64	26 718 343.21
预付款项	70 740 123.97	182 341 601.46
其他应收款	2 971 533.85	23 646 870.63
存货	219 147 693.19	219 354 693.07
其他流动资产	—	1 115 249.01
流动资产合计	430 484 752.68	642 844 116.48
长期股权投资	17 067 000.00	33 985 855.81
投资性房地产	15 170 634.75	—
固定资产	3 185 300 016.51	3 112 752 974.72
在建工程	897 795.41	21 852 907.81
工程物资	540 225.10	56 946 149.58
无形资产	86 402 175.45	98 095 607.28
递延所得税资产	15 468 307.31	12 116 599.70
非流动资产合计	3 320 846 154.53	3 335 750 094.90
资产总计	3 751 330 907.21	3 978 594 211.38
短期借款	1 174 000 000.00	716 460 000.00
交易性金融负债	489 375.00	—
应付票据	49 400 000.00	165 100 000.00
应付账款	296 957 143.92	463 365 494.83

续表

项　目	个别报表	合并报表
预收款项	65 138 705.58	66 465 571.12
应付职工薪酬	5 962 403.66	8 028 185.01
应交税费	18 844 853.00	−190 717.85
应付利息	2 815 122.77	4 697 154.50
应付股利	86 335 933.77	56 963 533.02
其他应付款	141 851 926.91	291 255 463.44
一年内到期的非流动负债	166 000 000.00	138 000 000.00
其他流动负债	—	—
流动负债合计	2 007 795 464.61	1 910 144 684.07
长期借款	822 000 000.00	1 288 000 000.00
其他非流动负债	14 495 579.27	12 123 757.11
非流动负债合计	836 495 579.27	1 300 123 757.11
负债合计	2 844 291 043.88	3 210 268 441.18
实收资本	177 061 132.00	137 474 400.00
资本公积	376 875 034.77	19 544 589.16
盈余公积	29 999 550.84	30 516 361.59
未分配利润	239 897 558.15	200 667 079.59
少数投资人权益	78 353 310.48	380 123 339.86
归属母公司所有者权益	828 686 552.85	388 202 430.34
所有者权益合计	907 039 863.33	768 325 770.20
负债和所有者权益合计	3 751 330 907.21	3 978 594 211.38

表 11-2　TCGF 公司 2010 年合并现金流量表　　单位：元

项　目	个别报表	合并报表
一、经营活动产生的现金流量		
销售商品、提供劳务收到的现金	952 094 931.60	1 670 127 161.63
收到的税费返还	3 732 945.50	—
收到其他与经营活动有关的现金	54 404 518.38	14 549 684.95
经营活动现金流入小计	1 010 232 395.48	1 684 676 846.58
购买商品、接受劳务支付的现金	549 205 891.94	1 270 265 721.46
支付给职工以及为职工支付的现金	149 500 493.33	146 887 754.85
支付的各项税费	167 116 516.74	186 175 102.06
支付其他与经营活动有关的现金	70 455 168.48	75 209 506.57
经营活动现金流出小计	936 278 070.49	1 678 538 084.94
经营活动产生的现金流量净额	73 954 324.99	6 138 761.64
二、投资活动产生的现金流量		
收回投资收到的现金	3 227 982.60	12 824 987.75
取得投资收益收到的现金	—	135 000.00
处置固定资产、无形资产和其他长期资产收回的现金净额	7 464 655.40	—
投资活动现金流入小计	10 692 638.00	12 959 987.75

续表

项　　目	个别报表	合并报表
购建固定资产、无形资产和其他长期资产支付的现金	179 008 312.82	308 029 269.83
投资支付的现金	310 869 100.00	—
投资活动现金流出小计	489 877 412.82	308 029 269.83
投资活动产生的现金流量净额	−479 184 774.82	−295 069 282.08
三、筹资活动产生的现金流量		
吸收投资收到的现金	464 550 300.03	—
取得借款收到的现金	975 000 000.00	1 738 120 000.00
收到其他与筹资活动有关的现金	260 000 000.00	170 000 000.00
筹资活动现金流入小计	1 699 550 300.03	1 908 120 000.00
偿还债务支付的现金	955 460 000.00	1 212 120 000.00
分配股利、利润或偿付利息支付的现金	184 595 581.02	188 818 869.00
支付其他与筹资活动有关的现金	241 893 881.30	183 894 150.98
筹资活动现金流出小计	1 381 949 462.32	1 584 833 019.98
筹资活动产生的现金流量净额	317 600 837.71	323 286 980.02
四、汇率变动对现金的影响	−555 370.82	−2 692 891.62
五、现金及现金等价物净增加额	−88 184 982.94	31 663 567.96
期初现金及现金等价物余额	121 897 697.27	90 234 129.31
期末现金及现金等价物余额	33 712 714.33	121 897 697.27

表 11-3　TCGF 公司 2010 年利润表及合并利润表　　单位：元

项　　目	个别报表	合并报表
一、营业收入	1 873 365 248.40	2 026 115 361.86
减：营业成本	1 507 750 151.09	1 620 866 357.98
营业税金及附加	17 603 088.89	21 089 708.66
销售费用	56 701 178.01	68 681 636.28
管理费用	71 624 648.05	90 604 473.19
财务费用	122 264 240.33	163 223 405.33
资产减值损失	16 388 383.72	17 294 788.61
加：公允价值变动净收益	(489 375.00)	—
投资收益	7 301 894.19	11 172 487.75
二、营业利润	87 846 077.50	55 527 479.56
营业外收入	5 378 117.98	22 570 755.63
减：营业外支出	1 203 841.42	2 135 528.77
其中：非流动资产处置净损失	868 189.28	28 564.39
三、利润总额	92 020 354.06	75 962 706.42
减：所得税	14 569 768.34	−3 289 892.33
加：影响净利润的其他科目	—	—
四、净利润	77 450 585.72	79 252 598.75
归属于母公司所有者的净利润	47 764 757.71	41 618 454.50
少数投资人损益	29 685 828.01	37 634 144.25
五、每股收益	—	—
(一) 基本每股收益	0.32	0.30
(二) 稀释每股收益	0.32	0.30

表 11-4　TCGF 公司 2010 年所有者权益变动表及合并所有者权益变动表 单位：元

个别报表							
2010. 12. 31	股本	资本公积	盈余公积	未分配利润	少数投资人权益	归属母公司的所有者权益	合计
	177 061 132	376 875 034. 77	29 999 550. 84	239 897 558. 15	78 353 310. 48	828 686 552. 85	907 039 863. 33
合并报表							
2010. 12. 31	137 474 400. 00	19 544 589. 16	30 516 361. 59	200 667 079. 59	380 123 339. 86	388 202 430. 34	768 325 770. 20

二、案例解读

（一）合并资产负债表解读

本公司合并财务报表的合并范围以控制为基础来进行确定，所有子公司均纳入合并财务报表。在报告期内，因同一控制下企业合并增加子公司的，调整合并资产负债表的期初数；在报告期内，因非同一控制下企业合并增加子公司的，不调整合并资产负债表的期初数。合并财务报表以本公司及子公司的财务报表为基础，根据其他相关资料，按照“权益法”调整对子公司的长期股权投资后，由母公司编制。合并资产负债表的编制是经过以下抵销得到的：①母公司长期股权投资项目与子公司所有者权益项目的抵销；②母公司与子公司、子公司相互之间发生的内部债权、债务项目的抵销；③内部购进存货价值中包含的未实现内部销售利润的抵销；④内部交易形成的固定资产价值中包含的未实现内部销售利润的抵销。

（二）合并现金流量表解读

在报告期内，因同一控制下企业合并增加子公司的，将子公司合并当期期初至报告期末的现金流量纳入合并现金流量表；在报告期内，因非同一控制下企业合并增加子公司的，将子公司自购买日至报告期末的现金流量纳入合并现金流量表；在报告期内，母公司处置子公司，该子公司期初至处置日的现金流量纳入合并现金流量表。合并现金流量表的编制是经过以下抵销得到的：① 母公司与子公司、子公司相互之间当期以现金投资或收购股权增加的投资所产生的现金流量的抵销；②母公司与子公司、子公司相互之间当期取得投资收益收到的现金与分配股利、利润或偿付利息支付的现金的抵销；③母公司与子公司、子公司相互之间以现金结算债权与债务所产生的现金流量的抵销；④母公司与子公司、子公司相互之间当期销售商品所产生的现金流量的抵销。

（三）合并利润表解读

在报告期内，因同一控制下企业合并增加子公司的，将子公司自合并当期期初至报告期末的收入、费用、利润纳入合并利润表；在报告期内，因非同一控制下企业合并增加子公司的，将子公司自购买日至报告期末的收入、费用、利润纳入合并利润表；在报告期内，母公司处置子公司，则该子公司期初至处置日的收入、费用、利润纳入合并利润表。合并利润表的编制是经过以下抵销得到的：① 内部营业收入和内部营业成本项目的抵销；②内部销售商品形成存货、固定资产、无形资产等项目中包含的未实现内部销售损益、内部销售商品形成固定资产、无形资产等计提的折旧额或摊销额中包含的未实现内部销售损益的抵销；③内部应收款项计提的坏账准备等减值准备的抵销；④母公司与子公司、子公司相互之间持有对方长期股权投资的投资收益的抵销。

(四) 合并所有者权益变动表解读

合并所有者权益变动表的格式及内容与个别所有者权益变动表基本相同。合并所有者权益变动表需要抵销的项目主要有两个：①母公司对子公司的长期股权投资与母公司在子公司所有者权益中享有的份额相互抵销；②母公司对子公司、子公司相互之间持有对方长期股权投资的投资收益的抵销。

由于合并财务报表中需要抵销的业务数据无法取得，所以，对该企业集团合并财务报表中的抵销业务无法进行具体分析。

习　题

1. 企业合并的动因有哪些?
2. 企业合并方式有哪几种? 哪种合并涉及合并财务报表的信息披露问题?
3. 合并财务报表合并的范围包括哪些情况?
4. 企业集团如何通过关联交易实现盈余管理目标?
5. 合并资产负债表、合并利润表、合并现金流量表和合并所有者权益变动表需要抵销的项目分别有哪些? 如果不抵销，在合并财务报表上会产生哪些财务和经营“效果”?

第三篇　财务报表分析

第十二章

基本方法及评价标准设定

第一节 财务报表分析的基本方法

在明确财务分析目的、确定分析范围、收集和加工整理相关信息之后，应选择适当的财务分析方法，对公司的财务状况、经营成果等进行分析。财务分析人员可以根据不同的分析目的选择不同的分析方法，下面，介绍几种常用的分析方法，这些方法在公司财务分析中有广泛的应用。

一、结构分析法

（一）结构分析法的基本内容

结构分析法是通过计算报表中相关项目占总体的比重或结构，反映报表中的项目与总体之间的关系及其变动情况的一种方法。由于结构分析往往是对纵向排列的各项目占总体的比重的计算，所以又称为垂直分析。垂直分析法的一般步骤如下：

第一，计算报表中各项目占总体金额的比重或百分比，其计算公式为

$$某项目的比重=\frac{该项目金额}{各项目总金额}\times 100\%$$

第二，通过比较各项目比重的大小，分析各项目在企业经营中的重要性。一般来说，某项目的比重越大，说明其越重要，对总体的影响也越大。

第三，将分析期各项目的比重与前期同项目的比重进行对比，分析各项目的比重变动情况。也可将本企业报告期各项目比重与同行业其他企业相同项目的比重进行对比，研究本企业与其他企业之间的不同，从而找出存在的问题。

（二）结构分析法的应用

在对财务报表进行结构分析时，将报表中的各个项目以结构百分比形式表示出来。这种以各项目的结构百分比列示的财务报表被称为结构百分比财务报表。结构百分比分

析方法可用于资产负债表、利润表和现金流量表的分析。

二、比率分析法

（一）比率分析法的基本内容

财务比率是财务报表中两个相关项目相比所得的值。财务比率计算中所涉及的两个项目可以来源于同一财务报表，也可取自不同的财务报表。财务报表中的任意两个项目相比都可以得到一个比率，但是要使计算出的比率有经济意义，计算比率的两个项目之间就必须具有相互关系。比率分析法是将影响企业财务状况和经营成果的两个相关因素联系起来，计算其比率，反映它们之间的关系，借以评价企业财务状况和经营成果的一种财务分析方法。比率分析法是财务分析最重要、最基本的分析方法。

（二）比率分析法的应用

比率分析法中应用的财务比率很多，目前还没有一个被普遍认可的分类标准。反映获利能力常见的财务比率有销售利润率、营业成本利润率、总资产收益率、净资产收益率、资本收益率、资本保值增值率、市盈率等；反映偿债能力常见的财务比率有流动比率、速动比率、资产负债率、负债对所有者权益比率等；反映营运能力常见的财务比率有存货周转率、应收账款周转率、总资产周转率等。

三、趋势分析法

（一）趋势分析法的基本内容

趋势分析法是通过比较企业连续若干期相同的财务报表、财务指标、财务比率，运用动态数值反映各个时期的变化，揭示其发展趋势与规律的分析方法。企业中的经营活动是十分复杂的，多种因素共同作用影响企业的财务状况和经营成果，如果只是考察某一时期或某一时点的财务指标和财务比率，就无法对其发展趋势和规律作出判断，因此，需要把若干时期或时点的财务数据按时间顺序整理为时间序列，计算其增长速度、平均增长速度，从中发现财务数据存在的变化规律和发展趋势。趋势分析法常常将连续若干期的财务数据在水平方向并列排列，因而又被称为水平分析。

（二）趋势分析法的应用

在趋势分析法的具体应用中，常用到以下三种分析技术。

1. 绝对数额增减变动分析

绝对数额增减变动分析就是将连续若干期的财务数据直接进行比较。用这种分析方法可以看出被分析的财务数据的变动所呈现的趋势（上升、下降或上下波动）。

2. 环比分析

环比分析就是计算相关项目相邻两期的变动百分比，即某项目分析期的数值相对于前期数值的变动百分比。环比变动百分比计算结果的正负表明相关项目的变动方向，绝对值的大小反映变动幅度。环比变动百分比的计算公式为

$$环比变动百分比=\frac{某项目分析期数值-某项目前期数值}{某项目前期数值}\times 100\%$$

在环比分析中需要注意，如果前期的项目数值为零，则无法计算环比变动百分比，如果前期的项目数值为负数，计算出的环比变动百分比没有实际意义，所以，在计算环比变动百分比时应避免前期的项目数值为零或负数的情形。

3. 定基分析

定基分析是先选定一个固定的期间作为基期，计算各分析期的有关项目与基期相比的百分比。环比分析只能看出分析期与其相邻的前期相比其变动的方向和幅度，而定基分析可以看出在一个较长的期间内，有关项目的变动趋势，更适合于作长期趋势判断。定基变动百分比的计算公式为

$$定基变动百分比=\frac{某项目分析期数值}{某项目基期数值}\times 100\%$$

基期的选择对分析结果有重要影响，选择不同的基期，分析结果有可能不一致。在选择基期时，应避免以项目数值为零或负数的期间为基期，否则不能计算出有意义的定基变动百分比。选择基期时，应注意两点：第一，一般应选择企业经营状况比较正常的会计期间作为基期，这样计算出的定基变动百分比更具有典型意义；第二，尽可能选择时间序列中较早的会计期间作为基期，这样便于分析整个时间序列中各项目的变化趋势。

四、比较分析法

（一）比较分析法的基本内容

比较分析法是将企业某项目财务指标进行比较，计算出财务指标变动值的大小，并寻找差异原因的分析方法。比较分析法计算出要进行比较的指标之间的差异，包括差异大小、差异方向和差异性质。通过比较分析，可以了解财务指标存在的差距，寻找差异产生的原因，为决策提供必要的支持。

（二）比较分析法的应用

比较分析法通常需与其他分析方法综合运用，用于比较的数据既可以是各种财务比率，也可以是结构分析中的结构百分比，还可以是趋势分析中的绝对数额、环比变动百分比和定基变动百分比。

对当期的数据进行比较，作出优劣判断，就必须有比较标准。常见的比较标准有历史标准、行业标准、经验标准和预算标准。这些标准的含义和使用将在下节介绍。

五、因素分析法

（一）因素分析法的基本内容

应用比较分析法可以确定各项财务指标变动而产生的差异，至于产生差异的原因及各种原因对差异形成的影响程度，则需采用因素分析法来进行具体分析。企业的财务指

标受多种因素共同影响，当这些因素发生不同方向、不同程度的变动时，就会对相应的财务指标产生不同的影响。

因素分析法是将某一综合指标分解为各个相互关联的因素，计算这些因素对综合性指标差异额影响程度的一种分析方法。企业的财务状况和经营成果受多个因素的影响，财务指标是企业财务状况和经营成果的综合反映，因素分析法可以测定各个因素对综合性财务指标变动的影响程度，找出影响财务指标变动的主要因素，帮助人们抓住主要矛盾，深入理解财务指标的影响因素。

因素分析法中常用的两种技术是连环替代法和差额法。如果各个因素之间是加减关系，则各个因素对财务指标差异的影响方向和程度比较容易确定，如果各个因素之间是乘除关系，则各个因素对财务指标差异的影响方向和程度相对复杂。连环替代法的基本步骤如下。

第一步，确定财务指标的影响因素。即要将分析的财务指标分解为若干因素的乘积。在分解时注意财务指标的组成因素能够反映形成该项指标差异的内在构成原因，否则，对差异的形成就不具有解释力。如材料费用指标可以分解为产品产量、单位产品材料耗用量、单位材料价格的乘积。如果将材料费用分解为工人人数、每人消耗材料费用，虽然这种分解在数学上是成立的，但不具有经济意义。

第二步，确定财务指标差异。即财务指标实际值与比较标准之间的差异，这一差异是因素分析的对象，比较标准可以是计划数、前期数等。假设财务指标实际值为 Y_1，标准值为 Y_0，则分析对象财务指标差异 $\Delta Y=Y_1-Y_0$；

第三步，确定各因素的替代顺序。在确定财务指标因素后，就是因素分析的替代顺序。一般来讲，替代顺序是数量因素在前，质量因素在后；实物量因素在前，货币因素在后；主要因素在前，次要因素在后。

第四步，确定每个因素对财务指标变动的影响程度。以财务指标标准值的公式为基础，依次用每个影响因素的实际值替代标准值，替代的次数与因素的数量相同。每次替代后得到的财务指标值与替代前财务指标值之间的差异就是所替代因素引起的差异。

第五步，将各因素变动对财务指标影响程度的数额相加，得到的和应与该财务指标实际值与标准值的差额（即分析对象）相等。

因素分析法的第二种分析技术是差额法，它是连环替代法的简化形式。差额分析法的基本原理与连环替代法相同，区别在于，差额分析法可直接利用各影响因素的实际值与标准值的差额，在其他因素不变的假设条件下，计算各因素对分析指标的影响程度。

（二）因素分析法的应用

1. 连环替代分析法的应用

下面以乘积关系为例，说明连环替代分析法的基本过程。假设某财务指标 Y 是由 A、B、C 三个因素的乘积组成的，即 $Y=A\cdot B\cdot C$。在分析时，若是将指标实际值与指标标准值进行对比，实际值与标准值的计算公式如下。

指标标准值 $Y_0=A_0\cdot B_0\cdot C_0$

指标实际值 $Y_1=A_1\cdot B_1\cdot C_1$

分析对象为指标实际值与指标标准值的差额 Y_1-Y_0

在连环替代时，从指标标准值开始，依次替代各个因素。

指标标准值 $Y_0=A_0 \cdot B_0 \cdot C_0$　　(1)

第一次替代 $Y_2=A_1 \cdot B_0 \cdot C_0$　　(2)

第二次替代 $Y_3=A_1 \cdot B_1 \cdot C_0$　　(3)

指标实际值 $Y_1=A_1 \cdot B_1 \cdot C_1$　　(4)

各因素变动对指标的影响数额可按下式计算。

A 因素变动的影响＝(2)－(1)$=Y_2-Y_0$

B 因素变动的影响＝(3)－(2)$=Y_3-Y_2$

C 因素变动的影响＝(4)－(3)$=Y_1-Y_3$

将上面三个项目相加，就是各个因素变动对指标的总影响程度，它应与分析对象 Y_1-Y_0 相等。例如，某企业生产乙产品，本月份乙产品的产量及其他有关材料费用的资料如表 12-1 所示。

表 12-1　乙产品成本计划数和实际数资料

项　目	计划数	实际数
产品产量/件	300	320
单位产品材料耗用量/千克	10	9.5
材料单价/（元/千克）	100	108
材料费用/元	300 000	328 320

将材料费用作因素分解，并按前述原则确定各因素的先后顺序。

材料费用＝产品产量×单位产品材料耗用量×材料单价

分析对象＝328 320 － 300 000＝28 320（元）

计划材料费用＝300×10×100＝300 000（元）

第一次替代＝320×10×100＝320 000（元）

第二次替代＝320×9.5×100＝304 000（元）

实际材料费用＝320×9.5×108＝328 320（元）

实际材料费用比计划材料费用增加 28 320 元，各因素变动对材料费用增加的影响程度如下。

产量变动对材料费用的影响＝320 000　300 000＝20 000（元）

单位产品材料耗用量变动对材料费用的影响＝304 000－320 000＝－16 000（元）

材料单价变动对材料费用的影响＝328 320－304 000＝24 320（元）

三个因素变动对材料费用的影响＝20 000－16 000＋24 320＝28 320（元）

2. 差额法的应用

以上述 $Y=A\times B\times C$ 为例，差额分析法的计算公式如下。

A 因素变动的影响＝$(A_1-A_0) \cdot B_0 \cdot C_0$

B 因素变动的影响＝$A_1 \cdot (B_1-B_0) \cdot C_0$

C 因素变动的影响＝$A_1 \cdot B_1 \cdot (C_1-C_0)$

以上面的材料费用的分析资料为基础，采用差额分析法的计算结果如下。

产量变动对材料费用的影响＝（320－300）×10×100＝20 000（元）

单位产品材料耗用量变动对材料费用的影响＝320×（9.5－10）×100＝－16 000（元）

材料单价变动对材料费用的影响＝320 ×9.5（108－100）＝24 320（元）

三个因素变动对材料费用的影响＝20 000—16 000＋24 320＝28 320（元）

两种分析方法的计算结果相同，但差额分析法要比连环替代法更简单。

第二节 财务报表分析评价标准设定

一、评价标准设定概述

不同的财务分析主体在作企业财务分析时的目的不尽相同。投资人主要分析企业的盈利能力、资本保值增值，此外，他们还关注企业的权益结构、支付能力和运营能力等；债权人主要分析企业的偿债能力，另外，债权人关注债务人的收益状况与风险程度是否相适应；经营者对企业财务分析是一种全面的综合分析，他们主要分析企业的盈利能力，此外，他们还关注企业利润形成的原因与过程，如资产结构分析、资本结构分析、营运状况与效率分析、经营风险分析、财务风险分析、支付能力与偿债能力分析、发展能力分析等。这种分析，有助于经营者及时发现生产经营中存在的问题与不足，并采取有效措施解决问题。

财务分析标准是财务分析过程中据以评价分析对象的基准。企业的财务状况和经营成果只有通过比较，才能鉴别出优劣。财务分析的过程实质上就是采用特定的分析方法进行比较的过程，而比较的基准就是财务分析标准。

财务分析标准可以从多个视角进行分类。按照标准制定者的不同，可以分为国家制定标准、社会制定标准和企业制定标准；按照分析者的不同，可以分为内部分析者使用标准和外部分析者使用标准；按照分析比较依据的不同，可以分为历史标准、行业标准、经验标准和预算标准。下面主要介绍历史标准、行业标准、经验标准和预算标准。

二、历史标准

历史标准是指企业某一财务指标过去某一时期的实际值。它是财务比率分析中常采用的标准，用于分析评价企业的财务状况是否得到改善，经营成果是否得到提高。

历史标准可以是某一财务指标在本企业历史最好水平时期的实际值，也可以是前一个时期或该期期末的实际值，可以是上年同期或该期期末的实际值，也可以是过去一段时期的平均值。

历史标准的主要优点如下：第一，可比性较强，因为这是同一企业财务指标当期的实际值与财务指标过去的实际值相比较；第二，可靠性较强，因为无论是财务指标的当期实际值还是过去的实际值都是企业生产经营过程的实际反映。

历史标准的局限有四点：第一，只适用于本企业不同时期之间的比较，不能说明本企业相对于竞争对手的优势与不足，不能说明本企业的市场竞争地位；第二，较为保守，不能充分反映当今经济社会快速变化的外部环境和技术进步；第三，当企业自身发生重大变化时，历史标准的价值会发生变化，甚至完全失去其比较意义；第四，在企业外部环境发生重大变化的情况下，如严重的通货膨胀，历史标准不便于直接使用，需用通货膨胀率对相关数据进行调整。

三、行业标准

行业标准是按行业制定的，反映行业一定时期内财务状况和经营成果的平均水平或行业内某一先进企业的业绩水平。企业之间的市场竞争主要表现为同行业企业之间的竞争，在判定企业是否具有较强的市场竞争能力时，行业标准的作用是不可替代的。

作为财务分析的评价标准，行业标准的主要优点如下：第一，由于行业标准反映的是行业的平均水平或先进水平，将本企业的实际财务数据与行业标准相比，可以看出本企业与行业水平之间的差异，从而正确认识本企业在行业中所处的地位和水平；第二，由于同一行业内企业的经营活动相同或类似，因而它们之间的财务数据具有较强的可比性。

行业标准也受到下列条件的制约：第一，同一行业内两个企业的相同指标不一定具有可比性，因为它们提供的产品和服务可能是面向不尽相同的细分市场；第二，一个企业所属的行业是按其最主要的业务来判定的，但是，规模较大的企业往往都是多元化经营，不同的业务对应的风险水平和盈利水平也不相同，这就造成两个大企业，即使它们所处行业相同，其业务结构上的差异也不容忽视；第三，同一行业内的不同企业，可能选用不同的会计政策与核算方法，这也使得行业标准的应用受到一定局限。

四、经验标准

经验标准是根据企业大量的长期的实践经验形成的，并经过实践检验的标准。例如，在资本结构方面，资产负债率不应超出70%，否则，企业会面临较高的财务风险，在偿债能力方面，流动比率的经验标准为2∶1，速动比率的经验标准为1∶1。经验标准通常是针对制造业的平均水平，对其他行业并不完全适用，如金融行业中的银行和保险公司等特殊行业。从这个意义上讲，经验标准实际上是指一定行业企业财务指标的平均水平。

经验标准主要用于企业偿债能力等方面的分析与评价。其主要优点是较为可靠、相对稳定。其主要不足是适用范围受行业限制，不存在一个普遍适用所有行业的经验标准。所以，使用经验标准对企业进行评价时，应结合使用行业标准。

五、预算标准

预算标准是指企业根据自身经营条件所制定的财务预算指标，即企业根据自身经营状况制定的目标标准。这一标准主要应用于新型行业、新建企业和垄断企业。新型行业和新建企业不存在历史标准数值，可以更多地使用预算标准。垄断企业在行业内没有竞争对手，也不存在行业标准，所以，垄断企业也会较多地使用预算标准。

企业的经营管理层在作财务分析和评价时，也常常应用预算标准，这是因为以财务预算指标为财务分析的评价标准，可以提高企业财务预算编制水平，强化财务预算实施。

预算标准的优点是，预算标准是企业根据自身经营状况制定的目标标准，相对于企业的外部人员，企业经营管理层掌握着本企业更多的信息，它们制定的预算标准可能更切合企业实际。

预算标准的局限性有两点：第一，由于财务预算的编制是建立在企业财务预测和变幻不定的经营环境的基础之上，不确定性是无法避免的，甚至需要预算编制人员作出一定的主观判断，所以，预算标准并不是绝对可靠的；第二，由于企业财务预算不是企业必须公开披露的信息，所以，预算标准通常适用于企业内部财务分析与评价，由于企业外部难于获取企业预算标准，故预算标准不适用于企业外部财务分析与评价。

习　题

1. 不同财务报表分析方法的特点是什么？
2. 不同财务报表分析方法各适用于哪些内容的分析？
3. 你认为哪种财务报表分析评价标准比较适合于对你所在的企业进行评价？

第十三章

资产质量、流动性与偿债能力分析

第一节　资产质量分析

资产质量是指资产在企业生产经营过程中实际发挥效用与其预期效用之间的吻合程度。由于资产的属性不同，不同资产项目的预期效用就不同。即使同一资产项目，在不同企业或同一企业的不同时期，其预期效用也不相同。所以，必须结合企业的具体经营环境对资产质量进行分析。

一、资产质量的属性

（一）资产质量的相对性

资产质量的相对性是指同一资产在不同企业或同一企业的不同时期，其价值不同。例如，使用相同生产设备生产相同产品的 A、B 两家企业，A 企业的产品滞销，B 企业的产品畅销，则 B 企业的生产设备能带来更多的利润，那么，B 企业的资产质量就优于 A 企业的资产质量。需要说明的是，资产质量不仅仅是资产的物理质量，它更强调一项资产与其他资产的配合，在经营活动中带来未来收益的能力。

（二）资产质量的时效性

资产质量处于变动状态，资产质量会随着技术进步、消费者偏好改变、竞争环境的变化等而变化。同时，资产质量还受特定时期经营环境的影响，如宏观经济政策、经济周期、企业发展阶段、产品生命周期、技术发展水平等。

（三）资产质量的层次性

各项资产的质量不是完全一致的。一个经济效益好、资产质量整体优良的企业，也可能有质量很差的个别资产。反之，一个亏损累累、甚至濒于破产、资产质量整体很差的企业，也可能有个别质量很高的资产。所以，研究资产质量必须分层次进行：首先，从整体上加以把握，确定企业资产的整体质量状况；其次，还要对不同的资产项目分别进行预期效用的分析，从而确定各项资产的质量。

二、资产结构的流动性和资产的风险结构分析

企业的目标是合理配置与使用资源，以创造更多价值。企业资源的有效配置是通过合理的资产结构来实现的，资产结构是指各项资产占总资产的比重。

（一）资产结构的流动性和资产的风险结构分析

资产结构的流动性是指与资产总额、负债（主要是流动负债）规模相适应的流动资产的规模和质量状况。流动资产的流动性比非流动资产的流动性强，资产流动性的强弱与资产风险大小和收益高低密切相关。

一般而言，流动性强的资产，其风险和收益相对较小。这是因为，流动资产能在短期内完成周转，实现其价值。加之短期内市场变动较小，市场预测与市场变动不会有太大的偏离，所以，企业容易对流动资产的质量作出准确的预测；流动性弱的资产，其风险相对较大，收益也相对较高。这是因为，固定资产等长期资产需要在较长的时间内完成周转并实现其价值。在长期资产周转期间，市场环境极有可能发生很大变化，面对多变的市场环境，要对资产质量作一个长时期的准确预测是一件难度很大的工作。

概括地讲，资产流动性的强弱与其风险、收益呈负相关关系。但也存在一些例外情况，如交易性金融资产，其流动性很强，一般来说，收益不会很高，但如果市场行情火爆，企业将其出售变现，也可获得很好的收益。再如，长期股权投资，其流动性较弱，相对于交易性金融资产投资，其收益也应较好。但是，如果被投资企业经营不善，效益不好，也会影响企业的长期投资收益率，甚至可能造成企业长期投资损失。

资产结构的流动性质量可以通过流动性较强的流动资产在总资产中所占比例及其对流动负债的保障程度来衡量。一般而言，资产结构中流动性强的资产所占比例越高，资产整体流动性就越强。如果流动资产对流动负债的保障程度较高，那么，企业偿债能力也较强，财务风险较小。但是，也不能片面地追求资产结构的流动性，这是因为，流动性强的资产，尽管其风险相对较小，但是其收益也相对较少，如果资产结构的流动性超出了合理的限度，就可能影响企业资产整体的盈利能力。所以，企业在安排资产结构时，既要保持适度的流动性，以降低生产经营风险，同时，又要避免过高的资产结构流动性，以防止对资产整体盈利能力造成负面影响。

（二）采用资产结构比重分析技术对资产结构进行分析

资产类别比重分析是对构成资产的各大类别与总资产的比例关系，以及各大类别资产之间的比例关系进行分析。主要包括流动资产比率、固定资产比率。

1. 流动资产比率

流动资产比率是指流动资产与总资产之比，其计算公式为

$$\text{流动资产比率}=\frac{\text{流动资产}}{\text{资产总额}}\times 100\%$$

流动资产具有变现时间短、周转速度快的特点。因此，流动资产比率越高，说明流动资产在总资产中所占比例越大，企业抵御风险的能力也越强。但是，过高的流动资产比率可能会影响企业资产的盈利能力。所以，确定合理的流动资产比率要求企业能很好地权衡资产流动性和资产获利能力的关系。

在分析流动资产比率时，一方面要考虑企业经营性质、经营状况和发展阶段，另一方面要考虑企业所处的行业特征。该指标既可与同行业平均水平或先进水平相比较，也可进行若干期的趋势分析。在作趋势分析时，应结合销售收入变动情况，注意流动资产比率的增长是否超过了销售收入的增长。如果流动资产比率呈逐年上升趋势，而销售收入增长却有逐年减弱的迹象，则说明流动资产比率的变动是不合理的。同时，流动资产比率偏高，说明企业对生产经营能力的扩大可能重视不够，在一定程度上也会影响销售收入的增长。

2. 固定资产比率

固定资产比率是指固定资产与总资产之比，其计算公式为

$$固定资产比率=\frac{固定资产}{资产总额}\times 100\%$$

固定资产具有变现能力差、投入资金量较大、收回时间较长的特点。固定资产比率太低，就会限制企业的生产经营规模，影响劳动生产率的提高和生产成本的降低。适当提高固定资产比率，有利于实现规模经济，提高企业资产整体盈利能力。然而，固定资产比率不能过高，因为固定资产的流动性和变现能力较差，如果比率过高，则降低了企业的支付能力，加大了企业的财务风险。此外，固定资产属于抵扣企业一定时期收益的资产，如果固定资产的增长超过了销售收入的增长，那么，这种增长不但不会对企业经济效益的实现发挥积极作用，反而会产生不利影响。

第二节 资产流动性分析

资产流动性是指资产的变现速度。资产的变现速度越快，流动性越强；反之，变现速度越慢，流动性越弱。在企业正常生产经营中，固定资产等长期资产是企业生产能力形成的基础，通常不会将其变现，资产的流动性更多是对流动资产而言的。

一、现金与交易性金融资产的流动性分析

流动资产主要包括现金、交易性金融资产、应收账款及应收票据、存货、预付账款以及其他应收款等。流动资产的变现速度越快，说明企业的短期偿债能力越强。

（一）现金流动性分析

流动资产中各个项目的流动性不同。一般来讲，现金不存在变现问题。但这个假设的前提条件是，现金和银行存款的用途没有受到任何限制，可以随时用于偿还债务。如果满足不了这一前提条件，现金也存在变现问题。对于用途受到限制的现金而言，在计算现金数量时，应将受到限制的那部分现金予以扣除。

（二）交易性金融资产流动性分析

交易性金融资产是企业为了近期出售而持有的金融资产。在分析交易性金融资产的流动性时，应注意以下几个问题。

第一，交易性金融资产的目的只是短期持有。如果同样的有价证券被连续多年列为“交易性金融资产”，则需要分析该交易性金融资产的流动性，必要时可以将其列为非流动资产。

第二，交易性金融资产是否已根据会计准则的要求，按其公允价值调整账面价值。如果企业财务报告已经按公允价值调整了交易性金融资产的账面价值，那么，交易性金融资产可以较好地反映其变现价值。但是，还必须注意，即使交易性金融资产已按公允价值进行调整，由于其公允价值（市价）处于不断的变动中，这种变动有时可能十分剧烈。因此，不能保证资产负债表日的交易性金融资产的公允价值就一定能很好地揭示它在分析时点的变现价值。这也是交易性金融资产与其他流动资产的一个重要差异。因而，以交易性金融资产分析企业短期偿债能力时，存在着一定的不确定性。

二、应收账款流动性分析

应收账款是流动资产中的一个重要项目，其管理效率的高低对企业偿债能力和盈利能力有直接影响。一个账面利润高、但没有足够现金流量的企业，正常的生产经营活动也会受到干扰，甚至会因为财务状况恶化而破产。因此，在扩大赊销的同时，企业必须加强对应收账款回收的管理，提高应收账款的流动性，确保企业现金净流量的增加。

常见的应收账款流动性分析指标有应收账款周转率和应收账款周转天数。

（一）应收账款周转率

1. 应收账款周转率的计算

应收账款周转率是指商品赊销收入与应收账款平均余额的比值，其计算公式为

$$应收账款周转率=\frac{赊销收入净额}{应收账款平均余额}$$

其中，赊销收入净额＝赊销收入－赊销退回－赊销折让－赊销折扣

应收账款平均余额＝（期初应收账款＋期末应收账款）÷2

应收账款周转率反映了企业应收账款变现速度的快慢和管理层对应收账款管理效率的高低。一般来讲，应收账款周转率越高，表明一定期间内应收账款的周转次数越多，回收速度越快，流动性越强，短期偿债能力强。同时，也表明企业应收账款的管理效率高。提高应收账款周转率可以有效地减少坏账损失和收账费用，减少流动资金占用，增强流动资产的流动性，从而增强企业的短期偿债能力。

2. 计算应收账款周转率时应注意的问题

1）应收账款应当包括应收票据

应收账款是一般形式的商业信用，而应收票据是以票据结算的商业信用，它们仅仅在商业信用形式上有所不同，并没有实质上的差别。应收票据是因商品销售而形成的，

可以将其视为应收账款的另一种形式。

2）应收账款平均余额

关于应收账款平均余额，有两点需要注意。

第一，应收账款应当选用原值还是净值。资产负债表中应收账款是用净额列示的，因而，选用应收账款净额对于外部报表分析者来说是一个恰当的选择。一方面，获取数据非常容易，另一方面，外部报表分析者更关心应收账款的实际价值以及与当前营业收入的对比关系；对于内部报表分析者来说，选用应收账款原值更为恰当。这是因为，已经计提的减值准备仍然属于企业的资产，企业还应尽可能将其收回。如果先扣除资产减值准备，以应收账款净值计算应收账款周转率，则容易使企业管理人员放松对这部分账款的催收。

第二，应收账款余额如何平均。最简单的方法是从资产负债表中提取应收账款年初金额和年末金额，然后计算其平均数。但是，这种方法对于在年度内不同季节或不同月份应收账款波动较大的企业而言，存在较大缺陷。因为，年初应收账款和年末应收账款的简单平均，并不能很好地表示应收账款在整个年度内的平均水平。改善的方法是，按4个季度的季末数计算平均，或按12个月的月末数计算平均。

3）赊销收入净额

应收账款是由赊销产生的，所以，计算应收账款周转率公式的分子应采用赊销收入净额。这样，可以保持分子和分母计算口径一致。外部报表分析者如果能够得到赊销收入的信息，应采用赊销收入净额计算应收账款周转率。但是，利润表中不单独列示赊销收入，这样，外部报表分析者只能用营业收入净额替代赊销收入净额，这在逻辑上可以将现金销售视为收账时间为零的赊销。如果赊销收入在营业收入总额中所占比例较为稳定，只要保持时间前后的一贯性，采用营业收入净额计算应收账款周转率也不会对其分析产生太大的影响。所以，在计算和分析应收账款周转率时，大多采用营业收入净额。

3. 分析应收账款周转率时应注意的问题

(1) 应收账款周转率计算公式中的分母——应收账款平均余额是一个时点指标，故应收账款周转率也具有时点的特征。但时点指标受季节性、偶然性和人为因素的影响较大，为避免应收账款周转率受这些因素的影响，在计算应收账款平均余额时，应尽可能利用能够获取的所有详细信息，如按4个季度的季末数计算平均，或按12个月的月末数计算平均。

(2) 虽然应收账款周转率较高，表明企业应收账款管理效率也较高，但是，并不是说企业应追求过高的应收账款周转率。因为，过高的应收账款周转率可能是由企业过于严格的信用政策引起的，这样就会对扩大销售、提高市场占有率产生不利影响。所以，企业应合理把握信用政策，处理好扩大销售与降低坏账损失之间的关系。

(3) 注意结算方式对应收账款周转率的影响。如果采用营业收入净额计算应收账款周转率，则结算方式对该指标的高低有重要影响。例如，商业企业大量采取现金销售方式，而制造业企业以商业信用销售为主，那么，商业企业的应收账款周转率就会被严重高估。要避免这种情况的发生，计算应收账款周转率的分子应当选用赊销收入净额，即在营业收入中将现金销售的部分予以扣除。

（4）在不同的企业间比较应收账款周转率时，应特别注意指标的可比性。应收账款周转率的高低受很多因素影响，如企业的信用政策、客户的信用状况、企业提取坏账准备的多少等，在不同的企业间作应收账款的横向比较时，必须注意以上因素是否具有可比性。

（5）对同一企业，可以采用纵向分析方法，将本期的应收账款周转率与以往各期应收账款周转率进行比较，以揭示应收账款的变动趋势和管理中存在的问题。

（二）应收账款周转天数

应收账款周转天数也称为应收账款周转期，其计算公式为

$$应收账款周转天数=\frac{360}{应收账款周转率}$$

$$=360\times\frac{应收账款平均余额}{赊销收入净额}$$

应收账款周转天数与应收账款周转率都是反映应收账款周转状况的，因而，这两个指标没有本质差别，只是反映的角度不同而已。应收账款周转率反映企业一个会计年度应收账款周转的次数，而应收账款周转天数则反映应收账款周转一次所需要的天数。

（三）应收账款的风险分析

应收账款收回后即转化为货币资金，但也可能形成坏账。一旦形成坏账，必然给企业带来一定的损失。所以，企业应加强对应收账款的风险管理。应收账款的风险可以用应收账款的账龄结构和应收账款的客户集中度加以度量。

1. 账龄结构

企业发生应收账款的时间长短不一，有的尚未超过信用期，有的刚过信用期，有的超过信用期很长时间。应收账款账龄是指一项应收账款从形成入账到分析时点所经历的时间。应收账款的账龄结构是指全部应收账款在各账龄区间的分布结构。账龄分析法是按其欠账期的长短（即账龄）对应收账款进行分析，从而揭示应收账款的风险程度，并判断应收账款质量的一种方法。

单纯采用应收账款周转率和应收账款周转天数指标，可能无法揭示两家企业应收账款在风险和质量上的差异。假设甲、乙两家企业的赊销收入净额、应收账款平均余额相等，那么，计算出的应收账款周转率也相同，如果仅看这一指标，两家企业应收账款的流动性是一样的。但如果应收账款的账龄结构不同，则应收账款的风险和质量就不同。假设两家企业的账龄结构如表13-1所示。

表 13-1　甲、乙企业的账龄结构分析

账龄	甲企业/%	乙企业/%
信用期内	75	85
逾期 0～3 个月	15	10
逾期 3～12 个月	4	2
逾期 1～2 年	4	2
逾期 2 年以上	2	1

从账龄结构可以看出，乙企业有 85%的应收账款在信用期内，高于甲企业的 75%。在逾期的各个时间区间中，乙企业应收账款所占百分比均低于甲企业。所以，从账龄分析看，甲企业发生坏账损失的可能性要大于乙企业，即使甲乙两家企业有相同的应收账款周转率，甲企业应收账款的风险比乙企业高，应收账款的质量比乙企业差，甲企业短期偿债能力比乙企业弱。

2. 客户集中度

应收账款客户集中度是指各客户应收账款占应收账款总额的百分比。一般来讲，在其他条件既定时，应收账款的客户集中度越高，企业应收账款的收账风险就越大。这时，需特别关注主要客户的信用状况和短期偿债能力，当其信用状况和短期偿债能力出现问题时，应及时调整信用政策，避免给企业带来更大的损失。

三、存货流动性分析

存货是指企业在日常活动中持有以备出售的产成品或商品，处在生产过程中的在产品，准备耗用的材料和物料等。存货通常在一年或一个营业周期内销售或耗用。存货对生产经营活动的变化十分敏感。存货量增加一方面可以提高企业抵御市场不确定性对企业正常生产经营活动的影响，有利于提高企业的盈利能力；另一方面，又会使得企业资金占用增加，存货变现风险增加，引起资金利用率下降和盈利能力下降。存货量减少一方面减弱了企业抵御市场不确定性的能力，不利于企业销售规模的扩大和盈利能力的增加，另一方面，可以降低企业的资金占用，降低存货变现风险，从而提高资金利用率。常用的存货流动性的评价指标是存货周转率和存货周转天数。

（一）存货周转率

1. 存货周转率的计算

存货周转率是指一定会计年度内企业营业成本与平均存货余额的比值，其计算公式为

$$存货周转率 = \frac{营业成本}{存货平均余额}$$

式中，营业成本是指企业正常生产经营活动所发生的实际成本总额。存货平均余额可按资产负债表中存货年初数与年末数的平均数计算。存货周转率是反映企业销售能力和存货周转速度的一个指标，它是衡量和评价企业购入存货、投入生产、销售收回等各环节管理效率的一个综合性指标。

2. 计算和分析存货周转率时需注意的问题

(1) 存货平均余额的计算方法。以存货年初数与年末数的平均数作为存货平均余额的方法虽然简单，但是不够精确，特别是对存货在年度中波动较大的情形。相对精确的计算方法是，按4个季度的季末数计算平均，或按12个月的月末数计算平均。但这种方法应用的前提是报表分析者能够获取存货的季末数或月末数。

(2) 存货计价方法。在分析和评价存货周转率时，应注意存货计价方法对该指标的影响，即使同一企业在同一时期采用不同的存货计价方法，计算出的存货周转率指标也会有所不同。

(3) 存货周转率的产业特征。一般而言，企业的营业周期越长，存货周转率越低，营业周期越短，存货周转率越高。

(4) 存货减值准备的影响。在计算存货周转率时，存货平均余额是按存货净额计算的，如果企业在会计期末计提了大量存货减值准备，那么，期末存货净额就会明显下降，从而导致存货周转率相应的上升。因此，在比较不同企业存货周转率时，应注意存货减值准备的可比性，如果不同企业在存货减值方面存在很大的差异，则应用未扣除存货减值准备的存货总额进行计算。在同一企业进行纵向存货周转率对比时，也应注意存货减值准备的可比性，如果不可比，也应采用未扣除存货减值准备的存货总额进行计算。

(5) 订单与产品销售。一般而言，销售量的增加会引起应收账款、存货、应付账款的增加，但不会引起存货周转率的明显变化。但是，当企业接到一个大订单时，通常要先增加采购，使得存货增加，在实现销售后，才引起营业收入、营业成本和应收账款的增加。因此，在该订单实现销售收入之前，先表现为存货增加，即存货周转天数增加，但这种周转天数的增加预示着好的销售前景。反之，如果企业预计销售将出现萎缩，先减少采购，引起存货减少和存货周转天数降低，但这种周转天数降低预示着不好的销售前景，并不表明存货管理效率的提高。

一般而言，存货周转率越高，说明存货周转速度越快，存货占用的资金越少，流动性越强，存货转换为应收账款或现金所需要的时间越短。所以，适当高的存货周转率是企业追求的目标。但是，企业并不能追求过高的存货周转率，因为过高的存货周转率可能表明企业在存货管理方面存在其他问题，如存货量太少，甚至经常出现缺货、采购次数过于频繁、采购批量太小等。一个会计年度企业应采购多少次，每次采购多少，可以借助经济采购模型来确定。

(二) 存货周转天数

存货周转天数又称为存货周转期，是指企业存货完成一次周转所需的天数，其计算公式为

$$\text{存货周转天数}=\frac{360}{\text{存货周转率}}=360\times\frac{\text{存货平均余额}}{\text{营业成本}}$$

存货周转天数与存货周转率都是反映存货周转情况的指标，两者互为倒数，且相差360倍。存货周转率反映一个会计年度内，存货周转的次数，存货周转天数则反映存货周转一次所需经历的时间。显然，存货周转天数越少，变现速度越快，企业短期偿债能力越强，存货管理效率越高。

四、营业周期

营业周期是指企业从取得存货开始到销售完成并收回现金所需的时间，即应收账款周转天数与存货周转天数之和，其计算公式为

营业周期＝应收账款周转天数＋存货周转天数

一般而言，营业周期越短，企业资金周转速度越快，盈利能力越强，流动资产管理水平越高；反之，营业周期越长，企业资金周转速度越慢，盈利能力越弱，流动资产管理水平越低。

如果对同一企业的营业周期作纵向比较，只要在比较期内的数据具有可比性，便可以得出有价值的分析结论；如果在比较期内各数据不具有可比性，那么，营业周期指标也不具有可比性。

在分析比较不同企业应收账款和存货流动性时，由于不同企业采取的信用政策不同，导致其应收账款周转率指标不具有可比性；又由于不同企业采取的存货计价方式不同，导致其存货周转率也不具有可比性。相对于应收账款周转率和存货周转率，营业周期在不同企业之间的指标对比方面具有一定改善。

第三节　短期偿债能力分析

短期偿债能力是指企业在短期（一般为一年）内偿还债务的能力。短期偿债能力对企业的生存与发展有至关重要的意义，如果企业不能保持一定的短期偿债能力，则不仅不能满足短期债权人的要求，而且还会影响到长期债务的偿还能力和盈利能力。同时，即使企业有一定的盈利能力，也可能由于资金调度不合理，没有足够的现金偿还到期债务，而存在“蓝字”破产的风险。反之，如果一个亏损企业持有一定量的现金，说明其具有一定的短期偿债能力。因而，企业短期偿债能力的强弱是由企业资产变现能力来体现的。

影响企业短期偿债能力的因素有很多，主要包括流动资产、流动负债、营运资金和现金流量。

一、流动比率

（一）流动比率的计算

流动比率是指在一个特定时点企业流动资产与流动负债的比值，其计算公式为

$$流动比率=\frac{流动资产}{流动负债}$$

（二）流动比率的优点

流动比率和营运资金都是将企业的流动资产和流动负债进行比较，营运资金是两者之间的差值，流动比率是两者之间的比值。营运资金不便于在不同企业之间进行对比，而流动比率作为一个相对比例可以在不同企业之间进行比较，与营运资金相比，流动比率更能反映出流动资产对流动负债的保障程度。下面的例子可以反映流动比率和营运资金在表现企业短期偿债能力方面的差别（表 13-2）。

表 13-2　甲、乙企业的营运资金和流动比率

项目	甲企业	乙企业
流动资产/万元	1 000	200
流动负债/万元	800	100
营运资金/万元	200	100
流动比率	1.25	2

如果仅从营运资金看，甲企业的营运资金为 200 万元，大于乙企业的 100 万元。但乙企业的短期偿债能力要强于甲企业，因为甲企业每 1 元流动负债只有 1.25 元流动资产为其作偿还保障，而乙企业每 1 元流动负债有 2 元流动资产为其作偿还保障。

（三）流动比率的缺陷

流动比率计算简单方便，是衡量企业流动性和短期偿债能力的常用比率之一。但是，由于其计算方法的限制，这一指标还是存在一定的局限性。主要表现为四个方面。

1. 静态的流动比率难以反映动态的偿债过程

流动比率反映的是企业在一个特定时点上流动资产与流动负债之间的比值，它是一个静态指标，而流动负债的偿还是一个动态过程。流动资产处于不断的周转状态中，它的存量是不断变化的。但流动负债在被不断偿还的同时，又有新的流动负债不断产生。所以，流动比率不能反映 1 个会计年度内有多少流动负债需要偿还，也不能反映能够获得多少可供偿债的现金。

从理论上讲，企业下一期间的流动性和短期偿债能力是由下一期间的现金流入、现金流出的数量和时间所决定的，如果下一期间的现金流入和现金流出在数量和时间上都能够很好地匹配，则企业在下一期间的短期偿债能力是强的。但是，用当期期末流动比率这一静态指标反映下一期间债务偿还这一动态过程时，不可能将所有的因素都考虑进来。例如，企业下一期间的劳务收入产生的现金流入能增强企业的短期偿债能力，但是却不能在流动比率中得以体现。又如，企业下一期间诉讼失败，需要支付赔偿金，无疑这将削弱企业的短期偿债能力，但是流动比率却不能将其反映出来。

2. 未能区分流动资产中不同组成部分的流动性差异

流动比率是将流动资产合计数除以流动负债合计数而得到一个比率，将流动资产作为一个整体看待。事实上，流动资产中不同组成部分的流动性有很大差异：货币资金不存在变现问题，交易性金融资产变现较为容易，应收账款变现的难度要大于交易性金融

资产，而存货的变现难度又大于应收账款，而待摊费用是权责发生制下应分摊而尚未分摊的费用，对流动负债没有任何偿还保障。

3. 未能区分流动负债中不同债务到期日的差异

一个星期需偿还的债务和一年需偿还的债务，对企业的偿债压力显然是不同的，但将流动负债作为一个整体作为分母计算流动比率，没有揭示流动负债中不同债务到期日的差异。

4. 没有考虑法律规定的债务清偿顺序

流动比率的计算隐含着清算的思想，并且其假设流动资产以外的非流动资产的变现价值恰好足以清偿非流动负债。但是，在企业清算时，按法律规定有些债务是需要优先清偿的，如清算费用、税金、职工薪酬等。因而，企业需结合自己债务的偿还顺序分析流动比率。

（四）流动比率的一般分析

一般而言，流动比率越高，说明企业的流动性越强，偿还短期债务的能力越强，债权人得到的偿还保障越高，因而，债权人希望企业的流动比率高。但从企业经营的角度看，一方面，流动比率不能太低，因为太低的流动比率往往伴随着较大的财务风险，但流动比率也不能过高，如果流动比率过高，虽然企业偿还短期债务能力很强，但必然导致流动资产占用资金太多。这样不仅影响流动资产的盈利性，也会影响资产整体的盈利性。

流动比率过高的原因有很多，可能由于存货积压太多或大量应收账款未能及时收回，也可能由企业不善于利用短期负债融资，而过多地采用长期融资手段。所以，流动比率过高也从一个侧面反映企业流动资产或流动负债的管理效率低下。

（五）流动比率的比较标准

流动比率比较的合理标准通常是经验标准，认为流动比率等于 2 较为合理。事实上，流动比率的标准受多种因素影响，并不存在一个放之四海而皆准的普遍适用的标准。不同国家、同一国家的不同经济发展时期，同一时期的不同行业或企业，流动比率的合理标准是不尽相同的。

评价流动比率是否合理的另一种方法是，对企业流动比率作横向比较或纵向比较。在横向比较中，将同一指标与行业平均值或主要竞争对手的比值进行比较，从而评价企业的流动性和短期偿债能力在行业中的地位，以及与竞争对手相比的优势和劣势；纵向分析则是将企业当期流动比率与以往各期流动比率进行比较，寻找企业流动比率变化的趋势与规律，判断企业的流动性和短期偿债能力是趋于增强或减弱，或是基本保持稳定。

二、速动比率

（一）速动比率的计算

速动比率是指在一个特定时点企业速动资产与流动负债的比值，其计算公式为

$$速动比率=\frac{速动资产}{流动负债}$$

速动资产是指能迅速转化为货币资产的资产，包括货币资金、交易性金融资产和应收款项等。

在计算速动比率时，速动资产有两种确定方法。

第一种方法为加法，其计算公式为

$$速动资产=货币资金+交易性金融资产+应收账款和应收票据$$

第二种方法为减法，其计算公式为

$$速动资产=流动资产-存货-预付账款-待摊费用$$

如果企业的预付账款和待摊费用数额不大，为方便起见，也可以忽略这两个项目的影响。因此，速动比率可以有以下三种计算方法：

$$速动比率_1=\frac{货币资金+交易性金融资产+应收账款和应收票据}{流动负债}$$

$$速动比率_2=\frac{流动资产-存货-预付费用-待摊费用}{流动负债}$$

$$速动比率_3=\frac{流动资产-存货}{流动负债}$$

在计算速动比率时把存货从流动资产中剔除，有四个原因：第一，在流动资产中存货的变现速度最慢；第二，可能有已损失报废、但尚未处理的不能变现的存货；第三，部分存货可能已被抵押；第四，存货的账面价值可能显著区别于合理市价。

选用不同的方法计算速动比率的结果会有很大差别，按加法确定的速动资产扣除了预付费用和其他流动资产，如果被扣除的项目数额较大时，按加法计算的速动比率与按减法计算的速动比率就会有比较大的差别。

（二）速动比率的优点

与营运资金相比，速动比率更适合于在不同企业之间进行比较。因为，营运资金以绝对量形式反映企业的流动性和短期偿债能力，而速动比率通过相对比值的形式反映企业的流动性和短期偿债能力。

（三）速动比率的缺陷

1. 静态的速动比率难以反映动态的偿债过程

速动比率反映企业在一个特定时点上速动资产与流动负债的比值，它是一个静态指标，而流动负债的偿还是一个动态过程。速动比率无法完全反映企业下一期间现金流入和现金流出的动态过程，因此，这一指标不能准确地反映企业下一期间的流动性和短期偿债能力。

2. 没有考虑速动资产的构成与质量

速动比率考虑了流动资产的结构，从而完善了流动比率的某些不足，但是它只反映了速动资产和流动负债两者在数量上的关系，并没有考虑速动资产内部的构成和不同组成部分质量的区别。虽然从定义上看，速动资产是可以迅速转化为现金的资产，但它并不等于企业现时的支付能力，速动资产不同组成部分的变现能力有很大差别。

3. 未能区分流动负债中不同债务到期日的差异

到期日越近的债务对企业的偿债压力越大，速动比率将流动负债作为一个整体作为分母，没有揭示流动负债中不同债务到期日的差异。

4. 没有考虑法律规定的债务清偿顺序

与流动比率一样，速动比率也没有考虑企业清算时法律规定的债务清偿顺序。

（四）速动比率的分析

一般情况下，速动比率越高，说明企业的流动性越强，短期偿债能力越强，短期债权人的权益越有保障。在分析流动性和短期偿债能力时，可将速动比率视为流动比率的延伸和补充，将两者结合起来对企业流动性和短期偿债能力进行评价。

速动比率过低对企业显然是不利的，因为其将面临很大的财务风险。但从企业经营的角度看，速动比率并不是越高越好，过高的速动比率往往意味着速动资产占用资金太多，但速动资产的盈利性却不高，这势必会影响企业资产整体盈利性的提高。

根据经验数据，一般认为速动比率等于 1 较为适宜，此时企业的流动性和短期偿债能力都有一定的保障。因此，在财务分析中，往往以 1 作为速动比率的比较标准：如果速动比率在 1 附近，认为速动比率指标较为正常；如果与 1 偏离过大，则认为资产管理存在问题。速动比率过低，说明企业短期偿债能力不足；速动比率过高，说明企业拥有过多的货币性资产，此时，企业会失去一定的盈利性和一些有利的投资和盈利机会。

与流动比率类似，速动比率等于 1 只是一个经验标准，并不是绝对标准。不同环境、不同时期、不同行业、不同规模、不同企业等因素都会对速动比率有一定的影响。一个长期化了的速动资产占有较大比重的企业或行业，其速动比率应当大于 1，如果企业或行业的资金流动性和变现能力都很强，其速动比率小于 1 也是正常的。

对速动比率进行评价时，除了与经验标准 1 进行比较外，还可以与同行业的平均值或竞争对手指标值作横向比较，或与本企业以往各期的速动比率数据进行纵向比较，以评价企业在行业中所处的地位和发现企业速动比率的变动趋势。

三、现金比率

（一）现金比率的计算

现金比率是现金与交易性金融资产之和与流动负债的比值，其计算公式为

$$现金比率 = \frac{现金 + 交易性金融资产}{流动负债}$$

式中的现金是指可以立即动用的资金，主要包括库存现金和银行活期存款，交易性金融资产的变现能力很强，当企业需要资金时可以随时将其出售而变现，其支付能力极其接近可以立即动用的资金。现金比率没有考虑流动资产中流动性较强的应收账款和应收票据，而只是考虑了支付能力最强的现金和交易性金融资产对流动负债的保障程度，因此，现金比率比速动比率更为保守。现金比率反映企业的即时支付能力，即随时可以

偿还债务的能力。当企业的应收账款和存货的变现能力都存在问题时，现金比率更适合于作企业流动性和短期偿债能力的分析。

（二）现金比率的优点

现金比率以相对比值的形式反映了企业的流动性和短期偿债能力，比营运资金更具有可比性。同时，现金比率考虑了流动资产中不同组成部分流动性的差异，只考察流动资产中支付能力最强的现金和交易性金融资产对流动负债的保障程度。

（三）现金比率的缺陷

1. 静态的现金比率难以反映动态的偿债过程

与流动比率和速动比率类似，现金比率是企业在特定的时点上现金与交易性金融资产之和与流动负债的比值，它是一个静态指标，不能完全反映企业在下一期间的现金流入和现金流出的动态过程，因此，不能全面准确地反映企业在下一期间的流动性和短期偿债能力。

2. 现金比率的标准难以设定

根据经验数据，现金比率的标准数值一般为20%左右，但不同环境、不同时期、不同行业、不同规模等因素会对企业的现金比率有很大的影响。因此，这一指标也没有一个公认的标准。

3. 现金类资产仍具有一定的不确定性

在企业的生产经营过程中，企业储备的现金并不是完全用来偿还债务的，还要用于正常生产经营活动的支付，同时，有部分交易性金融资产的市价远远低于取得成本，一时难以收回，还有部分货币资金暂时需保持其特定的存管形式。所以，现金比率在反映企业的流动性和短期偿债能力上也有一定的不确定性。

4. 现金比率适用范围有限

一般而言，现金比率用于已陷入财务危机的企业短期偿债能力分析，对正常经营的企业，通常不用这一指标进行短期偿债能力分析。

（四）现金比率的分析

一般而言，现金比率越高，企业的流动性越强，短期偿债能力越强，短期债权人的权益越有保障。

如前所述，正常经营的企业，一般不用现金比率来判断其短期偿债能力。这是因为，如果企业预期无法将应收账款和存货变现，而只能用目前持有的现金和交易性金融资产偿还到期债务，这时企业已处于较严重的财务困境。因此，现金比率主要用于已陷入财务危机的企业短期偿债能力分析。此外，当应收账款和存货的流动和变现出现问题时，企业又没有对其提取足够的减值准备，那么，现金比率比流动比率和速动比率能够更好地揭示企业的流动性和短期偿债能力。

较高的现金比率，说明企业的短期偿债能力较强，但是正常情况下，企业并不能追求过高的现金比率。这是因为，企业不必用现金类资产来清偿全部流动负债，也没有必要保持过度充裕的现金类资产。如果现金比率过高，则意味着企业没有充分利用现金资源，没有把现金投入经营以获取更多的收益。

如果企业有特定的投资计划，在某个时点上有很高的现金比率是一种正常情形。所以，在使用现金比率分析企业短期偿债能力时，要注意企业在分析时点前后是否有重大的投资和融资活动。

企业的现金比率可以与同行业的平均值或竞争对手进行横向比较，以评价企业在行业中所处的地位，也可将本期现金比率与本企业以往各期现金比率进行纵向比较，从而考察企业现金比率的变动趋势。

四、营业现金流量与流动负债比率

（一）营业现金流量与流动负债比率的计算

营业现金流量与流动负债比率是经营活动现金流量与流动负债的比值，反映企业每个会计年度经营活动现金净流量偿还流动负债的能力。其计算公式为

$$\text{营业现金流量与流动负债比率}=\frac{\text{经营活动现金流量}}{\text{流动负债}}$$

该比率分子的数值取自现金流量表中的“经营活动产生的现金流量净额”，是经营活动中产生的现金流入与现金流出之间的差值，是一个动态指标。严格地讲，应该用下一期间经营活动产生的现金流量来判断对下一期间流动负债的保障程度，但要准确地预测下一期间经营活动产生的现金流量比较困难。由于企业经营活动产生的现金流量具有一定的稳定性，所以在式中可以用当期经营活动产生的现金流量代替下期预计的经营活动产生的现金流量。

（二）营业现金流量与流动负债比率的优点

营业现金流量与流动负债比率的显著特点是其动态性，由于该比率分子——经营活动现金流量具有动态本质，其能够更好地反映流动负债偿还的动态过程。此外，经营活动现金净流量是已扣除了经营活动的现金流出，用它来偿还短期债务比较合理。与流动比率、速动比率、现金比率三个静态指标相比，营业现金流量与流动负债比率能够更好地反映企业下一期间的现金流入和现金流出状况。

（三）营业现金流量与流动负债比率的缺陷

第一，该比率的分子用了动态的经营活动现金流量，因而称之为动态指标，实际上，它并不是一个纯粹的动态指标，因为该指标的分母流动负债依然是静态的，它不能准确反映下一期间流动负债的变动情况，所以，也不能准确地反映下一期间的短期偿债能力。

第二，分子只考虑经营活动现金流量，但投资活动和融资活动产生的现金流量也可以部分地用于偿还短期债务。

第三，尽管经营活动现金流量具有一定的稳定性，然而用分析期的经营活动现金流

量替代下一期的经营活动现金流量，其严谨性不够。

（四）营业现金流量与流动负债比率的分析

一般来说，营业现金流量与流动负债比率越高，说明企业的净现金流量越充裕，企业短期债权人的权益越有保障。

在分析营业现金流量与流动负债比率时，应注意不同环境、不同时期、不同行业、不同规模、不同企业特点对该比率的影响。企业的营业现金流量与流动负债比率可以与同行业的平均值或竞争对手进行横向比较，以评价企业在行业中所处的地位。也可将本期营业现金流量与流动负债比率与本企业以往各期该比率进行纵向比较，从而考察企业营业现金流量与流动负债比率的变动趋势。

五、影响企业短期偿债能力的特别项目

上述短期偿债能力指标，都是根据财务报表的数据计算得出的，但是，还有一些财务报表中反映不出来的特殊项目对企业的短期偿债能力也有一定的影响，在分析企业短期偿债能力时，对此不能忽视。

从对企业短期偿债能力影响的方面看，可以将这些特殊项目分为两类：一类是增强企业短期偿债能力的项目，另一类是减弱企业短期偿债能力的项目。

（一）增强企业短期偿债能力的特别项目

增强企业短期偿债能力的项目主要有三个。

1. 银行授信额度

银行与企业之间可以通过协议约定，在某一额度之内，当企业向银行提出借款请求时，能够得到银行借款，这种信用条件被称为授信额度。显然，授信额度增强了企业的流动性和短期偿债能力。

2. 即将变现的长期资产

由于某些原因，企业转行经营或产品结构调整，不再需要原有的某些长期资产，并且准备近期出售，这也会增强企业的流动性和短期偿债能力。

3. 企业偿债的声誉

长期以来，如果企业有良好信用，偿债信誉很好，当企业遇到暂时性的支付困难时，也可通过发行债券或股票等方式来筹集资金，以提高企业的短期偿债能力。

以上三个特别项目，都会使企业的实际短期偿债能力强于企业财务报表所反映的短期偿债能力。

（二）减弱企业短期偿债能力的特别项目

减弱企业短期偿债能力的项目主要有两个。

1. 或有负债

或有负债是指过去的交易或事项形成的潜在义务，其存在需要通过未来不确定事项的发生或不发生予以证实。我国《企业会计准则》规定，除了已贴现未到期的商业承兑

汇票在资产负债表的附注中列示外，其他或有负债不作为负债在资产负债表的负债类项目中反映。其他常见的或有事项包括担保责任、未决诉讼等。

2. 补偿性余额

补偿性余额是指在借款合同中，银行规定了企业必须将一定比例的借款存放在银行账户中不能动用，以补偿银行的风险。很明显，补偿性余额的规定限制了企业对资金的自由支配程度。如果借款合同中包含补偿性余额条款，在分析流动性和短期偿债能力时，应将补偿性余额部分从流动资产中扣除，其结果是补偿性余额降低了企业流动性和短期偿债能力。

以上两个特别项目，都会使企业的实际短期偿债能力弱于企业财务报表所反映的短期偿债能力。

第四节　长期偿债能力分析

长期偿债能力是指企业偿还一年或超过一年的一个营业周期以上的长期债务的保障程度。非流动负债增加了企业的经营风险和财务风险，长期偿债能力的强弱，是反映企业财务安全与稳健经营的重要指标。分析企业的长期偿债能力，就是从长远的观点出发，动态地分析企业是否具备按照事先约定的条款还本付息的能力。从理论上讲，企业用偿债的资金源自企业资产价值及其增值。而实际情况是，企业不可能长期依赖变卖资产偿还长期债务。因此，持续盈利是企业持久保持长期偿债能力的根本保障。

对企业长期偿债能力的分析，可以从资产负债表、利润表和现金流量表三张基本报表出发，通过若干财务指标计算，从不同方面对企业长期偿债能力加以评价。

一、基于资产负债表视角的长期偿债能力分析

基于资产负债表视角分析企业的长期偿债能力，就是考察和判断企业资产对负债的保障程度。这类财务比率主要有资产负债率、权益乘数、债务与权益比率、债务与有形净值比率等。

（一）资产负债率

1. 资产负债率的计算

资产负债率也称为负债比率，是企业负债与资产之比，其计算公式为

$$资产负债率 = \frac{负债总额}{资产总额} \times 100\%$$

2. 资产负债率的分析

1）资产负债率的一般分析

资产负债率是衡量企业负债水平和风险程度的重要指标，它反映企业所拥有或控制的资产有多少是由债权人提供的资金购置的。

一般而言，资产负债率越低，说明债务占全部资产的比例越低，企业财务风险越小，长期偿债能力越强，长期债权人的权益越有保障。如果这一比率过高，则表明企业

的财务负担重，财务风险大。

不同利益相关者对资产负债率高低的期望值有所不同。从债权人的角度看，他们最关心的是贷给企业资金的安全程度，是否能够到期收回本金和利息。如果资产负债率低，债权人可以按期收回本息，企业的风险由投资人承担，这对债权人是有利的；反之，如果资产负债率高，则表明对债权的偿还保障程度低，债权人可能不能按期收回本息，同时可能会承担企业部分经营风险，这对债权人是不利的。因此，债权人总是希望企业的资产负债率越低越好。从投资人的角度看，企业通过举债筹措的资金与投资人投入的资金在经营中发挥着同样的作用，所以，投资人关心的是总资产收益率是否高于债务资金的利率。如果预期总资产收益率超过借款利率，其投资于企业的资本不仅可以获得正常的利润率，还可以获得总资产收益率高于借款利率的差额。但由于借款利息是固定性费用，如果企业总资产收益率低于借款利率，投资人投入的资本利润率会有更大幅度的下降。所以，从投资人的角度看，在总资产收益率大于借款利率时，可以适当扩大举债规模，以充分获得举债经营带来的财务杠杆利益。在总资产收益率小于借款利率时，应当适当减少举债规模，以降低财务风险。从管理者的角度看，他们最关心的是在充分利用举债经营带来的财务杠杆利益的同时，尽可能降低财务风险。

2）资产负债率的标准

资产负债率保持在什么水平比较适宜，国际上没有统一的定论。对资产负债率进行分析的基本原则是，资产负债率应保持在适度的水平上，过高或过低的资产负债率对企业和投资人都是不利的：资产负债率过低，意味着企业经营过于保守，不善于利用债务资金经营，没有充分利用财务杠杆；资产负债率过高，则意味着财务风险太大，企业不能按期还本付息的可能性上升，甚至破产的风险也随之上升。

一种经验判断的结论是，较为适宜的资产负债率水平是40%～60%。对于这种观点不能过于教条。实际上，很多因素都对企业资产负债率有重要影响，如不同国家或地区、不同行业、不同企业规模、经营管理者的不同风险偏好等。

3）资产负债率的影响因素

(1) 国别因素。不同国家企业的资产负债率存在一定差别，英国和美国公司的资产负债率很少超过50%，而亚洲公司的资产负债率超过50%是很常见的。为什么不同的国家公司的资产负债率存在差别呢？一种观点认为，亚洲的银行机构集中了大部分资金，而英国和美国的资金则大部分集中在股权投资人手中；也有观点认为，这种差别的主要原因不在财务方面，而是不同国家的企业经营观念、文化和历史等原因共同作用的结果。

(2) 行业因素。一般而言，经营风险比较高的行业，一方面，银行等债权人因为控制风险而谨慎放贷，另一方面，企业自身为了减少财务风险也不敢贸然大规模借款，所以，经营风险比较高行业的资产负债率普遍较低；经营风险较低的行业，由于有较稳定的营业收入，为了给投资人带来财务杠杆利益，通常会选择较高的资产负债率。

(3) 规模因素。从企业规模看，大规模企业的资本雄厚，抵御风险的能力强，无论从风险控制还是交易成本方面权衡，银行更愿意与大规模企业发生交易。所以，通常大规模企业的资产负债率要高于小规模企业的资产负债率。

(4) 风险偏好因素。从企业管理者的风险偏好来看，如果其有较强的风险偏好，则会选择较高的资产负债率；反之，如果其持较谨慎的理念，则会选择较低的资产负债率。

4）分析资产负债率应注意的其他问题

在分析企业资产负债率时，可以将企业资产负债率与同行业平均值或竞争对手的同一指标进行横向比较，从而判断企业的资产负债率在行业中以及与竞争对手相比所处的地位，横向评价企业的财务风险和长期偿债能力。通过横向比较，如果发现企业的资产负债率过高或过低，应尽快找出原因，并采取相应的措施，将资产负债率调整到适当的水平上。也可以将企业本期资产负债率与以往各期资产负债率作纵向比较，从而判断企业资产负债率的变动趋势，进而把握企业的财务风险和长期偿债能力的变动趋势。

在分析企业资产负债率时，还需注意资产计价和资产质量对该比率的影响。如果企业有大量的隐蔽性资产，则计算出的资产负债率会低估资产对负债的保障程度；如果企业存在大量不良资产，并且没有提取足够的减值准备，则计算出的资产负债率会高估资产对负债的保障程度。

(二) 权益乘数

权益乘数是企业的资产总额与股东权益总额的比值。其计算公式为

$$\text{权益乘数} = \frac{\text{资产总额}}{\text{股东权益总额}}$$

权益乘数越大，表明股东投入企业的资本占全部资本的比重越小，企业债务所占比重越大，债权人的权益受到的保障程度越低；反之，权益乘数越小，表明股东投入企业的资本占全部资本的比重越大，企业债务所占比重越小，债权人的权益受到的保障程度越高。

从数值上看，权益乘数是资产总额除以股东权益总额得到的倍数，故称该比率为权益乘数，它同时也是净资产收益率与总资产收益率的倍数。权益乘数与资产负债率有密切关系，两者之间的关系如下：

$$\begin{aligned}\text{权益乘数} &= \frac{\text{资产总额}}{\text{股东权益总额}} \\ &= \frac{\text{资产总额}}{\text{资产总额} - \text{负债总额}} \\ &= \frac{1}{1 - \text{资产负债率}}\end{aligned}$$

从以上关系式可以看出，权益乘数与资产负债率的变动方向相同：当资产负债率提高时，权益乘数随之提高；反之，当资产负债率降低时，权益乘数也随之降低。由于权益乘数与资产负债率的变动方向一致，因此，权益乘数的分析与资产负债率类似，不再重复。

(三) 债务与权益比率

债务与权益比率是指企业的负债总额与股东权益总额的比值，其计算公式为

$$债务与权益比率 = \frac{负债总额}{股东权益总额}$$

该比率也被称为产权比率，反映了股东权益对负债的保障程度。这一指标通过对负债与股东权益进行的对比，反映企业资金来源的结构比例关系，可以用来衡量企业的风险程度和长期偿债能力。从风险角度看，负债与权益比率指标数值越大，表明企业风险越大，该指标越小，企业风险越小。从偿债能力看，负债与权益比率指标数值越大，表明企业偿债能力越小，该指标越小，企业偿债能力越强。当这一比率过低时，意味着企业没有充分利用财务杠杆，没有很好地利用债务进行经营，从而失去为股东创造更多利润的机会；反之，当这一比率过高时，往往表明企业过度利用财务杠杆，增加了企业的财务风险。

负债与权益比率和资产负债率两者之间有密切关系，两者之间的关系如下：

$$\begin{aligned}负债与权益比率 &= \frac{负债总额}{股东权益总额} \\ &= \frac{负债总额}{资产总额 - 负债总额} \\ &= \frac{资产负债率}{1 - 资产负债率}\end{aligned}$$

负债与权益比率是资产负债率的一种变形，也是对资产负债率的一种补充。从以上的关系式可以看出，负债与权益比率和资产负债率的变动方向相同，当资产负债率提高时，负债与权益比率随之提高；反之，当资产负债率降低时，负债与权益比率也随之降低。

负债与权益比率和资产负债率都是衡量企业长期偿债能力的指标，但这两个指标有一定区别。负债与权益比率侧重于揭示企业债务资本与权益资本两者之间的比例关系，说明企业财务结构的风险性，以及股东权益对债务风险的承受能力；资产负债率侧重于揭示企业总资本中有多大比例来自负债，说明债权人权益受到的保障程度。

由于负债与权益比率和资产负债率的变动方向一致，所以，负债与权益比率的分析与资产负债率类似，不再重复。

还需注意一点，虽然负债与权益比率可以反映债权人的权益受到投资人权益的保障程度，但是，净资产的不同组成部分对债权人权益的保障程度是有区别的，如无形资产、待摊费用等，其价值具有很大的不确定性，且不易形成支付能力。

（四）债务与有形净值比率

债务与有形净值比率是指企业负债总额与有形净值的比值。有形净值是指扣除无形资产后的投资人权益。债务与有形净值比率的计算公式为

$$债务与有形净值比率 = \frac{负债总额}{股东权益总额 - 无形资产}$$

债务与有形净值比率是对负债与权益比率所作的一个更为保守的修正，之所以将无形资产从股东权益中扣除，是因为企业处于破产状态时，无形资产往往会发生严重贬值，难以形成支付能力，此时，无形资产对债权人权益的保障远远低于有形资产。所

以，债务与有形净值比率常常用于衡量企业破产时，债权人权益受到的保障程度。

以上公式的分母仅仅将无形资产从投资人权益中扣除，实际上，凡是与无形资产类似的资产，只要其价值有很大的不确定性，且难以形成支付能力，都应从分母中的股东权益中扣除，这样形成的债务与有形净值比率更为保守。

二、基于利润表视角的长期偿债能力分析

基于利润表分析企业长期偿债能力，就是分析企业的经营成果对长期债务的利息费用或固定费用的支付能力。这类财务比率主要有利息保障倍数、固定费用偿付比率。

（一）利息保障倍数

1. 利息保障倍数的计算

利息保障倍数是指息税前利润与利息费用的比值，其计算公式为

$$\text{利息保障倍数}=\frac{\text{息税前利润}}{\text{利息费用}}=\frac{\text{利息费用}+\text{税前利润}}{\text{利息费用}}=\frac{\text{利息费用}+\text{净利润}+\text{所得税}}{\text{利息费用}}$$

利息保障倍数也称为已获利息倍数，反映企业的经营成果承担应付利息费用的能力，即经营成果是利息费用的多少倍。该比率数值越高，说明企业的长期偿债能力越强。由于息税前的利润可以用于支付利息，因此，分子中的经营成果是息税前利润，即在净利润的基础上，加利息费用和所得税费用。

我国企业的财务报表没有将利息费用单独列出，为方便计算，一般是用利润表中的“财务费用”的数据替代“利息费用”。但这只是一种近似计算，某些特定情况下这种替代会造成指标计算结果与实际情况的严重不相符。

2. 计算与分析利息保障倍数时应注意的问题

第一，严格地讲，利息费用不能简单地直接取自利润表中的财务费用。企业发生的利息费用有多种表现形式，并不完全表现为当期的财务费用。例如，因购建固定资产而取得的长期借款，在固定资产投入使用之前所发生的利息支出，应当资本化。这部分资本化的利息虽然没有在财务报表中表现为财务费用，但它与其他利息支出一样，是要支付的。因此，计算利息保障倍数时所用的利息费用的数据，应包括企业年度内的全部利息支出，即应包括以利息费用表现出的利息支出和予以资本化的利息支出。

第二，在对长期股权投资采取“权益法”核算时，利润表中反映的投资收益的一部分是按“权益法”计算的。但按“权益法”计算的投资收益只是账面收益，并没有相应的现金流入。因而，这种投资收益也无法形成对利息支付的保障，因此，可以将这种收益予以剔除。

第三，从技术分析角度出发，如果利息保障倍数为负数，则该比率是没有实际意义的。在计算中有两种情况会造成利息保障倍数为负数：第一种情况，分子息税前利润为负，分母利息费用为正，这种情况对利息支出没有保障；第二种情况，分子息税前利润为正，分母利息费用为负，但是，利息费用不可能为负数，之所以出现这种情况，是因

为企业的利息收入和汇兑收益之和大于利息支出，那么，财务费用可能为负。这种情况下，“财务费用”就不能替代“利息费用”，分析时应从企业财务报表附注中查询有关利息支出信息。

第四，通常认为，利息保障倍数需达到3或以上，此时，企业偿付债务利息较有保障。利息保障倍数越高，表明企业偿付债务利息的能力越强。

在分析利息保障倍数时，该比率的数值在不同的会计年度可能会有较大的波动。这是因为，企业的盈利水平和利息费用一方面受经济周期和产业周期的影响，另一方面也受企业生命发展周期所处阶段的影响。所以，为了评价企业偿还债务利息能力的稳定性，应对以往年度的利息保障倍数进行纵向分析，并以其中利息保障倍数最低一年的数据来评价企业债务利息偿付能力。

（二）固定支出保障倍数

除了债务利息，企业可能还有其他固定性支出，如经营性租入固定资产的租赁费和优先股的股利支出等，这些费用也需要定期支付，在分析企业长期偿债能力时，也应考虑这些固定性支出。实际上，固定支出保障倍数是利息保障倍数的一个扩展形式，与利息保障倍数相比，由于它考虑了其他固定性支出，因而，是一个更加完善的企业长期偿债能力评价指标。

固定支出保障倍数是指企业可用于固定支出的收益与固定支出的比值。企业的固定支出有很多，如果仅考虑经营性租入固定资产的租金支出，则固定支出保障倍数的计算公式为

$$\text{固定支出保障倍数}=\frac{\text{利息费用}+\text{税前利润}+\text{经营性租金中的利息支出}}{\text{利息费用}+\text{经营性租金中的利息支出}}$$

上式中的利息费用包括财务费用中的利息支出、资本化利息支出、融资租赁费用中的利息支出。

三、基于现金流量表视角的长期偿债能力分析

基于现金流量表视角分析企业长期偿债能力时，常用的比率是经营活动现金流量与负债总额之比，其计算公式为

$$\text{经营活动现金流量与负债总额之比}=\frac{\text{经营活动现金流量}}{\text{负债总额}}$$

经营活动现金流量与负债总额之比，反映企业用经营活动现金流量偿还全部债务的能力。一般来讲，该比率数值越高，说明企业长期偿债能力越强。

四、影响企业长期偿债能力的特别项目

除以上从资产负债表视角、利润表视角、现金流量表视角分析企业长期偿债能力外，还有一些因素没有在财务报表中表现出来，但它们却对企业的长期偿债能力有一定的影响。这些因素主要有以下几点。

第一，会计政策的可选择性。不同企业对非流动负债核算可能采用不同的会计政

策，在评价不同企业长期偿债能力时，应注意会计政策的可比性。同时，也要关注会计变更对非流动负债的影响。

第二，长期资产市价或清算价值与账面价值的关系。如果企业长期资产市价或清算价值高于账面价值，表明企业长期偿债能力增强；反之，如果企业长期资产市价或清算价值低于账面价值，则表明企业长期偿债能力在降低。

第三，长期性经营租赁。当企业急需某项设备而又没有足够的资金时，可以通过租赁方式来取得该设备。按现行会计准则规定，通过经营租赁方式租入的固定资产，企业既不反映经营租赁资产的增加，也不反映经营租赁负债的增加。如果该设备被企业长期使用，在租赁期所形成的租赁费用实际上是一种长期筹资行为，到期支付租金即可，从而会对企业长期偿债能力有一定的影响。所以，如果经常发生经营租赁业务，应考虑租赁费用对企业长期偿债能力的负面影响。

第四，或有事项。或有事项是指过去的交易或事项形成的一种状态，其结果须通过未来不确定事项的发生或不发生予以证实。或有事项分为或有资产和或有负债。或有资产是指过去的交易或事项形成的潜在资产，其存在要通过未来不确定事项的发生或不发生予以证实。或有负债是指过去的交易或事项形成的潜在义务，其存在需要通过未来不确定事项的发生或不发生予以证实。或有资产会提高企业的偿债能力，而或有负债则降低企业的偿债能力。因此，在分析企业的长期偿债能力时，必须查阅财务报表附注中有关或有事项的相关信息，只有这样才能更加全面地把握企业的资产和负债，充分考虑或有事项对企业偿债能力的潜在影响，准确地评价和分析企业的长期偿债能力。

第五，承诺。承诺是企业对外发出的将要承担的某种经济责任和义务。企业在生产经营中可能会作出某些承诺，这些承诺便成为企业潜在的负债，但这些潜在负债却没有在资产负债表中反映出来。因此，在分析企业长期偿债能力时，需特别关注财务报表附注和其他有关资料中是否涉及企业承诺，分析承诺责任可能导致的潜在非流动负债对企业长期偿债能力的影响。

第六，金融工具。金融工具是指引起一方获得金融资产并引起另一方承担金融负债或享有所有者权益的契约。与偿债能力有关的金融工具主要包括债券和金融衍生工具。如果财务报表和报表附注没有以公允价值反映金融工具的价值，则会扭曲企业资产和负债的真实状况，并给客观评价企业长期偿债能力带来一定的困难。

第七，资产负债表外的各种风险因素。主要包括产业政策风险、利率变动风险、汇率变动风险和政治风险等。例如，企业经营是否为国家产业政策扶持的产业，利率变动如何影响企业的融资成本、盈利水平和偿债能力，汇率变动对企业的债权和债务有何影响等。

第五节　案例分析

一、案例信息

宝山钢铁股份有限公司（简称宝钢股份）由宝钢集团有限公司（前身为上海宝钢集团公司，以下简称宝钢集团）独家发起设立，于 2000 年 2 月 3 日在上海市正式注册成立。

宝钢股份于2000年11月6日至2000年11月24日采用网下配售和上网定价发行相结合的发行方式向社会公开发行人民币普通股（A股）18.77亿股，每股面值人民币1元，每股发行价为人民币4.18元。

宝钢股份经营范围为钢铁冶炼、加工、电力、煤炭、工业气体生产、码头、仓储、运输等与钢铁相关的业务，技术开发、技术转让、技术服务和技术管理咨询服务，汽车修理，经营本企业自产产品及技术的出口业务，经营本企业生产、科研所需的原辅材料、仪器仪表、机械设备、零配件及技术的进口业务，经营进料加工和“三来一补”业务等。

下面，我们在表13-3资产负债表和表13-4宝钢股份2009年度现金流量表主要项目的基础上计算宝钢股份的若干偿债能力指标，并结合表13-5宝钢股份、沪市钢铁行业2009年偿债能力的财务比率对宝钢股份的偿债能力作简单评价。

表13-3 资产负债表

编制单位：宝钢股份　　　　2009年12月31日　　　　单位：元

资产	2009年12月31日	2008年12月31日
流动资产		
货币资金	5 558 276 152.91	6 851 604 374.54
交易性金融资产	546 377 068.35	1 141 165 158.85
应收票据	6 674 251 784.05	4 501 112 144.38
应收账款	5 566 287 279.15	5 269 190 881.79
预付款项	4 099 365 175.79	4 600 807 313.48
应收利息	5 702 089.26	14 759 478.14
其他应收款	753 857 108.28	736 214 627.64
存货	29 462 171 383.42	35 644 590 875.74
流动资产合计	52 666 288 041.21	58 759 444 854.56
非流动资产		
发放贷款及垫款	4 132 276 993.30	1 907 753 092.68
可供出售金融资产	1 056 020 521.34	860 182 984.66
长期股权投资	4 207 114 195.86	3 849 504 621.27
投资性房地产	130 535 317.25	136 754 792.01
固定资产	115 465 901 991.79	109 187 870 660.63
在建工程	13 746 832 781.17	16 275 909 358.26
工程物资	689 829 883.01	1 114 501 067.25
无形资产	7 837 110 155.00	5 964 551 561.91
长期待摊费用	34 538 554.27	57 723 308.83
递延所得税资产	1 054 669 754.72	1 779 480 353.48
其他非流动资产	121 664 327.46	127 460 272.60
非流动资产合计	148 476 494 475.17	141 261 692 073.58
资产总计	201 142 782 516.38	200 021 136 928.14
负债及所有者权益	2009年12月31日	2008年12月31日
流动负债		
短期借款	24 274 429 785.95	24 104 126 921.47
吸收存款及同业存放	7 018 610 678.45	9 256 840 186.79

续表

资产	2009年12月31日	2008年12月31日
拆入资金	34 141 000.00	—
交易性金融负债	6 285 024.95	11 500 444.73
卖出回购金融资产款	—	294 000 000.00
应付票据	4 855 355 992.37	4 251 242 725.68
应付账款	18 582 613 440.64	18 621 675 643.72
预收款项	11 045 412 382.55	9 219 197 161.95
应付职工薪酬	1 595 130 198.30	1 716 327 357.44
应交税费	(946 370 733.37)	(1 799 441 237.31)
应付利息	240 456 545.77	355 730 320.99
应付股利	16 683 769.64	19 951 672.62
其他应付款	1 016 238 301.24	1 140 848 514.14
一年内到期的非流动负债	2 982 960 014.44	4 050 420 366.30
控股公司款	—	800 000 000.00
流动负债合计	70 721 946 400.93	72 042 420 078.52
非流动负债		
长期借款	5 294 932 134.33	14 201 884 772.41
应付债券	18 067 156 259.62	7 785 029 718.21
长期应付款	5 092 440 941.36	7 544 731 994.48
专项应付款	110 914 331.45	18 878 920.71
递延所得税负债	265 472 181.46	431 657 612.06
其他非流动负债	370 619 491.07	158 846 453.73
非流动负债合计	29 201 535 339.29	30 141 029 471.60
负债合计	99 923 481 740.22	102 183 449 550.12
所有者权益		
股本	17 512 000 000.00	17 512 000 000.00
资本公积	37 314 308 498.73	36 806 692 595.98
专项储备	8 314 857.96	—
盈余公积	17 827 770 213.00	16 812 395 927.36
未分配利润	22 583 995 111.41	20 935 302 003.95
外币报表折算差额	(109 491 178.96)	(109 520 780.55)
归属于母公司所有者权益合计	95 136 897 502.14	91 956 869 746.74
少数投资人权益	6 082 403 274.02	5 880 817 631.28
投资人权益合计	101 219 300 776.16	97 837 687 378.02
负债及所有者权益总计	201 142 782 516.38	200 021 136 928.14

表13-4　宝钢股份2009年度现金流量表主要项目

项　　目	金　　额
经营活动现金净流量	23 993 121 981.11
现金及现金等价物净增加额	(1 448 482 092.69)

表 13-5　宝钢股份、沪市钢铁行业 2009 年偿债能力的财务比率

项目	宝钢股份	沪市钢铁行业平均
短期偿债能力比率		
流动比率	0.744 7	0.830 8
速动比率	0.328 1	0.441 7
现金流量与流动负债比率	0.338 4	0.081 8
长期偿债能力比率		
资产负债率	0.496 8	0.654 5
利息保障倍数	4.910 7	2.123 0

二、案例分析

（一）偿债能力分析

偿债能力分析可以从两方面进行：一是将公司 2009 年度偿债能力指标的实际值与标准值进行比较，二是将公司偿债能力指标的实际值与行业平均值进行比较。

宝钢股份 2009 年短期偿债能力和长期偿债能力的若干财务比率如下：

$$流动比率=\frac{流动资产}{流动负债}=\frac{52\ 666\ 288\ 041.21}{70\ 721\ 946\ 400.93}=0.744\ 7$$

$$速动比率=\frac{流动资产-存货}{流动负债}$$

$$=\frac{52\ 666\ 288\ 041.21-29\ 462\ 171\ 383.42}{70\ 721\ 946\ 400.93}=0.328\ 1$$

$$营业现金流量与流动负债比率=\frac{经营活动现金流量}{流动负债}$$

$$=\frac{23\ 993\ 121\ 981.11}{70\ 721\ 946\ 400.93}=0.338\ 4$$

$$资产负债率=\frac{负债总额}{资产总额}\times 100\%=\frac{99\ 923\ 481\ 740.22}{201\ 142\ 782\ 516.38}\times 100\%=49.68\%$$

宝钢股份 2009 年度的短期偿债能力比率和长期偿债能力比率显示出明显不同的特征。在短期偿债能力指标方面，流动比率为 0.744 7，与流动比率的通常标准 2 相差很多，速动比率为 0.328 1，与速动比率的通常标准 1 也相差很多，现金流量与流动负债比率为 0.338 4，表明经营活动净现金流量不足以偿还当期的流动负债。简言之，从短期偿债能力指标来看，宝钢股份的短期偿债能力指标的实际值都没有达到通常公认的标准值，如果以公认的标准值为判断依据，可以认为宝钢股份的短期偿债能力较弱。在长期偿债能力指标方面，资产负债率接近 50%，不是很高，表明公司总体负债程度不重，公司具有较强的资本实力。利息保障倍数也超过了通常的标准 3，这说明公司用息税前利润偿付利息的能力强。总之，从长期偿债能力指标来看，宝钢股份的长期偿债能力较强。

将宝钢股份 2009 年度偿债能力指标的实际值与行业平均值进行对比可以看出，在短期偿债能力指标方面，宝钢股份的流动比率、速动比率的实际值均低于行业平均水

平，但是在现金流量与流动负债比率上，宝钢股份的该比率实际值高于行业平均水平。总之，宝钢股份的短期偿债能力在行业比较中处于中等偏下水平。在长期偿债能力指标方面，宝钢股份的资产负债率略低于行业平均水平，表明宝钢股份的负债水平在行业中处于较低水平，长期债权人受到的保障程度较高。宝钢股份的利息保障倍数指标远远好于行业平均水平，说明宝钢股份的息税前利润对利息支付的保障程度比行业平均水平高，实际上，这也说明宝钢股份在行业中的盈利水平较高，公司的盈利能力对公司的长期偿债能力具有至关重要的影响。总之，在与同行业其他公司的比较中，宝钢股份具有较强的长期偿债能力。

宝钢股份的短期偿债能力显著地弱于长期偿债能力，这一现象也从一个侧面提醒公司需要更加合理地配置公司的资产以及安排公司的融资，而改善公司的短期偿债能力则是其目标之一。

在分析宝钢股份的偿债能力时，还需要注意一些影响公司偿债能力的特殊因素。查阅公司财务报表附注，其中有关于银行贷款授信额度的信息，截至 2009 年 12 月 31 日，宝钢集团尚未使用的银行贷款授信额度约计人民币 891.05 亿元。而 2009 年 12 月 31 日宝钢股份资产负债表显示，公司流动负债为 707.22 亿元。宝钢股份管理层认为，考虑上述银行贷款授信额度及经营活动产生的现金流量，宝钢集团在未来一年将具备足够的资金以应付各项到期的流动负债。

应该说，考虑到银行贷款授信额度，宝钢股份管理层的上述判断可以获得支持。也就是说，在分析和评价公司偿债能力时，短期偿债能力指标和长期偿债能力指标是重要的分析内容，但是不能仅仅根据这些财务指标给出最终的结论，还应当考虑影响公司偿债能力的一些特殊因素，如银行贷款授信额度等。当我们考虑到这些因素后，可以得出结论，宝钢股份也具备相当强的短期偿债能力。

（二）偿债能力的趋势分析

为了排除年度因素对宝钢股份偿债能力的影响，下面对公司最近几年的偿债能力指标（表 13-6）进行比较，分析公司偿债能力的变动趋势。

表 13-6　宝钢股份偿债能力指标趋势分析

项目	2005 年	2006 年	2007 年	2008 年	2009 年
短期偿债能力比率					
流动比率	1.103 565	1.091 926	1.009 734	0.815 623	0.744 695
速动比率	0.516 7	0.425 181	0.494 894	0.320 851	0.328 103
现金流量与流动负债比率	0.532 4	0.456 9	0.257	0.225 5	0.338 4
长期偿债能力比率					
资产负债率	0.444 271	0.424 897	0.497 7	0.510 863	0.496 779
利息保障倍数	16.279 4	12.639 14	11.741 83	3.597 105	4.910 741

将表 13-6 的数据以图表的形式展现出来，可以直观地观察各偿债能力指标的变动趋势（图 13-1 和图 13-2）。

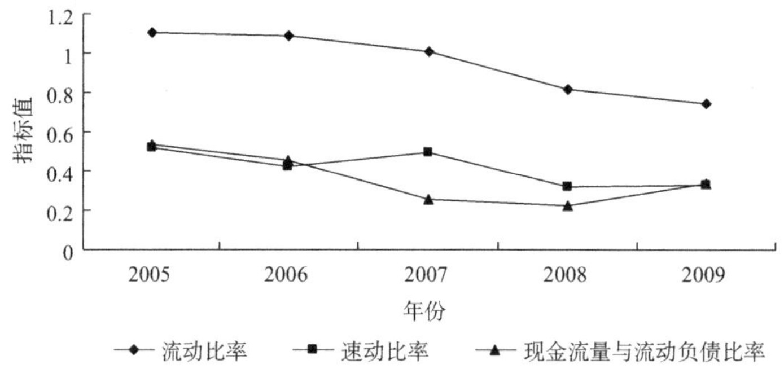

图 13-1　宝钢股份短期偿债能力趋势分析

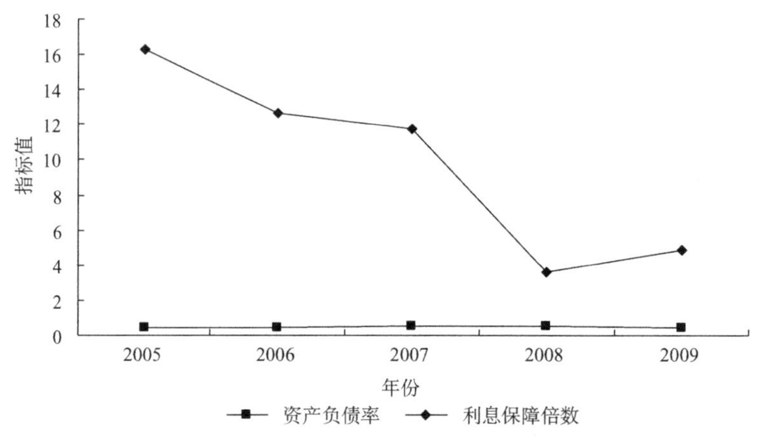

图 13-2　宝钢股份长期偿债能力趋势分析

从图 13-1 和图 13-2 可以看出，2005～2009 年，流动比率呈逐年下降趋势，从 2005 年的 1.10 降至 2009 年的 0.74；速动比率在最近五年中，有些波动起伏，2008 年较 2007 年有较明显的下降，近两年基本维持在 0.32～0.33 的水平上，总体而言，速动比率在最近五年中都处于较低的水平，2005 年最高时也只有 0.516，与通常公认的标准值 1 还有较大的差距；现金流量与流动负债比率在 2005～2008 年呈持续下降走势，其中 2007 年与 2006 年相比，现金流量与流动负债比率下降较为明显，2009 年略有回升。在以上三个短期偿债能力指标中，流动比率呈现稳定的下降趋势，而速动比率、现金流量与流动负债比率在几年中呈下降趋势，2009 年有一定程度好转。如果仅仅从这些短期偿债能力指标上看，公司的短期偿债能力看起来并不强，但是，正如前面分析过的，除了这些短期偿债能力指标外，还需要分析影响公司短期偿债能力的一些特殊项目，如银行贷款信贷额度等，在考虑这些因素后，可以看出公司还是具备较强的短期偿债能力的。

在长期偿债能力趋势方面，2005～2009 年，资产负债率变化幅度不大，基本在 0.42～0.51，总体来讲，负债程度不是很高，公司权益资本对非流动负债的保障程度较高。利息保障倍数变化非常大，从最高的 2005 年的 16.3 倍下降到最低的 2008 年的 3.6 倍，在三年的时间中下降了 78%，2009 年与 2008 年相比，利息保障倍数有一定程度的回升。虽然利息保障倍数在最近五年中呈明显下降趋势，但是，该指标始终在通常公认的标准值 3 之上。无论是从资产负债率还是从利息保障倍数来看，宝钢股份都具备较强的长期偿债能力。

习　题

1. 你认为对企业资产质量进行评价的意义何在?

2. 对你所在企业的资产流动性进行评价，如果流动性差，分析造成资产流动性差的原因。

3. 分析企业短期偿债能力的指标有哪些? 这些指标各有什么优点或者缺陷?

4. 对你所在企业短期偿债能力进行评价，如果短期偿债能力差，分析造成短期偿债能力差的原因。

5. 分析企业长期偿债能力的指标有哪些? 这些指标各有什么优点或者缺陷?

6. 对你所在企业长期偿债能力进行评价，如果长期偿债能力差，分析造成长期偿债能力差的原因。

7. 短期偿债能力与长期偿债能力评价指标的不同关注点是什么?

8. 选择一家上市公司最近一期年度财务报表，分析该公司的资产质量、资产流动性、短期偿债能力、长期偿债能力，并给予评价。

第十四章

盈利能力分析

第一节 以销售收入为基础的盈利性分析

一、企业销售盈利能力的影响因素

营业利润在企业的利润形成中占有重要地位，营业利润的高低直接反映企业的经营状况和经济成果，因此，以销售收入为基础的盈利性分析是企业盈利能力分析的出发点。影响企业销售盈利能力的因素很多，主要包括以下四个方面。

（一）产品销售价格

产品销售价格是影响企业销售盈利能力的重要因素。如果其他因素不变，当产品销售价格上升时，利润增加；当产品销售价格下降时，利润也随之下降。在分析企业销售盈利能力时，应关注那些影响企业产品销售价格变动的因素，如市场竞争强度和企业市场竞争能力的变化。如果企业产品销售价格受到政府管制，还需关注政府对这类产品或服务的价格管制政策的变化趋势。虽然市场竞争状况在很大程度上决定了企业销售盈利能力，但是企业与供应商和客户的议价能力也会对企业销售盈利能力有较大影响。

（二）销售成本和费用

销售成本和费用也是影响企业销售盈利能力的重要因素。通常，销售成本是销售收入的一个最大减项，它的高低对企业毛利、营业利润和净利润有重要影响。市场竞争的重要手段是降低产品价格，而产品价格下降的前提是产品成本降低，因而，降低成本会使得产品的市场竞争能力得到提升，在质量相同的情况下，产品的市场竞争能力就会得到增强。

在分析企业销售盈利能力时，需要关注影响销售成本和费用变化的现实因素和潜在因素。在销售成本控制方面，要特别关注原材料价格变动、劳动力价格变动、固定资产的购置和建设成本变动等。此外，还需关注财务费用、销售费用和管理费用的变动。

（三）销售量

企业产品或服务的销售量直接影响销售收入的多少，同时，产品销售量也是其市场占有率的重要标志。在分析企业销售盈利能力时，应关注可能影响产品或服务销售量变化的各种因素。例如，产品或服务的市场需求变化、企业和竞争对手的市场竞争能力变化、是否有新的替代产品或服务面世等。

（四）产品或服务的品种结构

产品的品种结构是指某种产品的产量（或销售量或销售收入）在全部产品产量中（或销售量或销售收入）所占的比重，服务的品种结构可按相同的逻辑来理解。在企业生产和销售多种产品或提供多种服务时，企业的销售盈利能力实际上是多种产品或服务盈利能力的加权平均。因此，在分析销售盈利能力时，不仅要分析不同产品和服务的销售盈利能力水平，还要关注产品或服务品种结构的变化趋势。显然，提高销售盈利能力水平高的产品或服务在总产品或服务中所占的比重，企业整体的销售盈利能力也会随之上升。影响企业产品或服务品种结构变化的主要因素包括市场对产品或服务需求变化，以及企业生产的产品或提供的服务在市场中的竞争地位变化等。

二、营业毛利率

（一）营业毛利率的计算

营业毛利率是指毛利与营业收入的比值，其计算公式为

$$\text{营业毛利率} = \frac{\text{毛利}}{\text{营业收入}} \times 100\%$$

式中，毛利是指营业收入扣除营业成本后的余额。营业毛利率反映了企业每单位营业收入中包含的毛利。营业利润形成的基础是营业毛利，营业毛利可以反映对企业经营期间费用的承受能力。营业毛利率反映企业的销售盈利能力和产品的降价空间。通过与同行业其他企业该指标对比，可以揭示企业在产品定价政策、成本控制等方面的优、劣势和市场竞争地位。

（二）营业毛利率分析

一般来讲，营业毛利率越高，抵补各项期间费用的能力越强，企业的盈利能力也越强；反之，营业毛利率越低，抵补各项期间费用的能力越弱，企业的盈利能力也越弱。

运用该指标分析企业销售盈利能力时，应注意以下四点。

第一，国家对产品价格的控制。通常，国家对产品价格控制的原则是关乎国计民生的生产、生活必需品的营业毛利率应低一些，而奢侈品和新产品则可以有较高的营业毛利率。

第二，企业的产品价格政策。企业为了扩大市场份额，可能采取薄利多销的产品价格政策，这时，营业毛利率就会偏低。

第三，营业毛利率具有明显的行业特征。一般而言，营业周期短、固定费用低的行业，营业毛利率较低；营业周期长、固定费用高的行业，营业毛利率较高。因此，在评价企业销售盈利能力时，应充分考虑不同行业在营业毛利率方面的差异。该指标适用于在同一行业不同企业之间进行比较。

第四，在同一行业内，如果产业发展较为成熟且竞争较为充分，那么，不同企业的营业毛利率一般差异不大。因为，在充分竞争的市场中，无论是产品价格，还是原材料价格，其透明度非常高。如果某企业的营业毛利率显著高于同行业大多数企业，则需非常谨慎地评价该企业的营业毛利率。

企业管理者可以按预计的营业毛利率水平来预测销售盈利能力，营业毛利率也可作为成本控制中的参考值。此外，外部分析人员也可以根据毛利率来判断企业会计信息的准确性。

三、营业利润率

（一）营业利润率的计算

营业利润率也称为经营利润率或销售利润率，是营业利润与营业收入的比值，其计算公式为

$$营业利润率 = \frac{营业利润}{营业收入} \times 100\%$$

营业利润率是反映企业正常生产经营活动获利能力的指标。这一指标反映企业每单位营业收入中包含有多少营业利润。营业利润率越高，表明企业生产经营活动的盈利能力越强，新创造的价值越多，也反映出企业资金周转速度快；反之，营业利润率越低，表明企业生产经营活动的盈利能力越低，新创造的价值越少，也反映出企业资金周转速度慢。

（二）营业利润率分析时应注意的问题

运用该指标分析企业销售盈利能力时，还应注意以下四点。

第一，营业利润率指标越高越好。该指标反映了企业生产经营活动最基本的获利能力，比较高的营业利润率是形成最终利润的基础。

第二，营业利润率与营业利润成正比，与营业收入成反比。因此，企业在提高营业收入的同时，必须相应地获得更多的营业利润，才能保持营业利润率不变使其或有一定的提高。这就要求企业在扩大销售收入时，还需加强成本和费用的控制和管理，只有这样，才能提高营业利润率。

第三，营业利润率具有行业特征。不同行业表现出的竞争能力、负债水平及行业经营特点等方面的差异使得不同行业的营业利润率也显示出一定的差异。因此，对营业利润率的分析主要是作同行业的比较，通过行业内的比较分析揭示企业在行业中获利能力的相对地位，从而客观地评价企业的盈利能力。

第四，如果营业利润直接取自利润表的相关数据，应注意财务费用、公允价值变动

收益、投资收益等因素对营业利润率的影响。公允价值变动收益、投资收益等在不同的会计年度可能会有较大波动，从而造成营业利润出现相应的波动。从谨慎的角度出发，可以分析企业以往连续若干年（如5年或更长）的营业利润率，以判断企业营业利润率的变动趋势。

四、营业收入净利率

（一）营业收入净利率的计算

营业收入净利率是净利润与营业收入的比值，其计算公式为

$$\text{营业收入净利率} = \frac{\text{净利润}}{\text{营业收入}} \times 100\%$$

净利润是在利润总额的基础上扣减所得税费用后的净额。将营业收入净利率与营业利润率进行比较，可以看出所得税费用、营业外收入和营业外支出对企业最终盈利能力的影响。

（二）营业收入净利率分析

营业收入净利率的计算存在一定的逻辑缺陷。该比率的分子——净利润，与分母——营业收入之间缺乏严格的逻辑因果关系，因为营业收入全部来自于产品（或劳务）销售业务，但是净利润既包括营业利润，也包括偶发业务产生的损益。而这些偶发业务损益与营业收入的取得之间并不存在逻辑上的因果关系。因此，在不同企业之间作该项指标的对比时，应注意不同的企业利润结构是否大致相同。如果不同企业的利润结构有较大的差异，则该项指标不具有可比性。在对同一企业不同会计年度的营业收入净利率作比较时，也需注意利润结构的可比性问题。

第二节 以总资产为基础的盈利性分析

企业营业收入的取得是以一定的资本投入和资产运用为基础的。一般而言，企业的投资额越大，营业收入相对就多，利润绝对额也越大；反之，企业的投资额越少，营业收入相对就少，利润绝对额也越小。但是，利润绝对额无法评价企业的相对盈利能力，只有将资本（或资产）投入与利润联系起来计算相对报酬率指标，才能评价企业的相对盈利能力。

以资产为基础的盈利性比率主要有总资产报酬率、资产净利率、利息折旧及摊销前利润（EBITDA）率等。

一、总资产报酬率

（一）总资产报酬率的计算

总资产报酬率是指企业息税前利润与平均总资产的比值，其计算公式为

$$总资产报酬率 = \frac{息税前利润}{平均总资产} \times 100\%$$

$$息税前利润 = 净利润 + 所得税费用 + 利息费用$$

$$平均总资产 = (期初总资产 + 期末总资产) \div 2$$

（二）总资产报酬率的分析

在分析总资产报酬率时，应注意以下三点。

第一，总资产报酬率揭示了企业运用全部资产获取利润的能力，反映了企业投入与产出的关系。该指标越高，说明企业总资产获利能力越强，企业资产运营效率越高。

第二，总资产报酬率是评价企业经营效率的一个指标，它反映了负债和所有者权益作为资金来源整体的收益状况，即不考虑是权益融资还是负债融资。该比率不能分别体现所有者权益的收益能力和债务资金的收益能力。

第三，总资产报酬率的一个重要作用是对企业资本结构调整方向上的指导意义。如果总资产报酬率大于债务利率，则可以考虑增加负债资金来源，这样可以为企业投资人带来更多的收益；如果总资产报酬率小于债务利率，则可以考虑减少负债资金，以减少息税前利润下降对净资产收益率的冲击。

在分析总资产报酬率时，应对多个会计年度的指标进行比较，仅仅分析某一会计年度的总资产报酬率，难以全面评价企业资产运营效率和资产管理水平。同时，可将企业总资产报酬率与同行业的竞争对手进行比较，从而分析企业总资产报酬率在行业中所处的地位。

导致企业总资产报酬率下降的因素很多，其中最主要的原因是资产规模的扩张没有带来相应的息税前利润的增加，或者息税前利润的下降幅度超过了总资产规模的减少幅度。前一种情况有可能是企业总资产报酬率恶化的表现，也有可能是由于某些原因导致的暂时现象，如企业进行了大规模固定资产投资，但还没有形成生产能力。需要注意是，在总资产规模没有大的变动的情况下，企业息税前利润出现显著下降，这往往是总资产报酬率恶化的根本原因，其影响也更加持久。

（三）总资产报酬率的驱动因素分析

将总资产报酬率分解为与销售有关和与总资产周转有关两个因素，便可采用因素分析法对总资产报酬率作进一步分析。为此，可将总资产报酬率改写为

$$\begin{aligned}总资产报酬率 &= \frac{息税前利润}{平均总资产} \times 100\% \\ &= \frac{息税前利润}{营业收入} \times \frac{营业收入}{平均总资产} \\ &= 销售息税前利润率 \times 总资产周转率\end{aligned}$$

由此可见，驱动总资产报酬率的因素有两个：一是销售息税前利润率，它反映企业生产经营活动的盈利能力，这一指标越高，表明企业产品盈利能力越强；二是总资产周转率，它反映企业资产运营能力，这一指标越高，表明企业资产运营效率越高。所以，总资产报酬率受销售息税前利润率和总资产周转率两个因素的影响。

二、资产净利率

资产净利率是指税后净利润与平均总资产的比值，其计算公式为

$$资产净利率 = \frac{净利润}{平均总资产} \times 100\%$$

式中，净利润是指扣除利息和所得税费用后的利润，平均总资产为企业年初总资产与年末总资产的平均数。

与营业收入净利率一样，资产净利率的计算公式也存在一定的逻辑缺陷。因为分母——平均总资产既包括所有者权益，也包括债权人权益。但是，分子只包括归属于所有者的净利润，却不包括归属于债权人的利息，这就使得分子与分母的计算口径不一致。因此，当被比较的企业或不同会计年度之间的权益与债务融资结构有较大差异时，利息与利润的比例也有较大差异，从而使得资产净利率指标不具有可比性。与总资产报酬率相比，资产净利率可以反映利息、所得税费用和非经常性损益对企业盈利能力的影响。与息税前利润相比，投资人更看重净利润，所以，在评价企业资产盈利能力时，投资人更倾向于使用资产净利率。

第三节　以净资产为基础的盈利性分析

以净资产为基础的盈利性分析指标主要有净资产收益率、普通股权益报酬率和资本金收益率。

一、净资产收益率

（一）净资产收益率的计算

净资产收益率也称为净资产利润率、所有者权益报酬率，是指税后净利润与平均净资产的比值，其计算公式为

$$净资产收益率 = \frac{净利润}{平均股东权益} \times 100\%$$

其中，平均股东权益可按年初股东权益与年末股东权益的简单平均计算。该指标反映投资人投入资本的收益能力，揭示了投资人的投资与收益之间的关系。

（二）净资产收益率的分析

该指标越高，说明投资人投入资本的收益越高，企业资本的盈利能力越强；反之，该指标越低，说明投资人投入资本的收益越低，企业资本的盈利能力越弱。在净利润一定的前提下，企业净资产在总资产中所占比例越高，净资产收益率就越低；反之，净资产在总资产中所占比例越低，净资产收益率就越高。但是，从财务风险的角度看，净资产在总资产中所占比例越低，企业的财务风险越大；反之，净资产在总资产中所占比例越高，企业的财务风险越低。将这两个的因素综合起来，可以看出，净资产收益率是一个既可反映企业资本盈利能力，又可反映企业财务风险的综合性指标。

（三）净资产收益率的影响因素

影响公司净资产收益率的主要因素有总资产报酬率、债务利率、公司资本结构和所得税率等。

以上各因素对净资产收益率的影响，可以表示为

$$净资产收益率=\left[总资产报酬率+(总资产报酬率-债务利率)\times\frac{负债}{净资产}\right]\times(1-所得税率)$$

上列公式表明，只有总资产报酬率大于债务利率时，提高债务比率才有助于净资产收益率的提高，否则，会使净资产收益率更低。

二、杜邦分析体系

（一）杜邦分析体系概述

企业各项财务活动和各项财务指标都是相互联系且相互影响的。这就要求财务报表分析应以全局的、系统的观念，对系统内相互联系、相互影响的各种因素进行综合分析。杜邦分析体系，也称杜邦分析法，是指根据企业各主要财务比率指标之间的内在联系，建立一套相互制约的财务风险指标体系，并以此来综合分析企业财务状况和经营成果的一种综合分析方法。该分析方法由美国杜邦公司首先提出和运用，故称为杜邦分析体系。杜邦分析体系的主导思想是以净资产收益率为核心，将其层层分解为相互联系的系列财务指标，目的是分析这些财务指标对净资产收益率的影响。

杜邦分析体系有两种分解形式：第一种是分解为资产净利率与权益乘数两个因素的乘积，第二种是分解为资产净利率、总资产周转率和权益乘数三个因素的乘积。

（二）杜邦分析体系的第一种分解形式

第一种分解形式是将净资产收益率作如下数学变换：

$$\begin{aligned}净资产收益率&=\frac{净利润}{平均股东权益}\times100\%\\&=\frac{净利润}{平均总资产}\times\frac{平均总资产}{平均股东权益}\\&=总资产净利率\times权益乘数\end{aligned}$$

式中，净资产收益率被分解为总资产净利率与权益乘数两个因素的乘积。这说明要提高净资产收益率，一方面要提高总资产净利率，另一方面要提高权益乘数。在总资产净利率一定的情况下，提高权益乘数就可以提高净资产收益率。如果单纯从数量关系上看，提高总资产净利率和提高权益乘数对提高净资产收益率具有相同的作用，事实上，两者是有所区别的。这是因为，企业对这两项财务指标的追求不同，总资产净利率是一项正指标，企业总是追求更高的总资产净利率，但并不追求过高的权益乘数。因为，权益乘数的提高会带来两方面的影响：一是财务杠杆利益，二是财务风险。在权益乘数的安全范围内，提高权益乘数可以获得财务杠杆利益，提高净资产收益率，为投资人带来更多

的收益；而当权益乘数超过一定限度时，财务风险的潜在成本就可能超过财务杠杆利益，此时，较高的权益乘数对企业不利，对投资人的长远利益更不利。

（三）杜邦分析体系的第二种分解形式

对净资产收益率的进一步分解如下：

$$
\begin{aligned}
\text{净资产收益率} &= \frac{\text{净利润}}{\text{平均股东权益}} \times 100\% \\
&= \frac{\text{净利润}}{\text{营业收入}} \times \frac{\text{营业收入}}{\text{平均总资产}} \times \frac{\text{平均总资产}}{\text{平均股东权益}} \\
&= \text{营业净利率} \times \text{总资产周转率} \times \text{权益乘数}
\end{aligned}
$$

即总资产净利率＝营业净利率×总资产周转率

以上公式表明，净资产收益率可以被分解为营业净利率、总资产周转率和权益乘数三个因素的乘积。其中，总资产净利率又可分解为营业净利率和总资产周转率两个因素的乘积。要提高总资产净利率，一方面要提高营业净利率，另一方面要提高总资产周转率。

由于总资产净利率可以被分解为营业净利率和总资产周转率的乘积，如果单纯从数量关系上看，提高营业净利率和总资产周转率对提高总资产净利率具有相同的作用。但是，由于企业的生产经营特征不同、产品和服务的市场需求不同、市场竞争状况不同以及拥有的资源不同，运用提高营业净利率和总资产周转率这两种不同的途径的侧重点也不同。如果企业的产品或服务的价格需求弹性较小，则降低产品或服务价格对扩大销售量的效果不显著，那么，这类企业提高总资产净利率的侧重点就应放在提高营业净利率方面，而不是简单地追求总资产周转率的提高；反之，如果企业的产品或服务价格需求弹性较大，则降低产品或服务价格就会显著地扩大销售，那么，这类企业提高总资产净利率的侧重点就应放在提高总资产周转率方面。企业在采用降价策略时，还需要关注竞争对手的反应，如果竞争对手很快跟进，则企业的市场也会受到一定程度的蚕食，即通过降价扩大销售的效果会受到一定影响。

净资产收益率可以被分解为资产净利率和权益乘数两个因素的乘积，这说明净资产收益率是由企业的资产经营和资本经营的效果决定的，净资产收益率综合反映了企业的资产经营和资本经营效率。

权益乘数反映企业的融资状况和资本结构。权益乘数与资产负债率密切相关，资产负债率越高，权益乘数也越高。权益乘数的提高，一方面可能增加财务杠杆利益，另一方面也可能增加财务风险。适度的负债经营，合理地利用财务杠杆可以为企业带来额外收益，但要很好地均衡财务杠杆利益和财务风险之间的关系。

总资产净利率可以被分解为营业净利率和总资产周转率的乘积。以下两种途径都可提高营业净利率：一是扩大营业收入，二是降低成本费用。扩大营业收入的主要手段是提高产品竞争力，而降低成本费用的关键在于提高企业内部管理水平。

总资产周转率是企业资产运营效率的重要指标，提高这一指标的根本途径是扩大营业收入、合理配置和运用资产。企业的总资产是由流动资产和非流动资产组成的，但它们又具有不同的周转速度和盈利能力。这就要求企业合理地配置流动资产和非流动资产的规模，尽可能加速总资产周转率，同时兼顾盈利能力和偿债能力的提高。

三、普通股权益报酬率

在股份公司中，可能存在不同权利和义务的股份，比较典型的是普通股和优先股。在公司利润分配方面，优先股比普通股有优先权。在公司清算时，优先股的求偿顺序也在普通股之前。从这个意义上讲，普通股股东是公司的终极所有者和风险的主要承担者。如果公司存在优先股，那么，净资产收益率就有可能不同于普通股权益报酬率，所以，有必要对普通股权益报酬率进行分析。

普通股权益报酬率是指归属于普通股股东的净利润与平均普通股股东权益之比，其计算公式为

$$\text{普通股权益报酬率} = \frac{\text{净利润} - \text{优先股股利}}{\text{平均普通股股东权益}} \times 100\%$$

式中，普通股股东权益是指股东权益减去优先股股东权益之后的差额，平均普通股股东权益可按年初普通股股东权益与年末普通股股东权益的简单平均计算。在该计算公式中，从净利润中减去优先股股利，是因为优先股股利不归普通股股东所有。

该比率反映公司为普通股股东赢得净利润的能力。该比率越高，说明公司为普通股股东赚取净利润的能力越强；反之，为普通股股东赚取净利润的能力越弱。

普通股权益报酬率与净资产收益率存在差异的根本原因在于优先股固定股息率的存在。如果优先股的固定股息率大于净资产收益率，则普通股权益报酬率就会低于净资产收益率；反之，如果优先股的固定股息率小于净资产收益率，则普通股权益报酬率就会高于净资产收益率。如果公司不存在优先股，则普通股权益报酬率与净资产收益率就不存在差异了。

第四节　以上市公司股本为基础的盈利性分析

由于上市公司的股票可以在市场中进行交易，所以，其盈利能力还可用一些与公司股票价格或市场价值相联系的指标中反映。公司投资人获得投资收益有两个基本途径：一是从公司利润中获得股利，二是将股票出售，获取买卖差价收益。与公司股票价格或市场价值相联系的，反映公司盈利能力的主要指标有基本每股收益、稀释每股收益、市盈率、市净率、股利支付率、留存收益率等。

一、基本每股收益

（一）基本每股收益的计算与分析

基本每股收益是指归属于普通股股东的当期净利润与发行在外普通股的加权平均数之间的比值，其计算公式为

$$\text{基本每股收益} = \frac{\text{净利润} - \text{优先股股利}}{\text{发行在外普通股的加权平均数}}$$

基本每股收益反映公司归属于发行在外的每一股普通股股东的净利润或净损失。这一指标是反映上市公司盈利能力和普通股股东获利水平和投资风险的一项重要指标，将该指标进行连续若干期的比较，也可分析和预测公司的发展潜力。一般而言，基本每股收益指标越高，说明公司盈利能力越强，因而它成为普通股股东非常看重的一项指标，同时，这一指标的高低对公司股票价格的影响很大。

在计算基本每股收益时，为保持分子、分母的计算口径一致，分子——净利润应扣除优先股股利。以合并财务报表为基础计算基本每股收益，净利润应是归属于母公司普通股股东的当期合并净利润。

分母——发行在外的普通股数量在一个会计年度中也可能发生变化，所以需要对发行在外普通股的数量进行加权计算。但公司库存股不属于发行在外的普通股，且无权参与利润分配，在计算时应予以扣除。

基本每股收益可以进行横向和纵向的比较分析。通过与同行业平均值或主要竞争对手相比较，可以判断公司的基本每股收益在整个行业中所处的地位，以及与主要竞争对手相比的优势和劣势。

（二）发行在外普通股数量的加权计算

发行在外普通股加权平均数的计算公式为

发行在外普通股加权平均数＝期初发行在外普通股股数＋当期新发行普通股股数×发行在外时间÷报告期时间－当期回购普通股股数×已回购时间÷报告期时间

在计算发行在外普通股加权平均数时，要用时间作加权平均，即用特定的股份发行在外的天数与报告期的总天数之比作为时间权重因子。发行新股，按发行次月（或次日）至报告期末的月（天）数计算，回购时间是指回购次月（次日）至报告期末的月（天）数。

【例 14-1】 M 公司 2009 年度实现的净利润是 1 200 万元，2009 年初发行在外的普通股为 2 400 万股。又假设该公司于 2009 年 4 月 15 日新发行普通股 300 万股，于 2009 年 10 月 18 日回购普通股 90 万股。则该公司基本每股收益计算过程如下：

M 公司 2009 年发行在外普通股加权平均数为

$$2\ 400 + 300 \times 8 \div 12 - 90 \times 2 \div 12 = 2\ 585(\text{万股})$$

M 公司 2009 年度的基本每股收益为

$$1\ 200 \div 2\ 585 \approx 0.464(\text{元} / \text{股})$$

二、市盈率

（一）市盈率的计算

市盈率是指普通股每股市价与每股收益的比率，其计算公式为

$$\text{市盈率} = \frac{\text{每股市价}}{\text{每股收益}}$$

在市盈率的计算中，分母——每股收益通常选用最近一年的数值，分子——每股市

价通常选用分析时点普通股的交易价格。因此，市盈率是随时间变化而变化的一项财务指标。例如，某公司上一年度的每股收益为0.5元/股，一个月之前该公司每股市价为12元，现在每股市价为12.5元，那么，该公司股票一个月之前的市盈率为24（12/0.5）倍，现在的市盈率为25（12.5/0.5）倍。

（二）市盈率分析

市盈率反映公司投资人为获取每一元净利润所支付的价格，它是估计普通股价值的重要指标之一。市盈率的主要作用在于评价公司的未来盈利水平和公司股票的投资风险。

市盈率的高低，能够在一定程度上反映投资人对公司未来盈利前景的判断。与其他公司相比，如果公司的市盈率能够长期持续地保持在较高水平，通常表明投资人对该公司的发展前景看好，该公司的股票对投资人有较大的吸引力，投资人愿意支付较高的价格购买公司股票。而投资人之所以目前以较高的价格买进股票，是因为他相信该公司的盈利水平会提高，并能带动股票价格相应上涨，最终获得买卖差价的机会较大。这也说明，公司未来的盈利能力比目前的盈利能力能够在更大程度上决定股票的价格。

市盈率的高低也能够在一定程度上反映股票投资的风险大小。一般认为，过高的市盈率表明公司股票市价已严重背离了公司目前的盈利水平和股票的内在价值（或称理论价值），股票的市场价格必然向内在价值回归，即公司股票有较大的价格下跌风险，所以，市盈率过高，则股票投资风险相对较大；市盈率过低，股票投资风险相对较小，但同时也反映市场对公司的发展缺乏信心。公司的市盈率既不是越高越好，也不是越低越好。合理的、适当高的市盈率表明投资人对公司的发展前景看好，认为公司未来的盈利能力会增强，股价也会随之上升。

就证券市场整体而言，市盈率也有较大波动，牛市中市盈率较高，熊市中市盈率较低。对公司市盈率高低的评价，需要结合当时证券市场的平均市盈率水平来判断，特别是公司所处行业的平均市盈率水平。

（三）市盈率的影响因素

影响公司市盈率变动的因素很多，主要包括以下五个方面。

1. 证券市场行情

随着牛市的到来，交易量不断扩大，买卖非常活跃，人们很容易通过买卖股票获取收益，由于赚钱效应，又吸引了更多的投资人加入市场，股票的价格被不断推高，市盈率也相应提高。在熊市中，特别是熊市形成初期，投资人为避免遭受更大损失，纷纷抛售股票，导致股票价格下降，市盈率也会随之下降。以我国证券市场的平均市盈率为例，熊市中市盈率在20倍以下，而牛市中市盈率则高达40倍、50倍，牛市与熊市之间市盈率水平的差异非常大。

2. 政府宏观经济政策

政府宏观经济政策对证券市场、进而对市盈率水平有重要影响。当政府刺激经济增长时，会采取较为宽松的财政政策和货币政策，使得证券市场的资金非常充裕，交易比较活跃，从而股价和市盈率都会上升。

3. 国情差异

一般而言，发达国家的证券市场较为成熟，高速成长期已经过去，后期发展速度相对稳定，投资人的收益主要来自于股利，因此市盈率相对较低。新兴发展中国家经济发展速度较快，公司股本扩张能力较强，公司发展潜力较大，因此市盈率相对较高。

将市盈率与同期银行存款利率结合起来可以评价公司股票的风险。通常认为，股票市盈率与同期银行存款利率互为倒数，即两者相乘为 1 时，股票的市盈率水平较为合理。例如，当银行存款利率为 2%时，50 倍的市盈率较为合理，当银行存款利率为 4%时，25 倍的市盈率较为合理。

4. 产业发展阶段

不同产业在不同发展阶段所对应的市盈率水平有明显的差异。通常，传统产业和新兴产业的市盈率会有较大区别。新兴产业能够满足消费者新的需求，也会受到政府产业发展规划的扶持，因此其发展机遇多。虽然新兴产业的投资风险较高，但投资报酬率可能也较高，所以，投资人对这类市盈率较高的产业还是乐于接受的。传统行业由于其发展已经非常成熟，一般较难有很高的发展速度，甚至会出现产业萎缩、盈利水平下降的现象。投资人对传统产业的发展预期不乐观，不愿意承受较高的投资风险，所以，这类产业的市盈率水平相对较低。

5. 公司规模

一般而言，规模较大的公司，市盈率相对较低，规模较小的公司，市盈率相对较高。这是因为，大公司的股本较大，其股票价格相对波动不大，一般不会出现急速上涨或下跌的情况，加之大公司的盈利水平相对较为稳定，所以，大公司的市盈率较为稳定。而小公司由于经营比较灵活，如果公司决策正确，能够抓住市场机会，其业绩也可能在短期内迅速提升，公司股价也可能上涨。此外，经营状况特别好或特别差的小公司也容易成为大公司并购的对象，一旦小公司成为大公司并购的对象，小公司就会成为市场的追逐对象，其股价会显著上涨。

三、市净率

市净率也称为市价账面价值比，是指普通股每股市价与每股净资产账面价值之比，其计算公式为

$$\text{市净率}=\frac{\text{普通股每股市价}}{\text{普通股每股净资产}}$$

其中，

$$\text{普通股每股净资产}=\frac{\text{股东权益总额}-\text{优先股权益}}{\text{发行在外普通股股数}}$$

市净率反映股东对公司每股净资产的市场定价水平，反映股东对公司净资产质量的评价和对公司股票未来价格变化的基本判断。一般而言，市净率高说明股票价值高。如果股东对公司股票的未来价格走势持乐观态度，就会愿意以较高的价格购买公司股票，当股票市价高于其账面价值时，市净率大于 1；反之，如果股东对公司的发展前景比较

悲观，不愿意出高价购买公司股票，当股票市价低于其账面价值时，市净率小于1。

市净率有两个方面的含义，它既可以反映公司未来盈利水平的高低，也可以反映公司股票投资风险的大小。市净率越高，一方面可能意味着公司未来发展前景越好，公司未来盈利水平越高，另一方面也可能意味着公司股票价格被高估，其价格已经严重背离了其净资产价值，这时，其股票投资风险也越高。

市盈率和市净率两个指标既有联系，又有区别。市盈率主要对股票的盈利性进行评价，市净率主要对股票的账面价值进行评价。这两个指标都可以反映公司未来获利能力的强弱和股票投资风险的大小，它们既不是越大越好，也不是越小越好，行业平均值可以作为分析评价的一个参考标准。

四、普通股每股股利

普通股每股股利也简称为每股股利，是指每一普通股股票获得的现金股利。其计算公式为

$$每股股利=\frac{现金股利总额-优先股股利}{普通股股数}$$

由于股利通常只派发给年末的股东，所以，计算每股股利时通常采用年末普通股股数，而不是普通股加权平均数。

普通股每股股利反映普通股股东获得现金股利的情况。普通股每股股利越多，说明普通股股东获得的现金回报越高。期待从公司获得稳定的现金分红的投资人较为重视每股股利指标。

影响公司普通股每股股利发放数量的因素有很多，主要有公司的盈利能力和股利政策。一般来讲，公司盈利能力越强，则发放现金股利的基础越牢靠。但公司的盈利能力很强，并不意味着就一定会支付很高的现金股利，每股股利的多少，还取决于公司的股利政策。如果公司拟进行投资，有可能多留盈余公积金和未分配利润，那么，当前的每股股利就会较低，甚至不分配；反之，当前的每股股利就会有所增加。

五、留存收益率

留存收益是指公司在本期实现的净利润中留作积累的比例，即扣除股利后的净利润与净利润的比例，其计算公式为

$$留存收益率=\frac{净利润-股利}{净利润}$$

留存收益率反映公司本期实现的净利润的积累程度。一般而言，留存收益率高低反映公司管理层对公司发展前景的基本判断和融资策略，当公司有较好的投资机会，并且需要权益资金（或以权益资金为主）时，就会选择较高的留存收益率；反之，留存收益率就会较低。

公司发展阶段不同，留存收益率的高低有也会不同。通常，处于发展初期的公司为扩大规模，往往对资金有较大的需求，而银行等债权人出于规避风险考虑，对其的贷款发放又较为谨慎，这时，较高的留存收益可能成为这类公司积累的主要手段；反之，当

公司发展已经到成熟期，又没有更好的投资机会时，就会将实现的净利润主要用于利润分配，因此，留存收益就会较少。

六、股利支付率

股利支付率是指公司普通股每股股利与每股收益之间的比率，其计算公式为

$$股利支付率=\frac{每股股利}{每股收益}$$

股利支付率反映公司实际支付股利的能力与股利分配政策的关系。该指标反映普通股股东从每股收益中实际得到的现金股利数量，从普通股股东的角度看，这一指标比每股收益更能直接体现当期的收益。

股利支付率与留存收益率呈此消彼长的关系，股利支付率越高，留存收益率就越低；反之亦然。在没有优先股的情况下，股利支付率与留存收益率之和等于1。

第五节 利润质量分析

利润质量是指报告利润与公司业绩之间的相关性。对利润质量的分析，主要从两个方面进行：一是利润的构成和稳定性，二是利润的现金流量基础。

如果公司的主营业务利润占比比较大、利润总额在会计年度间较为稳定或持续增长、且利润的现金流量基础坚实，那么，利润质量就比较高；反之，如果公司的主营业务利润占比不突出、利润总额在会计年度间波动较大，或利润缺乏现金流量的支持，那么，利润质量就较低。影响公司利润质量的因素很多，主要有公司经营战略和经营风险、会计政策的选择、会计政策的运用等。

公司经营战略和经营风险对公司利润的稳定性有重要影响。经营战略主要包括公司经营行业的选择，公司合作伙伴的选择等。影响经营风险的主要因素包括公司资产的构成状况、经营周期的长短、收益水平对外部环境变化的敏感程度、利润来源构成等。经营风险越大，利润越不稳定，利润质量也越低。

会计政策选择对利润质量的影响表现：公司管理层在会计法律、法规和会计准则的框架内具有一定的会计政策选择空间。赋予公司管理层一定的自由选择空间是各国会计规范的普遍做法。公司管理层在选择会计政策时，既可以选取较为稳健的会计政策，又可以选取较为激进的会计政策。采取稳健的会计政策，可以降低高估利润的可能性，报告利润则相对较低，故利润质量较高；与稳健会计政策相比，激进会计政策下的报告利润相对要高，因此，激进会计政策下的利润质量要低一些。

会计政策运用对利润质量的影响表现为在选定会计政策之后，对如何运用会计政策，公司管理层仍然有一定的自由选择空间。如果不适当地利用其自由选择权，就会使利润的真实性受到影响，降低利润质量。

一、利润的构成和稳定性

不同层次的利润的稳定性是有区别的，这主要取决于利润的构成状况。

利润总额与净利润的差额是所得税费用，如果利润总额与所得税费用之间的关系比较稳定，则利润总额与净利润的关系也比较稳定。这是因为，公司的所得税率是一定的（除非公司适用所得税率发生变化）。所以，可以将利润总额和净利润的稳定性与持续性等同看待。

在影响利润的各因素中，由于营业外收入和营业外支出的偶然性很强，不同会计年度会有很大的波动，同时，这两个因素在各会计年度之间也不存在必然的联系，所以它们的持续性最差。由于营业外收支净额是利润总额的一个组成部分，它们的不稳定必然引起利润总额的不稳定。

与营业外收入和营业外支出相比，营业利润的稳定性比较强。这是因为，对于大多数公司而言，营业利润主要取决于营业收入与各项成本费用的差额，营业收入与各项成本费用的相对稳定性决定了营业利润的相对稳定性。公允价值变动收益、投资收益、汇兑收益所占的比例一般不是很大，它们对营业利润稳定性的影响有限。

可以用营业外收支净额绝对值与利润总额的比率衡量公司利润总额的稳定性，由于营业外收支具有不稳定性，在分析中将该比率称为非稳定收益与利润总额比率，其计算公式为

$$\text{非稳定收益与利润总额比率} = \frac{|\text{营业外收入} - \text{营业外支出}|}{\text{利润总额}}$$

该比率反映非稳定收益占利润总额的比例。公司因偶然性因素而获取的收益越大，该比率越大，说明公司利润稳定性越差；反之，公司因偶然性因素而获取的收益越小，该比率越小，说明公司利润的稳定性越好。

公允价值变动收益、投资收益也具有一定的不确定性和波动性，这必然引起利润发生相应的变动。为此，可以采用一个更加严格的比例，即广义非稳定收益与利润总额的比率来反映利润的稳定性。其计算公式为

$$\text{广义非稳定收益与利润总额比率} = \frac{\text{广义非稳定收益}}{\text{利润总额}}$$

$$\text{广义非稳定收益} = |\text{公允价值变动收益}| + |\text{投资收益}| + |\text{营业外收入} - \text{营业外支出}|$$

式中，对公允价值变动收益、投资收益、营业外收入减营业外支出三项分别取绝对值，是为了避免因为有些项目为正数，有些项目为负数，而出现正负抵销。这样能够更加充分地反映广义非稳定收益对利润稳定性的影响。

二、利润的现金流量基础

以现金流量为基础分析利润质量，主要评价公司利润是否有相应的现金流量作支持。常用的分析利润现金流量基础的指标包括经营现金流量净利润比率和每股经营现金流量。

（一）经营现金流量净利润比率

经营现金流量净利润比率是指公司一定会计期间经营现金净流量与净利润的比率。

其计算公式为

$$经营现金流量净利润比率=\frac{经营现金净流量}{净利润}$$

经营现金流量净利润比率反映公司在一定会计期间经营活动产生的现金净流量与净利润之间的比例关系，它从现金流量的角度揭示经营活动现金净流量对当期实现的净利润的保障程度。

在分析经营现金流量净利润比率时，应注意以下几点。

一般而言，公司利润的现金流量基础越坚实，该比率越大，说明利润质量越高，表明公司利润的收现程度越高，可以自由支配的现金数量越多，这也有助于提高公司的支付能力和偿债能力。

通常情况下；该比率大于1，表明公司利润质量较好。如果该比率连续多期小于1，则表明在此期间公司的净利润始终无法完全收现，利润质量较差。在这种情况下，即使公司有利润，也会出现资金短缺情况，甚至会导致公司破产。如果该指标小于1的情况偶然出现，也需要引起足够的重视，以防止出现更加恶化的情况。

由于会计政策对经营现金流量有一定影响，所以，在分析经营现金流量时，还需要关注会计政策对经营现金流量的影响。

该比率的分子、分母在时间上并不完全对应，分母是按权责发生制计算的、应当归属于本期的净利润，但分子既包括与本期净利润相对应的现金流量，也可能包括与前期或后期净利润相对应的现金流量，所以，该比率对本期净利润收现程度的解释力是有限的。因而，利用该比率评价本期净利润质量时，应持一种更加谨慎的态度，即使该比率大于1，也不能得出本期净利润质量就一定好的结论。

（二）每股经营现金流量

每股经营现金流量是指扣除优先股股利后的经营现金净流量与普通股股数的比值，其计算公式为

$$每股经营现金流量=\frac{经营现金净流量-优先股股利}{发行在外普通股平均数}$$

式中，分子将优先股股利从经营现金净流量中扣除，是因为优先股股利须在普通股股利之前支付，这样可以使分子、分母的计算口径保持一致。该比率反映公司经营活动为每一普通股带来的现金净流量。每股经营现金净流量是公司支付现金股利的基础，即使公司有盈利，但如果没有足够的现金，也无法派发现金股利。

在分析每股经营现金流量时，应注意以下几点。

每股经营现金流量指标可以进行横向和纵向比较。在对每股经营现金流量作横向比较时，需要注意不同公司的每股股本金额是否相等。通过纵向比较，可以分析公司每股经营现金流量的变动趋势。

在分析该比率时，有必要将其与每股收益联系起来。如果公司每股收益远远高于每股经营现金流量，说明公司当期销售形成的利润有相当一部分表现为账面利润，没有为公司带来现金，并且这些账面利润将来是否能够转换为现金的不确定性很强，因此，利

润质量较差。

如果公司连续两个季度每股经营现金流量显著低于每股收益，并且与上一会计年度同期相比情况有所恶化，则说明公司经营遇到了很大困难，长此下去，必然导致公司营运资金紧张，甚至会出现严重的财务危机。反之，如果每股经营现金流量连续多期高于每股收益，则说明公司经营顺利，未来每股收益可能有所提高。

一般而言，每股经营现金流量应大于每股收益。通常，该指标值越大，说明公司支付现金股利的能力越强，该指标比每股收益更能反映公司进行资本性支出和支付现金股利的能力。

第六节　案例分析

一、案例信息

（一）中国平安保险（集团）股份有限公司概况

中国平安保险（集团）股份有限公司（简称“中国平安”）于1988年3月21日在深圳市注册成立，当时名为“深圳平安保险公司”，开始主要在深圳从事财产保险业务。随着经营区域的扩大，公司于1992年更名为“中国平安保险公司”，于1994年7月开始从事寿险业务，并于1997年1月更名为“中国平安保险股份有限公司”。

2002年公司更名为“中国平安保险（集团）股份有限公司”，公司以投资人身份分别成立并控股持有中国平安财产保险股份有限公司（以下简称“平安产险”）和中国平安人寿保险股份有限公司（以下简称“平安寿险”），并由公司控股持有平安信托投资有限责任公司（以下简称“平安信托”），平安信托持有平安证券有限责任公司（以下简称“平安证券”）的股份。平安产险及平安寿险分别于2002年12月24日及2002年12月17日取得营业执照。

公司在香港主板公开发行境外上市外资股（“H股”）1 261 720 000股，H股已于2004年6月24日在香港交易所主板上市。股票简称中国平安，H股股票代码为2318。

公司在上海证券交易所首次公开发行A股1 150 000 000股，A股已于2007年3月1日在上海证券交易所上市。股票简称中国平安，A股股票代码为601318。

公司的经营范围包括投资金融、保险企业；监督管理控股投资企业的各种国内、国际业务；开展资金运用业务。公司现提供多元化的金融产品及服务，业务范围包括人身保险业务、财产保险业务、信托业务、证券业务、银行业务以及其他业务。

（二）中国平安保险（集团）股份有限公司主要业务

中国平安统一的品牌、多渠道分销网络深入中国所有经济发达地区。公司的三大业务是保险、银行及投资。

保险业务是公司目前的核心业务。自1988年平安成立以来，经过21年的发展，公司由经营单一财产保险业务开始，此后逐步建立了以平安寿险、平安产险、平赡养老险和平安健康险四大子公司为核心，向客户提供全方位保险产品和服务的完整业务体系。

从规模保费来看，平安寿险是中国第二大寿险公司，拥有超过 41 万人的代理人销售队伍，盈利能力位居业内前列；平安产险于 2009 年跃居中国第二大产险公司，市场竞争力不断提升。此外，公司还通过平赡养老险向客户提供企业年金的受托管理、投资管理和账户管理专业服务。

平安银行是公司综合金融服务平台的重要组成部分，致力于为客户提供市场领先的产品和服务，正在逐步发展成为一家以零售和中小企业为重点服务对象，并具有先进的风险管控和公司治理的银行。作为一家跨区域经营的股份制商业银行，平安银行目前总行设在深圳，营业网点分布于深圳、上海、福州、泉州、厦门、杭州、广州、东莞等地。

平安资产管理、平安资产管理（香港）、平安证券和平安信托共同构成公司投资与资产管理业务平台。平安资产管理和平安资产管理（香港）受托管理公司保险资金及其他子公司的投资资产，并为其他投资人提供产品和服务。平安信托和平安证券向客户提供集合理财、信托计划等资产管理服务。受托管理的资产除投资于资本市场外，还投资于基建、物业、直接股权等非资本市场领域，满足了不同层次客户的产品与服务需求。此外，平安证券还为客户提供证券经纪、投资银行及财务顾问等服务。

二、案例分析

在此，对中国平安的案例分析分为两部分：第一部分，计算中国平安 2007 年和 2008 年的若干盈利能力指标，对其盈利能力作一般分析；第二部分，深入分析 2008 年利润较 2007 年利润出现大幅下滑的原因，并分析这种原因是否有持久的影响。

（一）中国平安盈利能力的一般分析

为方便计算盈利能力指标，将中国平安 2008 年、2007 年的财务报表的部分数据整理在表 14-1，表中的资产、所有者权益项目对应该年年末数据，营业收入、营业利润、净利润对应于该年全年的数据。

表 14-1 中国平安 2008 年、2007 年度财务数据 单位：百万元

项目	2008 年	2007 年
总资产	707 640	651 344
所有者权益	81 469	109 218
归属于母公司股东权益	78 757	107 234
股本	7 345	7 345
营业收入	139 803	165 263
营业利润	(2 307)	17 167
净利润	873	15 581
归属于母公司股东的净利润	662	15 086

根据以上数据，计算 2007 年和 2008 年的盈利能力指标如下：

$$营业利润率(2008)=\frac{营业利润}{营业收入}=\frac{-2\ 307}{139\ 803}=-0.016\ 5$$

$$营业利润率(2007)=\frac{营业利润}{营业收入}=\frac{17\ 167}{165\ 263}=0.103\ 9$$

$$营业收入净利率(2008)=\frac{净利润}{营业收入}=\frac{873}{139\ 803}=0.006\ 2$$

$$营业收入净利率(2007)=\frac{净利润}{营业收入}=\frac{15\ 581}{165\ 263}=0.094\ 3$$

$$净资产收益率(2008)=\frac{归属于母公司股东的净利润}{归属于母公司的平均股东权益}=\frac{662}{(78\ 757+107\ 234)/2}=0.007\ 1$$

$$净资产收益率(2007)=\frac{归属于母公司股东的净利润}{归属于母公司的平均股东权益}=\frac{15\ 086}{(107\ 234+45\ 260)/2}=0.197\ 9$$

$$基本每股收益(2008)=\frac{净利润-优先股股利}{发行在外普通股的加权平均数}=\frac{662}{7\ 345}=0.09$$

$$基本每股收益(2007)=\frac{净利润-优先股股利}{发行在外普通股的加权平均数}=\frac{15\ 086}{(2\times 6\ 195+10\times 7\ 345)/12}=2.11$$

对以上财务指标计算中的几点说明如下。①2007年净资产收益率分母中的45 260百万元为当年年初归属于母公司的股东权益。②计算每股收益时应注意两点：第一，公司股票的面值为1元，即每1元股本对应了1份普通股，所以，股本与股票在数量上是相等的；第二，2007年年初，公司发行在外的普通股为6 195 000 000股，2007年3月1日公司新发行的1 150 000 000股在上海证券交易所上市，对2007年基本每股收益分母中的发行在外普通股应计算其加权平均数。

将以上计算结果整理在表14-2如下：

表14-2　中国平安盈利能力指标分析

项目	2008年	2007年	增减幅度/%
营业利润率	(0.016 5)	0.103 9	(115.88)
营业收入净利率	0.006 2	0.094 3	(94.3)
净资产收益率	0.007 1	0.197 9	(96.41)
每股收益（元/股）	0.09	2.11	(95.73)

2007年和2008年中国平安的业绩有着迥异的表现。2007年业绩非常出色，各项盈利能力指标也十分亮丽，净资产收益率为19.79%，每股收益高达2.11元/股，在盈利能力方面，它在所有上市公司中无疑是属于非常强的一家公司，即使是与盈利能力很强

的其他金融保险业上市公司相比，其盈利能力指标也毫不逊色。例如，中国平安 2007 年 19.79%的净资产收益率稍好于中国人寿的 19.67%、中国太保的 18.64%，在每股收益指标上，中国平安以 2.11 元/股遥遥领先于中国人寿的 0.99 元/股、中国太保的 1.12 元/股。

然而，2008 年中国平安的业绩出现显著下滑，营业收入净利率、净资产收益率、每股收益的下降幅度均超过 90%，营业利润率甚至由上一年的 10.39%下降至负的 1.65%。

是什么原因导致公司 2008 年的业绩出现如此显著的下滑？单纯计算公司盈利能力指标是无法解释这种现象的，我们需要深入分析其中的原因，并分析造成利润下降的原因是否对公司有持久的影响。

（二）公司利润下降原因分析

与 2007 年相比，2008 年中国平安的总资产从 6 513.44 亿元上升至 7 076.40 亿元，增长了 8.6%；总负债从 5 421.26 亿元上升至 6 261.71 亿元，增长了 15.5%；投资人权益从 1 092.18 亿元下降至 814.69 亿元，降低了 25.4%。虽然总资产有 8.6%的增长，但是，营业利润和净利润却出现大幅度下降，营业利润由 2007 年的 171.67 亿元降为 2008 年的亏损 23.07 亿元，下降幅度高达 113.4%，而净利润也由 2007 年的 155.81 亿元降为 2008 年的 8.73 亿元，下降幅度高达 94.4%。随着净利润的下降，公司的每股收益也从 2007 年的 2.11 元/股下降至 0.09 元/股，每股收益下降幅度为 95.7%，公司只是在 2008 年中期每股派发了 0.20 元的股利，当年年末也没有派发股利。

面对如此巨大的利润下降，人们不禁要问，是什么原因导致公司的利润在这两年之间出现冰火两重天的景象呢？是公司的基本面发生了重大变化而使得公司不再具备持续的盈利能力吗？

2008 年，由于全球金融危机的负面影响，国内所有行业的利润都出现下滑。特别是在 2008 年 9 月世界五大投行之一的雷曼破产之后，国际和国内的经营环境出现显著恶化，而金融行业又是受金融危机影响最大的行业，从这一角度出发，处于金融行业的中国平安的利润有所下滑是可以理解的。如果我们作同行业比较，可以发现中国平安的利润下降幅度最大，2008 年度与 2007 年度相比，中国人寿净利润的下降幅度为 32.2%，同期中国平安净利润的下降幅度则为 94.4%，中国平安净利润的下降幅度远远高于中国人寿。这说明除了全球金融危机大环境的影响之外，必定还有与公司密切相关的其他因素导致中国平安净利润出现大幅下滑。究竟是什么与公司密切相关的因素导致中国平安利润大幅下降，该因素的影响是暂时的还是具有持久影响的，这些都是我们需要仔细分析的内容。

要分析中国平安 2008 年利润大幅下降的原因，就有必要考察公司不同业务分部 2008 年度的利润与 2007 年度相比发生了怎样的变化。正如前面在公司简介中所介绍的，中国平安以保险、银行、投资为三大主要业务，公司的经营业绩主要由这三大业务决定。

表 14-3 列示了中国平安 2008 年和 2007 年业务分部的净利润。

表 14-3 中国平安业务分部净利润分析表 单位：百万元

业务分部	2008 年	2007 年
人寿保险业务	(2 134)	7 831
财产保险业务	408	1 484
银行业务	1 444	1 537
证券业务	550	1 492
其他业务	605	3 237
净利润	873	15 581

注：其他业务主要包括总部、信托及资产管理等业务。

可以看出，公司各业务分部的净利润均不同程度出现下降。财产保险业务的净利润由 2007 年的 14.84 亿元大幅减少至 2008 年的 4.08 亿元，主要原因是雪灾、地震等自然灾害导致赔款支出增加，以及股票市场波动引致投资收益减少。银行业务实现净利润 14.44 亿元，较 2007 年略有下降，主要原因是打包出售不良资产及拨回诉讼准备金等对 2007 年的一次性正面影响较大。证券业务实现净利润 5.50 亿元，较 2007 年大幅下降，主要原因是股票市场波动对其手续费及佣金净收入以及总投资收益均产生负面影响。其他业务净利润大幅减少的主要原因是投资收益下降，导致总部净利润由 2007 年的 25.36 亿元大幅减少至亏损 1.88 亿元。然而，最引人注目的是人寿保险业务的净利润由 2007 年的 78.31 亿元变为 2008 年的亏损 21.34 亿元。人寿保险业务净利润发生如此之大的变化绝非用金融危机导致经营环境恶化就可以解释，事实上，这是由于中国平安对富通投资失败导致的，富通股票的市价出现巨幅缩水，中国平安对富通股票投资计提了减值准备，这是其人寿保险业务出现亏损的主要原因。人寿保险业务一直是公司最重要的业务分部，2007 年度人寿保险业务的净利润占公司净利润的比例为 50.3%，占据了公司净利润的半壁江山。最重要的盈利业务分部出现了问题，公司净利润随之出现严重下降也就不足为怪了。以下着重分析中国平安对富通的投资背景和投资过程，并分析对富通投资的失败对 2008 年年度利润和以后年度利润的影响。

1990 年富通成立之初，其主业是保险业，后来连续收购了比利时通用银行等多家银行，集团业务随之也扩展至银行业和资产管理业。1990～2004 年，富通净利润增长了 8 倍，市场资本增加了 10 倍。富通股票的总投资回报率在过去的 16 年更累计高达 1 232%。2006 年，富通集团银行业务的净利润占公司利润的 22%。富通集团是一家活跃在保险、银行和投资领域，享誉全球的国际性金融服务集团，是欧洲最大的金融机构之一。在 2004 年世界《财富》500 强中，富通集团资产排名第 24 位。在 2004 年《福布斯》世界 500 强中，富通集团在销售、利润、资产及市值等指标的综合排名中荣列全球金融服务商第 38 位。

中国平安投资富通时也正是看重这家欧洲领先的金融集团良好的公司治理、既往业绩及适合平安公司需求的分红政策，这与平安公司的保险基金长期投资较为符合。除了看好财务投资的价值外，平安也期望获取更多的资源与经验。基于这一发展战略，中国平安开始了海外投资。

截至 2007 年 11 月 27 日，中国平安控股子公司中国平安人寿保险股份有限公司斥资18.1亿欧元通过二级市场购入富通集团股份，所购股份占其已发行股本的4.18%，成为其最大的单一投资人。此外，中国平安与富通集团于2007年11月28日签订谅解备忘录。根据该谅解备忘录，中国平安有权向富通集团董事会提名一名非执行董事。

2008年4月2日，中国平安就投资富通投资管理公司约50%的股权签署了《股份买卖协议》、《投资人协议》、《赔偿保证契约》、《富通商标和商号许可协议》、《平安商标和商号许可协议》以及《荷兰银行商标许可协议》，以21.5亿欧元的对价投资富通投资管理有限公司1 000 000股股权。

当时，中国平安董事长马明哲谈到对这两次投资的评价时说，与富通集团的合作是一次非常难得、稳健的投资机会，此次交易对中国保险行业具有"里程碑式"的重大意义，它将帮助平安保险推动保险资金运用的创新，资产管理市场在全球，特别是在中国具有巨大的发展空间，这项业务将迅速成为中国平安新的利润增长点。

中国平安对富通集团的投资，应该说是双方是各有所需。富通集团以银行和保险业务为主，在业内被称为"银保双头鹰"，而其投资管理公司在与前荷银资产管理业务合并后，拥有2 450亿欧元的管理资产。中国平安的发展战略是成为一个集保险、银行、投资三大核心业务为一体的金融集团，富通的资源在中国平安看来十分适合其进行战略投资。目前中国平安的主要收入来源仍以保险为主，银行业务虽然有利润贡献，但占整体利润的比重有限，资产管理对平安来说更是全新的开始，因此投资富通集团及富通投资管理公司，既可以获得投资收益，也能够获得技术，加速实现平安的金融集团之梦。而富通集团也希望能够通过这次合作加快其在亚洲特别是中国市场的发展，在此之前，富通集团旗下的富通国际在太平人寿拥有24.9%的股权，而在海富通基金则拥有49%的股权。

2008年6月底，富通宣布计划为公司增资超过80亿欧元，这一计划公布后，中国平安为保住其最大单一投资人的权益，立即斥资7 500万欧元，购入其增发股份的5%。

2008年9月，富通因之前参与荷兰银行收购而消化不良，成为信贷市场抛弃的对象。面对一触即发的挤兑风险，比利时、荷兰及卢森堡三国政府宣布联合向富通出资112亿欧元，持有富通集团下属的富通银行在三地49%的股权。中国平安对比利时、荷兰及卢森堡三国政府注资富通表示欢迎。然而，三国政府的救市行为未能取得预期的效果，荷兰政府于10月3日宣布出资168亿欧元收购富通集团在荷全部业务。10月6日，法国巴黎银行以145亿欧元的价格收购富通银行在比利时和卢森堡的银行和大部分保险业务。经过这　系列操作，作为原富通业务核心的荷比卢三国银行与保险业务已与上市公司无缘。至此，"银保双头鹰"的银行业务完全被剥离，仅剩下国际保险业务和一个总值104亿欧元的结构型商品投资组合。作为最大单一投资人的中国平安成为分拆的最大受害方，这种分拆不仅没通过股东大会，甚至分拆后的投资收益也与中国平安没有关系，因为比利时政府的计划是只补偿欧盟境内的投资人。

2008年10月6日，中国平安发布重大事项公告，鉴于市场环境及状况，经中国平安与富通协商，估计上述交易完成的先决条件无法完全满足，中国平安于2008年4月2日签署的《股份买卖协议》等相关协议将会终止，即中止投资富通集团旗下的富通资产管理公司50%的股权。中国平安董事会认为终止前协议对本集团的业务营运及财务状况没有影响。同日，中国平安董事长马明哲发表了《给全体员工的一封信》，称“中国是未来平安业务发展的主市场，公司近期不会有境外投资的计划，并将集中精力在内地经营主业”。

平安寿险于2008年12月31日持有富通集团1.21亿股股份，累计投资成本折合约人民币238.74亿元，分类为可供出售金融资产。由于受全球金融危机影响，富通集团的股价出现大幅下跌，股价最低时不足1欧元，自中国平安2007年底收购富通部分股权以来，富通的股价已下跌超过96%。平安寿险按2008年12月31日收盘价对富通集团投资计提减值准备约人民币227.9亿元，已计入当期损益。中国平安对富通投资的浮亏高达95.5%。

通过上面的分析可以看出，中国平安对富通集团投资的惨败是导致平安寿险出现亏损的最主要的原因，当然它也是中国平安净利润下降94.4%的直接原因。

2008年对于中国平安而言是痛苦的一年，除了公司对富通集团的投资遭遇惨败，公司的再融资计划也在市场上受阻。2007年12月初，中国平安获批以上年末总资产的15%的上限进行境外投资，此前的上限是5%。在获批后不久，中国平安在2008年1月公布了1 600多亿元的再融资计划，按公司的说法，融资主要用于充实公司资本金或资本投资，不过有传闻指其目的还是在于海外战略性投资，包括投资英国保诚保险等。由于A股市场的强烈反对以及金融危机对证券市场的影响，中国平安的再融资计划最终告吹。

（三）公司盈利能力持续性分析

2008年中国平安投资富通集团遭遇彻底失败，那么中国平安对富通集团投资对公司2009年的经营业绩又有多大影响呢？中国平安能够走出海外投资失败的低谷吗？

应该说，2009年中国平安的经营业绩还是值得称道的。保险、银行和投资三大业务均实现了快速、健康的发展。产险、寿险市场份额双双提升，银行资产规模稳健增长，证券投行创历史佳绩，信托第三方资产管理规模跃上千亿新平台，交叉销售进一步强化，后援集中第一阶段工程全面完成，“平安一账通”正式向全国市场推出，综合金融战略实施稳步推进，公司综合竞争力不断增强。

在业务快速发展的同时，公司整体盈利能力得到较大提升，全年实现净利润144.82亿元，较上年大幅增长；公司净资产为917.43亿元，较2008年年底增长36.6%。

为方便对比，将中国平安2009年和2008年的主要财务指标列在表14-4中。

表14-4　中国平安2009年、2008年度主要财务指标　　单位：百万元

主要财务指标	2009年	2008年	增减幅度/%
总资产	935 712	704 564	32.8
总负债	843 969	637 405	32.4
所有者权益	91 743	67 159	36.6
营业利润/（损失）	19 581	(1 340)	不适用
净利润	14 482	1 635	785.7

全年业绩的增长，一方面得益于公司保险业务品质的持续提升；另一方面，公司积极动态地把握市场投资机会，取得了超预期的投资收益，此外，公司非保险业务的增长，也提供了额外的利润贡献。

对中国平安 2009 年各业务分部净利润的分析如下表 14-5 所示。

表 14-5　中国平安按业务分部细分净利润汇总表　　单位：百万元

业务分部	2009 年	2008 年
人寿保险业务	10 374	(1 464)
财产保险业务	675	500
银行业务	1 080	1 444
证券业务	1 072	550
其他业务	1 281	605
净利润	14 482	1 635

注：其他业务主要包括总部、信托及资产管理等业务。

2009 年中国平安除银行业务外的其他所有业务分部的净利润均好于 2008 年。其人寿保险业务 2009 年净利润为 103.74 亿元，2008 年则是亏损 14.64 亿元，净利润变动的主要原因是业务增长及国内股票市场上涨使投资收益对利润的贡献大幅增长。财产保险业务净利润增加 35.0%，由 2008 年的 5.00 亿元增至 2009 年的 6.75 亿元，主要原因是平安产险承保盈利能力提升，综合成本率下降。银行业务的净利润减少 25.2%，由 2008 年的 14.44 亿元减至 2009 年的 10.80 亿元，主要原因是央行降息导致净利差幅度收窄，战略性投入持续增加，以及 2008 年经税务机关批准转回当期所得税对 2008 年经营业绩带来了一次性正面影响。证券业务在经纪业务、投资银行业务等方面取得佳绩，净利润增加 94.9%，由 2008 年的 5.50 亿元增至 2009 年的 10.72 亿元。其他业务净利润增加的主要原因是平安信托于 2009 年 1 月完成了对许继集团的收购，许继集团的净利润并入该公司。

在所有业务分部中，人寿保险业务净利润的变化是最大的，实现了由亏损 14.64 亿元到盈利 103.74 亿元的转变，人寿保险业务净利润占公司净利润的比例为 71.6%，该业务在公司中的支柱地位得以充分显现。

中国平安 2009 年 144.82 亿元的净利润也基本恢复到金融危机前 2007 年 155.81 亿元的水平，这说明公司正在逐渐消化对富通集团投资失败的影响，公司的保险、银行、投资三大业务都呈现快速发展之势。

中国平安投资富通集团失败的教训是深刻的，公司应该认真总结投资失败的经验，重新审视海外投资的策略、程序和风险管控措施，改进运作机制，继续致力于公司长远稳健的发展，为投资人创造长期稳定的回报，为客户提供更高品质的金融服务。

习　题

1. 分析企业盈利能力的意义何在？
2. 以销售收入为基础的盈利性分析的指标有哪些？用这些指标对你所在的企业进

行盈利性分析。

3. 以总资产为基础的盈利性分析的指标有哪些？用这些指标对你所在的企业进行盈利性分析。

4. 以净资产为基础的盈利性分析的指标有哪些？用这些指标对你所在的企业进行盈利性分析。

5. 以上市公司股本为基础的盈利性分析的指标有哪些？用这些指标对你所在的企业进行盈利性分析。

6. 利润质量分析的意义何在？

7. 利润质量分析的指标有哪些？用这些指标对你所在的企业的利润质量进行分析。

8. 选择一家上市公司最近一期的年度财务报表，从销售收入、总资产、净资产、股本几个不同的方面对其盈利性进行分析，并给予评价。

第十五章

发展能力分析

第一节　发展能力分析概述

发展能力也称为成长能力或增长能力，它是企业通过自身的生产经营活动，不断扩大积累而形成的发展潜力。

对企业未来发展潜力进行分析具有重要意义。首先，企业未来价值取决于未来的获利能力；其次，发展能力是企业偿债能力、盈利能力、营运能力的综合体现，企业增强其偿债能力、盈利能力和营运能力，是未来企业生存和发展的需要，是为了企业发展能力的提升。所以，要全面反映企业的价值，除了对其财务状况、经营成果进行静态分析外，还必须从动态角度来分析和预测企业的发展能力。

不同利益相关者在分析企业发展能力时，关注的侧重点有所不同：管理者为了分析和比较企业经营业绩的增长变化情况，需要分析自身与竞争对手在发展能力方面的优势和劣势，他们关注的重点是企业销售收入、拥有的资源或资产规模、利润及股利等方面的增长潜能；投资人首先关注的是投资回报，所以他们分析的重点是利润和股利的增长情况。此外，他们也会比较关注公司价值、股票价值的增长情况，投资人通过对企业发展能力的分析，有助于他们评价公司为投资人创造收益的能力，帮助他们作出正确的投资决策；潜在投资人也可以通过对目标公司发展能力的分析，评价公司的成长性，进而作出决策，决定是否对目标公司进行投资；债权人分析的重点是企业未来的资金需求增长状况。

第二节　发展能力指标分析

一、销售增长率

销售增长率是指企业本年度营业收入的增加额与上一年度营业收入的比率。其计算公式为

$$销售增长率=\frac{本年营业收入-上年营业收入}{上年营业收入}\times 100\%$$

营业收入增长率是评价企业成长性和发展能力的一项重要指标。公式采用本年营业收入的增长额与上年营业收入相比，是为了消除企业规模的影响。销售增长率便于对不同销售规模的企业作横向比较。

（一）利用销售增长率对企业发展能力的一般分析

销售增长率是评价企业经营状况和市场占有能力、预测企业业务发展趋势的重要指标。持续的销售增长表明企业经营状况良好，市场占有率逐渐扩大；反之，如果企业销售增长速度放缓，甚至销售出现下滑，则表明企业可能经营遇到困难，市场占有率逐渐被侵蚀，企业发展前景堪忧。

该比率可以用于企业之间的横向比较和企业自身的纵身比较。通过横向比较，可以分析企业的销售增长率在行业中所处的地位，并与主要竞争对手比较，找出企业的竞争优势和劣势；在纵向比较中，应结合往年的销售规模、企业的市场占有情况和行业的发展趋势等因素，分析企业销售增长率的变化规律，并进行合理预测。

为了消除销售收入的短期波动对销售增长率分析的影响，可以计算较长时间（例如三年）的平均销售增长率，以反映企业销售收入的长期变动状况，借以评价企业的销售增长能力。

三年平均销售增长率的计算公式为

$$三年平均销售增长率=\left(\sqrt[3]{\frac{本年营业收入}{三年前营业收入}}-1\right)\times 100\%$$

三年平均销售增长率反映了企业销售增长的长期趋势，比一年销售增长率更加稳定，由于该比率能够消除某些年度中的一些偶然性因素导致的销售收入异常对销售增长率的影响，在评价企业长期销售增长率时，采用该比率更为适当。

（二）对销售增长率进行分析时需要注意的其他问题

1. 销售增长的效益

正常情况下，企业的销售增长率应高于其资产增长率，只有在这种情况下，才表明一定幅度的资产增长带来了更大幅度的销售增长，这种销售增长才是有效益的，具有可持续性。如果企业的销售增长率低于资产增长率，则表明一定幅度的资产增长未能带来同等幅度的销售增长，企业的销售增长主要源自于企业资产的扩大，因此这种销售增长率就不具备效益性，从长期看，这种不具备效益性的销售增长率也难以持续下去。

2. 销售增长的趋势

销售增长率反映的是企业在某个时期的销售增长状况，这个时期的销售收入可能受到一些非正常的、偶然性的因素的影响，这时，销售增长率就不能反映企业长期销售增长的全貌。因此，要全面、充分地分析和评价企业销售收入的增长趋势和增长水平，需要计算以往较长时间内的销售增长率，进行时间序列分析，以便更准确地把握企业销售增长率的长期变动趋势，在此基础上进行销售增长率的预测。

3. 销售增长的结构

对于提供多种产品或服务的企业来说，销售收入总额是由各种不同的产品或服务的销售收入组成的。不同的产品或服务的销售增长率不尽相同，因此，销售结构对销售增长率有显著影响。

4. 产品生命周期

根据产品生命周期理论，每种产品的生命周期一般可以划分为四个阶段，即投放期、成长期、成熟期和衰退期。处于生命周期不同阶段的产品，其销售状况不同：在投放期，由于消费者对产品的了解程度不够，企业也在这个过程判断市场对产品的认可程度，所以，生产规模和销售规模都较小，其增长也较为缓慢；在成长期，产品已经得到市场的认可，企业的生产规模不断扩大，销售规模也迅速上升，销售增长率增长表现强劲；在成熟期，市场已经基本饱和，销售量趋于稳定，销售增长率变化幅度不大；在衰退期，市场逐渐萎缩，销售量慢慢开始回落，销售增长率也慢慢开始呈现负增长态势。

显而易见，如果企业的销售增长率主要是由处于成长期的产品贡献的，那么，企业的销售增长率具有较好的持续性。如果企业的销售增长率主要来源于已处于成熟期的产品，那么，企业的销售增长率将会很快下降。为保持销售增长率的持续性，企业必须调整产品结构，开发新产品，寻找新的投资机会。

二、资产增长率

资产增长率是指企业本年度资产增加额与期初资产总额之比。其计算公式为

$$\text{资产增长率}=\frac{\text{年末资产总额}-\text{年初资产总额}}{\text{年初资产总额}}\times 100\%$$

资产增长率反映了企业资产总额增长的相对比率。资产增长率大于0，说明企业期末资产总额大于期初资产总额，资产规模在本期有所增长，资产增长率越高，说明企业资产规模扩张越快。资产增长率小于0，说明企业期末资产总额小于期初资产总额，资产规模在本期出现萎缩。

资产是企业取得销售收入和实现利润的基础。在资产收益率一定的情况下，资产规模越大，企业取得的销售收入也越大。一般而言，企业资产规模扩大，其销售收入也应同时增加，但并不能保证利润也按同一比例增加。因而，企业应避免无效益的资产规模扩张，注意资产规模扩张中量和质的关系，促进企业资产、销售收入和利润增长的协调发展。

在对资产增长率进行分析时，应注意以下四点。

第一，资产规模增长的效益。评价企业资产增长率是否适当，应将其与销售增长率、利润增长率一并进行分析。如果企业的销售增长率、利润增长率超过了资产增长率，则这种资产增长是有效益的，有助于企业实现持续稳定发展；反之，如果企业的销售增长率、利润增长率低于资产增长率，则认为这种资产增长不具备效益性，也无助于企业实现持续稳定发展。

第二，资产增长的来源。企业购置资产的资金来源于负债或所有者权益。从资产增长看，无论是负债规模增加，还是所有者权益规模增加，都可以达到相同的资产增长效果。但是从资产增长质量看，两者之间是有区别的。高质量的资产增长应当主要来源于企业利润的增长，即来源于所有者权益的增加。从机理上看，这种资产增长是一种内生动力的增长，更具有可持续性。反之，如果资产增长主要来源于负债的增加，而所有者权益项目在年度内没有增加或增加很小，那么，这种资产的增长就不具备内生动力，也不具备可持续性。因为，当负债程度过高时，企业的财务风险会急剧上升，导致企业融资成本也随之迅速上升，甚至有可能出现即使企业愿意付出很高的融资成本也无法筹集到更多的负债的情况。

第三，资产增长的稳定性。对于一个处于成长期的企业来说，其资产规模应当是持续增长的。如果资产规模时增时减，则说明企业的生产经营活动不够稳定，其发展能力可能不具有持续性。因而，应当对企业不同时期的资产增长率加以比较，在一个相对较长的时间段内评价企业的资产增长趋势，避免在个别时期受到一些非正常的、偶然性因素对资产增长的影响，以把握企业资产规模变动的主要趋势。

第四，会计处理方法与资产计量模式。在进行企业资产增长率横向比较时，应注意会计处理方法和资产计量模式的可比性。不同的会计处理方法会影响资产增长率的高低，不同的资产计量模式也对资产价值的多少产生影响，从而影响资产增长率的计算。

与销售增长率相同，为了避免在个别时期受到一些非正常的、偶然性因素对资产增长的影响，可计算三年平均资产增长率。其计算公式为

$$\text{三年平均资产增长率} = \left(\sqrt[3]{\frac{\text{年末资产总额}}{\text{三年前年末资产总额}}} - 1\right) \times 100\%$$

三、净利润增长率

净利润增长率是指企业某一会计年度税后净利润的增长额与上年税后净利润的比值。其计算公式为

$$\text{净利润增长率} = \frac{\text{本年净利润} - \text{上年净利润}}{\text{上年净利润}} \times 100\%$$

净利润增长率反映企业某一会计年度净利润增长的幅度。净利润增长为正数，表明企业本期净利润超过上期。净利润增长率越高，说明企业盈利能力越强，未来发展空间越大；净利润增长率为负数，表明企业本期净利润不如上期，盈利能力出现下降，对未来发展有一定负面影响。

在分析企业净利润增长率时，应注意以下两点。

第一，净利润增长来源分析。从利润表中净利润的计算过程可以看出，净利润的形成主要来自于经常性损益和非经常性损益两个方面。但这两个方面的稳定性和持续性之间有着显著区别，由它们所组成的净利润的质量也有明显不同，经常性损益的稳定性和持续性优于非经常性损益，其净利润质量也高于非经常性损益的净利润。因此，要全面分析企业发展能力，就必须对企业净利润的构成和净利润增长率的构成进行分析：可将

经常性损益增长率与净利润增长率进行比较，如果前者高于后者，说明经常性损益是净利润增长的主要来源，其增长的稳定性和持续性较好，净利润增长基础较为坚实，企业的发展前景较为乐观；反之，说明企业非经常性损益是净利润增长的主要来源，这种增长受外部因素影响很大，其稳定性和持续性较差，净利润增长基础较为脆弱，企业的持续发展能力不强。

第二，净利润增长趋势分析。一些偶然性的因素可能对企业个别年度的净利润有较大影响，为了把握净利润变动的长期趋势，应将企业连续多期的净利润增长额、净利润增长率、经常性损益增长率进行对比分析，这样有助于排除一些偶然性因素对净利润变动的影响，从而发现企业净利润变动的长期趋势，更好地反映企业的发展能力。

四、所有者权益增长率

所有者权益增长率，也称资本积累率，是指某一会计年度所有者权益增加额与年初所有者权益的比值，其计算公式为

$$\text{所有者权益增长率}=\frac{\text{年末所有者权益}-\text{年初所有者权益}}{\text{年初所有者权益}}\times 100\%$$

所有者权益增长率反映企业某一会计年度所有者权益的增长幅度。所有者权益是企业进行债务融资的基础，一般而言，所有者权益规模越大，可筹集的债务资金规模也越大，企业的资产规模也越大；所有者权益增长率越高，表明企业本期所有者权益增加越多，企业自有资本积累增长越快，企业的资本实力越强。在资本结构保持不变的情况下，由于所有者权益增加，债务融资的规模也会有所扩大，有助于企业未来的发展；反之，如果所有者权益增长率低，表明企业本年度所有者权益增加得少，企业自身资本积累缓慢，这种状况也不利于扩大债务融资规模，企业未来发展会受到很大限制。

在进行所有者权益增长率分析时，应注意以下三点。

第一，所有者权益增长因素分析。所有者权益增长的主要来源是经营活动产生的净利润和融资活动中投资人对企业的净投入。其中，投资人的净投入是指其对企业当年的新增投资与企业当年发放股利的差额。净利润反映了企业当年的经营成果，而投资人的净投入反映了其对企业新增投资的程度。在对所有者权益增长因素进行分析时，应结合企业发展阶段进行。

第二，所有者权益增长趋势分析。为了评价所有者权益增长变动的长期趋势，必须对连续若干期的所有者权益增长率进行比较，从中找出企业所有者权益增长率的变动规律和发展趋势，只有这样才能全面认识企业的发展能力：一个具有持续发展能力的企业，其所有者权益的规模也应是持续增长的；如果企业的所有者权益时增时减，则说明企业发展不够稳定，同时，也说明企业不具备持续稳定的发展能力。

第三，企业发展阶段影响分析。在作横向比较时，应注意企业发展阶段对所有者权益增长率的影响。一般而言，所有者权益增长的规律为企业初创期增长较为缓慢，成长期增长较为明显，成熟期增长渐渐趋于平稳，衰退期几乎不再增长，甚至出现萎缩。

第三节 持续增长策略分析

一、可持续增长率及其影响因素分析

（一）可持续增长率

企业发展可以表现在资产增长、销售收入增长、利润增长和所有者权益增长等方面。资产增长是销售收入增长和利润增长的基础，而资产增长又取决于资金增长。在增加资金的活动中，应注意不同资金来源的比例，要根据留存收益和投资人投资增长的情况，适当增加负债规模，从而满足企业发展对资金的需求。只有这种增长才是可持续增长。可持续增长率是指在不增发新股、并保持目前经营成果和财务状况的条件下，企业能够实现的增长速度。可持续增长率的计算公式为

$$
\begin{aligned}
g &= \text{所有者权益增长率} \\
&= \text{净资产收益率} \times (1 - \text{股利支付率}) \\
&= \text{净资产收益率} \times \text{留存比率}
\end{aligned}
$$

式中，g 表示可持续增长率，反映企业在保持目前经营成果和财务状况的前提下，所有者权益能够增长的速度。企业的可持续增长率越高，说明企业未来利润和所有者权益的增长速度越快；反之，企业的可持续增长率越低，说明企业未来利润和所有者权益的增长速度越慢。

（二）可持续增长率的影响因素

影响可持续增长率的因素有很多，常常将净资产收益率进行因素分解，在分解的基础上，将可持续增长率改写为一种扩展形式：

$$
\begin{aligned}
g &= \text{净资产收益率} \times (1 - \text{股利支付率}) \\
&= \text{销售净利率} \times \text{总资产周转率} \times \text{权益乘数} \times (1 - \text{股利支付率})
\end{aligned}
$$

该式表明，企业的可持续增长率受销售净利率、总资产周转率、权益乘数和股利支付率四个因素影响。销售净利率反映企业的盈利能力，总资产周转率反映企业的资产运营能力和资产运营效率，权益乘数反映企业的融资政策，股利支付率反映企业的股利政策。销售净利率和总资产周转率表现企业的经营绩效，是对企业经营战略的评价，权益乘数和股利支付率是对企业财务战略的评价。

在其他方面不变的情况下，企业的可持续增长率只能以 g 的速度增长。如果增长速度超过 g，则必须对这四个因素进行部分或全部调整，以适应新的增长速度要求：在增长速度超过 g 时，企业可以通过调整其获利能力或经营效率或融资政策或股利政策，以适应自己的增长水平；也可以同时调整上述两个以上因素，以适应新的增长速度。

实际增长率和可持续增长率是两个不同的概念。实际增长率是指本期与上期相比实际增长的幅度，可持续增长率是企业目前的经营成果和财务状况所决定的内在增长能力。实际增长率与可持续增长率经常会出现不一致的情况：当实际增长率高于可持续增长时，说明现有的资源难以持续地满足高增长的需求，企业将面临由于增长过快而出现的资金不足

的问题，极端情况下可能出现企业增长过快而导致资金危机甚至破产的现象；当实际增长率低于可持续增长率时，企业将会出现闲置资金，说明企业未能充分发挥现有的增长潜力，其发展遇到一定困难，如果发展速度过慢，就会有被其他企业收购的可能。

实际增长率高于可持续增长率的情况常常发生在企业的初创期和成长期，实际增长率低于可持续增长率的情况则常常发生在企业的成熟期和衰退期。因此，企业管理层必须妥善地处理实际增长率与可持续增长不一致时所面临的各种问题，及时采取有效的策略，保证企业的可持续发展。

二、企业实际增长率高于可持续增长率时的策略

当企业实际增长率高于可持续增长率时，意味着企业正处于快速发展期，此时的销售收入增长较快，并会带来较快的利润增长。但此时不应盲目乐观，因为企业的快速增长必然导致对资金需求的快速增长，当资金需求无法得到及时满足时，就会影响到企业的后续增长。为了保证可持续增长，企业必须解决面临的资金不足问题。为此，应当从调整经营战略和财务战略着手，即从影响企业可持续增长率的四个因素出发，采取以下策略。

（一）提高销售盈利能力

加强成本控制是提高销售盈利能力的有效手段，而销售盈利能力的提高又有助于企业获得更多的资金。这是因为随着销售盈利能力的提高，企业的利润总额也会随之上升，这就为企业提取更多的盈余公积金和留下更多的未分配利润奠定了基础。

（二）提高资产运营效率

提高资产周转率是提高资产运营效率的核心，资产周转率的提高意味着在相同资金规模下，资产周转的次数更多，会带来更多的营业收入。提高总资产周转率的主要手段包括加强应收账款管理、缩短应收账款回收期和提高存货周转率，另外，对闲置的固定资产应及时出售或出租，以加速总资产周转。

（三）增加新的权益资本

如果企业发行足够数量的新股票，将能够极大地缓解资金压力。投资人的新增投资一方面使得企业的资本实力得以加强，另一方面也为企业筹集更多的负债资金提供了保障。但是，这一策略也存在其局限性。第一，金融市场，特别是证券市场的发育程度对发行股票的难易程度有重要影响，在金融不发达地区，这一策略的实施就会受到很大的限制。第二，即使金融市场较为发达，也不意味着所有的企业都具备上市资格，较高的上市门槛还是将大量的企业排除在上市融资之外。对于已经上市的公司而言，通过增发新股筹集资金也需经过严格的再融资资格审查。此外，增发新股的顺利实施也需要外部证券市场的良好氛围相配合，在证券市场特别低迷时，增发新股是非常困难的。第三，即使企业具备发行新股的资格和条件，但由于增发新股导致流通在外的普通股数量增加，这将使企业的每股收益得到稀释，并使控制权受到一定程度的分散。

（四）调整财务杠杆

企业可以通过增加负债，或在增加一定比例的权益资本时增加更大比例的负债来加大财务杠杆。此策略受到企业能够承受的财务风险的制约，随着企业财务杠杆的加大，企业的财务风险也随之上升，负债的利息和本金是必须按合同约定按期偿还的，如果企业经营出现问题，未来的现金流量无法按期还本付息，企业将面临着极大的财务风险，甚至导致企业破产。此外，财务杠杆的上升也就意味着负债比例的上升，负债比例越高，偿债能力越低，企业的债务融资成本也就越高，过高的债务融资成本也会使得债务融资不再具有经济性。

（五）降低股利支付率

留存收益是企业发展所需资金的重要来源，当债务融资和权益融资受阻时，留存收益就成为企业资金较为稳定的来源。与普通股资金成本相比，留存收益的资金成本低，但其数量又受到股利支付率的影响。股利支付率水平的高低主要取决于管理层对企业投资机会和发展前景的判断：如果管理层认为企业有非常好的投资机会，股利支付率水平就会较低；反之，股利支付率水平就会较高。同时，投资人的期望值也对股利支付率的高低有一定影响：如果股利支付率太低，没有达到投资人的期望水平，就会引起他们的不满，他们就可能采取用脚投票的方式，抛售股票，导致股票价格下跌。此外，降低股利支付率也存在一个极限，其最大程度就是不分配股利。对于大多数企业来讲，仅仅依靠降低股利支付率是难以满足其对资金快速增长的需求的。

三、企业实际增长率低于可持续增长率时的策略

实际增长率低于可持续增长率，一方面说明企业资金非常充裕，另一方面也说明企业有一定程度的多余资金，出现闲置现象。这时，管理层要深入分析实际企业增长速度缓慢的原因，消除阻碍企业增长速度的因素，充分利用闲置资金，以提高企业的增长率。此时可供选择的策略主要有以下三种。

（一）寻找新的投资机会

实际增长率低于可持续增长率往往是由于现有的投资无法维持可持续增长率，所以企业需要将重点放在寻找新的投资机会上，以发现新的盈利机会。在寻找新的投资机会的过程中，不必局限于企业现有的产业链的位置，可以适当地向上下游发展，甚至可以在其他行业中寻找机遇。应特别注意国家产业政策和新技术发展趋势对新的利润增长点的引导作用。

（二）提高股利支付率

实际增长率低于可持续增长率，表明企业资金出现闲置，如果找不到合适的投资机会，可以考虑适当提高股利支付率，这样一方面可以为闲置的资金找到一条出路，另一方面也可以向市场显示企业良好的股利分配信息，强化对现有投资人和潜在投资人的吸引力。

（三）股票回购

当产业进入衰退期、一时找不到新的投资机会、闲置资金也没有更适当的用途时，企业可以进行股票回购。股票回购一方面消化了闲置的资金，另一方面，通过股票回购，减少了在外流通的普通股数量，从而提高了每股收益，也有助于股票价格的上升。

可持续增长率对企业控制实际增长率有一定的指导作用。受多种因素的影响，如宏观经济形势、经济周期、政府的财政政策和货币政策、企业的经营战略和财务战略等，实际增长率有时会高于可持续增长率，有时又会低于可持续增长率，但是从长期看，实际增长率会受到可持续增长率的制约。企业应注意可持续增长率对实际增长率的指导作用，根据可持续增长率的水平适当控制实际增长率，促进企业的可持续发展。

第四节　案例分析

一、案例信息

1997 年 9 月 1 日，安徽海螺集团有限责任公司以其所属的宁国水泥厂和白马山水泥厂与水泥生产经营的相关资产出资，独家发起成立安徽海螺水泥股份有限公司（以下简称海螺水泥），主要从事水泥及商品熟料的生产和销售。

海螺水泥经国务院证券管理委员会证委发［1997］57 号文批准，于 1997 年 10 月 17 日首次公开发行境外上市的外资股（简称“H 股”）361 000 000 股，并于 1997 年 10 月 21 日起在香港联合交易所有限公司主板上市，股票代码 0914。海螺水泥是内地水泥行业内第一家在海外上市的企业。

海螺水泥于 2002 年 1 月 24 日获准发行 200 000 000 股境内上市的人民币普通股（简称“A 股”），每股面值人民币 1.00 元，并于 2002 年 2 月 7 日起在上海证券交易所上市，股票简称海螺水泥，股票代码 600585。海螺水泥成为水泥行业第一家“A 股＋H 股”的内地上市公司。

截至 2009 年 12 月 31 日，公司已拥有 76 家控股子公司、4 家合营公司，3 家参股公司，分布在全国 16 个省、市、自治区。公司生产线全部采用先进的新型干法水泥工艺技术，具有产量高、能耗低、自动化程度高、劳动生产率高、环境保护好等特点。三条日产 10 000 吨新型干法水泥熟料的生产线代表着当今世界水泥行业最先进的水平。

二、案例分析

公司的发展能力和潜力如何，主要是通过考察公司的发展趋势，通过对公司发展能力指标进行计算和分析而得出。以下通过对海螺水泥的营业收入和营业收入增长率（表 15-1）等指标的计算，分析和评价海螺水泥的发展能力。

（一）营业收入和营业收入增长率分析

海螺水泥营业收入和营业收入增长率如表 15-1 所示。

表 15-1 海螺水泥营业收入和营业收入增长率

年度	营业收入/元	营业收入增长率/%
2000	1 226 517 842	14.6860
2001	2 054 118 158	67.4756
2002	2 998 159 921	45.9585
2003	5 695 341 869	89.9612
2004	8 379 749 735	47.1334
2005	10 822 696 605	29.1530
2006	16 096 056 704	40.9399
2007	18 776 097 957	16.6503
2008	24 228 268 074	29.0378
2009	24 998 006 724	3.1770

$$2009\text{ 年营业收入增长率}=\frac{2009\text{ 年营业收入}-2008\text{ 年营业收入}}{2008\text{ 年营业收入}}$$

$$=\frac{24\ 998\ 006\ 724-24\ 228\ 268\ 074}{24\ 228\ 268\ 074}=0.031\ 77$$

其他各年的营业收入增长率可类似计算。

从表 15-1 可以看出，海螺水泥的营业收入在 2000～2009 年呈持续增长，由 2000 年的 12.27 亿元增加到 2009 年的 249.98 亿元，2009 年的营业收入是 2000 年营业收入的 20.37 倍。从营业收入增长率看，除了 2009 年为 3.18%略有增长外，其他年度均保持两位数以上的高速增长，营业收入增长趋势十分明显。

海螺水泥营业收入增长的主要原因是业务量的扩大，以最近三年为例，2007 年集团水泥和熟料合计销量为 8 652 万吨，同比增长 14.57%，2008 年集团水泥和熟料合计净销量为 10 206 万吨，同比增长 17.96%，2009 年集团水泥和熟料合计净销量为 11 838万吨，同比增长 15.99%。2009 年营业收入增长 3.18%，营业收入增长率低于销量增长率主要是销售价格回落所致。

（二）营业利润和营业利润增长率分析

海螺水泥营业利润和营业利润增长率如表 15-2 所示。

表 15-2 海螺水泥营业利润和营业利润增长率

年度	营业利润/元	营业利润增长率/%
2000	116 254 199	232.4574
2001	290 369 599	149.7713
2002	512 920 160	76.6439
2003	1 561 733 185	204.4788
2004	1 762 400 856	12.849
2005	817 503 251	−53.6142
2006	2 303 680 814	174.2768
2007	3 170 584 186	37.6312
2008	2 987 143 222	−5.7857
2009	4 260 154 896	42.6164

$$2009\text{年营业利润增长率}=\frac{2009\text{年营业利润}-2008\text{年营业利润}}{2008\text{年营业利润}}$$

$$=\frac{4\ 260\ 154\ 896-2\ 987\ 143\ 222}{2\ 987\ 143\ 222}=0.426\ 164$$

其他各年的营业利润增长率可类似计算。

从表 15-2 可以看出，海螺水泥的营业利润在 2000～2009 年度的大部分时间内都呈现增长态势，由 2000 年的 1.16 亿元增加到 2009 年的 42.6 亿元，2009 年的营业利润是 2000 年营业利润的 36.72 倍。在最初的四年中营业利润增长率极高，其中 2000 年和 2003 年均超过 200%。2005 年营业利润出现 53.6%的大幅下降，这是当年水泥价格下跌和能源价格上涨所致。2008 年，从营业利润的绝对数额来看尚有 29.87 亿元，比上一年有 5.79%的回落，考虑到 2008 年营业收入有 29.04%的增长，即在营业收入增长的条件下，营业利润反而出现了下降，因此，2008 年营业利润的表现不能十分令人满意。2008 营业利润出现下滑，主要是外部经营环境恶化所致。2008 年虽然产品综合价格有所上涨，但是煤炭等原燃材料价格大幅上涨，产品成本上升幅度高于销售价格上涨幅度，使营业利润同比减少了 5.79%。产品成本上升导致公司的几个主要产品的毛利率均出现下降，其中熟料毛利率下降 6.08%，42.5 级和 32.5 级水泥毛利率分别下降 8.03%和 3.88%。值得欣慰的是，营业利润下降的势头迅速在 2009 年得以扭转，2009 年营业利润较上一年增长 42.62%。

（三）利润总额和利润总额增长率分析

海螺水泥利润总额和利润总额增长率如表 15-3 所示。

表 15-3　海螺水泥利润总额和利润总额增长率

年度	利润总额/元	利润总额增长率/%
2000	131 899 980	170.354
2001	314 873 697	138.7216
2002	543 729 272	72.6817
2003	1 649 166 650	203.3066
2004	1 941 729 972	17.7401
2005	861 373 972	−55.6388
2006	2 586 278 577	190.0377
2007	3 484 988 195	34.7491
2008	3 245 748 563	−6.8649
2009	4 476 542 598	37.9202

$$2009\text{年利润总额增长率}=\frac{2009\text{年利润总额}-2008\text{年利润总额}}{2008\text{年利润总额}}$$

$$=\frac{4\ 476\ 542\ 598-3\ 245\ 748\ 563}{3\ 245\ 748\ 563}=0.379\ 202$$

其他各年的利润总额增长率可类似计算。

从表15-3可以看出，海螺水泥的利润总额在2000～2009年度除个别年度外，整体呈现增长态势，由2000年的1.32亿元增加到2009年的44.77亿元，2009年的利润总额是2000年利润总额的33.92倍。在最初的4年中利润总额增长率非常高，其中2000年、2001年和2003年均超过100%。2005年利润总额出现55.64%的大幅下降，这是当年水泥价格下跌和能源价格上涨所致。2008年虽然实现了32.46亿元的利润总额，但是比上一年的利润总额减少了6.86%，考虑到2008年营业收入有29.04%的增长，即在营业收入增长的条件下，利润总额反而出现了下降，因此，2008年利润总额的表现不能十分令人满意。2008年利润总额出现下滑，主要是外部经营环境恶化所致。营业利润的下降直接导致利润总额也随之下降。2008年虽然产品综合价格有所上涨，但是煤炭等原燃材料价格大幅上涨，产品成本上升幅度高于销售价格上涨幅度，使利润总额同比减少了6.86%。但是，利润总额下降的势头迅速在2009年得以扭转，2009年利润总额较上一年增长37.92%。

（四）净利润和净利润增长率分析

海螺水泥净利润和净利润增长率如表15-4所示。

表15-4　海螺水泥净利润和净利润增长率

年度	净利润/元	净利润增长率/%
2000	113 903 296	187.0231
2001	264 438 169	132.1602
2002	371 387 375	40.4439
2003	1 112 674 504	199.5994
2004	1 451 128 513	30.4181
2005	587 442 780	−59.5182
2006	1 899 415 274	207.2706
2007	2 704 010 930	42.3602
2008	2 679 521 942	−0.9057
2009	3 661 946 288	36.6642

$$2009\text{年净利润增长率}=\frac{2009\text{年净利润}-2008\text{年净利润}}{2008\text{年净利润}}$$

$$=\frac{3\ 661\ 946\ 288-2\ 679\ 521\ 942}{2\ 679\ 521\ 942}=0.366\ 642$$

其他各年的净利润增长率可类似计算。

从表15-4可以看出，海螺水泥的净利润在2000～2009年度除个别年度外，整体呈现增长态势，由2000年的1.14亿元增加到2009年的36.62亿元，2009年的净利润是2000年净利润的32.12倍。在最初的4年中净利润增长率非常高，其中2000年、2001年和2003年均超过100%。2005年净利润出现59.52%的大幅下降，这是当年水泥价格下跌和能源价格上涨所致。2008年虽然实现了32.46亿元的净利润，但是比上一年的净利润减少了0.91%，考虑到2008年营业收入有29.04%的增长，即在营业收入增长的条件下，净利润反而出现了下降，因此，2008 年净利润的表现不能十分令人满意。2008 年外部经营环境发生不利的变化是导致公司净利润有所下降的主要原因，营业利润下降直接导致了利润总额和净利润的下降。2008 年尽管产品价格有一定的上升，但是煤炭等原燃材料价格大幅上涨，产品成本上升幅度高于销售价格上涨幅度，使净利润同比减少了 0.91%。令人欣喜的是，净利润下降的势头迅速在 2009 年得以扭转，2009 年净利润较上一年增长 36.66%，公司净利润又重新呈现上升趋势。

（五）总资产和总资产增长率分析

海螺水泥总资产和总资产增长率如表 15-5 所示。

表 15-5　海螺水泥总资产和总资产增长率

年度	总资产/元	总资产增长率/%
2000	4 440 002 690	2.5339
2001	6 068 021 182	36.6671
2002	8 899 623 930	46.6644
2003	13 333 370 200	49.8195
2004	16 067 170 033	20.5034
2005	19 242 026 310	19.7599
2006	22 935 880 066	15.9209
2007	31 040 609 420	35.3365
2008	42 532 122 806	37.0209
2009	47 148 497 829	10.8539

$$
\begin{aligned}
2009\text{ 年总资产增长率} &= \frac{2009\text{ 年总资产}-2008\text{ 年总资产}}{2008\text{ 年总资产}} \\
&= \frac{47\ 148\ 497\ 829-42\ 532\ 122\ 806}{42\ 532\ 122\ 806}=0.108\ 539
\end{aligned}
$$

其他各年的总资产增长率可类似计算。

从表 15-5 可以看出，海螺水泥总资产在 2000～2009 年度始终呈稳定增长的态势，总资产由 2000 年的 44.40 亿元增加到 2009 年的 471.48 亿元，2009 年的总资产是 2000 年总资产的 10.62 倍。除了 2000 年总资产增长率为 2.53%外，其他年度的总资产增长率均超过 10%，即公司总资产持续快速增长的特征十分明显。仔细分析公司总资产增长的资金来源可以发现，公司并不是特别依赖负债提供资产增长所需的资金，2000～2009 年公司的资产负债率基本在 40%～60%的区间或者稍微上下一些的区间，2005 年资产负债率为 64.38%，是 2000～2009 年度的最高水平。最近五年中，公司的资产负债率主要呈下降趋势，由 2005 年的 64.38%逐步下降至随后几年的 61.72%、62.80%、40.59%，到 2009 年资产负债率已经下降至 37.85%。这说明公司最近两年支持资产增长的资金主要来源于所有者权益，从资产负债率的角度看，公司的财务是比较安全的。

（六）所有者权益和所有者权益增长率分析

海螺水泥所有者权益和所有者权益增长率如表 15-6 所示。

表 15-6 海螺水泥所有者权益和所有者权益增长率

年度	所有者权益/元	所有者权益增长率/%
2000	2 431 602 540	4.3271
2001	3 030 237 705	8.8026
2002	4 128 817 061	45.6969
2003	5 703 837 587	39.7546
2004	6 638 461 586	19.2759
2005	6 854 227 396	4.4657
2006	8 869 854 926	23.4665
2007	11 547 763 971	30.1911
2008	25 268 206 844	118.8147
2009	29 302 880 150	15.9674

$$\begin{aligned}2009\text{年所有者权益增长率} &= \frac{2009\text{年所有者权益}-2008\text{年所有者权益}}{2008\text{年所有者权益}}\\ &= \frac{29\ 302\ 880\ 150-25\ 268\ 206\ 844}{25\ 268\ 206\ 844}=0.159\ 674\end{aligned}$$

其他各年的所有者权益增长率可类似计算。

从表 15-6 可以看出，海螺水泥所有者权益在 2000～2009 年度始终呈稳定增长的态势，所有者权益由 2000 年的 24.32 亿元增加到 2009 年的 293.03 亿元，2009 年的所有者权益是 2000 年所有者权益的 12.05 倍。公司所有者权益在 2002 年、2007 年、2008 年有非常显著的增长，这是与公司在证券市场的融资行为密切相关的。

2002 年公司发行 200 000 000 股境内上市的人民币普通股（以下简称“A 股”），扣除发行费后募得资金净额 7.935 亿元。

2007 年海螺水泥分别向海螺集团和海创公司发行 22 755 147 股及 287 999 046 股 A 股股份以购买海螺集团和海创公司相关资产，发行价格为每股 13.30 元。本次发行完成后，公司股份共计增加 310 754 193 股，公司股份总数由 1 255 680 000 股变为 1 566 434 193股。在扣除发行相关费用之前可以募集超过 41 亿元的资金。

2008 年 5 月公司公开增发了 20 000 万股 A 股股份，发行价格为每股 57.38 元，募集资金总额 114.76 亿元，扣除发行相关费用后的募集资金净额是 112.82 亿元。2008 年的增发无疑是异常成功的，公司选择了一个非常适当的时机，当时公司股票的价格处于历史相对高位，因而公司能够以每股 57.38 元的高价增发，为公司募集到超过百亿元的资金。2008 年与 2002 年发行 A 股的数量是相同的，但是 2008 年募集的资金是 2002 年募集资金的十多倍。

公司所有者权益的增长并不完全依赖于公司在证券市场上的权益融资，在没有发行股票的年度中，公司的所有者权益增长也有非常良好的表现。以 2009 年为例，当年实收资本没有发生变化，与上一年度相比，资本公积金增加 9.49 亿元，较上年增加 6.73%；盈余公积金增加 2.88 亿元，较上年增加 60.98%；未分配利润增加 27.27 亿元，较上年增加 32.30%。

以上分析说明海螺水泥所有者权益增长的基础是十分坚实的。

习　题

1. 评价企业发展能力的意义何在?

2. 评价企业发展能力的指标有哪些? 用这些指标对你所在企业的发展能力进行分析，如果发展能力弱，分析造成这一结果的原因有哪些?

3. 企业持续增长策略分析的主要内容有哪些? 你所在企业持续增长的策略是什么? 为什么采用这样的增长策略?

4. 选择一家上市公司最近一期的年度财务报表，分析其发展能力及持续增长的策略，并对其进行综合评价。

附注及表外信息分析

第一节　财务报表附注主要内容

一、财务报表附注概述

附注是财务报表的一个重要组成部分，它不仅提供了财务报表生成的依据，还提供了无法在财务报表中列示的定性信息和定量信息，从而使得财务报表分析者能够更全面地掌握企业的财务信息，为进行深入分析奠定更加全面的信息基础。

附注是对在资产负债表、利润表、现金流量表和所有者权益变动表等报表中列示项目的文字描述或明细资料，以及对未能在这些报表中列示项目的说明等。一般而言，附注应当披露以下内容：企业基本情况，财务报表的编制基础，遵循企业会计准则的声明，重要会计政策说明，重要会计估计说明，会计政策和会计估计变更以及差错更正说明，资产负债表，利润表，现金流量表和所有者权益变动表中列示的重要项目的进一步说明，或有和承诺事项，资产负债表日后非调整事项，关联方关系及其交易等需要说明的事项，资产负债表日后至财务报告批准报出日前提议或宣布发放的股利总额和每股股利金额等。

二、财务报表附注主要内容

（一）企业基本情况

企业基本情况包括企业注册地、组织形式和总部地址，企业的业务性质和主要经营活动，母公司以及集团最终母公司的名称等。

（二）财务报表的编制基础

财务报表的编制基础应当说明企业会计核算和财务报表编制所依据的基本会计假设，对未以公认的基本会计假设为前提的业务处理和报表编制应予以披露，并说明其理由。

（三）遵循企业会计准则的声明

遵循企业会计准则的声明需要说明企业的财务报表符合企业会计准则体系的要求，能够真实、完整地反映企业的财务状况、经营成果和现金流量。

（四）重要会计政策的说明和重要会计估计的说明

企业应当披露重要的会计政策和会计估计，不具有重要性的会计政策和会计估计可以不披露。判断会计政策和会计估计是否重要，应当考虑与会计政策或会计估计相关项目的性质和金额。

在披露会计估计时，需要包括下一会计期间内很可能导致资产、负债账面价值重大调整的会计估计的确定依据等，附注应当披露会计估计中所采用的关键假设和不确定因素的确定依据。

（五）会计政策和会计估计变更以及差错更正的说明

1. 会计政策变更

会计政策是指企业在会计确认、计量和报告中所采用的原则、基础和会计处理方法。

会计政策变更是指企业对相同的交易或事项由原来采用的会计政策改用另一会计政策的行为。为了保证会计信息的可比性，企业应保持连续一致的会计政策。在对多期的企业会计信息进行分析时，如果在此期间企业的会计政策发生变更，就会造成会计信息不可比，使得分析人员无法准确地判断企业的财务状况、经营成果和现金流量的变动趋势。因此，一般情况下，企业应在每一会计期间采用相同的会计政策，会计政策不得随意变更。

在以下两种情况下，企业应当改变会计政策：一是法律或会计准则等会计规范本身要求变更；二是会计变更能够使所提供的企业财务状况、经营成果和现金流量信息更为可靠和相关。由于外部环境的变化，继续采用原来的会计政策不能保证会计信息的可靠性和相关性，此时，就有必要变更会计政策，以使会计信息更为可靠和相关。

附注对会计政策变更需要说明的主要内容包括会计政策变更的性质、内容和原因，当期和各个列报前期财务报表中受影响的项目名称和调整金额，会计政策变更无法进行追溯调整的事实和原因，以及开始应用变更后的会计政策的时点、具体应用情况。

2. 会计估计变更

会计估计是指企业对其结果不确定的交易或事项以最近可利用的信息为基础所作的判断。企业需要进行会计估计的项目主要包括坏账；存货遭受毁损；全部或部分陈旧过时；固定资产的使用年限与净残值；无形资产的受益期限；或有损失和或有收益等。

会计估计变更是指由于资产和负债的当前状况及预期经济利用和义务发生了变化，而对资产或负债的账面价值或者资产的定期消耗金额进行调整。

企业常常由于以下两种因素发生会计估计变更：一是企业进行会计估计的基础发生了变化，则会计估计也要相应变化；二是企业有了新的信息，积累了更多的经验以及新的发展变化，此时也需要重新进行会计估计。

与企业会计政策变更类似，企业进行会计估计变更后，会计信息在不同的会计期间会不具有可比性。因此，在分析企业在不同会计期间的财务状况、经营成果和现金流量时，应注意会计估计变更的影响，如果有会计估计变更，则需要对相关数据进行调整，以保证会计数据的可比性。

附注对会计估计变更需要说明的主要内容包括：会计估计变更的内容和原因，会计估计变更对当期和未来期间的影响金额，会计估计变更的影响数不能确定的事实和原因等。

3. 前期会计差错更正

前期差错是指由于没有运用或错误运用信息，而对前期财务报表造成省略、漏报或误报等差错。这里，没有运用或错误运用的信息主要包括两类：第一，编报前期财务报表时预期能够取得并加以考虑的可靠信息；第二，前期财务报告批准报出时能够取得的可靠信息。

导致企业出现前期差错的主要原因如下：采用了法律、会计准则等所不允许的会计政策，账户分类以及计算错误，会计估计错误，应计项目及递延项目未予调整，漏记已完成的交易，提前确认尚未实现的收入或不确认已实现的收入，资本性支出与收益性支出划分差错等。

（六）或有和承诺事项的说明

附注对或有和承诺事项的说明主要包括预计负债的种类，形成原因以及经济利益流出不确定性的说明，与预计负债有关的预期补偿金额和本期已确认的预期补偿金额，或有负债的种类，或有负债的形成原因以及经济利益流出不确定性的说明，或有负债预计产生的财务影响以及获得补偿的可能性，或有资产可能给企业带来经济利益的，其形成的原因及预计产生的财务影响等。

（七）资产负债表日后事项

资产负债表日后事项是指在资产负债表日至财务报告批准报出日之间发生的有利或不利事项。财务报告批准报出日是指董事会或类似机构批准财务报告报出的日期。资产负债表日后事项分为调整事项和非调整事项。

1. 调整事项

调整事项是指资产负债表日后获得的新的或进一步的证据有助于对资产负债表日的财务状况、经营成果和现金流量作出重新估计的事项。企业应当依据新获取的信息对资产负债表日所反映的资产、负债、所有者权益、收入、费用等进行调整。调整事项主要包括以下内容。

（1）资产负债表日后诉讼案件已经结案，法院判决证实了企业在资产负债表日已经存在的现时义务，需要调整原先确认的与该诉讼案件相关的预计负债，或确认一项新的负债。

（2）已证实资产发生减值。资产负债表日后取得了新的证据，证实某项资产在资产负债表日发生了减值，或者需要调整该项资产原先确认的减值金额。

(3) 销售退回。这一事项是指在资产负债表日之前或资产负债表日，根据合同规定所销售的商品已经发出，当时认为与该商品所有权相关的风险和报酬已经转移，货款能够收回，根据收入确认的原则，确认了收入并结转了相应的成本，即在资产负债表日企业认为销售已经发生，并在财务报表上反映出来。但是，在资产负债表日和资产负债表报出日之间，取得的证据表明该批已经确认的销售商品确实已被退回，因此，应当根据销售退回的事实，对财务报表中的资产、负债、所有者权益、收入、费用等项目的金额进行调整。

(4) 资产负债表日后发现了财务报表舞弊或差错。

2. 非调整事项

非调整事项是指在资产负债表日该事项并不存在，在资产负债表日后才发生或存在的事项。这类事项不影响资产负债表日的财务状况，也不影响该会计期间的经营成果，但是它提供了新的信息，如果不作披露，可能会影响财务报告使用者作出正确估计和决策。附注应说明每项重要的资产负债表日后非调整事项的性质内容，及其对财务状况和经营成果的影响。无法作出估计的，应当说明原因。

非调整事项的主要内容包括资产负债表日后发生的重大诉讼、仲裁、承诺，资产负债表日后资产价格、税收政策、外汇汇率发生重大变化，资产负债表日后因自然灾害导致资产发生重大损失，资产负债表日后发行股票、债券或其他大型融资，资产负债表日后资本公积金转增资本，资产负债表日后发生巨额亏损，资产负债表日后发生企业合并或处置子公司。

调整事项与非调整事项的区别在于，调整事项在资产负债表日或资产负债表日之前就已经存在，资产负债表日后事项提供了对以前已经存在的事项的进一步说明；而非调整事项在资产负债表日尚不存在，但在财务报告批准报出日之前才发生或存在的。对资产负债表日后事项的调整事项，财务报表已经根据这些调整事项作出调整，它们对企业的财务状况和经营成果的影响已经在财务报表中有所反映。非调整事项由于没有对财务报表进行调整，当期财务报表也就不反映非调整事项对企业财务状况和经营成果的影响。但是，非调整事项对企业未来的经营有重要的影响，因此，财务报告分析者对非调整事项也应予以充分重视，考虑非调整事项对企业未来的财务状况和经营成果的影响。

(八) 关联方关系及其交易

1. 关联方的概念

关联方是指在企业财务和经营决策中，如果一方有能力直接或间接控制、共同控制另一方或对另一方施加重大影响，则它们构成关联方。如果两方或多方同受一方控制，则它们也构成关联方。

下列各方构成企业的关联方：①该企业的母公司；②该企业的子公司；③与该企业受同一母公司控制的其他企业；④对该企业实施共同控制的投资方；⑤对该企业施加重大影响的投资方；⑥该企业的合营企业；⑦该企业的联营企业；⑧该企业的主要投资人个人及与其关系密切的家庭成员；⑨该企业或其母公司的关键管理人员及与其关系密切

的家庭成员；⑩该企业的主要投资个人，关键管理人员或与其关系密切的家庭成员控制、共同控制或施加重大影响的其他企业。

下列各方不构成企业的关联方：与该企业仅发生日常往来而不存在其他关联方关系的资金提供者、公用事业部门、政府部门和机构，与该企业发生大量交易而存在经济依存关系的单个客户、供应商、特许商、经销商或代理商，两个同受国家控制而不存在其他关联关系的企业。

2. 关联方交易

关联方交易是指关联方之间转移资源、劳务或义务的行为。判断一项交易是否为关联方交易，应以交易是否发生为依据，是否收取价款不构成判断标准。

企业关联方交易的主要形式有购买或销售商品，购买或销售除商品以外的其他资产，接受或提供劳务，担保和抵押，提供资金，租赁，代理，许可协议，关键管理人员的薪酬等。

3. 关联方交易的披露

关联方交易的披露按重要性原则分情况处理：零星的关联方交易，如果对企业财务状况和经营成果几乎没有影响或影响较小，可以不予披露；对企业财务状况和经营成果有影响的关联方交易，如果属于重大交易则应分别按关联方以及交易类型来披露；如果属于非重大交易，类型相同的非重大交易可以合并披露，但应以其不会影响财务报表使用者正确理解企业财务状况和经营成果为前提。

无论是否发生关联方交易，在附注中均应披露下列与母公司和子公司有关的信息：母公司和子公司的名称，母公司和子公司的业务性质、注册地、注册资本及其变化，母公司对该企业或者该企业对子公司的持股比例和表决权比例等。

企业与关联方发生关联方交易的，应当在附注中披露该关联方交易的性质、类型和交易要素。交易要素至少应当包括交易金额，未结算项目的金额、条款和条件，有关提供或取得担保的信息，未结算应收项目的坏账准备金额以及定价政策等。

企业只有在能提供确凿证据的情况下，才能披露关联方交易是公平交易。

4. 关联方交易对企业财务的影响与分析

(1) 关联方交易的操纵。企业在正常的经营活动中发生关联方交易是正常现象。如果关联方交易是以公平市价为基础完成的，则不会对关联方产生异常影响。但是也有关联方交易采用协议定价，这就使得交易价格在很大程度上偏离公平市价，实现利润在关联方之间的转移。这种关联方交易就是关联一方或另一方为影响其财务状况和经营成果的有意操纵行为。常见的这类操纵行为有：操纵交易价格、关联方交易中相互融通资金的费用分摊不尽合理、关联方交易中的其他费用分摊不尽合理等。

(2) 关联方交易的分析。分析关联方交易的重点内容有：交易价格是否为正常的市场交易价格，关联方交易所占比例的大小，关联方之间的借款、担保和抵押等情况。

(九) 财务报表重要项目的说明

(1) 应收款项（不包括应收票据）及计提坏账准备的方法。坏账的确认标准以及坏账准备的计提方法和计提比例，并说明以下事项。①对本年度全额计提坏账准备，或计提坏账准备比例较大的（计提比例一般超过40%及以上的），应单独说明计提的比例和理由。②对以前年度已全额计提坏账准备或计提坏账准备比例较大的，但在本年度又全额或部分收回的，或通过重组等其他方式收回的，应说明其原因、原估计计提比例的理由以及原估计计提比例的合理性。③对某些金额较大的应收款项不计提坏账准备，或计提坏账准备比例较低（一般为5%或低于5%）的理由。④本年度实际冲销的应收款项及其理由，其中，实际冲销的关联交易产生的应收款项应单独披露。

（2）存货核算方法。其说明存货分类、取得、发出、计价以及低值易耗品和包装物的摊销方法，计提存货跌价准备的方法以及存货可变现净值的确定依据。

（3）固定资产信息。与固定资产相关的内容包括固定资产的标准、分类、计价方法和折旧方法，各类固定资产的预计使用年限、预计净残值率和折旧率，对固定资产所有权的限制及其金额，用于债务担保的固定资产账面价值，准备处置的固定资产名称、账面价值、公允价值、预计处置费用和预计处置时间等。

（4）无形资产的计价和摊销方法。无形资产应按类别披露下列信息：无形资产的期初和期末账面余额，累计摊销额及减值准备累计金额，使用寿命有限的无形资产其使用寿命的估计情况，使用寿命不确定的无形资产其使用寿命不确定的判断依据，无形资产的摊销方法，用于担保的无形资产账面价值、当期摊销额等情况，计入当期损益和确认为无形资产的研究开发支出金额等。

（5）收入。收入应当分项披露下列信息：营业收入中主营业务收入和其他业务收入的本期发生额和上期发生额，建造合同当期预计损失的原因和金额。

（6）所得税的会计处理方法。其说明所得税费用（收益）的组成，包括当期所得税、递延所得税以及所得税费用（收益）与会计利润的关系。

（7）合并财务报表的说明。其说明合并范围的确定原则；本年度合并报表范围如发生变更，企业应说明变更的内容、理由。

（8）有助于理解和分析财务报表需要说明的其他事项。

第二节　表外信息分析

一、公司所处行业背景分析

行业分析的目的在于分析行业的目前盈利水平和未来的盈利潜力，不同的行业由于其行业特征不同、所处的生命周期阶段不同，其目前的盈利水平和未来的盈利潜力也是不同的。影响行业盈利能力的因素有很多，主要可以分为两类：一是行业的竞争程度，二是市场谈判或议价能力。

（一）行业竞争程度分析

行业的竞争程度直接影响行业的盈利水平，而行业的盈利水平又对进入该行业的企业数量产生影响，进而又影响该行业的竞争程度，因此，行业竞争程度和行业盈利水平是相互作用和影响的。一个行业的竞争程度和盈利水平主要受三个因素影响：一是现有企业间的竞争，二是新加入企业的竞争威胁，三是替代产品或服务的威胁。

1. 现有企业间竞争程度分析

现有企业间的竞争程度是行业盈利水平的最重要影响因素，一般来讲，竞争程度越高，价格越低，行业盈利水平越低。极端情况下，甚至可能出现价格低于成本，行业整体出现亏损的情形。可以从影响行业间竞争因素出发，分析行业现有企业间的竞争程度因素，这些因素主要有以下五种。

（1）行业增长速度分析。行业增长速度越快，说明行业发展前景越好，市场需求越旺盛，现有的企业不必以价格为主要手段争夺市场份额；反之，如果行业增长较慢或停滞不前，企业为增加或保持现有的市场份额，往往会展开价格战，竞争趋于激烈。

（2）行业集中度分析。如果市场份额主要集中在少数企业，即集中度较高，通常市场竞争程度会较低；反之，市场竞争程度会提高。在行业集中度较高的情况下，如果市场份额较高的一家企业采用新的市场战略，往往会很快打破现有的市场平衡，这就迫使其他企业迅速作出反应，否则很可能遭受市场份额损失。

（3）差异程度与替代成本分析。提高产品和服务的差异程度，可以有效地避免行业间的企业出现正面价格竞争，差异程度越大，竞争程度越低。

（4）规模经济性分析。具有规模经济性的行业，其固定成本通常较高，为实现规模经济，使得单位产品分摊的固定成本更低，产品的数量往往较大，因此，为争夺有限的市场份额，企业间的竞争会比较激烈。

（5）退出成本分析。当行业的供给大于市场需求，而行业退出成本又较高时，企业往往采取价格手段进行竞争，使得行业间企业竞争程度上升；反之，如果退出成本较低，则竞争程度会有所减弱。

2. 新加入企业竞争威胁分析

当行业盈利水平较高，行业平均利润率高于社会平均利润率时，由于资本具有追逐利润的特征，必然会有新的企业进入该行业。影响新的企业加入该行业的因素有很多，其中主要的因素包括以下四种。

（1）规模经济性因素。行业的规模经济性程度越高，新企业进入的难度就越大。这是因为，新企业进入该行业需要大规模投资，如果其投资规模达不到一定的水平，就无法实现规模经济性。

（2）先入优势的因素。与新进入企业相比，行业内现有企业具有一定的相对优势，例如，行业内现有的企业为了防止其他企业进入行业，可以制定有利于现有企业的行业标准或规则。但现有企业的先入优势并不绝对，例如，新进入企业可能具有一个更高的技术起点，而显现出一定的后发优势。

（3）销售网与关系网因素。新进入企业要在行业中得以生存和发展，必然要打入现有企业的销售网和关系网。因此，新进入企业能否建立起自己的销售网和关系网，将在很大程度上决定新进入企业进入行业的成败。

（4）法律障碍因素。某些行业对新进入企业在法律上存在一定的限制和规定，如行业许可、专利权等。例如，我国的某些行业尚未对民间资本开放，民营企业在这些行业中不得从事经营活动。法律限制越多、越严，新企业进入的难度就越大。

3. 替代产品或服务威胁分析

替代产品或服务对行业竞争程度也有重要影响。行业的替代产品或服务越丰富，行业竞争程度越激烈；反之，没有替代产品或服务，或者替代产品或服务很少，行业竞争就程度较弱。消费者在选择替代产品或服务时，往往会比较产品或服务的价格和效用。如果替代产品或服务的效用相同或接近，就会有激烈的价格竞争。

（二）市场议价能力分析

虽然行业竞争程度是影响行业盈利水平的决定性因素，但是对具体的企业而言，企业的议价能力也在一定程度上影响着企业的盈利水平。企业的议价能力主要包括两个方面，一是与供应商的议价能力，二是与客户的议价能力。

1. 企业与供应商议价能力的影响因素

（1）供应商的数量对企业议价能力的影响。通常，企业的供应商数量越多，说明可供企业选择的产品或服务越多，企业选择供应商的空间越大，在价格谈判中，企业处于有利地位，企业的议价能力越强；反之，企业的议价能力越低。

（2）供应商的重要程度对议价能力的影响。供应商对企业的重要程度是由其提供的产品对企业经营的重要程度决定的。如果供应商提供的产品属于企业的非核心部件，而替代产品又非常丰富，那么，企业的议价能力较强；反之，则供应商的议价能力较强。

（3）单个供应商的供应量。通常，单个供应商对企业的供应量越大，说明企业对该供应商的依赖程度越高，供应商对企业经营的影响力也越大，此时，供应商的议价能力较强。

2. 企业与客户议价能力的影响因素

（1）价格敏感程度的影响。价格敏感程度取决于产品的差别程度和替代成本水平。产品差别越大，替代成本越高，则价格敏感程度越低，企业的议价能力越强；反之，企业议价能力越弱。此外，企业产品对客户成本水平的影响程度也会左右客户的价格敏感程度，如果企业的产品在客户成本中占有较大比重，客户对价格就会比较敏感；反之，客户对价格的敏感程度就会下降。

（2）企业产品对客户重要程度的影响。如果企业的产品在客户的经营中属于不可缺少的核心资源，且客户也没有适当的替代产品，这种状况就会加强企业的议价能力，削弱客户的议价能力。

（3）单个客户的购买量的影响。企业出售给某一单个客户的产品数量越多，特别是当该客户从企业的购买量占它总购买量的比例较大时，说明该客户对企业的依赖程度越高，此时，企业的议价能力较强。

（4）客户忠诚度的影响。如果客户对企业的产品有很高的忠诚度，则客户可能愿意付出相对高一些的价格购买企业的产品，这对提高企业议价能力也是有益的。

二、公司在行业中的地位分析

公司的盈利水平和发展前景不仅取决于公司所处的行业，而且取决于公司在行业中所处的地位。各财务指标在不同企业公司之间进行的横向比较已经在前面的章节中作过分析，此处不再重复。这里主要从公司的市场占有率和技术创新能力两方面考察公司在行业中所处的地位。

（一）市场占有率

市场占有率是反映公司的市场影响力的最重要的指标，也是公司市场竞争能力强弱的基本指标。多数公司都在追求尽可能高的市场占有率，较高的市场占有率意味着公司有较大规模的销售收入，而销售收入是公司实现利润的基本前提。在市场规模一定的情况下，某一公司的市场占有率越大，就意味着其他公司的市场占有率越低，这就加强了该公司的市场竞争能力。在考察公司市场占有率时，不应仅仅考察本期的市场占有率，还应该考察公司的市场占有率变动趋势。目前较高的市场占有率不代表以后依然会有较高的市场占有率，当公司的竞争能力下降时，其市场占有率会迅速下滑。

（二）技术创新能力

当我们从技术创新角度考察公司时，可以发现，一些公司是技术创新者，另一些公司是技术跟随者。技术创新需要大量的资金投入，同时这也意味着较大的风险。在创新初期，由于创新技术只由这些创新公司所拥有，它们可以获得远远高于市场平均利润水平的超额利润。但由于新技术很快会被其他公司所模仿和掌握，超额利润逐渐减小，慢慢趋于平均利润水平。技术跟随者公司的创新能力差，或在研发上没有相应的投入。一般来讲，技术创新公司的盈利能力要好于技术跟随公司。

三、公司投资人、高管人员基本状况分析

（一）公司投资人分析

公司经营业绩和发展前景与公司权力机构能否有效地行使其职权密切相关。因此，有必要对公司投资人和高管人员的基本状况进行分析。

对公司投资人的分析主要是对大股东进行的，通常不涉及公司小股东。对于上市公司而言，关于前十大股东和前十大流通股股东的基本状况，外部分析人员可以通过公司披露的年报、半年报和季报等公开途径获取这些信息。

分析人员不仅关心谁是公司的大股东，更关心大股东的相关其他信息。例如大股东的资金实力、投资战略、在其他公司中的投资情况和公司并购计划等。在分析上市公司的大股东时，可将重点放在以下四个方面。

1. 大股东在公司中的持股比例

股东的持股比例越高，对公司战略和公司经营的影响就越大。因为大股东可以通过董事会对经理的聘任，来影响公司的日常经营活动。很多公司的章程都规定，公司的重大决策需获得公司股东大会三分之二以上票数的支持，如果某一大股东拥有三分之一以上的持股比例，实际上就拥有了对所有重大决策的否决权。

2. 大股东在公司中持股比例的变动情况

大股东持股比例的变动情况表明了其对公司发展前景和目前公司股票价值的基本判

断，如果大股东认为公司的股票价值被低估或公司有很好的发展前景，就会增加持股比例；反之，则会降低持股比例。大股东持股数量及其变动情况可以从公司公开披露的信息中获取。有时，公司股票价格受投资人变化的影响非常显著，特别是在遇到有非常强实力的大股东时。

3. 大股东之间是否有利益冲突

如果持股比例比较大的投资人之间有非常激烈的利益冲突，那么，董事会形成决议就会非常困难，对公司的发展战略会有较大的负面影响，公司的日常经营也必然受到负面影响，这对公司的经营业绩和发展是非常不利的。

4. 大股东在其他公司的投资情况

通过对大股东在其他公司投资的分析，有助于了解大股东的投资战略。实力很强的大股东通常会对很多公司进行投资，这些公司可能分布于不同的行业，大股东投资比例较大的行业就是其认为有较好发展前景的行业。

（二）公司高管人员分析

对公司高管人员的分析，应着重分析以下几个方面。

1. 公司的管理团队

主要是分析公司管理团队的业务能力，管理团队的业务能力需要从当前和以往的经营业绩加以评价，在评价经营业绩时，应与主要竞争对手作横向比较。此外，还需要分析管理团队是否具有凝聚力，如果凝聚力不强，在经营决策中就会遇到种种矛盾，影响公司的经营业绩。

2. 公司高管人员的个人能力和魅力分析

公司高管人员的个人能力和魅力对公司的发展壮大有至关重要的作用，公司的成败在很大程度上决定于个别高管人员的能力和魅力。在高管人员个人能力和魅力非常显现的公司，其发展往往有两种极端的情形：一种是公司经营非常成功，另一种是公司或曾有辉煌的历史，但是由于高管人员的一次个人决策失误，而导致公司蒙受重大损失，甚至从此一蹶不振。对于这类公司而言，应特别关注公司的治理结构、公司的权力制衡、公司的权力移交等对公司发展战略和经营业绩可能带来的影响。

四、公司重大投资、融资活动分析

企业投资可分为流动资产投资、长期股权投资、持有至到期投资、固定资产投资等。在这些投资中，固定资产投资对公司的未来发展具有全局性、战略性和长期性的影响。以下重点介绍固定资产投资风险分析方法。

（一）投资分析

1. 投资项目的可行性分析

投资项目的可行性分析主要包括技术可行性分析，即项目从技术上、生产工艺上是否具有可行性；市场可行性分析，即项目提供的产品或服务在市场上是否有足够大的需求；财务可行性分析，即项目是否能够给公司带来利润，项目的收益和风险之间的关系如何；项目风险分析，分析项目所面临的各项风险，主要包括技术风险、市场风险、筹资风险、管理风险、政策风险和自然风险等，分析各种风险的作用机理，特别是对投资总额、销售数量、销售价格、产品或服务成本可能产生的影响及影响程度，对其是否符合国家产业发展政策的情况进行和分析。

2. 投资项目的财务效益分析

在进行投资项目的财务效益分析之前，应确认与项目投资相关的参数。主要包括项目投资总额、与固定资产投资配套的流动资金、项目预计的产能、产量和销售量、销售价格、成本、固定资产的折旧期限、项目的物理生命周期和经济生命周期、项目的筹资方案和各类资金成本等。

在上面已经确认的参数基础上，计算投资项目的效益指标。主要包括保本点、投资回收期、净现值、内含报酬率分析等。

1）保本点分析

保本点是指当投资项目的销售收入等于总成本时的销售量或业务量。当销售量处于保本点时，由于投资项目的销售收入恰好等于总成本，所以，投资项目处于不盈不亏的状态。

$$\begin{aligned}\text{销售收入} &= \text{总成本}\\ \text{销售价格}\times\text{销售量} &= \text{变动成本}+\text{固定成本}\\ &= \text{销售量}\times\text{单位产品变动成本}+\text{固定成本}\end{aligned}$$

由上式可以求解出销售量：

$$\text{保本销售量}=\frac{\text{固定成本}}{\text{销售价格}-\text{单位产品变动成本}}$$

保本点在项目投资决策中的应用要点是当投资项目的保本点低于项目的设计能力时，该投资项目可行；否则，如果投资项目的保本点高于项目的设计能力，则说明即使投资项目已经达到100％的设计产能，也不能实现项目保本，故项目不可行。投资项目的设计能力比保本点高出的数值越大，说明该项目的盈利能力越强，抗风险能力也越强；反之，则越弱。

2）投资回收期

投资回收期是指投资项目开始运营后，回收投资总额所需要的时间。一般以年为单位，设每年营业净现金流量相等，则投资回收期的计算公式为

$$\text{投资回收期}=\frac{\text{投资总额}}{\text{每年营业净现金流量}}$$

如果每年营业净现金流量不相等，则应将每年营业净现金流量进行累加，直至其等于投资总额。

投资回收期在项目投资决策中的应用要点如下：公司需要事先设定一个能够接受的项目回收期，如果计算出的投资回收期比事先设定的回收期短，则项目可行；反之，则项目不可行。一般来讲，投资回收期越长，项目的盈利能力越弱，项目的经营风险也越大。

投资回收期的优点是计算非常简单，但是其缺陷也十分明显，即没有考虑货币的时

间价值，即投资人的机会成本。为克服这一缺陷，可采用净现值、内含报酬率和净现值指数三个评价指标进行衡量。

3）净现值

投资项目的净现值是指该项目的全部现金流入现值与全部现金流出现值之间的差。投资项目在经营期间的现金流入包括每年的营业净现金流量、期末营运资本或流动资金的回收值、期末固定资产的残值收入；现金流出是指固定资产的投资总额。因此，净现值实际上是投资项目经营期间，累计折现的年营业净现金流量、经营期末回收的流动资金的折现值、经营期末的固定资产的残值收入的折现值三项之和与投资总额之间的差。净现值的计算公式为

$$\begin{aligned}\mathrm{NPV} &= \frac{\mathrm{NCF}_1}{(1+k)^1}+\frac{\mathrm{NCF}_2}{(1+k)^2}+\cdots\cdots+\frac{\mathrm{NCF}_n}{(1+k)^n}+\frac{S_n+F_n}{(1+k)^n}-I_0\\ &= \sum_{t=1}^{n}\frac{\mathrm{NCF}_t}{(1+k)^t}+\frac{S_n+F_n}{(1+k)^n}-I_0 \qquad (t=1,2,\cdots,n)\end{aligned}$$

式中，NPV 为投资项目的净现值；NCF_t 为投资项目在第 t 年的营业净现金流量；S_n 为投资项目在经营的最后一年（第 t 年）收回的营运资金或流动资金，F_n 为投资项目在经营的最后一年收回的固定资产残值，I_0 为项目的投资总额，k 为投资项目的资本成本或折现率。在计算公式中，实际上是默认了项目投资总额是在第一年的年初全部一次性投入的，如果投资总额是在不同的时间分次投入的，则需要按不同的投入时间折现计算。

投资项目的净现值大于零，说明该项目有利可图，项目投资可行；反之，如果投资项目的净现值小于零，则投资项目不可行。

4）内含报酬率

内含报酬率（IRR）是指使得投资项目的净现值为零时的资本成本或折现率。根据这一定义，先设投资项目的净现值等于零：

$$\sum_{t=1}^{n}\frac{\mathrm{NCF}_t}{(1+k)^t}+\frac{S_n+F_n}{(1+k)^n}-I_0=0$$

使得该式成立时的折现率就是我们要求解的内含报酬率。对于一个多年经营期的投资项目而言，该方程是一个一元高次方程，不易求出精确解，通常是求其近似解。根据净现值 NPV 的计算公式可知，NPV 与 k 成反向关系，k 越大，NPV 越小；k 越小，NPV 越大。可以用内插法求解内含报酬率，先设定一个较小的 k_1，使得与其对应的 $\mathrm{NPV}_1>0$；再设定一个较大的 k_2，使得与其对应的 $\mathrm{NPV}_2<0$；再设折现率＝IRR 时，项目的净现值＝0。按照内插法可以得到关系：

$$\frac{\mathrm{IRR}-k_1}{0-\mathrm{NPV}_1}=\frac{k_2-k_1}{\mathrm{NPV}_2-\mathrm{NPV}_1}$$

求解上式，可以得到：

$$\mathrm{IRR}=k_1-\frac{k_2-k_1}{\mathrm{NPV}_2-\mathrm{NPV}_1}\times\mathrm{NPV}_1$$

内含报酬率是投资项目能够支付的最大资本成本，即它是投资项目能够给投资人带来的最大投资报酬率。因此，当内含报酬率大于资本成本或公司要求的必要报酬率时，

投资项目可行；反之，当内含报酬率小于资本成本或公司要求的必要报酬率时，投资项目不可行。

（二）融资分析

项目融资是根据投资项目的资金需要量进行的。项目融资程序：首先，确定融资总规模；其次，确定权益融资和负债融资的比例。

权益融资能够增强公司资金实力，增强公司偿债能力，其缺点是权益资金成本较高。负债融资的优势在于：首先，由于负债所产生的利息属于税前费用，有节税效应；其次，在公司资产收益率高于债务利率的条件下，提高负债比例可以提高公司净资产收益率。其缺点在于：首先，负债可能增加公司的财务风险，当负债达到一定程度之后，债务资本成本和权益资本成本将迅速上升，从而抵销了负债所产生的节税效应；其次，在公司经营状况不太稳定或效益下降时，过度的负债可能导致公司出现财务危机，甚至破产。

在实务中，通常用综合资金成本和每股收益作为最佳资本结构的评价标准。

1. 综合资金成本

公司常常需要通过多种方式筹集所需资金，既可以通过银行借款、发行债券等负债方式融资，也可以通过普通股、留存收益等权益方式融资，不同融资方式所对应的资金成本是不同的。公司资金的总成本是不同种类资金成本的加权平均，其中每一种类资金的权重为该种资金占全部资金的比重。综合资金成本也称为加权平均资本成本，其计算公式为

$$\mathrm{WACC} = \sum_{i=1}^{n} K_i W_i$$

式中，WACC 为加权平均资本成本；K_i 为第 i 种个别资本成本；W_i 为第 i 种个别资本占全部资本的比重。

当公司有多个筹资方案时，需分别计算每个筹资方案的综合资金成本，综合资金成本最低的方案为最佳筹资方案。

2. 每股收益无差别点

通过分析每股收益的变化来判断公司的资本结构是否合理。能够提高每股收益的资本结构是合理的，不能够提高每股收益的资本结构则是不合理的。公司的每股收益不仅受公司资本结构（负债融资和权益融资的比例）的影响，而且还受息税前利润的影响。可以运用融资的每股收益分析方法将以上三者联系起来。

每股收益分析是指利用每股收益无差别点进行分析。所谓每股收益无差别点，是指每股收益不受融资方式影响的息税前利润水平，即在某一息税前利润水平的条件下，两种不同的筹资方案的每股收益是相等的。根据每股收益无差别点，可以分析判断在息税前利润处于什么水平时，应当采用何种筹资方案。

根据每股收益无差别点的定义，在每股收益无差别点上，两种筹资方案的每股收益是相等的，因此，可以得到下面的关系：

$$\frac{(\mathrm{EBIT} - I_1)(1 - T) - D_{p1}}{N_1} = \frac{(\mathrm{EBIT} - I_2)(1 - T) - D_{p2}}{N_2}$$

式中，EBIT 为息税前利润，I_1、I_2 分别为两种筹资方案的债务利息，T 为所得税率，D_{p1}、D_{p2} 分别为两种筹资方案的年优先股股利，N_1、N_2 分别为两种筹资方案的流通在外的普通股股数。等式左边为第一种筹资方案的每股收益，等式右边为第二种筹资方案的每股收益，使得上式成立时的 EBIT 就是每股收益无差别点的 EBIT。每股收益无差别点分析如图 16-1 所示。

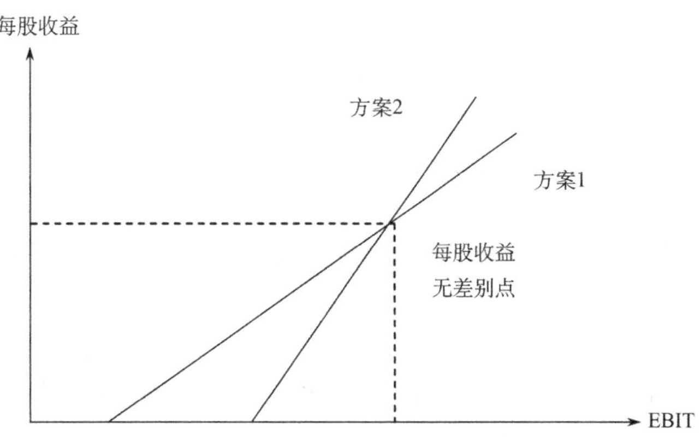

图 16-1　每股收益无差别点分析

将两个筹资方案的每股收益——EBIT 的关系表现在同一张图上，两个筹资方案分别对应了两条直线，这两条直线的交点就是每股收益无差别点，它对应的坐标值分别为每股收益和每股收益无差别点时的息税前利润。从图中可以清楚地看到，当公司的息税前利润大于每股收益无差别点的息税前利润时，筹资方案 2 的每股收益高于筹资方案 1 的每股收益，故应选择筹资方案 2；反之，当公司的息税前利润小于每股收益无差别点的息税前利润时，筹资方案 1 的每股收益高于筹资方案 2 的每股收益，故应选择筹资方案 1。

第三节　案例分析

国美大股东与管理层控制权之争分析。

一、国美电器简介

1987 年 1 月 1 日，黄光裕在北京创立了一家以经营各类家用电器为主的、不足 100 平方米的小店，这是国美电器的雏形。在随后的几年中，黄光裕陆续在北京开了几家家用电器的店铺，20 世纪 90 年代初，黄光裕将北京的几家门店“国豪”、“亚华”、“恒基”等，统一为“国美”，拥有了自己的品牌，开始进行连锁经营。这标志着此时国美已具有企业发展的品牌意识，为国美日后的快速扩张奠定了一定的基础。1995 年年底，国美电器商城从一家变成了 10 家，2003 年 11 月，国美在全国各省市直营门店数量突破 100 家。

2003 年，国美开始开拓海外市场，当年 11 月，国美电器在中国香港设立分部，这是中国家电连锁零售企业国际化的第一步。2004 年 6 月，国美电器在中国香港成功上市，股票代码 HK 0493。从此，国美电器走上了扩张的快车道。

2009 年公司总资产达 357.63 亿元人民币，公司净资产达 118.02 亿元，2009 年度公司实现营业收入 436.68 亿元，实现净利润 14.26 亿元，每股收益为 0.103 元。

二、国美大股东与管理层控制权之争的背景和缘由

（一）国美收购永乐

1996 年，陈晓带领 47 名员工集资近百万，创建了上海永乐家电，并担任董事长。2005 年 10 月 14 日，他率永乐在中国香港成功上市。

2006 年，国美收购永乐，开始的一个阶段，黄光裕与陈晓相处十分融洽，黄光裕邀请陈晓加入国美，任命陈晓为总裁，并把陈晓选进了国美电器的董事会。

黄光裕希望陈晓作为职业经理人能发挥其行业经验及作用，黄光裕对陈晓不吝赞美之词，称陈晓是中国最适合做国美电器首席执行官（CEO）的人。

陈晓称自己是以职业经理人的心态到国美工作的，黄光裕是国美的战略制定者，而自己则是一个精细的战略执行者。陈晓表示，黄光裕比较感性，比较大胆，而自己比较理性，比较谨慎，从性格上讲两人有很好的互补性。自己当年是将永乐托付给国美，在他和黄光裕之间不是简单的感情。陈晓认为黄光裕和他同样有理想，希望把这个行业做得更好。

（二）黄光裕被拘

2008 年 11 月 27 日上午，国美电器接到北京警方口头通知，黄光裕涉嫌经济案件，正在接受警方调查，国美电器当日即召开紧急会议。会议通过决议，由陈晓总裁兼任董事会代理主席。由陈晓、常务副总裁王俊洲、副总裁魏秋立组成决策委员会，成为此时国美权力核心中的核心，但是黄光裕家族方面并没有人员进入决策委员会。

黄光裕被拘事件对国美经营造成重大影响。黄光裕涉嫌违规资本操作被公安机关调查的消息传出后，国美电器的协作银行纷纷作出反应，要求本行的各分支行对国美电器及黄光裕的关联企业停止授信，并要求把国美电器及黄光裕、黄俊钦的关联企业的存量存款上报总行以评价风险，并采取措施防备风险。黄光裕被拘事件同时限制了公司通过其他渠道获得融资，国美电器一度资金周转紧张。

供应商由于担心自己的货款无法及时收回，停止向国美电器供货，并纷纷抓紧时间催讨欠款。许多供货商在与国美的合作中表现得更为谨慎，使得平均支付期限比黄光裕被拘捕之前更为缩短。余波蔓延至 2009 年 1 月，仍有为数不少的供货商拒绝向国美电器供货。

黄光裕于 2008 年 12 月 23 日被正式暂令全面停职，与此同时，其妻杜鹃辞去董事一职。2009 年 1 月 16 日，黄光裕辞去董事和董事会主席职务，由陈晓接任董事会主席，初步完成权力过渡。

（三）贝恩资本投资国美

黄光裕被拘之后，国美的经营环境出现明显恶化。2008 年 11 月 24 日，国美电器

正式停牌，直至 2009 年 6 月 23 日，国美电器在停牌 7 个月后恢复交易。一些银行停止对国美的授信，大部分供应商都不敢向国美大量赊欠货物，所有这些给了国美很大的现金流压力，再加上金融危机影响，市场不景气，2008 年国美当季度的业绩实际上是亏损的。

面对资金的巨大压力，2009 年 1 月，国美电器正式聘任嘉诚亚洲为顾问，并向一些投资机构发出邀请，希望能够筹到资金，首先解决国美现金流危机。短短一个月时间，包括复星集团、弘毅投资、贝恩资本、摩根士丹利、KKR、厚朴投资管理公司、华平基金、凯雷在内的多家国内外投资机构，都与国美进行了正面接触。

2009 年 4 月 6 日，经过 3 个多月的初选后，国美电器向多家竞购单位公布了一份入围者名单，贝恩资本、华平基金和 KKR 名列其中。

在此期间，黄光裕身在狱中，与外界沟通不畅，他通过律师给国美高管带话，如果公司确实需要资金，大股东可以降低股权，但不能失去控股权。

6 月 1 日，贝恩与国美电器管理层开始了“排他性”的独家谈判。2009 年 6 月 22 日，国美电器发布公告说，已和贝恩签订投资合作协议，贝恩投资以 18.04 亿港元认购国美新发行的七年期可换股债券，其另一联属公司 Bain Capital Glory II Lmited 将独家包销有关公开发售的股份；同时，贝恩投资将获得三名非执行董事席位。

另外，国美同时向符合资格的现有股东提出公开发售，以每 100 股现有股份获发 18 股新股，认购价为每股 0.672 港元，募集资金约 15 亿港元。如果老股东认购不足，贝恩将作为包销商，认购全部剩余配售股份。

以上两项融资方案为国美带来约 33 亿港元的资金。

注资国美的贝恩资本究竟是一家怎样的公司呢？

贝恩资本（Bain Capital）成立于 1984 年，为全球多个行业超过 250 家公司提供私人股权投资和附加收购服务。贝恩资本脱胎于贝恩咨询公司，这是一家以咨询出名的公司。

目前，贝恩资本管理资金超过 650 亿美元，涉及私人股权、风险投资资金、上市股权对冲基金和杠杆债务资产管理。贝恩高层也非常看好中国市场。目前贝恩在亚洲的 13 个投资项目中，中国占了 6 个。

贝恩资本尤其擅长通过杠杆收购方式为公司进行收购融资，一般情况下，对投资公司拥有绝对的控股权则是贝恩资本投资的先决条件。贝恩此次认购的债券在全部转股后所占国美股权的比例仅为 10%左右，对国美的投资已经打破了贝恩资本之前“绝对控股”的“惯例”。

贝恩投资国美其实最关注的两个问题：第一，贝恩的注资是否能解决国美的资金需求；第二，贝恩入股之后对国美是否有足够的影响力。

黄光裕方面认为，在这次融资中，基本上是投资者对上市公司和大股东设定了多项苛刻的限制性条款，大股东基本被排除在外，没有对贝恩资本设定任何限制性条件。此外，黄光裕方面认为，贝恩要求在董事会中拥有三个席位的条件过高，此前，国美的机构投资者华平基金在 2006 年 2 月入股国美，最高曾持有国美大约 9.71%的股权，在董事会中只拥有一个席位。

贝恩 18 亿港元的债务如果全部转股，约占公司股份的 10.8%，在董事会有 3 个席位，贝恩由此成为国美的第二大股东。此前的董事会中，王俊洲、魏秋立、孙一丁、伍建华都是当年跟随黄光裕一起打天下的旧部，董事会大权还握在黄光裕手中。如果贝恩在董事会占有 3 席，则黄光裕方面在董事会的权力将被大大削弱。作为大股东的黄光裕此时或多或少感受到了贝恩和陈晓如果在董事会联合起来可能带来的威胁。

只要看一下黄光裕家族在国美持股比例的变化（表 16-1），就可以理解黄光裕对其在董事会的影响力日益被削弱的担忧。

表 16-1　黄光裕家族在国美的持股比例

年份	持股比例/%
2004	75
2005	66
2006	68
2007	48
2008	36
2009	34

除了 2006 年，黄光裕增持 383.7 万股，持股比例较上年有所上升外，在其他年份，黄光裕的持股比例都是下降的，2006 年国美斥资 52.68 亿收购永乐，发行 7.58 亿新股，造成 2007 年黄光裕持股比例出现大幅下降，随后黄光裕又抛售股份套现，以及向其亲属转让股份，从而使得黄光裕持股比例再次出现大幅下降，此外，公司配股也是导致黄光裕持股比例下降的原因之一。

（四）股权激励

2009 年 7 月 7 日，国美电器对外公布了股权激励方案。包括陈晓在内的 105 位国美管理层人员将获得总计 3.83 亿股的股票期权，约占现有已发行股本的 3%。按公告中最低行权价每股 1.9 港元来计算，本次国美的股权激励方案的总金额近 7.3 亿港元，成为迄今为止中国家电业中金额最大的股权激励方案。

这次股权激励计划的特点，一是受惠面广，二是行权期长。此次股权激励计划共惠及国美高管 105 人，覆盖分公司总经理、大区总经理以及集团总部各中心总监、副总监以上级别的高管。股票期权的行权期从 2009 年 7 月 7 日至 2019 年 7 月 6 日，长达十年。

媒体的报道中有一种观点认为陈晓推出股权激励是拉拢人心，特别是收买黄光裕的旧部。更有媒体认为，股权激励是导致管理层倒戈转向陈晓的关键。

陈晓对股权激励的理解更符合私募股权投资公司的观念，私募股权投资公司注重利益如何一致，管理层要持股才可能和股东的利益保持一致。但是，此次股权激励方案遭到黄光裕方面的强烈反对。

（五）矛盾公开

2010 年 5 月 11 日，在国美电器召开的股东周年大会上，几乎所有人都认为，对议案的投票不过是一次例行公事而已，很多机构没有派人参加。投票结果出人意料，黄光裕夫妇在12项决议中连续投出五项否决票，包括否决董事会任命贝恩投资董事总经理竺稼等三人为非执行董事的议案。黄光裕夫妇目前持有国美电器33.98%股份，超过了参加股东会股份的半数，黄光裕夫妇投否决票的议案均未能获得通过。

贝恩入股时曾和国美电器达成一项附带协议，国美电器需尽力确保贝恩资本方面的董事人选，并且不得提名任何人接替贝恩资本所提候选人。如果发生特定事件（包括其提名的董事未获通过）或违约事件，贝恩有权要求其以1.5倍的代价即24亿元赎回可转债。

以董事会主席陈晓为首的国美电器董事会当晚召开紧急会议，称投票结果并没有真正反映大部分股东的意愿，并肯定不能代表整体管理层及董事会的意志，贝恩投资作为公司董事会成员及财务伙伴，其持续参与对公司发展策略的有效贯彻执行将是极为有利的。他们一致否决了白天股东投票，重新委任贝恩的三名前任董事加入国美董事会。

至此，黄光裕与陈晓之间的矛盾被彻底公开了。

董事会能够推翻股东大会的决议，这似乎让人难以理解。国美出现董事会推翻股东大会的决议现象，其实源于国美的公司章程。2006年5月，持有国美七成股权的黄光裕对国美公司章程进行了最为重大的一次修改。授予了国美董事会超乎寻常的权力，包括董事会可以以随时任命董事，而不必受制于股东大会设置的董事人数限制；董事会可以以各种方式增发、回购股份，包括供股、发行可转债、实施对管理层的股权激励，以及回购已发股份。

当时黄光裕对公司章程作如此之大的修改，是在为其个人以国美电器为平台实施资本运作提供无尽便利。但随着2009年1月陈晓正式就职董事会主席，他同样也就拥有了此前公司赋予的这一切权利。让黄光裕更没有想到的是，现任国美管理层正是利用了董事会的超级权力与大股东相抗衡。

（六）矛盾激化

2010年8月4日，国美的大股东香港Shinning Crown Holdings Inc给国美发来函件。Shinning Crown Holdings Inc持有香港上市公司国美电器33.98%的股份，实际控制人为黄光裕。函件要求，撤销股东周年大会授予本公司董事配发、发行及处置本公司股份之一般授权，撤销陈晓执行董事（及董事会主席）和孙一丁的执行董事职务，提名邹晓春、黄燕虹为空缺的执行董事职务候选人。

国美方面于2010年8月5日作出回应。经过相关调查，2009年8月4日，证监会在香港对黄光裕及其妻杜鹃提出起诉。证监会指出黄光裕及杜鹃于2008年1月及2月或前后，策划在市场上进行股份回购，利用公司的资金购入由黄光裕持有的股份，使黄光裕得以将股份回购所得价款向一家财务机构偿还24亿港元的私人贷款。

在陈晓获得国美管理层的有力支持的情况下，2010年8月12日，国美电器副总裁孙一丁、李俊涛、牟贵先、何阳青及财务总监方巍分别从公司经营情况、财务状况、与供应商的关系以及公司战略规划等方面详尽地回应了大股东黄光裕家族的质疑，否认公司这两年处于增长放缓甚至停滞的指责。并且他们表示如果公司没有未来，也就没有留下来的必要。

2010 年 8 月 23 日，国美发布公告称将于 2010 年 9 月 28 日召开股东特别大会，就以下议案进行投票。

（1）重选竺稼先生为本公司非执行董事。

（2）重选 Ian Andrew Reynolds 先生为本公司非执行董事。

（3）重选王励弘女士为本公司非执行董事。

（4）即时撤销本公司于 2010 年 5 月 11 日召开的股东周年大会上通过的配发、发行及买卖本公司股份之一般授权。

（5）即时撤销陈晓先生作为本公司执行董事兼董事会主席之职务。

（6）即时撤销孙一丁先生作为本公司执行董事之职务。

（7）即时委任邹晓春先生作为本公司的执行董事。

（8）即时委任黄燕虹女士作为本公司的执行董事。

在以上八项议案中，前三项议案为国美管理层陈晓方面提出，后五项议案为大股东黄光裕方面提出。

三、正面交锋——“9.28”股东特别大会

2010 年 9 月 28 日的国美股东特别大会是大股东与管理层之间控制权之争的决战，双方均为此不遗余力，争取股东对自己的支持。

2010 年 9 月 15 日，国美电器大股东 Shinning Crown 发表《致国美股东同仁公开函》，系统全面地向全体股东阐述提出 5 项动议的原因和必要性，并介绍了提名董事。

创始股东认为其已被不公平地剥夺了对公司策略和运营的影响力，并对此感到担忧。创始股东要求召开特别股东大会处理上述问题，力求防止过分地摊薄创始股东在公司的合法权益，并确保公司恢复到正确的未来发展和增长战略轨道。创始股东要求在公司的董事会中享有代表权是合理的，这将有助于公司长期稳定发展，亦符合全体股东的持久利益。

创始股东对董事会表达了强烈的不满，认为现有董事会并未对国美的管理层进行必要的战略领导，因而导致国美与其竞争对手相比业绩欠佳。此外，创始股东还认为有合理的依据相信一般授权将被不当使用以摊薄创始股东以及其他股东的股权，这将造成法律问题，并对公司的稳定性构成威胁。

创始股东表示愿意与利益关联方一起增加公司价值，针对贝恩资本，创始股东称很高兴能有机会与贝恩合作，认为贝恩将为公司带来有价值的专业技术和经验。创始股东决心致力于与所有利益相关方一起努力发展国美业务并增加国美的价值。

创始股东还提到会与重组后的董事会研究并寻找方法，以合理可行的方式将非上市业务合并到国美电器内；让全体股东可享受该合并带来的整体规模效益，并消除公司与非上市业务之间已存在的任何竞争关系，以简化集团架构和公司治理机制。

陈晓方面也在积极拉票，他已基本完成海外路演工作，通过路演和日常沟通的方式已经与机构投资者交流过，称其中没有一位基金经理赞成以黄光裕提名的人选替换现有的董事。陈晓方面呼吁全体股东支持国美现有管理层的 3 项提议，反对大股东黄光裕家

族的 5 项提议。

对“9.28”投票结果（表 16-2），黄光裕方面比较高调，甚至在投票之前 24 小时反复表示自己已经胜券在握。而陈晓方面较为谨慎，称会坦然面对这个结果，假如投资者们选择了我们，股东们选择了我们，那我们有义务和责任把这个企业做得更好，让投资者可以从我们的努力之中分享成果。假如投资者并不选择我们，那么我们就应该坦然地离开。

表 16-2　国美股东特别大会议案投票结果

议案	赞成/%	反对/%
1. 重选竺稼先生为本公司非执行董事	94.76	5.24
2. 重选 Ian Andrew Reynolds 先生为本公司非执行董事	54.65	45.35
3. 重选王励弘女士为本公司非执行董事	54.66	45.34
4. 即时撤销本公司于 2010 年 5 月 11 日召开的股东周年大会上通过的配发、发行及买卖本公司股份之一般授权	54.62	45.38
5. 即时撤销陈晓先生作为本公司执行董事兼董事会主席之职务	48.11	51.89
6. 即时撤销孙一丁先生作为本公司执行董事之职务	48.12	51.88
7. 即时委任邹晓春先生作为本公司的执行董事	48.13	51.87
8. 即时委任黄燕虹女士作为本公司的执行董事	48.17	51.83

9 月 28 日晚，投票结果得以公布。陈晓方面所提的重选竺稼、Ian Andrew Reynolds、王励弘为公司非执行董事的三项议案均获得通过，而黄光裕方面所提的五项议案中，只有撤销公司于 2010 年 5 月 11 日召开的股东周年大会上通过的配发、发行及买卖本公司股份之一般授权获得通过，而撤销陈晓董事兼董事会主席之职务、撤销孙一丁执行董事之职务、委任邹晓春为公司的执行董事、委任黄燕虹为公司的执行董事的四项议案均以 3%左右的微弱劣势被否决。

对股东特别大会的结果，黄光裕方面表示遗憾，但称已“将陈晓手中的刀夺下”。由于撤销董事会增发授权得以通过，黄光裕所持的国美股份将不会再被摊薄，仍将是国美第一大股东。另外，黄光裕方面还称，暂未考虑提请再召开股东大会。黄光裕方面发表的公告则表示，依然坚信国美拥有长期的发展潜力，并计划继续积极参与国美的相关事务。这表明黄光裕方面发表的今后会继续向国美管理层施加影响。

对股东特别大会的结果，国美董事会发布公告，感谢所有股东提供的强而有力的支持。董事会认为投票结果是股东对现有管理团队过去两年的成绩的明确认可，证明股东对现有管理层有能力继续带领本公司实现可持续发展的信任和厚望。

关于撤销董事会的一般授权，董事会表示尊重在股东特别大会上作出的决定。日后，如果公司在未来发展上需要透过发行新股或可换股证券融资，董事会将寻求股东批准。

在公告中，国美董事会对大股东方面也释放出些许“和解”信号，表示希望与包括大股东黄光裕在内的所有股东保持顺畅、有效的沟通，并且欢迎所有利益相关方提出建设性的建议。对大股东与董事会就公司战略的意见分歧，董事会希望就公司未来五年发展规划与大股东进行进一步的沟通与探讨，力求就本公司的发展方式达成共识。这将会让董事会及管理层确保公司的发展战略和路径与全体股东的利益一致。

有不少媒体在报道“9.28”股东特别大会投票结果时，为其冠以类似“陈晓方面获胜，黄光裕方面落败”的标题。其实，这种说法是不准确的，确切地讲，黄光裕和陈晓双方没有哪一方获得全胜，也没有哪一方完败，倒是颇有些折中的成分。陈晓方面的三项议案都获得通过，而黄光裕方面的五项议案只有一项获得通过，从数量上看，似乎是陈晓一方占了上风。然而董事会的一般授权被取消大大限制了董事会的权力。也正是由于撤销了对董事会的一般授权，黄光裕方面的股权目前不会再有被稀释的危险，事实上，黄光裕方面的所提的五项议案中，撤销对董事会的一般授权是最重要的一项，从这个角度看，黄光裕方面最重要的一个目的已经实现。

四、矛盾缓和——“12.17”股东特别大会

“9.28”国美股东特别大会之后，黄光裕与陈晓之间的争斗暂时告一段落。陈晓继续担任国美董事会主席，而黄光裕方面也表示暂时不再提请召开股东大会。贝恩资本希望国美电器股东之间、股东与管理层之间能够互相信任，有利益趋同感，对公司经营发展战略达成共识。然而，黄光裕和陈晓之间的分歧依然存在，争斗虽不像“9.28”那时的白热化，但还在继续。黄光裕方面表示，我们的诉求没有改变，将通过各种努力确保正确的战略方向，实现公司的长久稳定。如果创始股东的正当诉求不能得到实现，公司的长期稳定和战略方向仍然存在很大风险，创始股东将考虑收回非上市业务，同时保留提请召开股东大会的权力。

将非上市门店分拆出去和提请召开股东大会并重组董事会是黄光裕方面抗衡国美管理层的两个重要手段。2010 年 10 月 20 日，黄光裕方面提出一个“一揽子方案”，该方案涉及国美今后的经营发展战略、创始大股东在董事会的合理席位、非上市门店的统一经营等多个问题。

黄光裕方面认为，公司过去一年多来的战略方向和经营管理存在严重问题，陈晓应对此负责。同时，黄光裕方面还认为，公司管理层在董事会中占有太多的席位，不利于公司管治。创始大股东在董事会中的席位与持股比例不相适应，创始大股东在董事会中应获得合理的董事席位。目前，在国美电器 11 个董事会席位中，来自管理层的陈晓、王俊洲、魏秋立、孙一丁占据了 4 席，贝恩占据了 3 席，代表黄光裕家族的伍健华占据了 1 席，另外 3 名为独立董事。

关于非上市业务是否分拆出去，2010 年 8 月 27 日，黄光裕方面发函给国美董事会称，一旦黄光裕方面在 9 月 28 日股东大会上所提的 5 项动议全部被否决，将收回托管给上市公司的非上市门店。3 天后，以陈晓为代表的国美董事会回函，要求黄光裕家族在 11 月 1 日之前收回国美电器非上市公司业务。后来，黄光裕方面表示，由于最初所提的 5 项动议并未完全否决，留有一定的空间，因此 11 月 1 日并非是收回非上市公司业务的最后期限。

2010 年 10 月下旬，黄光裕方面表示，已就非上市门店可能独立的问题作出部署。创始大股东方面做好了独立经营非上市业务的准备工作，包括团队组建、ERP 系统、

资金预备、拟定非上市业务发展规划等工作正在有条不紊地进行。28 日，黄光裕方面又表示，目前对非上市业务是否继续托管还未有定论，创始股东将视事态发展作出决定。

目前，黄光裕家族拥有的非上市门店合计 372 家，其中上海的全部 43 家国美门店均为非上市门店，其他非上市门店则分布在江苏、浙江、山西、河南、江西、黑龙江、辽宁、吉林。2010 年上半年，这 372 家非上市门店合计实现销售额 96.17 亿元。另外，这些非上市门店每年还向国美上缴巨额托管费，可以为上市公司带来可观收入，仅 2009 年一年托管费数额就高达 2.335 亿元。

将非上市业务分拆出去，则会出现两个国美，甚至会不可避免地出现两者之间的竞争，这对上市的国美是极为不利的。所以，作为财务资本投资人的贝恩资本来说，将非上市业务分拆出去是贝恩资本不愿意看到的，也是完全不能接受的。

双方的争执后来出现转机，2010 年 11 月 10 日，国美电器与大股东 Shinning Crown 达成谅解备忘录，主要有两项内容，第一，将董事会人数由目前的 11 人增至 13 人；第二，委任邹晓春担任公司执行董事以及委任黄燕虹担任公司非执行董事。

新增加的两名董事人选均是大股东黄光裕方面的提议人员，其中邹晓春被任命为执行董事，黄光裕胞妹黄燕虹被任命为非执行董事。邹晓春成为提名委员会和执行委员会成员，作为执行董事将参加公司日常的运营，黄燕虹作为非执行董事担任薪酬委员会成员，也会对公司的战略发展提出建议。

2010 年 12 月 17 日，在国美电器特别股东大会上，谅解备忘录中达成的提案毫无悬念地得以通过。此后，国美董事会表示，通过与主要股东（包括 Shinning Crown）之间的合作及建设性对话，通过维持强大和稳定的管理团队，可以保证国美电器和全体股东的最佳利益。国美董事会认为，谅解备忘录条款达成的协议反映了有关各方决心共同努力，以建设性及协商一致的方式确定公司未来的策略，并将公司打造成一家更强、更具盈利能力的公司。

黄光裕方面表示，以创始股东获得在董事会的适当代表席位为前提，创始股东将无意现在终止国美电器集团任何上市与非上市部分之间的内部协议，并将继续遵守该等条款。

至此，双方在“董事会匹配与大股东地位相符的人选”和“解决非上市门店托管分歧”等两个议题均已解决，邹晓春和黄燕虹将作为黄光裕方面的代表在董事会中体现其利益诉求，黄光裕方面还声明目前无意将国美集团的非上市门店从上市公司剥离出去。

虽然在邹晓春、黄燕虹进入董事会的议题上双方达成取得一致，但是，在最终解决非上市门店资产问题上，双方仍存在很大分歧。国美方面希望通过现金来收购非上市门店资产；大股东方面则更倾向将门店转化为国美电器的股份。

如果我们将“9.28”和“12.17”两次股东特别大会通过的议案作一个对比的话，可以看出，在“9.28”的股东特别大会上，黄光裕方面提出的五项议案只有一项获得通过，其他四项都遭到否决，其中被否决的两项就有委任邹晓春、黄燕虹担任董事。而“12.17”股东特别大会通过了委任邹晓春、黄燕虹担任董事。有关黄燕虹的议案在前后稍有不同，“9.28”的议案是委任其担任执行董事，而“12.17”的议案是委任其担任非执行董事。

如果认为"9.28"股东特别大会的表决结果对陈晓方面有利或稍稍有利的话，那么"12.17"股东特别大会的表决结果则暗示了双方较量的天平在慢慢向黄光裕方面倾斜，"12.17"股东特别大会也为事态的后续发展埋下了伏笔。

五、陈晓辞职——控制权争夺之结局

大股东黄光裕方面与以陈晓为代表的管理层之间关于控制权的争执于2011年3月9日最终尘埃落定，当晚国美董事会发布公告，陈晓辞去国美董事会主席、执行董事、执行委员会成员兼主席及授权代表职务，孙一丁辞任国美电器执行董事，继续留任国美电器副总裁职务。国美董事会还宣布委任张大中为国美电器非执行董事及董事会主席，以及委任李港卫为国美电器独立非执行董事。

以黄光裕方面代言人身份入阁的邹晓春则被委任为国美电器授权代表，取代陈晓。虽然国美官方给出的陈晓离职的原因是"需要更多时间陪伴其家人"，但实际上这是黄光裕方面持续施加压力的结果。值得注意的是，虽然张大中被委任为国美董事会主席，但他只是非执行董事，而不是执行董事。显然，这在一定程度上反映出大股东在人事安排上的某种谨慎态度。

黄光裕方面在"9.28"提出的五项议案中，取消董事会的配发、发行及买卖本公司股份的一般授权的议案在"9.28"股东特别大会上已获得通过，委任邹晓春、黄燕虹为董事的两项议案也已于"12.17"股东特别大会上获得通过，随着国美董事会于2011年3月9日发布一纸公告，陈晓、孙一丁离开了公司董事会。至此，黄光裕方面提出的五项议案都已实质性地得到满足。大股东黄光裕方面与以陈晓为代表的管理层之间关于控制权的争执，最终以大股东黄光裕方面的胜利而结束。

从2010年9月28日的股东特别大会到2011年3月9日陈晓辞职，其间不足半年时间，为什么陈晓在国美的地位和命运会发生如此重大的转折呢？毫无疑问贝恩资本在其中发挥了重要作用。

"9.28"之后，陈晓与贝恩资本之间的关系有了些微妙的变化，作为投资人，贝恩看重的当然是获益。在要求陈晓离开国美董事会的问题上，黄光裕方面态度十分坚决，贝恩慢慢认识到，如果陈晓不离开，国美就很难稳定，国美不稳定，国美的股价也很难上升，这样，贝恩资本就难以在一个满意的价位上退出国美。贝恩资本抛弃陈晓的动机可以从两方面解释，第一，陈晓与大股东在公司长期发展战略上存在严重分歧，不利于公司的稳定发展；第二，大股东提出的注入非上市门店的建议对贝恩资本有很大的吸引力。

陈晓辞职之后，贝恩资本表示，欢迎张大中和李港卫加入国美董事会，并期待着与他们一道建设一个更强大的国美，为全体股东创造更多的价值。

3月14日，国美电器发布通告称，公司发展已回到正轨，管理层目前专注于公司的门店网络布局与经营效益提升，公司经营稳定有序，运营良好。

可以预计，在陈晓离开国美之后，国美的经营战略将重回黄光裕时代的那种重视在规模上压制竞争对手的方向上，加快新开门店的速度，陈晓的那种看重单店效益的经营理念将遭到抛弃。

六、国美大股东与管理层控制权之争的思考

回顾大股东黄光裕与陈晓方面管理层之间控制权之争，问题的核心在于股权和公司的经营战略。黄光裕方面在“9.28”股东特别大会上已经取消了对董事会的一般授权，从而保证了大股东的股权不被稀释。然而，在公司的经营战略上，双方还存在严重的分歧。

黄光裕要求国美董事会撤掉陈晓董事会主席的职务，原因之一是陈晓主导的董事会在近两年来的经营中过度注重提升单店效率，而忽视开新店对公司发展的作用，国美董事会的经营战略是导致公司的增速放缓的主要原因。在2009年年报中，尽管公司净利润同比增幅高达34.45%，但是销售额仅为426亿，相对上年减少了7.02%，销售额出现负增长，这在国美的历史上是从未有过的。黄光裕主持董事会工作，一直奉行的是高速扩张，迅速做大做强，首先从规模上完全压制竞争对手时，然后再考虑提升经营效率的战略。

竞争对手苏宁明显加快了新开门店的步伐，在国美调整关停盈利不佳门店的2009年，苏宁实际新开门店129家，并且制订了2010年新开门店200家的计划。两家公司的规模差距在黄光裕离开的两年中迅速缩小，2008年年底，国美集团门店总数领先苏宁488家，而到2009年底，国美集团上市和非上市门店数只领先苏宁259家。

陈晓出任国美董事会主席后，对黄光裕时代的经营战略进行了重大调整。依照当时国美管理层的观点，2008年的金融危机与黄光裕被拘引发的危机迫使公司重审其业务战略，在资金流动性压力沉重、市场严重滑坡的形势下，管理团队认定，集团以往采取的激进扩张战略在此阶段已不复可行，因此，管理团队着手实施以门店质量和盈利能力而非门店数量为重点的战略转型。作为这一战略的一部分，管理团队圈定并关闭了部分经营不善且盈利无望的门店，这些亏损门店消耗集团的有限资源，降低了集团的盈利能力。

战略转型包括在2009年内分步骤地关闭189家经营不善的门店，优化集团的门店网点。此举使集团得以将资金和资源有的放矢地用于盈利门店，并提高整体盈利能力。这一进程使得集团即使在流动性压力之下仍然提高了经营效率。

大股东注重快速扩张，增加门店数量，从规模上压制竞争对手，而国美管理层则认为更重要的是提升单店效率。在经营战略方面，大股东与公司管理层出现重大分歧。如果在经营战略方面人股东与公司管理层不能取得共识，势必会对公司的长远发展带来负面影响。随着陈晓的出局，新的管理层和大股东在公司经营战略上将重新统一到大股东的思路上。

国美大股东与管理层的控股权之争给人们留下了许多值得思考的问题，例如，董事会应当忠实执行大股东的意志吗？如何评价管理层的道德？家族公司怎样能够顺利地向公众公司转变？如何保护创始股东在公司中的权益？如何保护中小股东在公司中的权益？

类似的问题还可以罗列出很多，暂且不论哪一方胜出，国美大股东与管理层的控制权之争还是给人们带来了有益的启示，即解决问题的基础是在法律框架下对规则的尊

重。黄光裕方面和陈晓方面对控制权的争夺都是按照资本的游戏规则进行的，也为我国家族公司在向公众公司转变过程中如何处理大股东与管理层之间的关系提供了鲜活的案例。

国美这一特殊案例充分说明了资本在现代公司中的作用，特别是在决定公司控制权方面所起到的决定性作用。国美的案例还说明了中国家族公司发展中的一个现象，即唯一能够与中国大型民营企业创始人抗衡的，是资本的力量，而不是职业经理人。无论是处于控制权之争当中的国美大股东、国美管理层，还是其他公司的大股东和管理层或其他旁观者，都将因国美的控制权之争更为熟悉资本市场的游戏规则，而这些资本市场的游戏规则正是中国家族公司向公众公司转变和中国资本市场的长远发展的根基所在。

习　题

1. 财务报表附注及其他表外信息包括哪些主要内容?

2. 财务报表附注及其他表外信息对理解财务报表的信息有哪些作用?

3. 除了本书所列财务报表附注内容及其他表外信息，你认为要全面充分了解一个企业，还需要哪些信息?

第十七章

案例综合分析

本章以 TW 公司为案例，对其资产负债表、利润表、现金流量表以及所有者权益变动表等财务报告进行综合分析。

第一节　案例信息

一、公司基本情况

TW 公司是于 2000 年 9 月由河北省人民政府批准，由 TW 公司发起，联合 LK 等三家公司共同发起设立的有限公司，注册资本 16 000 万元。

TW 公司的经营范围包括变压器、互感器、电抗器等输变电设备及辅助设备、零部件的制造与销售；输变电专用制造设备的生产与销售；相关技术、产品及计算机应用技术的开发与销售；本企业自产产品的出口业务以及本企业所需的机械设备、零配件、原辅材料的进口业务（国家限制公司经营或禁止进出口的商品及技术除外）。

二、比较财务报表

TW 公司 2007～2011 年的比较财务报表见表 17-1～表 17-4。

（一）比较资产负债表

表 17-1　比较资产负债表　　单位：元

报告期	2010-12-31	2009-12-31	2008-12-31	2007-12-31
流动资产				
货币资金	1 878 764 291.88	2 668 709 506.64	3 031 882 276.61	1 363 874 309.66
交易性金融资产	331 755 050.88	3 543 045.12	1 604 640	—
应收票据	82 634 653.36	74 048 614	20 575 640	47 454 460.92
应收账款	2 723 665 362.9	1 733 477 870.21	1 073 358 819.64	832 471 867.51
预付账款	1 027 535 502.96	874 658 855.44	1 848 322 301.46	989 053 681.83

续表

报告期	2010-12-31	2009-12-31	2008-12-31	2007-12-31
流动资产				
应收股利	—	10 956 000	13 544 000	10 956 000
其他应收款	50 543 912.59	76 279 754.15	75 614 318.75	415 657 945.66
存货	1 927 808 192.62	2 701 556 046.99	1 867 373 984.36	1 263 203 898.9
流动资产合计	8 022 706 967.19	8 143 229 692.55	7 932 275 980.82	4 922 672 164.48
非流动资产				
投资性房地产	70 873 565.25	66 516 963.98	41 128 924.45	32 613 989.6
长期股权投资	2 739 261 631.87	2 581 363 218.55	2 469 668 691.08	1 499 845 368.75
固定资产	4 392 938 916.7	2 025 771 653.75	953 063 818.53	778 665 838.75
工程物资	—	—	—	828 166.34
在建工程	507 365 856.03	2 386 763 694.84	447 610 311.28	197 518 823.75
固定资产清理	—	—	—	15 511 775.35
无形资产	476 273 343.69	356 225 747.65	304 764 293.69	179 716 942.19
开发支出	3 091 112.32	—	—	—
商誉	13 052 774.93	13 052 774.93	13 052 774.93	50 414 026.19
长期待摊费用	160 084.6	289 840.51	466 832.67	1 606 093.19
递延所得税资产	34 408 928.79	28 584 027.14	22 224 062.5	13 229 715.36
非流动资产合计	8 237 426 214.18	7 458 567 921.35	4 251 979 709.13	2 769 950 739.47
资产总计	16 260 133 181.37	15 601 797 613.9	12 184 255 689.95	7 692 622 903.95
流动负债				
短期借款	2 965 789 915.18	3 101 561 076.56	2 659 500 000	1 788 500 000
应付票据	709 264 200.48	1 233 735 618.16	360 656 434.99	265 080 721.26
应付账款	1 551 225 027.4	635 828 096.94	286 615 302.59	373 535 726.36
预收账款	491 734 333.54	1 355 975 593.99	1 264 691 998.21	1 305 439 707.78
应付职工薪酬	40 547 696.83	20 173 114.62	14 861 561.7	8 212 274.32
应交税费	−190 124 848.06	−287 209 715.77	12 570 843.54	51 146 869.61
应付利息	3 786 515.28	3 727 325	1 983 473.13	—
应付股利	13 055 709.12	15 605 709.12	13 055 709.12	51 466 675.24
其他应付款	264 170 586.35	84 170 975.39	58 582 360.36	72 296 341.06
其他流动负债	134 961 505.68	115 730 396.7	134 659 405.68	767 143 505.69
流动负债合计	5 984 410 641.8	6 279 298 190.71	4 807 177 089.32	4 682 821 821.32
非流动负债				
长期借款	4 906 500 000	4 600 000 000	2 960 000 000	350 000 000
专项应付款	—	—	10 862 000	10 862 000
递延所得税负债	38 999 931.84	—	—	1 775.11

续表

报告期	2010-12-31	2009-12-31	2008-12-31	2007-12-31
非流动负债				
非流动负债合计	4 945 499 931.84	4 600 000 000	2 970 862 000	360 863 775.11
负债合计	10 929 910 573.64	10 879 298 190.71	7 778 039 089.32	5 043 685 596.43
所有者权益				
实收资本（或股本）	1 168 000 000	1 168 000 000	1 168 000 000	730 000 000
资本公积金	1 070 714 269.99	1 093 315 869.99	1 126 461 769.31	1 206 585 361.11
盈余公积金	325 620 954.54	254 849 854.57	201 370 420.7	108 118 215.27
未分配利润	2 136 223 464.29	1 588 203 637.19	1 289 423 754.82	439 562 828.97
外币报表折算差额	−507 211.41	—	—	—
归属于母公司投资人权益合计	4 700 051 477.41	4 104 369 361.75	3 785 255 944.83	2 484 266 405.35
所有者权益合计	5 330 222 607.73	4 722 499 423.19	4 406 216 600.63	2 648 937 307.52
负债及所有者权益总计	16 260 133 181.37	15 601 797 613.9	12 184 255 689.95	7 692 622 903.95

（二）比较利润表

表 17-2　比较利润表　　单位：元

报告期	2010-12-31	2009-12-31	2008-12-31	2007-12-31
一、营业总收入	7 629 799 750.86	6 009 692 706.89	4 368 624 822.73	3 156 269 138.39
营业收入	7 629 799 750.86	6 009 692 706.89	4 368 624 822.73	3 156 269 138.39
二、营业总成本	7 533 553 550.72	5 600 819 177.7	3 970 922 204.87	2 920 291 916.09
营业成本	6 381 884 468.07	4 856 338 715.49	3 387 189 217.59	2 524 497 403.67
营业税金及附加	53 160 934.84	22 225 675.93	14 379 805.56	10 008 570.7
销售费用	174 197 880.48	92 999 702.63	85 654 870.3	110 667 801.06
管理费用	435 741 758.69	259 714 396.49	222 984 108.3	135 771 939.07
财务费用	431 721 660.72	338 572 868.57	234 552 938.97	110 513 327.04
资产减值损失	56 846 847.92	30 967 818.59	26 161 264.15	28 832 874.55
三、其他经营收益	−533 906.75	−1 272 574.2	—	—
公允价值变动净收益	260 712 005.76	1 938 405.12	−2 650 865.28	—
投资净收益	241 798 413.32	194 415 863.95	597 820 462.84	253 467 706.77
联营、合营企业投资收益	—	—	—	—
汇兑净收益	—	—	—	—
四、营业利润	598 756 619.22	605 227 798.26	992 872 215.42	489 444 929.07
营业外收入	124 762 436.67	80 956 957.77	122 827 454.37	24 091 457.51

续表

报告期	2010-12-31	2009-12-31	2008-12-31	2007-12-31
营业外支出	2 010 969.18	8 960 368.93	94 831 681.93	2 624 212.72
非流动资产处置净损失	1 483 950.81	5 167 018.59	91 051 947.92	—
五、利润总额	721 508 086.71	677 224 387.1	1 020 867 987.86	510 912 173.86
所得税	88 463 656.43	68 914 333.14	59 716 045.73	49 281 749.09
未确认的投资损失	—	—	—	—
六、净利润	633 044 430.28	608 310 053.96	961 151 942.13	461 630 424.77
少数投资人损益	14 236 379.22	22 154 697.96	17 937 993.49	11 836 405.23
归属于母公司投资人的净利润	618 808 051.06	586 155 356	943 213 948.64	449 794 019.54
七、每股收益				
基本每股收益	0.53	0.5	0.81	0.62
稀释每股收益	0.53	0.5	0.81	0.62

（三）比较现金流量表

表 17-3　比较现金流量表　　单位：元

报告期	2010-12-31	2009-12-31	2008-12-31	2007-12-31
一、经营活动产生的现金流量				
销售商品、提供劳务收到的现金	6 969 012 703.48	6 189 147 593.9	4 723 203 225.47	3 596 920 306.06
收到的税费返还	10 935 545.46	25 058 674.33	13 121 077.74	6 432 010.89
收到其他与经营活动有关的现金	243 695 221.39	73 185 742.06	65 476 140.32	58 068 455.13
经营活动现金流入小计	7 223 643 470.33	6 287 392 010.29	4 801 800 443.53	3 661 420 772.08
购买商品、接受劳务支付的现金	5 533 140 509.09	5 150 124 525.18	3 837 610 564.61	2 937 284 913.3
支付给职工以及为职工支付的现金	361 232 839.65	239 802 841.4	202 322 451.61	144 415 659.23
支付的各项税费	488 289 367.4	359 357 815.11	246 073 626.03	127 735 778.77
支付其他与经营活动有关的现金	240 649 506.01	230 073 372.88	240 867 589.89	253 781 132.37
经营活动现金流出小计	6 623 312 222.15	5 979 358 554.57	4 526 874 232.14	3 463 217 483.67
经营活动产生的现金流量净额	600 331 248.18	308 033 455.72	274 926 211.39	198 203 288.41

续表

报告期	2010-12-31	2009-12-31	2008-12-31	2007-12-31
二、投资活动产生的现金流量				
收回投资收到的现金	—	—	300 000	4 750 000
取得投资收益收到的现金	26 768 467.7	84 714 357.26	45 595 310	5 442 905.2
处置固定资产、无形资产和其他长期资产收回的现金净额	1 319 112.5	5 114 137.38	239 733 440.82	692 432.68
处置子公司及其他营业单位收到的现金净额	—	131 106.77	107 820 037.87	−10 649 356.33
收到其他与投资活动有关的现金	123 979 371	67 197 787.74	23 023 851.44	4 456 143.99
投资活动现金流入小计	152 066 951.2	157 157 389.15	416 472 640.13	4 692 125.54
购建固定资产、无形资产和其他长期资产支付的现金	925 182 250.25	1 965 309 447.4	1 720 201 864.69	294 881 432.95
投资支付的现金	23 000 000	56 342 012	443 400 000	339 075 000
取得子公司及其他营业单位支付的现金净额	—	—	—	—
支付其他与投资活动有关的现金	0	3 030 893	5 582 421.65	4 421 347.5
投资活动现金流出小计	948 182 250.25	2 024 682 352.4	2 169 184 286.34	638 377 780.45
投资活动产生的现金流量净额	−796 115 299.05	−1 867 524 963.25	−1 752 711 646.21	−633 685 654.91
三、筹资活动产生的现金流量				
吸收投资收到的现金	739 785	0	726 106 824.24	5 065 762.96
子公司吸收少数投资人投资收到的现金	—	—	—	—
取得借款收到的现金	4 429 000 000	5 275 218 423.69	6 434 500 000	2 939 094 010
收到其他与筹资活动有关的现金	0	—	—	—
发行债券收到的现金	—	—	—	—
筹资活动现金流入小计	4 429 739 785	5 275 218 423.69	7 160 606 824.24	2 944 159 772.96

续表

报告期	2010-12-31	2009-12-31	2008-12-31	2007-12-31
三、筹资活动产生的现金流量				
偿还债务支付的现金	4 536 294 265.71	3 474 500 000	3 771 495 865	1 612 831 345.44
分配股利、利润或偿付利息支付的现金	—	—	—	—
子公司支付给少数投资人的股利	—	—	—	—
支付其他与筹资活动有关的现金	240 649 506.01	230 073 372.88	240 867 589.89	253 781 132.37
筹资活动现金流出小计	5 021 073 818.87	4 078 995 184.51	4 012 790 244.57	1 741 754 068.51
筹资活动产生的现金流量净额	−591 334 033.87	1 196 223 239.18	3 147 816 579.67	1 202 405 704.45
四、现金及现金等价物净增加额				
汇率变动对现金的影响	−2 827 130.02	95 498.38	−2 023 177.9	−1 343 045.34
现金及现金等价物净增加额	−789 945 214.76	−363 172 769.97	1 668 007 966.95	765 580 292.61
期初现金及现金等价物余额	2 668 709 506.64	3 031 882 276.61	1 363 874 309.66	598 294 017.05
期末现金及现金等价物余额	1 878 764 291.88	2 668 709 506.64	3 031 882 276.61	1 363 874 309.66
补充资料：				
1. 将净利润调节为经营活动的现金流量				
净利润	633 044 430.28	608 310 053.96	961 151 942.13	461 630 424.77
加：资产减值准备	56 846 847.92	30 967 818.59	26 161 264.15	28 832 874.55
固定资产折旧、油气资产折耗、生产性生物资产折旧	225 918 450.73	128 688 405.75	84 738 894.4	—
无形资产摊销	18 618 634.05	17 758 932.12	11 970 058.59	10 682 909.03
长期待摊费用摊销	129 755.91	176 992.16	677 104.75	1 640 139.51
待摊费用减少	—	—	—	—
预提费用增加	—	—	—	—
处置固定资产、无形资产和其他长期资产的损失	1 138 373.15	818 522.23	3 453 926.61	1 955 727.55
固定资产报废损失	4 799.23	—	—	—

续表

报告期	2010-12-31	2009-12-31	2008-12-31	2007-12-31
补充资料：				
公允价值变动损失	−260 712 005.76	−1 938 405.12	2 650 865.28	—
财务费用	431 721 660.72	335 168 668.64	241 315 794.05	110 513 327.04
投资损失	−241 798 413.32	−194 415 863.95	−597 820 462.84	−253 467 706.77
递延所得税资产减少	−5 824 901.64	−6 359 964.64	−8 994 347.14	−5 149 458.77
递延所得税负债增加	38 999 931.84	—	−1 775.11	1 775.11
存货的减少	773 747 854.37	−834 182 062.63	−605 240 233.35	−439 759 503.35
经营性应收项目的减少	−1 185 681 554.63	−745 677 015.63	292 236 924.19	−619 385 723.76
经营性应付项目的增加	114 177 385.33	968 717 374.24	−137 372 765.43	833 105 699.34
未确认的投资损失	—	—	—	—
其他	0	—	-978.89	—
经营活动产生的现金流量净额	600 331 248.18	308 033 455.72	274 926 211.39	198 203 288.41
2. 债务转为资本	—	—	—	—
3. 一年内到期的可转换公司债券	—	—	—	—
4. 融资租入固定资产	—	—	—	—
5. 现金及现金等价物净增加				
现金的期末余额	1 878 764 291.88	2 668 709 506.64	3 031 882 276.61	1 363 874 309.66
减：现金的期初余额	2 668 709 506.64	3 031 882 276.61	1 363 874 309.66	598 294 017.05
现金等价物的期末余额	—	—	—	—
减：现金等价物的期初余额	—	—	—	—
现金及现金等价物净增加额	−789 945 214.76	−363 172 769.97	1 668 007 966.95	765 580 292.61

（四）所有者权益变动表

所有者权益变动表如表 17-4 所示。

表 17-4　2007～2010 年合并所有者权益变动表

2007 年合并所有者权益变动表(1～12 月)

单位:元

项 目	本年金额						
	归属于母公司所有者权益					少数股东权益	所有者权益合计
	实收资本(或股本)	资本公积	盈余公积	未分配利润	其他		
一、上年年末余额	365 000 000.00	1 250 471 321.03	74 478 753.40	290 262 522.63		195 289 152.35	2 175 501 749.40
加:会计政策变更			−5 484 204.35	18 894 007.26		40 851 092.14	54 260 895.05
前期差错更正			−6 102 297.03	−54 920 673.26			−61 022 970.29
二、本年年初余额	365 000 000.00	1 250 471 321.03	62 892 252.02	254 235 856.62		236 140 244.49	2 168 739 674.16
三、本年增减变动金额(减少以“−”号填列)	365 000 000.00	−43 885 959.92	45 225 963.25	185 326 972.35		−71 469 342.32	480 197 633.36
(一)净利润				449 784 019.54		11 836 405.23	461 630 424.77
(二)直接计入所有者权益的利得和损失		175 114 040.08				2 568.82	175 116 608.90
1. 可供出售金融资产公允价值变动净额							
2. 权益法下被投资单位其他所有者权益变动的影响		174 985 129.10					174 985 129.10
3. 与计入所有者权益项目相关的所得税影响							
4. 其他		128 910.98				2 568.82	131 479.80
上述(一)和(二)小计		175 114 040.08		449 794 019.54		11 838 974.05	636 747 033.67
(三)所有者投入和减少资本						−82 141 316.37	−82 141 316.37

续表

2007 年合并所有者权益变动表(1～12 月)

单位:元

项 目	本年金额						
	归属于母公司所有者权益					少数股东权益	所有者权益合计
	实收资本(或股本)	资本公积	盈余公积	未分配利润	其他		
1. 所有者投入资本						3 895 224.00	3 895 224.00
2. 股份支付计入所有者权益的金额							
3. 其他						−86 036 540.37	−86 036 540.37
(四)利润分配	146 000 000.00		45 225 963.25	−264 476 047.19		−1 167 000.00	−74 408 083.94
1. 提取盈余公积			45 225 963.25	−45 225 963.25			
2. 提取一般风险准备							
3. 对所有者(或股东)的分配	146 000 000.00			−219 000 000.00		−1 167 000.00	−74 167 000.00
4. 其他				−241 083.94			−241 083.94
(五)所有者权益内部结转	219 000 000.00	−219 000 000.00					
1. 资本公积转增资本(或股本)							
2. 盈余公积转增资本(或股本)							
3. 盈余公积弥补亏损							
4. 其他							
四、本期期末余额	730 000 000.00	1 206 585 361.11	108 118 215.27	439 562 828.97		164 670 902.17	2 648 937 307.52

续表

2008年合并所有者权益变动表(1～12月份)

单位:元

项 目	本年金额						
	归属于母公司所有者权益					少数股东权益	所有者权益合计
	实收资本(或股本)	资本公积	盈余公积	未分配利润	其他		
一、上年年末余额	730 000 000.00	1 206 585 361.11	108 118 215.27	439 562 828.97		164 670 902.17	2 648 937 307.52
加:会计政策变更							
前期差错更正							
二、本年年初余额	730 000 000.00	1 206 585 361.11	108 118 215.27	439 562 828.97		164 670 902.17	2 648 937 307.52
三、本年增减变动金额(减少以“－”号填列)	438 000 000.00	－80 123 591.80	93 252 205.43	849 860 925.85		456 289 753.63	1 757 279 293.11
(一)净利润				943 213 948.64		17 937 993.49	961 151 942.13
(二)直接计入所有者权益的利得和损失		357 876 408.20				119 748.02	357 996 156.22
1. 可供出售金融资产公允价值变动净额							
2. 权益法下被投资单位其他所有者权益变动的影响		354 032 198.39					354 032 198.39
3. 与计入所有者权益项目相关的所得税影响							
4. 其他		3 844 209.81				119 748.02	3 963 957.83
上述(一)和(二)小计		357 876 408.20	943 213 948.64			18 057 741.51	1 319 148 098.35
(三)所有者投入和减少资本						442 836 923.36	442 836 923.36

续表

2008年合并所有者权益变动表(1～12月份)

单位:元

项 目	本年金额						
	归属于母公司所有者权益					少数股东权益	所有者权益合计
	实收资本(或股本)	资本公积	盈余公积	未分配利润	其他		
1. 所有者投入资本						442 836 923.36	442 836 923.36
2. 股份支付计入所有者权益的金额							
3. 其他							
(四)利润分配			92 900 473.80	−93 353 022.79		−4 604 911.24	−5 057 460.23
1. 提取盈余公积			92 900 473.80	−92 900 473.80			
2. 提取一般风险准备							
3. 对所有者(或股东)的分配						−4 604 911.24	−4 604 911.24
4. 其他				−452 548.99			−452 548.99
(五)所有者权益内部结转	438 000 000.00	−438 000 000.00	351 731.63				351 731.63
1. 资本公积转增资本(或股本)	438 000 000.00	−438 000 000.00					
2. 盈余公积转增资本(或股本)							
3. 盈余公积弥补亏损							
4. 其他			351 731.63				351 731.63
四、本期期末余额	1 168 000 000.00	1 126 461 769.31	201 370 420.70	1 289 423 754.82		620 960 655.80	4 406 216 600.63

续表

2009年合并所有者权益变动表(1～12月份)

单位:元

项 目	本年金额						
	归属于母公司所有者权益					少数股东权益	所有者权益合计
	实收资本(或股本)	资本公积	盈余公积	未分配利润	其他		
一、上年年末余额	1 168 000 000.00	1 126 461 769.31	201 370 420.70	1 289 423 754.82		620 960 655.80	4 406 216 600.63
加:会计政策变更							
前期差错更正							
其他							
二、本年年初余额	1 168 000 000.00	1 126 461 769.31	201 370 420.70	1 289 423 754.82		620 960 655.80	4 406 216 600.63
三、本年增减变动金额(减少以"—"号填列)		—33 145 899.32	53 479 433.87	298 779 882.37		—2 830 594.36	316 282 822.56
(一)净利润				586 155 356.00		22 154 697.96	608 310 053.96
(二)其他综合收益		—1 239 190.24				—33 383.96	—1 272 574.20
上述(一)和(二)小计		—1 239 190.24		586 155 356.00		22 121 314.00	607 037 479.76
(三)所有者投入和减少资本		—31 906 709.08				—21 186 777.36	—53 093 486.44
1. 所有者投入资本							
2. 股份支付计入所有者权益的金额							
3. 其他		—31 906 709.08				—21 186 777.36	—53 093 486.44
(四)利润分配			53 479 433.87	—287 375 473.63		—3 765 131.00	—237 661 170.76
1. 提取盈余公积			53 479 433.87	—53 479 433.87			
2. 提取一般风险准备							

续表

2009 年合并所有者权益变动表(1～12 月份)

项 目	本年金额						单位:元
	归属于母公司所有者权益					少数股东权益	所有者权益合计
	实收资本(或股本)	资本公积	盈余公积	未分配利润	其他		
3. 对所有者(或股东)的分配				−233 600 000.00		−3 765 131.00	−237 365 131.00
4. 其他				−296 039.76			−296 039.76
(五)所有者权益内部结转							
1. 资本公积转增资本(或股本)							
2. 盈余公积转增资本(或股本)							
3. 盈余公积弥补亏损							
4. 其他							
四、本期期末余额	1 168 000 000.00	1 093 315 869.99	254 849 854.57	1 588 203 637.19		618 130 061.44	4 722 499 423.19

续表

2010 年合并所有者权益变动表(1～12 月份)

单位:元

项 目	本年金额						
	归属于母公司所有者权益					少数股东权益	所有者权益合计
	实收资本(或股本)	资本公积	盈余公积	未分配利润	其他		
一、上年年末余额	1 168 000 000.00	1 093 315 869.99	254 849 854.57	1 588 203 637.19		618 130 061.44	4 722 499 423.19
加:会计政策变更							
前期差错更正							
其他							
二、本年年初余额	1 168 000 000.00	1 093 315 869.99	254 849 854.57	1 588 203 637.19		618 130 061.44	4 722 499 423.19
三、本年增减变动金额(减少以"－"号填列)		－22 601 600	70 771 099.97	548 019 827.10	－507 211.41	12 041 068.88	607 723 184.54
(一)净利润				618 808 051.06		14 236 379.226	633 044 430.28
(二)其他综合收益					－507 211.41	－26 695.34	－533 906.75
上述(一)和(二)小计				618 808 051.06	－507 211.41	14 209 683.88	632 510 523.53
(三)所有者投入和减少资本		－22 601 600				341,385	－22 260 215
1. 所有者投入资本						341 385	341 385
2. 股份支付计入所有者权益的金额							
3. 其他		－22 601 600					－22 601 600
(四)利润分配			70,771 099 97	－70 788 223.96		－2 510 000	－2,527 123.99
1. 提取盈余公积			70,771 099.97	－70 771 099.97			
2. 提取一般风险准备							

续表

2010年合并所有者权益变动表(1～12月份)

单位:元

项 目	本年金额						
	归属于母公司所有者权益					少数股东权益	所有者权益合计
	实收资本(或股本)	资本公积	盈余公积	未分配利润	其他		
3. 对所有者(或股东)的分配						−2 510 000	−2 510 000
4. 其他				−17 123.99			−17 123.99
(五)所有者权益内部结转							
1. 资本公积转增资本(或股本)							
2. 盈余公积转增资本(或股本)							
3. 盈余公积弥补亏损							
4. 其他							
四、本期期末余额	1 168 000 000.00	1 070 714 269.99	325 620 954.54	2 136 223 464.29	−507 211.4	630 171 130.32	5 330 222 607.73

第二节 财务状况和经营状况的总体分析

一、财务报表主要项目趋势分析

（一）利润表主要项目趋势分析

根据上一节给出的TW公司的2007～2010年的利润表，绘制该公司利润表主要项目变化趋势图，如图17-1所示。

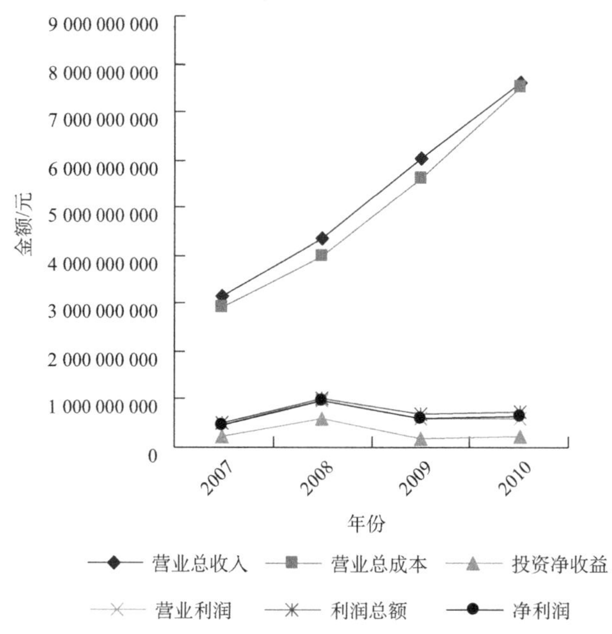

图17-1 利润表主要项目趋势分析图

通过分析图17-1，可以得到TW公司利润表中主要项目的趋势变化情况。

2007～2010年，TW公司营业收入持续增长，但与此同时，该公司营业成本也近乎等比例增长。因此，该公司的营业利润、利润总额、净利润在2007～2010年的变化曲线较为平滑，营业总额的增加并没有带来企业净利润的增长。与此同时，对外投资对收益利润的影响不大，投资净收益增长趋势与净利润增长趋势类似。

（二）资产负债表主要项目趋势分析

以2007年为基期，分别计算TW公司2008年、2009年、2010年资产负债表项目与基期资产负债项目的比值，得到资产负债表项目定比分析表，如表17-5所示。

表 17-5　资产负债表主要项目定比分析表　　单位：元

报告期	2007 年	2008 年	2009 年	2010 年
流动资产				
货币资金	1	2.222 992	1.956 712	1.377 52
应收票据	1	0.433 587	1.560 414	1.741 346
应收账款	1	1.289 363	2.082 326	3.271 781
预付账款	1	1.868 779	0.884 339	1.038 908
应收股利	1	1.236 218	1	
其他应收款	1	0.181 915	0.183 516	0.1216
存货	1	1.478 284	2.138 654	1.526 126
投资性房地产	1	1.261 082	2.039 522	2.173 103
长期股权投资	1	1.646 616	1.721 086	1.826 363
固定资产	1	1.223 97	2.601 593	5.641 623
在建工程	1	2.266 165	12.083 73	2.568 696
无形资产	1	1.695 802	1.982 149	2.650 13
商誉	1	0.258 912	0.258 912	0.258 912
长期待摊费用	1	0.290 664	0.180 463	0.099 673
递延所得税资产	1	1.679 859	2.160 593	2.600 882
非流动资产合计	1	1.535 038	2.692 672	2.973 853
资产总计	1	1.583 888	2.028 151	2.113 731
流动负债	1			
短期借款	1	1.487	1.734 169	1.658 255
应付票据	1	1.360 553	4.654 188	2.675 654
应付账款	1	0.767 304	1.702 188	4.152 816
预收账款	1	0.968 786	1.038 712	0.376 681
应付职工薪酬	1	1.809 677	2.456 459	4.937 45
应交税费	1	0.245 779	−5.615 39	−3.717 23
应付股利	1	0.253 673	0.303 22	0.253 673
其他应付款	1	0.810 309	1.164 249	3.653 997
其他流动负债	1	0.175 534	0.150 859	0.175 927
流动负债合计	1	1.026 556	1.340 922	1.277 95
非流动负债				
长期借款	1	8.457 143	13.142 86	14.018 57
专项应付款	1		—	—
递延所得税负债	1	—	—	219 70.43
非流动负债合计	1	8.232 641	12.747 19	13.704 62
负债合计	1	1.542 134	2.157 014	2.167 048

续表

报告期	2007 年	2008 年	2009 年	2010 年
所有者权益				
实收资本（或股本）	1	1.6	1.6	1.6
资本公积金	1	0.933 595	0.906 124	0.887 392
盈余公积金	1	1.862 502	2.357 141	3.011 712
未分配利润	1	2.933 423	3.613 144	4.859 882
归属于母公司投资人权益合计	1	1.523 692	1.652 145	1.891 927
所有者权益合计	1	1.663 39	1.782 79	2.012 212
负债及所有者权益总计	1	1.583 888	2.028 151	2.113 731

以 2007 年为基期，TW 公司 2008～2010 年资产负债中表主要项目的变化趋势如下。

（1）总资产的增长比率分别为 158.39%、202.81%、211.37%；流动资产的增长比率分别为 161.14%、165.42%、162.97%；非流动资产的增长比率分别为 153.29%、269.28%、297.39%。

（2）负债总额的增长比率分别为 154.21%、215.7%、216.7%；流动负债的增长比率分别为 102.66%、134.09%、127.8%；非流动负债的增长比率分别为 823.26%、1274.71%、1370.46%。

（3）所有者权益的增长比率分别为 166.34%、178.28%、201.22%。

从以上分析可以看出，2007～2010 年，TW 公司资产规模不断扩张，主要来源于负债的增长，所有者权益增长不足，除 2008 年外，2009 年、2010 年负债规模的增幅均高于资产的增幅，特别是非流动负债涨幅巨大，在 2008 年和 2009 年分别达到了 1 274.71%和 1 370.46%，而所有者权益的增幅低于资产的增幅。该公司资产、负债、所有者权益的增长趋势如图 17-2 所示。

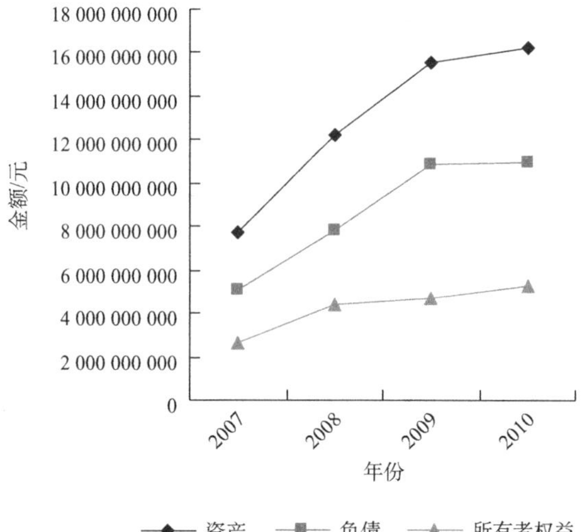

图 17-2 资产负债表项目趋势分析图

流动资产与流动负债的增长趋势对比如图 17-3 所示。

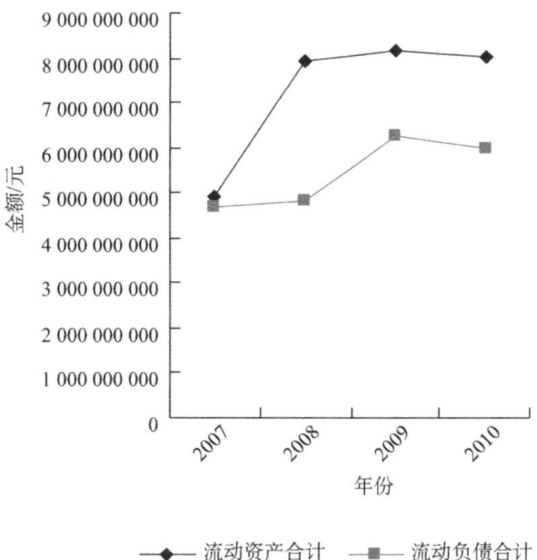

图 17-3　流动资产与流动负债增长趋势对比图

从图 17-3 可以看出，流动资产与流动负债在 2007 年基本相等；2008 年流动资产大幅上涨，流动负债相对于 2007 年无显著增长；2009 年流动负债环比增长显著，而流动资产无明显变化；2010 年流动资产与流动负债的比值——流动比率和 2009 年近似。流动资产是偿还短期负债的重要保证，流动比率分析详见本节比率分析的内容。

非流动资产与非流动负债的增长趋势对比如图 17-4 所示。

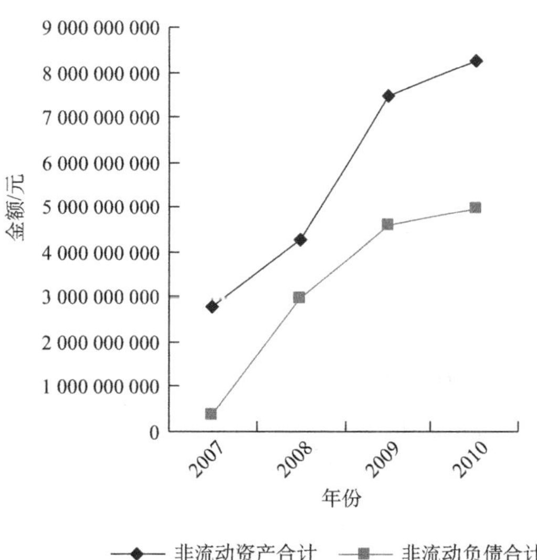

图 17-4　非流动资产与非流动负债增长趋势对比图

从图 17-4 可以看出，2007～2010 年 TW 公司非流动资产与非流动负债均大幅增长，虽然非流动负债的绝对数值小于非流动资产，但是非流动负债的增长幅度大于非流动资产的增长幅度，尤其在 2008 年，非流动负债增加近 8 倍。

（三）现金流量表主要项目趋势分析

2007～2010 年，TW 公司经营活动产生的现金流量净额、投资活动产生的现金流量净额、筹资活动产生的现金流量净额以及现金净流量的变化趋势如图 17-5 所示。

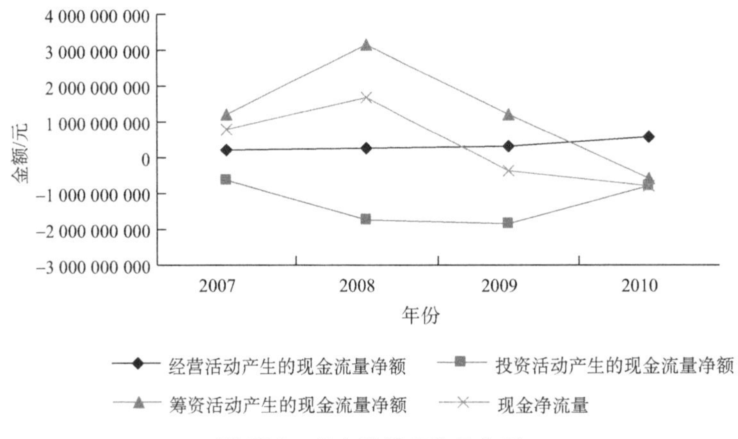

图 17-5 现金流量变化趋势图

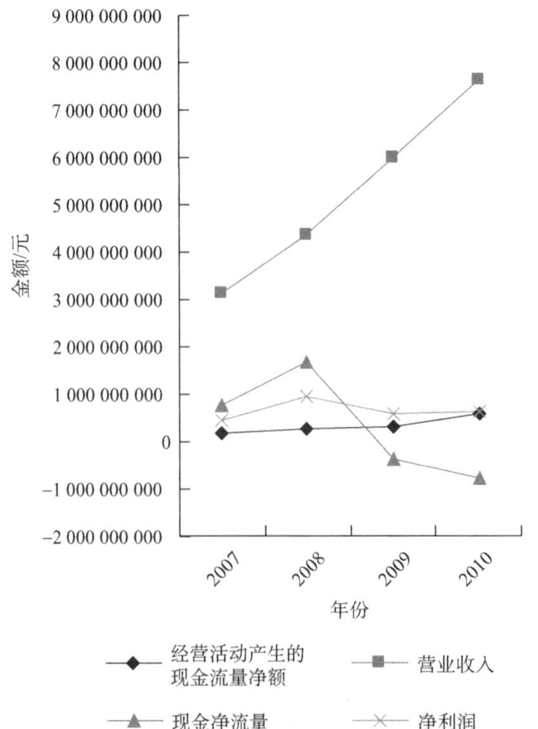

图 17-6 现金净流量、净利润、经营活动现金流、营业收入变化趋势图

从图 17-5 可以看出，TW 公司经营活动的现金流变化趋势为向右上方倾斜的曲线；投资活动的现金流变化趋势呈现为 U 型曲线；筹资活动的现金在 2008 年达到最高，在 2009 年、2010 年持续下降；现金净流量的变化与筹资活动现金净流量的变化趋势基本相同，2008 年达到最高，2009 年、2010 年连续下降，2010 年现金净流量为 4 年最低。

将经营活动现金流、净现金流与营业收入、净利润的变化趋势进行进一步对比，如图 17-6 所示。

将现金净流量的变化趋势与净利润变化趋势对比可知，2007 年、2008 年现金净流量的增长大于净利润的增长，2009 年、2010 年净现金流呈现大幅负增长，这说明营业收入在 2009 年、2010 年的增长并没有带来净利润和现金净流量的同步增长；将经营活动的现金流变化趋势与营业收入变化趋势进行对比可知，2007～2010 年，经营活动现金流与营业收入均逐年上升，但是营业收入的增长低于经营活动现金流的涨幅。

（四）所有者权益变动表主要项目趋势分析

2007～2010 年 TW 公司所有者权益变动表主要项目的变化趋势如图 17-7 所示。

从图 17-7 可以看出，企业实收资本、资本公积、盈余公积以及少数投资人权益变化趋势比较平稳，未分配利润和所有者权益的总额变化呈相同趋势，这说明企业资本的增长主要来源于企业内部留存收益的积累。

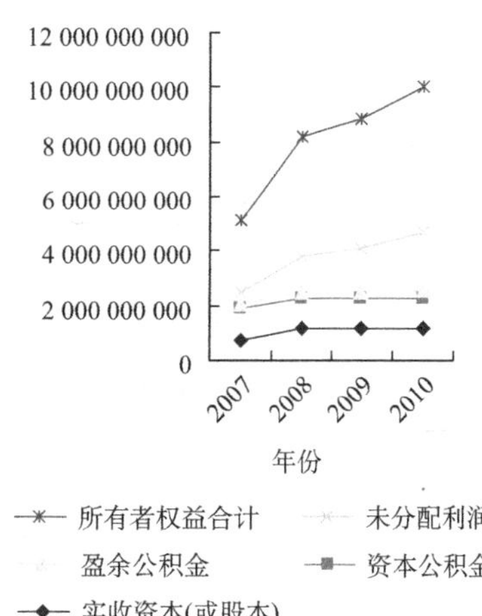

图 17-7　所有者权益变化趋势图

二、财务报表主要项目比率分析

2007～2010 年 TW 公司营运能力指标、偿债能力指标、盈利能力指标、发展能力指标见表 17-6。

表 17-6　TW 公司 2007～2010 年主要财务指标一览表

	2010-12-31	2009-12-31	2008-12-31	2007-12-31
营运能力指标				
存货周转率	2.76	2.13	2.16	2.44
应收账款周转率	3.42	4.28	4.58	4.3
营业周期	235.72	253.4	244.89	231.21
偿债能力指标				
流动比率	1.34	1.3	1.65	1.05
速动比率	1.02	0.87	1.26	0.78

续表

	2010-12-31	2009-12-31	2008-12-31	2007-12-31
经营活动现金流对流动负债的比率	0.1	0.05	0.06	0.04
资产负债率	0.67	0.7	0.64	0.66
权益乘数	3.03	3.33	2.78	2.94
经营活动现金流对负债的比率	0.05	0.02	0.04	0.04
盈利能力指标				
毛利率	0.16	0.19	0.22	0.2
营业利润率	0.08	0.1	0.23	0.16
总资产报酬率	0.04	0.04	0.08	0.06
净资产收益率	0.13	0.14	0.25	0.18
发展能力指标				
主营业务增长率	0.27	0.38	0.38	0.02
净利润增长率	0.06	−0.38	1.1	1.27
应收账款增长率	0.55	0.65	0.24	0.36
总资产增长率	0.04	0.28	0.58	0.54
所有者权益增长率	0.15	0.08	0.52	0.25

同行业（输配电及控制设备制造业）相关财务指标见表 17-7。

表 17-7 输配电及控制设备制造行业财务指标一览表

报告期	2010-12-31	2009-12-31	2008-12-31	2007-12-31
营运能力指标				
应收账款周转率	7.74	6.38	4.77	4.55
存货周转率	4.3	4.21	4.55	4.61
总资产周转率	0.75%	0.83%	0.98%	0.98%
偿债能力指标				
流动比率	3.61	2.61	1.87	1.75
速动比率	3.16	2.21	1.44	1.37
权益乘数	1.97	2.17	2.43	2.33
盈利能力指标				
毛利率	28.27%	29.18%	27.69%	27.34%
营业利润率	11.30%	11.45%	10.26%	11.67%
净利率	11.30%	10.96%	9.88%	11.74%
资产收益率	5.99%	8%	9.04%	9.60%
净资产收益率	11.54%	12.31%	18.81%	23.24%

将 TW 公司的财务比率与同行业平均水平进行比较，对企业财务状况进行初步分析。

（1）企业的营运能力指标。存货周转率、应收账款周转率在 2007～2010 年各年与行业平均水平相比均明显偏低，说明存货从生产到销售的周转时间较长，应收账款变现的速度较慢，企业资产运营能力较差。

（2）企业的短期偿债能力指标。流动比率、速动比率在 2007～2010 年各年也均低于行业平均水平，较低的流动比率、速度比率通常意味着企业的短期偿债能力较差。此外，企业的偿债能力与利润产生现金的能力相关。TW 公司经营活动现金流与短期负债的比率，虽然逐年上升，但是比值较小。

（3）企业的长期偿债能力指标。资产负债率在 2007～2010 年各年均高于 64%；权益乘数连续 4 年高于行业均值。说明企业资本结构风险较大，偿债压力较大，而且利用负债进行再融资的可能性很小。

（4）企业的盈利能力指标。毛利率、营业利润率、总资产报酬率、净资产收益率在 2007～2010 年逐年递减，说明企业盈利能力呈逐年下降趋势。其中，毛利率在 2007～2010 年各年均低于行业平均水平，净资产收益率除 2007 年外，均高于行业平均水平。净资产收益率较高的原因在于企业资金来源多为负债性融资，权益性资本所占比重较少。

（5）企业的发展能力指标。主营业务收入有所增长，但是净利润增速缓慢，2009 年甚至出现了负增长；同时应收账款的增长速度远远大于销售收入的增长速度，说明利润创造现金流的能力较弱，企业发展前景不容乐观。

总体来看，通过对 TW 公司的资产负债表等四张财务报表的主要项目进行趋势分析以及财务比率分析，对 TW 公司的财务状况可以得到这样的初步认识：①TW 公司资产周转速度较慢，营运能力低于同行业平均水平；②销售收入虽然持续增长，但是盈利水平低于同行业平均水平；③资本来源渠道主要为负债融资，财务风险较大，债务偿还压力较大；④利润创造现金流的能力、企业资产整体质量以及未来发展前景，有待结合四张财务报表进行综合分析后，得到更加全面、具体的认识。

第三节 利润表及利润质量的分析

一、利润表分析

在第八章第五节中，已采用案例解读的方式，对利润项目进行逐项解读，因此，本节不再对利润表的项目逐项进行分析，而主要从利润构成层级方面对影响利润质量的因素进行解读。根据 TW 公司的利润表，发现影响企业利润的因素主要包括以下几个方面。

第一，企业的毛利率连续三年持续下滑，且均低于行业平均水平。虽然 TW 公司的营业收入逐年增长，但是营业成本的增幅明显大于营业收入的增幅，因此，企业日常销售活动创造利润的能力较差，即毛利率较低。同时，营业收入的增加，没有带来企业货币资金的增加，反而表现为应收账款的大幅上涨，可以推断，企业销售活动创造经营活动现金流的能力也不强。

第二，企业的三项期间费用增长显著。与2009年相比，TW公司的销售费用、管理费用和财务费用均大幅增长。其中，销售费用在2009年的发生额是上一年的1.87倍，管理费用是上一年的1.67倍。这说明一方面企业所在行业竞争比较激烈，在销售收入扩大的同时，企业加大了营销宣传以及经费投入；另一方面，期间费用的增长远远大于营业收入的涨幅，说明企业生产的产品市场前景黯淡，产品推销成本过大。资产负债表中应收账款的大幅增长也说明，企业的销售收入大多是以赊销方式实现的，销售收入创造经营现金流的能力不强。

第三，资产减值损失规模较小，对利润影响不大。TW公司的资产减值主要包括坏账损失和存货跌价损失。仅从利润表上看，企业资产质量较高，但是对其应收账款的质量、存货的质量还需要结合资产负债表进行进一步分析。

第四，企业投资活动对利润影响较大，但是权益法下长期股权投资带来的投资收益"泡沫"较大。从数额上看，TW公司2010年投资收益占营业利润的比重为40%，2009年为32%。从来源上看，投资收益主要来自权益法核算的长期股权投资产生的收益，按成本法核算的长期股权投资收益不增反降。通常成本法下的投资收益与货币资金的流入有直接关系，即成本法下投资收益带来的利润没有"泡沫"，而权益法下，在被投资方有利润时，不论被投资方是否分配现金股利，投资方均按照被投资方新增利润的持股份额确认投资收益，即权益法下投资收益带来的利润含有较大"泡沫"成分。投资收益对投资活动现金流的影响详见利润结构与现金流结构分析。

二、利润结构与现金流量结构之间的关系分析

（一）同口径利润与经营活动现金净流量关系分析

以影响现金流量表中的经营活动现金净流量的项目为依据，基于可比性，计算同口径利润：

同口径利润＝营业收入－营业成本－营业税金及附加－销售费用－管理费用＋折旧＋其他长期资产摊销－所得税费用

即依据"利润＝收入－费用"这一会计恒等式，不考虑投资、筹资活动对利润的影响，只考虑企业日常经营活动对利润的影响，得到同口径利润。

根据TW公司利润表，粗略计算得到该公司2010年同口径利润为7.4亿元，而同期经营活动现金净流量为6亿元，差额为1.4亿元。

造成经营活动现金流量小于同口径利润的主要原因在于企业销售商品回款速度较慢。2010年企业实现的营业收入为76.3亿元，而期末应收账款的数额为27亿元，本期增长了10亿元；应付票据和预付账款两个项目合计上涨了3亿元，这说明在销售环节，企业回款质量不高。相比而言，企业在付款方面控制得较好，大多采用了赊购的方式，但是这也同时意味着企业的现金支付能力不足。

（二）投资收益产生现金流的分析

根据会计报表附注可知，TW公司投资收益来源为按成本法核算的长期股权投资收益15 750 000元，按权益法核算的长期股权投资收益226 048 413.32元，权益法确认的投资收益占投资收益总额的93.48%。权益法确认投资收益虽然带来了企业当期利润的增加，但是无法直接产生现金流入，因此，该企业投资收益产生现金流的能力较弱。

三、利润结构与资产结构的对应关系分析

在TW公司的总资产中，投资资产约占总资产的16.84%。投资收益约占利润总额的33.51%。这意味着企业平均经营资产获得的利润较少，而投资资产的盈利能力较高。

第四节　资产负债表及资产质量的分析

一、2010年资产构成及变动原因

（一）流动资产项目分析

（1）货币资金。2010年年末为1 878 764 291.88元，与2009年年末的2 668 709 506.64元相比下降29.6%。货币资金的增加主要取决于销售是否收到现款，2010年TW公司营业收入虽然同比上涨26.96%，但是大多数是以赊销的方式实现的，并没有带来相应的现金流入，表现为资产负债表应收账款项目的大量上涨；货币资金的支付主要是由采购引起的，2010年企业营业成本上涨31.41%，存货下降28.6%，说明企业在本期没有大量购入原材料，购买存货时也没有支付过多的现金。因此，TW公司货币资金减少的主要原因在于企业的销售大多是以赊销方式实现的，回款速度较慢。

（2）交易性金融资产。2010年年末为3 543 045.12元，与2009年年末的331 755 050.88元相比上涨了92.64倍。交易性金融资产由于采用公允价值计量，2010年资产负债表日，由于公允价值的变动，该公司交易性金融资产大幅度增长。即交易性金融资产大规模上涨的原因在于公允价值的变动。

根据TW公司的资产负债表附注可知，交易性金融资产变动的原因在于：TW公司持有BS公司641 856股，按BS股票2010年12月31日的收盘价计算，其市值为2 715 050.88元。此外，TW公司还持有JS公司股票1 800万股，其市值为329 040 000元。根据TW公司利润表，2010年其公允价值变动净收益为260 712 005.76元。以上信息均表明，交易性金融资产大幅度增长的原因主要在于其公允价值的变动。

（3）应收票据。2010年年末为82 634 653.36元，与2009年年末的74 048 614元相比上升11.6%，在营业收入增长26.96%的情况下，应收票据增长11.6%是合理的，相对于应收账款，应收票据具有更强的变现性。

（4）应收账款。2010年年末为2 723 665 362.9元，是应收账款总额

2 899 215 160.98元与计提的坏账准备总额 17 549 798.08 元的差额。该项目与 2009 年年末的 1 733 477 870.21 元相比上升了 57.12%，在营业收入上涨 26.96%的情况下，应收账款增长 57.12%，说明企业可能为了追求营业收入的增加，放宽了信用政策，这将使企业未来发生坏账的风险大大增加。

应收账款虽然使企业利润表上的收入、利润以及资产负债表上的资产的账面数据大幅增加，但不能给企业带来实质利润。一旦发生坏账，账面确认的利润、资产和权益将化为乌有。结合 TW 公司财务报表附注中披露的应收账款的情况，对应收账款的资产质量进行进一步分析。2010 年 TW 公司应收账款的账龄分析如表 17-8 所示。

表 17-8 应收账款账龄分析 单位：元

账龄	期末数			期初数		
	账面余额		坏账准备	账面余额		坏账准备
	金额	比例/%		金额	比例/%	
1 年以内						
其中：						
0～6 个月	2 038 318 717.48	70.31		1 102 336 174.12	59.27	
6 个月～1 年	291 762 804.4	10.06	14 586 140.22	393 640 598.39	21.16	19 682 929.92
1 年以内小计	2 330 081 521.88	80.37	14 588 140.22	1 495 976 772.51	80.43	19 682 929.92
1～2 年	353 159 677.2	12.18	35 315 967.73	211 992 528.04	11.4	21 199 252.8
2～3 年	94 695 871.38	3.26	28 408 761.42	54 103 002.2	2.91	16 230 900.66
3～4 年	27 264 269.1	0.94	13 632 134.55	54 541 941.24	2.93	27 270 970.62
4～5 年	52 045 136.28	1.8	41 636 109.02	6 238 401.12	0.34	4 990 720.9
5 年以上	41 968 685.14	1.45	41 968 685.14	37 021 335.54	1.99	37 021 335.54
合计	2 899 215 160.98	100	175 549 798.08	1 859 873 980.65	100	126 396 110.44

由表 17-8 可知，TW 公司应收账款总额为 2 899 215 160.98 元，计提坏账准备的总额为 17 549 798.08 元。其中，预计无法收回的、账龄在 3 年以上的应收账款数额为 569 133 639.1 元，占应收账款总额的 19.63%。对该部分应收账款，企业一方面应加强对销售的管理，更多地采用现销以及应收票据的结算方式，降低应收账款的比率；另一方面应加大收账款管理力度，采用更加严格的信用政策，加强对客户的信用评级管理、加大应收账款催收力度。

(5) 预付账款。2010 年年末为 1 027 535 502.96 元，与 2009 年年末的 874 658 855.44元相比上升 17.48%，根据资产负债表附注可知，账龄在 1 年内的预付款项为 869 190 150.28 元，占预付款总额的 90.18%。预付账款增加的原因在于预先支付了部分在建工程的材料价款。

(6) 应收股利。2010 年 12 月 31 日时为 0，原因是收回了其投资公司的股利 10 956 000元。

（7）其他应收款。2010 年年末为 50 543 912.59 元，与 2009 年年末的 76 279 754.15元相比下降 33.74%，原因在于收回了往来单位以前年度的欠款。

（8）存货。2010 年末为 1 927 808 192.62 元，与 2009 年年末的 2 701 556 046.99 元相比下降 28.6%，根据会计报表附注可知，该公司期末存货，即原材料、在产品以及库存商品均有不同程度的下降，这说明企业经营活动出现了萎缩的趋势。前述财务比率分析中，较低的毛利率以及存货周转率也表明企业存货的盈利能力较差。

（二）非流动资产项目分析

（1）投资性房地产。2010 年年末为 70 873 565.25 元，与 2009 年年末的 66 516 963.98元相比增加 6.55%，根据资产负债表附注可知，TW 公司的投资性房地产采用的是成本模式进行计量，不涉及公允价值变动的问题，投资性房地产增加的原因在于本期新增了投资性房屋、建筑物。

（2）长期股权投资。2010 年年末的为 2 739 261 631.87 元，与 2009 年年末的 2 581 363 218.55元相比增加 6.12%。根据资产负债表附注可知，TW 公司的长期股权投资分别采用了成本法和权益法，2010 年 12 月 31 日，按成本法核算的长期股权变化不大，长期股权投资变化的原因主要在于权益法下该企业享有的被投资单位股权比例发生变动。

（3）固定资产。2010 年末为 4 392 938 916.70 元，与 2009 年年末的 2 025 771 653.75元相比增加 216.85%，本期在建工程转入固定资产的数额为 2 530 868 147.25元，由此导致了固定资产的大幅增加。

（4）在建工程。2010 年年末为 507 365 856.03 元，与 2009 年年末的 2 386 763 694.84元相比下降 78.75%，在建工程大量完工后大量转入固定资产，导致了该项目期末数额的降低。

（5）无形资产。2010 年年末为 476 273 343.69 元，与 2009 年年末的 356 225 747.65元相比增加 33.7%，该项目变动的原因在于公司购入了新的土地使用权，以及新研发的软件被列为无形资产。

（6）开发支出。2010 年年末为 3 091 112.32 元，2009 年该项目的余额为 0。原因是无形资产完成了研究阶段，开发支出在很大程度上具备了形成一项新产品或新技术的基本条件，因而被确认为资产。

（7）商誉。2010 年年末为 13 052 774.93 元，与 2009 年末相同，商誉是该公司在以前年度的并购过程中产生的。

（8）长期待摊费用。2010 年年末为 160 084.60 元，与 2009 年年末的 289 840.51 元相比下降 44.77%，主要原因是本期装修费用的摊销额为 129 755.91 元。

（9）递延所得税资产。2010 年年末的为 34 408 928.79 元，与 2009 年年末的 28 584 027.14元相比增加 20.37%，因可抵扣暂时性差异产生的递延所得税资产的原因如表 17-9 所示。

表 17-9 递延所得税资产分析 单位：元

项目	期末数	期初数
递延所得税资产：		
资产减值准备	27 264 866.62	18 8652 790.63
交易性金融资产公允价值变动		106 869.02
合并抵销存货内部未实现利润	6 967 783.654	9 552 303.23
其他	176 278.63	72 064.26
小计	34 408 928.79	28 584 027.14

二、2010 年负债构成及变动原因

（一）流动负债项目分析

（1）短期借款。2010 年末为 2 965 789 915.18 元，与 2009 年年末的 3 101 561 076.56元相比下降 4.38%。短期借款主要用于补充企业的流动资金，同时，作为强制性债务要用货币资金和可以随时变现的流动资产对其进行清偿。

2010 年末 TW 公司的货币资金为 1 878 764 291.88 元，交易性金融资产为 331 755 050.88元，应收票据中的商业承兑汇票为 82 634 653.36 元，三者合计为 2 293 153 996.12元，仍小于应偿还的短期借款的金额，缺口为 808 407 080.44 元。这说明，在不考虑当期必须支付的应付票据、应付账款、应付利息、应付股利的前提下，同时假设企业的全部货币资金及可随时变现的资产无其他用途，仅用于清偿短期借款，尚不足以清偿。因此，根据短期借款与货币资金等可随时变现资产的数量关系，可以判定企业短期偿债能力较差。

（2）应付票据。2010 年年末为 709 264 200.48 元，与 2009 年年末的 1 233 735 618.16元相比下降 42.52%。应付账款：2010 年末为 1 551 225 027.40 元，与 2009 年年末的 635 828 096.94 元相比上涨了 1.44 倍。

应付账款和应付票据项目数量变化体现了企业的经营质量信息，应付款项的规模通常应该与企业的采购规模保持一定的对应关系。此外，应付款项还代表了企业利用商业信用这一低成本的融资方式进行负债融资的能力。

对应付票据和应付账款的分析，需要结合资产负债表存货项目的变化以及利润表营业成本项目的变化进行分析。2007～2010 年 TW 公司的存货、营业成本、应付账款、应付票据的变化趋势如图 17-8 所示。

通常，企业的存货或营业成本增长，应付账款和应付票据也会相应增长，从图17-8中可以看出，在 2007～2009 年，TW 公司在存货、营业成本增加的同时，应付账款和应付票据项目相应上涨，这说明 TW 公司在供应商结算方式的谈判上具有较强的能力。但是，2010 年在营业成本上升的同时存货下降，这可能是由以下原因造成的：①企业存货的销售造成营业成本上升，库存商品数量减少；②当期原材料的购入数额小于库存商品的销售额，即企业订单较少，开工不足。虽然本期购入的存货减少了，但是应付账

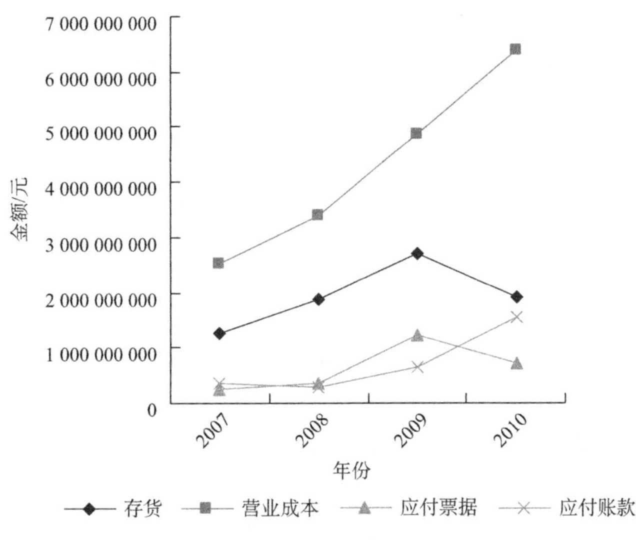

图 17-8　存货、营业成本、应付票据、应付账款变动趋势图

款不降反升，这一方面说明企业与供应商在结算方式上谈判能力较强，另一方面也说明企业支付能力和利润质量进一步恶化。

(3) 预收账款。2010 年年末为 491 734 333.54 元，与 2009 年年末的 1 355 975 593.99元相比下降 63.74%。预收账款项大幅下降的原因在于：①企业前期预售货款的产品已经完成生产并提供给购买方，预收账款转化为货币资金；②企业本期生产的商品不再热销，受市场欢迎程度下降，企业由成熟期逐步进入衰退期。

(4) 应付职工薪酬。2010 年年末为 40 547 696.83 元，与 2009 年年末的 20 173 114.62元相比上涨了 1 倍。根据资产负债表附注，该项目变化的主要原因在于工资、奖金、津贴和补贴项目在本期增加了 5 565 441.29 元，相应地，以工资为基础计提的社会保险费以及住房公积金也同时增加，此外，本期解除劳动合同关系给予的补偿为 259 837.13 元。

(5) 应交税费。2010 年年末为－190 124 848.06 元，与 2009 年年末的－287 209 715.77元相比增加了 33.8%。各税种于 2010 年变化的情况如表 17-10 所示。

表 17-10　应交税费项目构成明细　　单位：元

项目	期末数	期初数
增值税	－209 047 677.27	－296 477 590.21
营业税	2 597 519.03	317 650.6
企业所得税	－5 772 230.43	5 744 006.21
城市维护建设税		
其他	22 097 540.61	3 206 217.63
合计	－190 124 848.06	－287 209 715.77

由表17-10可知，2010年年末尚未抵扣的进项税额有所下降，这说明本期购入的原材料金额与前期相比有所下降，这也与对存货和应付款项项目的分析结论相吻合。应交所得税为负主要是因为交易性金融资产采用公允价值计量，导致账面价值大于计税基础产生的应纳税暂时性差异。本期应纳所得税为负，但在未来期间要多变。

(6) 应付利息。2010年年末为3 786 515.28元，与2009年年末的3 727 325元相比上涨1.59%。TW公司应付利息构成的内容是短期借款的利息。应付利息作为强制性支付债务，影响着企业的短期偿债能力。

(7) 应付股利。2010年年末为13 055 709.12元，与2009年年末的15 605 709.12元相比下降16.34%。应付股利下降的原因在于对已宣告的现金股利进行了发放。

(8) 其他应付款。2010年年末为264 170 586.35元，与2009年年末的84 170 975.39元相比上涨2.14倍。根据资产负债表附注可知，其他应付款主要为应付投资公司的配套设施费、高新区的附条件补助款以及应付关联方的款项。

(9) 其他流动负债。2010年末为134 961 505.68元，与2009年年末的115 730 396.70元相比上涨16.62%。主要原因在于递延收益增加。

（二）非流动负债项目分析

(1) 长期借款。2010年年末为4 906 500 000元，与2009年年末的4 600 000 000元相比增长了3.065亿，上涨幅度为6.67%。长期借款的来源主要是信用贷款、抵押贷款和保证贷款。长期借款筹资通常是为了满足固定资产、在建工程以及无形资产等非流动资产的构建要求。2010年非流动资产增长数额约为7.8亿，负债性融资显然无法满足投资的需求，企业势必会加大采用权益性融资的力度。资产负债表“未分配利”项目在2010年的增长幅度为34.51%，这也说明在过高的资产负债率下，利用负债融资已基本没有可能。

(2) 递延所得税负债。2010年年末为38 999 931.84元，2009年年末该项目余额为0。递延所得税负债产生的原因在于资产负债表债务法下，税法和会计准则关于资产、负债的计税基础而产生的应纳税时间性差异。应纳税时间性差异产生的原因主要在于：①资产的账面价值大于计税基础；②负债的账面价值小于计税基础。企业本期递延所得税负债增加的主要原因在于，交易性金融资产采用公允价值计量，导致交易性金融资产的账面价值远远大于其计税基础，从而产生了大量递延所重税负债，亦使本期应交所得税出现负债。

三、2010年所有者权益构成及变动原因分析

资产负债表仅列示了所有者权益的期初和期末余额，而所有者权益项目的变化原因详尽地体现在所有者权益变动表中。因此，关于所有者权益各具体项目的分析详见本章第六节相关内容。

第五节 现金流量表及现金流量质量的分析

一、现金流量与企业发展周期分析

企业的现金流状况通常与企业的发展周期密切相关，2007～2010 年 TW 公司现金流量表主要项目如表 17-11 所示。

表 17-11 2007～2010 年现金流量表主要项目摘要 单位：元

报告期	2010 年	2009 年	2008 年	2007 年
经营活动产生的现金流量净额	600 331 248.18	308 033 455.72	274 926 211.39	198 203 288.41
投资活动产生的现金流量净额	−796 115 299.05	−1 867 524 963.25	−1 752 711 646.21	−633 685 654.91
筹资活动产生的现金流量净额	−591 334 033.87	1 196 223 239.18	3 147 816 579.67	1 202 405 704.45
现金净流量	−789 945 214.76	−363 172 769.97	1 668 007 966.95	765 580 292.61

在表 17-11 的基础上，以正负号的形式对 2007～2010 年经营、投资、筹资活动现金流向进行更加直观的表示，如表 17-12 所示。

表 17-12 2007～2010 年现金流量表主要项目流向

报告期	2010 年	2009 年	2008 年	2007 年
经营活动产生的现金流量净额	+	+	+	+
投资活动产生的现金流量净额	−	−	−	−
筹资活动产生的现金流量净额	−	+	+	+
现金净流量	−	−	+	+

根据表 17-11、表 17-12 可知，在 2007 年、2008 年，公司的经营活动现金净流量均为正，投资活动现金净流量均为负，筹资活动净流量为正说明企业处于成长期，经营活动产生的现金流净额不足以满足固定资产投资的需要，需要从企业外部筹措资金；2009 年经营活动现金流增加，投资活动产生的现金流进一步增加，筹资活动现金流减少，从而使企业现金净流量为负，企业进入高速成长期；2010 年虽然经营活动现金流进一步增加，但是对外投资规模大幅降低，筹资活动现金 4 年来首次出现负值，这说明企业已进入成熟期。

企业的发展通常会经历起步、扩张、成熟、衰退四个阶段，从现金流的走势来看，TW 公司已处在成熟期，关于利润表和资产负债项目的分析也时刻在提醒公司要防止过快进入衰退期。

二、经营活动现金流量分析

通过第九章现金流量表的学习，我们知道，企业经营活动的现金流量最好能够满足以下需求：①补偿固定资产折旧与其他长期产摊销费用；②支付利息费用；③支付现金股利。

2007～2010 年 TW 公司经营活动现金流量、固定资产折旧、长期摊销费用、利息费用（用利润表“财务费用”项目近似代替）的数额如表 17-13 所示。由于现金股利支付属于资产负债表日后事项内容，相关数据没有在财务报表上列示，因此不考虑股利支付的影响。

表 17-13 经营性现金流量与各项费用支出 单位：元

项目	2010 年	2009 年	2008 年	2007 年
（1）经营活动产生的现金流量净额	600 331 248.18	308 033 455.72	274 926 211.39	198 203 288.41
（2）固定资产折旧、油气资产折耗、生产性生物资产折旧	225 918 450.73	128 688 405.75	84 738 894.40	—
（3）无形资产摊销	18 618 634.05	17 758 932.12	11 970 058.59	10 682 909.03
（4）长期待摊费用摊销	129 755.91	176 992.16	677 104.75	1 640 139.51
（5）财务费用	431 721 660.72	338 572 868.57	234 552 938.97	110 513 327.04
（2）～（5）合计	676 388 501.41	485 197 198.60	331 938 996.71	122 836 375.58

从表 17-13 可以看出，2007～2010 年，公司经营现金流均无法满足基本的支付需求，扩大再生产的资金主要来源于外部负债性融资。结合同口径利润与经营活动现金流的关系分析结论，基本可以认定，虽然企业经营活动现金流为正，但是其无法满足基本的支付需求，营业活动创造现金流的能力不强，企业的发展前景堪忧。

以下几点需要说明：①经营活动现金流量是否充足还受企业的折旧政策、长期资产摊销政策、债务支付政策等因素的影响；②除了经营活动现金流外，投资收益也可以用于股利支付，但是在不考虑股利支付的情况下，本案例的经营活动现金流已无法满足基本的支付需求。

三、投资活动现金流量分析

2007～2010 年，TW 公司投资活动的现金流入量、投资活动的现金流出量以及投资活动的现金净流量的变化趋势如图 17-9 所示。

根据图 17-9 可以得知以下信息。

(1) 投资活动现金流入状况。2007～2009 年，TW 公司投资活动现金流入额持续上升，但是 2010 年该公司投资活动现金流入大幅下降，原因在于，收回投资、投资收益、处置固定资产等带来的现金流入都不同程度地下降，这说明企业投资活动创造现金流的能力较差。

(2) 投资活动现金流出状况。TW 公司投资活动现金流出额在 2010 年也急剧萎缩，这主要是由两方面的原因造成的：第一，企业缺乏良好的投资机会；第二，在过高的资产负债率下，投资所需资金无法继续通过负债方式融入，同时投资人对企业发展前景不乐观，亦不愿意追加权益性融资。

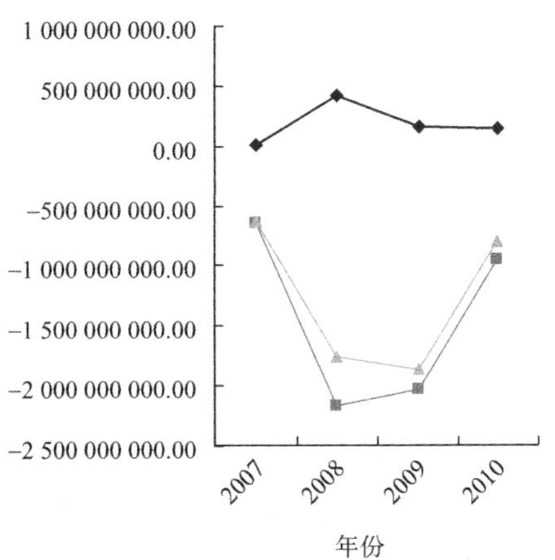

图 17-9　TW 公司投资活动现金流量变化趋势图

投资活动的现金流量通常展示了企业发展战略变化方面的信息，TW 公司的投资活动现金流信息说明企业对外投资规模不断萎缩，前期投资创造现金流的能力较差，企业已由成熟期向衰退期转变。

四、筹资活动现金流量分析

2007～2010 年，TW 公司筹资活动的现金流入量、筹资活动的现金流出量以及筹资活动的现金净流量的变化趋势如图 17-10 所示。

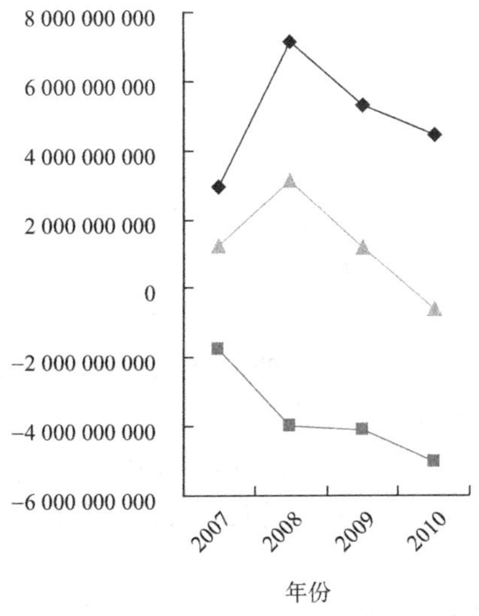

图 17-10　TW 公司筹资活动现金流量变化趋势图

根据图17-10可以得知如下信息。

（1）筹资活动现金流入状况。TW公司筹资活动现金流入的来源主要是吸收投资和取得借款。但是由于这两种融资方式所筹的资金在2007～2010年均呈现下降趋势。其中，2009年吸收直接投资的数量为0，2010年为739 785元，约为2007年权益性融资数额的十分之一；负债性融资的数量亦呈现逐年下降趋势。这说明无论是投资人还是债权人，均对企业的发展前景不看好，不愿意继续给TW公司注入资金；同时也意味着企业正在由扩张期走向成熟期，并逐步向衰退期发展，由于缺乏良好的对外投资机会，企业无须过多融入资金。

（2）筹资活动现金流出状况。TW公司的筹资活动现金流出主要用于支付到期债务以及支付借款手续费，而用于支付股利的现金支出在2007～2010年之间全部为0，这说明企业在这四年中没有为投资人分配过现金股利。

第六节　所有者权益变动表的分析

所有者权益变动表不仅揭示了所有者权益总额的变动，也揭示了所有者权益内部各个项目变化的原因。

根据图17-7可知，2007～2010年TW公司资本公积、实收资本、盈余公积、少数投资人权益的变化发展趋势比较平稳，未分配利润和所有者权益的总额变化呈相同的向上递增趋势，其中未分配利润增加的很重要的原因在于，企业连续四年未向投资人分配现金股利。这一方面说明企业所有者权益的增加主要来源于企业的内源性融资，另一方面说明企业现金流匮乏。

相对于2009年，2010年企业所有者权益的变动情况具体如下。

（1）实收资本。2010年年末为1 168 000 000元，与2009年相同，实收资本总额不变。本期没有发生任何使股本增加的事项。

（2）资本公积。2010年年末为1 070 714 269.99元，与2009年年末的1 093 315 869.99元相比下降2.07%。本期资本公积下降的原因在于，企业编制合并报表时按享有的股份调减了23 000 000元，对外投资时由于成本小于其享有的股份，增加了398 400元，一减一增造成了本期资本公积减少22 601 600元。体现在TW公司2010年所有者权益变动表上为三、（三）3的内容，为－22 601 600元。－22 601 600元加上资本公积的期初余额1 093 315 869.99元即为该项目的期末余额1 070 714 269.99元。

（3）盈余公积。2010年年末为325 620 954.54元，与2009年年末的254 849 854.57元相比上涨27.77%。盈余公司增加的原因在于企业按照本年实现的净利润计提了法定盈余公积和任意公积。其中，提取的法定盈余公积为63 304 433.03元，即净利润的10%。

（4）未分配利润。2010年年末为2 136 223 464.29元，与2009年年末的1 588 203 637.19元相比上涨34.51%。根据第八章利润表的相关内容可知，年末未分配利润＝年初未分配利润＋本年度实现的净利润－本年度提取的各种盈余公积－本年度分配给投资人的利润。2010年末TW公司未分配利润的计算如表17-14所示。

表 17-14　2010 年年末未分配利润　单位：元

项　目	金　额
上年年末余额	1 588 203 637.19
加：年初数调整	
本年年初余额	1 588 203 637.19
加：本年归属于母公司的净利润	618 808 051.06
减：提取法定盈余公积	70 771 099.97
提取职工奖福基金	17 123.99
应付普通股股利	
本年年末余额	2 136 223 464.29

通过所有者权益变动表分析可知，所有者权益变动表年末未分配利润的数额和资产负债表上期末未分配利润的数额是完全一致的。

第七节　财务状况质量的总体评价

综合上述分析，我们可以对 TW 公司的整体财务质量作出如下判断。

一、企业盈利能力总体评价

从净利润的增长情况而言，2010 年企业净利润比 2009 年有所增长，但是增长幅度仅为 4%，增幅不大。

从企业的各项盈利能力指标来看，毛利率、营业利润率、总资产报酬率、净资产收益率在 2007～2010 年均呈现逐年下降趋势，且均低于同行业平均水平。

从利润与现金流量的关系来看，2010 年企业同口径利润与同期经营活动现金净流量的差额为 1.4 亿元。

通过以上分析，我们认为企业的整体盈利状况不容乐观，虽然利润总额在绝对数上有所增加，但是企业获利水平以及利润创造现金流的能力没有提高。

二、企业资产质量状况总体评价

从资产总量的增长情况来看，企业资产、负债与所有者权益连续 4 年持续增长，但是企业净资产增长的幅度低于总资产的增长幅度，这说明企业总资产的增长主要来源于负债性融资。

从企业资本结构而言，突出的特点表现为资产负债率过高，负债性融资占总资本的比例约为 70%，企业长期偿债能力较差。

从企业资产的偿债能力来看，企业的短期偿债能力指标，包括流动比率、速动比率明显均偏低于行业平均水平。这说明企业资产短期偿债能力较差。

从企业资产的营运能力来看，企业的存货周转率、应收账款周转率较慢，且均低于行业平均水平。这说明企业营运能力较差，企业生产的产品销售不畅，实现的销售收入大多是以应付账款的形式存在，转化为现金的速度较慢。

通过以上分析，可以得知企业资产质量状况不容乐观。虽然企业资产总额逐年递增，暂时可以满足企业日常活动的需要，但是企业资产的盈利性、变现性、周转性以及偿债能力均较差，总资产的增长主要来源于债务性融资的逐年增加。

三、企业现金流转状况总体评价

从企业经营活动现金流状况来看，虽然2007～2010年企业经营活动现金为正，但是流入的数额小于无形资产摊销、固定资产折旧、长期待摊费用摊销以及财务费用数额之和。这说明企业营业活动创造现金流的能力不强，经营活动现金主要依靠外部融入。

从企业投资活动现金流状况来看，企业投资活动的现金流入和投资活动的现金流出在2010年均大幅下降。这一方面说明企业缺乏良好的投资机会且受融资约束，对外投资不足，另一方面说明企业投资收益产生现金流的能力不强。

从企业筹资活动现金流状况来看，企业融入的资金额规模越来越少，投资人和债权人均不愿意继续给公司追加投资，而在2007～2010年，企业从未以现金的方式支付股利和利息。这一方面说明企业继续采用外源性融资比较困难，另一方面说明企业债权人的权益没有得到保证。

四、企业财务状况总体评价

从整体上来说，企业的发展已从成熟期转入衰退期，2010年企业净利润虽然比2009年有所增长，但是利润创造现金流的能力较差；资产的特征突出表现为资产负债率过高，资产周转能力、偿债能力以及盈利能力均不容乐观；经营活动现金流无法满足企业基本的支付需求，投资规模持续萎缩、投资收益创造现金流的能力不强，筹资规模的下降，连续多年不分配股利，这些情况均说明企业已由成熟期走向衰退期。

习　题

1. 根据TW公司资产负债表、利润表、现金流量表和所有者权益变动表的信息，对TW公司的资产质量、盈利能力、利润质量、发展能力作出评价。你认为TW公司生产经营活动中存在的主要问题和核心问题是什么？如果你是TW公司的总经理，你如何对该公司的生产经营活动进行调整？

2. 选择一家你关注的上市公司，以其最近三年的年度财务报表为研究对象，对该公司的资产质量、盈利能力、利润质量、发展能力作出评价。

3. 以你所在公司最近三年的财务报表为研究对象，对其资产质量、盈利能力、利润质量、发展能力作出评价。你认为公司生产经营活动中存在的主要问题和核心问题是什么？如果你是公司的总经理，你如何对该公司的生产经营活动进行调整？

4. 请在空白的资产负债表、利润表、现金流量表上填列数字，体现出一个公司财务状况很好、盈利状况也很好的特点。

5. 请在空白的资产负债表、利润表、现金流量表上填列数字，体现出一个公司财务状况不好、但盈利状况比较好的特点。

6. 请在空白的资产负债表、利润表、现金流量表上填列数字，体现出一个公司财务状况不好、盈利状况也不好的特点。

7. 你认为一个公司的财务状况与其盈利状况之间存在什么关系？

参 考 文 献

财政部会计资格评价中心. 2009. 中级会计实务. 北京：经济科学出版社.

崔也光. 2003. 财务报表分析. 天津：南开大学出版社.

胡玄能. 2009. 财务报表分析. 北京：清华大学出版社，北京交通大学出版社.

荆新，王化成. 2000. 财务管理学. 北京：中国人民大学出版社.

利奥波德·A. 伯恩斯坦，约翰·J. 维欧德. 2001. 财务报表分析. 许秉岩，张海燕译. 北京：北京大学出版社，科文（香港）出版有限公司.

卢雁影. 2002. 财务分析. 武汉：武汉大学出版社.

鲁爱民. 2008. 财务分析. 北京：机械工业出版社.

陆正飞. 2009. CEO财务报告与分析. 北京：北京大学出版社.

罗伯特·N. 安东尼，等. 2009. 会计学教程与案例. 王立彦，杜美杰译. 北京：机械工业出版社.

苗润生，陈洁. 2011. 财务分析. 北京：清华大学出版社，北京交通大学出版社.

石本仁. 2010. 会计学教学案例. 北京：中国人民大学出版社.

谭湘. 2004. 财务分析. 广州：暨南大学出版社.

汪祥耀，等. 2002. 英国会计准则研究与比较. 上海：立信会计出版社.

王化成. 2007. 财务报表分析. 北京：北京大学出版社.

吴世农，吴育辉. 2008. CEO财务分析与决策. 北京：北京大学出版社.

吴唐青. 2002. MBA典型案例分析精华读本. 合肥：安徽人民出版社.

W. 卡尔·凯斯特，等. 2009. 财务案例. 张志强，张彩玲，王春香译. 北京：北京大学出版社.

余怒莲. 2004. 管理会计. 北京：对外经济贸易大学出版社.

袁天荣. 2010. 企业财务分析. 北京：机械工业出版社.

张先治，陈友邦. 2007. 财务分析. 大连：东北财经大学出版社.

张晓明. 2005. 我国会计准则建设研究. 上海：立信会计出版社.

张晓明. 2009. 基础会计学. 西安：陕西人民出版社.

张新民，钱爱民. 2008. 企业财务报表分析. 北京：北京大学出版社.

中国注册会计师协会. 2010. 会计. 北京：中国财政经济出版社.

中华会计网校. 2006. 新企业会计准则及相关制度精读精讲. 北京：东方出版社.

周晓苏. 2008. MBA会计学. 大连：大连出版社.

周忠惠，张鸣. 1996. 财务管理. 上海：上海三联出版社.